胡乔木

书信集

乔木文丛

《胡乔木传》编写组编

人民出版社

《胡乔木传》编写组

组　长　邓力群

副组长　程中原

成　员　（按姓氏笔画为序）

王玉祥　卢之超　朱元石　许　虹　李今中

李良志　郑　惠　胡木英　徐永军　黎　虹

《胡乔木书信集》

主　编　朱元石　李良志

全书资料工作　李今中　许　虹

出版总负责　王乃庄

胡乔木

致毛泽东

（一九五〇年五月十九日）

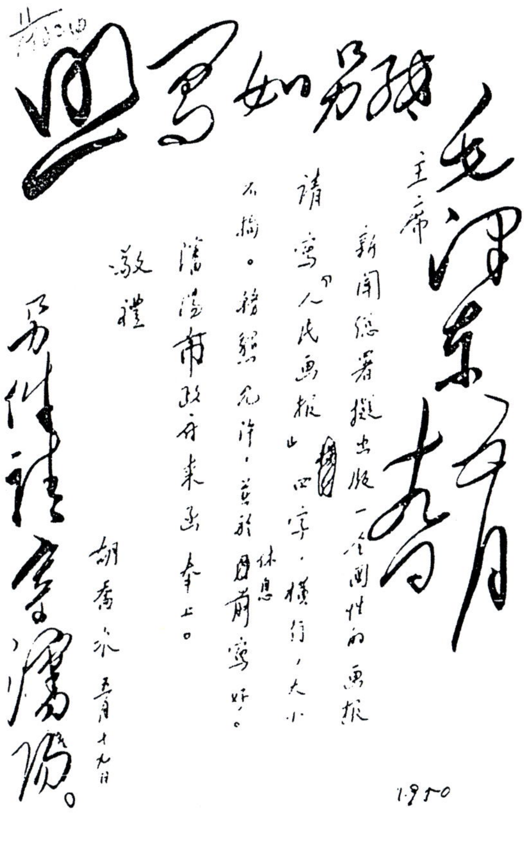
主席：

新闻总署拟出版一个画刊性的画报，请写"人民画报"四字，横行，大小不拘。务恳允许，并于休息前写好。[illegible][illegible]市政府来函奉上。

敬礼

胡乔木 五月十九日

1950

胡乔木1950年5月19日致毛泽东信手迹

乔木同志：这篇文章写得好，可在人民日报发表或转载。由教育部规定大专学生学习。文艺、理论界可继续自由参加讨论性的座谈，允许辩论，不许戴帽子。

邓小平 一月十一日

小平同志：

送上在中央党校一月三日的讲话稿，请于有便时一阅。全稿三万多字，长了一些，但因涉及的问题至今还没有一篇比较有分量的文章加以解答，党内外都有这样的要求，所以很难用短篇来讲清。文章是集体创作，四易其稿，费了两个多月的时间。（采取的是逐字加讨论的形式，对待态度力求谨慎和稳妥。）也分送政治局书记处各同志请审阅。党校要求在该校所出《理论月刊》公开发表。究竟要不要发表，在党内发表或党外发表，并请中央决定。

邓〔84〕11

胡乔木

一月七日

耀邦同志处待他回京后再送阅。

胡乔木 1984 年 1 月 7 日致邓小平信手迹

出 版 说 明

《胡乔木书信集》是《乔木文丛》的又一重要结集。这部书信集共收录胡乔木写的各种书信435封,是从现已搜集到的胡乔木1100多封书信中选取的。收入本集书信始于1945年4月9日,终于1992年9月27日,时间跨度将近半个世纪。这些书信,生动具体地展现了胡乔木革命的人生轨迹和巨大贡献,真切丰富地反映出胡乔木在马克思主义理论、政治、经济、文化、思想教育、历史、文学艺术、语言文字等各方面的许多思想、观点,反映出胡乔木毕生忠诚党的事业,坚持原则、乐于助人、勤奋踏实、鞠躬尽瘁的高尚情操。

收入《胡乔木书信集》的这些信件,主要来自中央档案馆和胡乔木处的档案,也有不少是由胡乔木曾直接领导过的单位如中共中央宣传部、《人民日报》社、新华社、中共中央文献研究室等部门提供的,有一部分是向个人征集的。基本上都是胡乔木的手稿。有一部分是胡乔木的秘书和其他身边人员的手抄件。很少一部分信没有掌握胡乔木的手稿,只有铅印文字,它们或者已经公开发表,或者传布在一定范围,或者收入内部文件。我们在编辑中分别手稿、手抄件、铅印件这三种情况对每封信都作了标明。胡乔木的文字很严谨缜密,收入本集的书信除对极个别的明显笔误作了改正外,均保持原样。胡乔木有个别的信没有写抬头和落款,或者有抬头没有落款、没有抬头有落款,在落款署日期时也有不同写法,我们也都保持了原样。有些特殊例外的情况,在注释中作了说明。注释力求把当时的背景、有关情节简明扼要地交待清楚,以见信件价值。限于水平和各种条件,集子中难免有讹错、失当之处,请专家、收件人(或单位)和读者指正。

胡乔木的来往书信,因"文革"十年内乱或其他原因,失散很多,这次收入集子的信件,大部分是八十年代以后的。我们相信,在不少单位和个人手中,会存有胡乔木的信件。我们殷切期望这些单位和同志,慨然奉献。我们将在适当的时候,或出版胡乔木书信续集,或在再版中补充进去。

《胡乔木传》编写组

2002年3月

目　录

出版说明 …………………………………………（1）

致任弼时 …………………………………………（1）
（1945年4月9日）
致林伯渠、马锡五、贾拓夫等 …………………（2）
（1945年7月31日）
致毛泽东 …………………………………………（4）
（1946年3月24日）
致刘雪苇 …………………………………………（6）
（1946年5月20日）
致周恩来 …………………………………………（8）
（1946年8月11日）
致毛泽东 …………………………………………（10）
（1948年11月15日）
致安岗 ……………………………………………（11）
（1949年4月29日）
致毛泽东、周恩来 ………………………………（12）
（1949年6月24日）

致毛泽东 …………………………………………………………… (14)
(1949 年 6 月 27 日)
致龚澎 ……………………………………………………………… (16)
(1949 年 6 月 28 日)
致赵毅敏、廖井丹 …………………………………………………… (17)
(1949 年 7 月 21 日)
致陈荒煤 …………………………………………………………… (18)
(1949 年 8 月 12 日)
致王稼祥 …………………………………………………………… (19)
(1949 年 11 月 13 日)
致邓力群 …………………………………………………………… (20)
(1949 年 11 月 15 日)
致周恩来并转中央 ………………………………………………… (22)
(1949 年 11 月 22 日)
致毛泽东、刘少奇、周恩来、朱德 ………………………………… (24)
(1949 年 11 月 24 日)
致杨尚昆 …………………………………………………………… (26)
(1949 年 11 月 27 日)
致毛泽东 …………………………………………………………… (27)
(1949 年 12 月 23 日)
致毛泽东、周恩来 ………………………………………………… (30)
(1950 年 2 月 15 日)
致范长江、邓拓、安岗 ……………………………………………… (32)
(1950 年 3 月 22 日)

致范长江、邓拓 …………………………………………… (34)
(1950 年 5 月 13 日)
致毛泽东 …………………………………………………… (35)
(1950 年 5 月 19 日)
致范长江 …………………………………………………… (36)
(1950 年 6 月 7 日)
致范长江 …………………………………………………… (38)
(1950 年 6 月 25 日)
致邓拓、范长江 …………………………………………… (39)
(1950 年 7 月 14 日)
致范长江 …………………………………………………… (41)
(1950 年 7 月 16 日)
致范长江 …………………………………………………… (43)
(1950 年 9 月 21 日)
致麦唐纳 …………………………………………………… (45)
(1950 年 9 月 26 日)
致毛泽东、刘少奇、周恩来 ………………………………… (46)
(1950 年 12 月 21 日)
致毛泽东 …………………………………………………… (48)
(1950 年 12 月 28 日)
致范长江、邓拓、安岗 ……………………………………… (50)
(1951 年 1 月 8 日)
致中共中央 ………………………………………………… (52)
(1951 年 1 月 13 日)

致范长江、邓拓、安岗 …………………………………… (54)
（1951年1月15日）
致范长江 ………………………………………………… (55)
（1951年1月25日）
致毛泽东等 ……………………………………………… (56)
（1951年2月14日）
致毛泽东 ………………………………………………… (58)
（1951年2月21日）
致毛泽东 ………………………………………………… (59)
（1951年2月23日）
致毛泽东 ………………………………………………… (61)
（1951年2月24日）
致《人民日报》编辑部 …………………………………… (63)
（1951年3月4日）
致范长江、邓拓、安岗 …………………………………… (65)
（1951年3月12日）
致毛泽东 ………………………………………………… (67)
（1951年3月19日）
致范长江、邓拓、安岗 …………………………………… (69)
（1951年3月28日）
致邓拓 …………………………………………………… (72)
（1951年3月）
致中共中央 ……………………………………………… (73)
（1951年4月1日）

致毛泽东 …………………………………………………… (76)
(1951 年 6 月 5 日)
致刘少奇 …………………………………………………… (78)
(1951 年 6 月 15 日)
致毛泽东 …………………………………………………… (80)
(1951 年 6 月 21 日)
致邓拓 ……………………………………………………… (82)
(1951 年 6 月 28 日)
致毛泽东并中央 …………………………………………… (83)
(1951 年 7 月 10 日)
致中共中央 ………………………………………………… (86)
(1951 年 7 月 24 日)
致郭沫若 …………………………………………………… (88)
(1951 年 8 月 3 日)
致范长江、邓拓、安岗 ……………………………………… (90)
(1951 年 8 月 13 日)
致毛泽东 …………………………………………………… (92)
(1951 年 9 月 1 日)
致毛泽东并刘少奇、周恩来、彭真 ………………………… (94)
(1951 年 9 月 18 日)
致邓拓、李庄 ……………………………………………… (96)
(1951 年 11 月 22 日)
致毛泽东 …………………………………………………… (97)
(1951 年 12 月 28 日)

致李克农、乔冠华 …………………………………………………… (99)
(1952年1月28日)
致周恩来并转毛泽东、刘少奇 ………………………………… (101)
(1952年1月30日)
致李维汉 ………………………………………………………… (102)
(1952年5月27日)
致毛泽东、刘少奇 ……………………………………………… (106)
(1952年8月20日)
致邓拓 …………………………………………………………… (108)
(1953年1月7日)
致刘少奇 ………………………………………………………… (110)
(1953年1月17日)
致周恩来并转毛泽东 …………………………………………… (111)
(1953年2月14日)
致毛泽东并中央 ………………………………………………… (112)
(1953年6月16日)
致毛泽东 ………………………………………………………… (114)
(1953年7月6日)
致周恩来 ………………………………………………………… (116)
(1953年9月3日)
致刘少奇 ………………………………………………………… (117)
(1953年9月30日)
致刘少奇 ………………………………………………………… (118)
(1953年10月29日)

致毛泽东、刘少奇 …………………………………………… (119)
(1953年12月7日)
致毛泽东 ………………………………………………………… (121)
(1953年12月9日)
致毛泽东 ………………………………………………………… (123)
(1954年2月28日)
致团中央 ………………………………………………………… (125)
(1954年11月21日)
致周恩来、陈云、彭真 ……………………………………… (127)
(1955年11月8日)
致邓拓 …………………………………………………………… (130)
(1955年12月1日)
致杨尚昆 ………………………………………………………… (132)
(1956年1月19日)
致邓拓、杨刚 ………………………………………………… (133)
(1956年1月23日)
致刘少奇 ………………………………………………………… (135)
(1956年1月24日)
致毛泽东 ………………………………………………………… (136)
(1956年1月27日)
致邓小平 ………………………………………………………… (137)
(1956年6月5日)
致邓小平 ………………………………………………………… (139)
(1956年6月30日)

致陆定一……………………………………………………（140）
（1956年9月1日）
致王稼祥……………………………………………………（142）
（1956年9月3日）
致少儿出版社编辑部………………………………………（143）
（1957年1月27日）
致刘少奇……………………………………………………（145）
（1957年7月7日）
致邓小平……………………………………………………（146）
（1957年7月）
致陈浚、白夜等 ……………………………………………（147）
（1957年12月11日）
致刘少奇……………………………………………………（149）
（1957年12月20日）
致毛泽东……………………………………………………（150）
（1958年7月25日）
致毛泽东……………………………………………………（152）
（1959年2月12日）
致毛泽东……………………………………………………（154）
（1959年12月13日）
致彭真………………………………………………………（156）
（1960年12月29日）
致毛泽东……………………………………………………（158）
（1961年1月8日）

致毛泽东 …………………………………………………… (160)
(1961年4月14日)
致毛泽东 …………………………………………………… (164)
(1961年5月8日)
致毛泽东 …………………………………………………… (169)
(1961年5月25日)
致毛泽东 …………………………………………………… (171)
(1961年6月22日)
致毛泽东 …………………………………………………… (173)
(1961年8月17日)
致陈毅、康生 ……………………………………………… (175)
(1962年9月6日)
致谭云森等 ………………………………………………… (177)
(1962年11月5日)
致人民美术出版社图片画册编辑室 ……………………… (179)
(1962年11月30日)
致叶籁士 …………………………………………………… (181)
(1962年12月15日)
致夏承焘 …………………………………………………… (183)
(1962年12月30日)
致楼适夷 …………………………………………………… (186)
(1963年2月14日)
致邓小平 …………………………………………………… (194)
(1963年2月19日)

致楼适夷 …………………………………………………… (196)
(1963年2月19日)
致毛泽东 …………………………………………………… (198)
(1963年7月12日)
致毛泽东 …………………………………………………… (199)
(1963年7月22日)
致少年儿童出版社编辑部 …………………………………… (201)
(1964年1月14日)
致石西民 …………………………………………………… (203)
(1964年3月13日)
致叶籁士 …………………………………………………… (205)
(1964年3月13日)
致楼适夷 …………………………………………………… (207)
(1964年3月14日)
致胡绩伟 …………………………………………………… (210)
(1964年3月14日)
致胡绩伟 …………………………………………………… (212)
(1964年3月16日)
致王子野 …………………………………………………… (215)
(1964年3月26日)
致毛泽东 …………………………………………………… (217)
(1964年4月23日)
致毛泽东 …………………………………………………… (219)
(1964年12月2日)

致《人民文学》、《人民日报》编辑部 ……………… (221)
(1964 年 12 月 5 日)
致叶汉波 …………………………………………… (223)
(1964 年 12 月 6 日)
致叶籁士并胡愈之 ………………………………… (225)
(1964 年 12 月 29 日)
致耿庆国 …………………………………………… (227)
(1965 年 1 月 21 日)
致中国青年出版社编辑部 ………………………… (229)
(1965 年 4 月 20 日)
致中国青年出版社编辑部 ………………………… (231)
(1965 年 4 月 28 日)
致包之静 …………………………………………… (233)
(1965 年 5 月 3 日)
致郭沫若 …………………………………………… (237)
(1965 年 7 月 24 日)
致康生 ……………………………………………… (239)
(1965 年 9 月 10 日)
致毛泽东 …………………………………………… (241)
(1966 年 4 月 5 日)
致叶籁士 …………………………………………… (244)
(1973 年)
致郭沫若 …………………………………………… (250)
(1975 年 2 月 28 日)

致邓小平 ……………………………………………… (252)
(1975年10月13日)
致毛泽东 ……………………………………………… (254)
(1975年10月23日)
致臧克家 ……………………………………………… (256)
(1976年1月2日)
致胡耀邦 ……………………………………………… (258)
(1978年7月13日)
致李东甫 ……………………………………………… (259)
(1979年3月31日)
致邓小平 ……………………………………………… (261)
(1979年6月22日)
致彭真并转胡耀邦 ………………………………… (263)
(1979年7月7日)
致胡耀邦 ……………………………………………… (265)
(1979年8月11日)
致邓小平 ……………………………………………… (267)
(1980年1月3日)
致胡耀邦 ……………………………………………… (269)
(1980年3月5日)
致胡耀邦 ……………………………………………… (271)
(1980年3月15日)
致穆青、胡绩伟 ……………………………………… (272)
(1980年3月28日)

致周冠五 ……………………………………………………（273）
（1980年4月7日）
致李琦、胡绳 ………………………………………………（275）
（1980年4月13日）
致胡绩伟 ……………………………………………………（277）
（1980年4月21日）
致胡绩伟 ……………………………………………………（278）
（1980年5月5日）
致胡耀邦 ……………………………………………………（281）
（1980年6月23日）
致胡耀邦 ……………………………………………………（282）
（1980年7月30日）
致胡耀邦、姚依林、冯文彬、曾三 ………………………（283）
（1980年8月1日）
致胡耀邦 ……………………………………………………（285）
（1980年8月5日）
致胡耀邦 ……………………………………………………（287）
（1980年9月24日）
致中共中央政治局常委 ……………………………………（291）
（1980年10月10日）
致胡绩伟 ……………………………………………………（293）
（1980年11月5日）
致邓小平并转中央政治局 …………………………………（295）
（1980年11月6日）

致邓小平 ……………………………………………… (301)
(1980年12月11日)
致谢晋 ………………………………………………… (303)
(1980年12月16日)
致中共中央 …………………………………………… (305)
(1980年12月20日)
致王任重并转胡耀邦 ………………………………… (307)
(1980年12月20日)
致胡耀邦 ……………………………………………… (309)
(1980年12月22日)
致邓小平 ……………………………………………… (310)
(1980年12月28日)
致夏衍 ………………………………………………… (311)
(1981年1月5日)
致胡绩伟、王若水、范荣康 ………………………… (313)
(1981年1月15日)
致胡耀邦、赵紫阳 …………………………………… (315)
(1981年1月18日)
致赵紫阳、万里、姚依林 …………………………… (317)
(1981年1月22日)
致邓小平、陈云并胡耀邦、彭真 …………………… (319)
(1981年1月24日)
致吴冷西并胡绳 ……………………………………… (322)
(1981年2月14日)

致《解放军报》社并转黄克诚 …………………………（324）
（1981年4月7日）
致吴冷西等 ……………………………………………（326）
（1981年4月8日）
致邓小平 ………………………………………………（328）
（1981年4月9日）
致贺敬之 ………………………………………………（330）
（1981年4月13日）
致邓小平、方毅并蒋南翔 ……………………………（332）
（1981年4月14日）
致于光远 ………………………………………………（334）
（1981年4月14日）
致韩天石 ………………………………………………（336）
（1981年5月7日）
致方毅、李昌 …………………………………………（338）
（1981年5月19日）
致吴江 …………………………………………………（339）
（1981年5月20日）
致黄永玉 ………………………………………………（341）
（1981年5月20日）
致邓颖超 ………………………………………………（342）
（1981年5月31日）
致邓力群、吴冷西等 …………………………………（343）
（1981年6月7日）

致吕叔湘 …………………………………………………………(345)
（1981 年 6 月 11 日）
致赵元任 …………………………………………………………(347)
（1981 年 6 月 12 日）
致陈荒煤 …………………………………………………………(350)
（1981 年 7 月 8 日）
致贺敬之并王任重、朱穆之、周扬 ………………………(352)
（1981 年 7 月 17 日）
致林涧青 …………………………………………………………(355)
（1981 年 7 月 20 日）
致陈慕华 …………………………………………………………(357)
（1981 年 7 月 23 日）
致吴冷西、杨应彬 ……………………………………………(359)
（1981 年 7 月 25 日）
致邓小平 …………………………………………………………(361)
（1981 年 7 月）
致冯牧并戈扬 ……………………………………………………(363)
（1981 年 8 月 7 日）
致习仲勋 …………………………………………………………(365)
（1981 年 8 月 13 日）
致于蓝 ……………………………………………………………(367)
（1981 年 8 月 31 日）
致严文井 …………………………………………………………(369)
（1981 年 8 月 31 日）

致胡耀邦、习仲勋、王任重 …………………………(371)
(1981年9月10日)
致胡耀邦并转邓小平 ……………………………………(373)
(1981年9月27日)
致中共中央文献研究室各同志 ………………………(375)
(1981年10月2日)
致胡耀邦并邓小平 ……………………………………(377)
(1981年10月5日)
致滕文生 ………………………………………………(379)
(1981年10月15日)
致李琦 …………………………………………………(382)
(1981年10月15日)
致胡耀邦并中共中央书记处各书记 ……………………(384)
(1981年10月18日)
致王任重 ………………………………………………(386)
(1981年10月19日)
致胡绩伟 ………………………………………………(389)
(1981年11月4日)
致邓力群 ………………………………………………(391)
(1981年11月7日)
致华君武 ………………………………………………(393)
(1981年11月15日)
致黎虹 …………………………………………………(394)
(1981年11月16日)

致编译局列宁室 ……………………………………………(397)
(1981 年 11 月 18 日)
致巴金 ……………………………………………………(399)
(1981 年 12 月 1 日)
致李琦、逄先知并邓力群 ……………………………(401)
(1981 年 12 月 25 日)
致邓小平、陈云并转胡耀邦、赵紫阳 ……………………(403)
(1982 年 1 月 10 日)
致朱穆之、赵守一 …………………………………………(406)
(1982 年 1 月 22 日)
致穆青并秦川 ………………………………………………(407)
(1982 年 1 月 29 日)
致李先念、赵紫阳、黄华、朱穆之 ………………………(409)
(1982 年 2 月 4 日)
致习仲勋并胡耀邦 …………………………………………(411)
(1982 年 2 月 18 日)
致胡绩伟 ……………………………………………………(413)
(1982 年 3 月 11 日)
致胡耀邦、邓小平、赵紫阳、李先念、陈云 ……………(422)
(1982 年 4 月 1 日)
致穆青 ………………………………………………………(424)
(1982 年 4 月 7 日)
致保育钧 ……………………………………………………(426)
(1982 年 4 月 30 日)

致王鹤寿 …………………………………………………… (428)
(1982年5月1日)
致宦乡 ……………………………………………………… (430)
(1982年5月2日)
致胡绩伟、秦川 …………………………………………… (432)
(1982年6月9日)
致钱钟书 …………………………………………………… (434)
(1982年6月15日)
致朱穆之、孙轶青 ………………………………………… (436)
(1982年6月25日)
致夏征农 …………………………………………………… (438)
(1982年6月29日)
致胡耀邦 …………………………………………………… (440)
(1982年7月1日)
致彭真、乌兰夫、刘澜涛、陆定一 ……………………… (442)
(1982年7月4日)
致蔺同禄、张占英和前门茶点综合服务社的
全体同志 ……………………………………………… (444)
(1982年7月5日)
致邓力群、郁文 …………………………………………… (446)
(1982年7月13日)
致姚依林 …………………………………………………… (448)
(1982年7月13日)

致刘世德 …………………………………………………… (449)
(1982年7月13日)
致梅益、马洪、刘国光等 ……………………………… (451)
(1982年7月13日)
致王鹤寿、姚依林、陈慕华等 ………………………… (453)
(1982年7月14日)
致邓颖超 …………………………………………………… (456)
(1982年7月25日)
致《解放军报》编辑部 …………………………………… (460)
(1982年7月31日)
致韦君宜 …………………………………………………… (462)
(1982年8月3日)
致胡绩伟 …………………………………………………… (464)
(1982年8月4日)
致邓力群并转张劲夫 …………………………………… (466)
(1982年8月7日)
致中共中央政治局常委、政治局、书记处各同志 …… (468)
(1982年8月21日)
致朱佳木 …………………………………………………… (470)
(1982年8月22日)
致中共中央政治局常委、政治局、书记处各同志 …… (471)
(1982年8月24日)
致钱信忠 …………………………………………………… (473)
(1982年9月11日)

致赵苍璧、凌云并公安部党组 ……………………(474)
(1982年9月15日)
致穆青 ………………………………………………(475)
(1982年9月24日)
致秦川 ………………………………………………(477)
(1982年9月26日)
致习仲勋、胡启立 …………………………………(478)
(1982年9月27日)
致《北京日报》社 …………………………………(479)
(1982年9月27日)
致胡绳、王汉斌 ……………………………………(480)
(1982年10月5日)
致肖永义 ……………………………………………(482)
(1982年10月14日)
致赵守一并杨静仁 …………………………………(485)
(1982年11月1日)
致邓力群 ……………………………………………(486)
(1982年11月6日)
致万里 ………………………………………………(488)
(1982年11月17日)
致崔月犁 ……………………………………………(489)
(1982年11月17日)
致韩克华等 …………………………………………(492)
(1982年12月25日)

致朱佳木 ……………………………………………… (494)
(1983 年 2 月 6 日)
致胡启立并转安徽省委 ………………………………… (496)
(1983 年 2 月 17 日)
致《张闻天文集》编辑小组 …………………………… (497)
(1983 年 2 月 22 日)
致胡耀邦 ……………………………………………… (499)
(1983 年 2 月 23 日)
致邓力群并转朱穆之 ………………………………… (500)
(1983 年 2 月 25 日)
致《人民日报》、《光明日报》、《工人日报》、
《北京日报》 ………………………………………… (502)
(1983 年 3 月 3 日)
致《新华日报》、《群众周刊》创刊 45 周年
纪念会 ……………………………………………… (504)
(1983 年 3 月 6 日)
致杜星垣 ……………………………………………… (506)
(1983 年 3 月 18 日)
致邓小平、胡耀邦、姚依林 …………………………… (507)
(1983 年 3 月 22 日)
致胡耀邦并中共中央书记处 ………………………… (509)
(1983 年 3 月 23 日)

致邓力群等 ……………………………………………………（511）
（1983 年 3 月 24 日）
致陈丕显 ……………………………………………………（512）
（1983 年 4 月 13 日）
致邓颖超 ……………………………………………………（514）
（1983 年 4 月 30 日）
致梅益 ……………………………………………………（517）
（1983 年 5 月 13 日）
致扬州中学 ……………………………………………………（518）
（1983 年 5 月 13 日）
致韦君宜、萧乾、陈伯海 ……………………………………………（519）
（1983 年 6 月 23 日）
致中央对外宣传小组 …………………………………………（521）
（1983 年 6 月 25 日）
致胡耀邦 ……………………………………………………（523）
（1983 年 7 月 18 日）
致刘英 ……………………………………………………（525）
（1983 年 7 月 18 日）
致万里、胡启立、郝建秀 ……………………………………………（526）
（1983 年 7 月 30 日）
致邓颖超 ……………………………………………………（527）
（1983 年 8 月 5 日）
致朱穆之 ……………………………………………………（529）
（1983 年 8 月 20 日）

致胡启立、乔石 ……………………………… (531)
（1983 年 8 月 27 日）
致苏云、张辉 ……………………………… (533)
（1983 年 8 月 28 日）
致马恩列斯编译局 ……………………………… (535)
（1983 年 10 月 22 日）
致邓力群并习仲勋、胡启立 ……………………………… (537)
（1983 年 11 月 13 日）
致邓小平 ……………………………… (539)
（1984 年 1 月 7 日）
致周扬 ……………………………… (541)
（1984 年 1 月 26 日）
致朱光潜 ……………………………… (543)
（1984 年 1 月 29 日）
致徐飞 ……………………………… (545)
（1984 年 2 月 8 日）
致胡耀邦并邓力群、秦川、李庄 ……………………………… (547)
（1984 年 2 月 17 日）
致赵紫阳、胡启立 ……………………………… (550)
（1984 年 2 月 18 日）
致从维熙 ……………………………… (551)
（1984 年 2 月 18 日）
致朱穆之并北京市委 ……………………………… (553)
（1984 年 2 月 22 日）

致陈章太 …………………………………………………………（555）
（1984 年 2 月 23 日）
致黄永玉 …………………………………………………………（557）
（1984 年 3 月 1 日）
致穆青等 …………………………………………………………（562）
（1984 年 3 月 3 日）
致韩克华 …………………………………………………………（566）
（1984 年 3 月 11 日）
致李荣并转朱德熙 ………………………………………………（568）
（1984 年 5 月 13 日）
致胡耀邦 …………………………………………………………（570）
（1984 年 5 月 18 日）
致万里 ……………………………………………………………（573）
（1984 年 6 月 6 日）
致胡耀邦、赵紫阳、谷牧、陈慕华 ………………………………（575）
（1984 年 6 月 14 日）
致赵紫阳、田纪云、胡启立 ………………………………………（577）
（1984 年 6 月 16 日）
致《中国社会科学》编辑部并宦乡、钱俊瑞等 …………………（579）
（1984 年 6 月 22 日）
致上海培明女子中学 ……………………………………………（582）
（1984 年 6 月 24 日）
致赵紫阳、万里 …………………………………………………（584）
（1984 年 8 月 3 日）

致胡耀邦 ……………………………………………………………(586)
（1984 年 8 月 23 日）
致万里 ………………………………………………………………(587)
（1984 年 9 月 12 日）
致赵紫阳、方毅、宋健、卢嘉锡、何东昌 ……………………(588)
（1984 年 9 月 14 日）
致朱光潜家属 ………………………………………………………(590)
（1984 年 9 月 14 日）
致参加文字改革座谈会全体同志 ………………………………(591)
（1984 年 10 月 19 日）
致项南 ………………………………………………………………(593)
（1984 年 10 月 20 日）
致韩培信、顾秀莲 …………………………………………………(595)
（1984 年 10 月 20 日）
致胡耀邦、杨尚昆、薄一波、习仲勋、胡启立 ………………(597)
（1984 年 11 月 13 日）
致人民出版社编辑部 ………………………………………………(600)
（1984 年 11 月 13 日）
致胡启立、姬鹏飞 …………………………………………………(605)
（1984 年 11 月 16 日）
致陈云 ………………………………………………………………(608)
（1984 年 11 月 25 日）
致胡耀邦并万里、李鹏 ……………………………………………(612)
（1984 年 11 月 29 日）

致湖南省委并省人民政府 …………………………… (614)
(1984 年 12 月 13 日)
致广播电视部、中央电视台 ………………………… (617)
(1985 年 2 月 7 日)
致薄一波 ……………………………………………… (618)
(1985 年 2 月 8 日)
致袁可嘉、陈敬容 …………………………………… (619)
(1985 年 2 月 26 日)
致王梦奎 ……………………………………………… (621)
(1985 年 3 月 4 日)
致张培森 ……………………………………………… (623)
(1985 年 3 月 10 日)
致梅益 ………………………………………………… (626)
(1985 年 3 月 24 日)
致何东昌 ……………………………………………… (628)
(1985 年 4 月 5 日)
致朱穆之、艾知生 …………………………………… (630)
(1985 年 5 月 18 日)
致何东昌 ……………………………………………… (632)
(1985 年 5 月 18 日)
致胡启立 ……………………………………………… (634)
(1985 年 5 月 18 日)
致胡耀邦 ……………………………………………… (635)
(1985 年 5 月 22 日)

致宗璞 ……………………………………………………… (636)
(1985 年 6 月 14 日)
致吴祖光、新凤霞 ……………………………………… (637)
(1985 年 6 月 19 日)
致胡启立、习仲勋、邓力群 …………………………… (639)
(1985 年 7 月 9 日)
致薄一波、杨尚昆 ……………………………………… (640)
(1985 年 8 月 13 日)
致郑必坚 ……………………………………………… (642)
(1985 年 8 月 23 日)
致艾知生 ……………………………………………… (643)
(1985 年 9 月 4 日)
致胡耀邦、胡启立、陈丕显、李鹏 …………………… (645)
(1985 年 9 月 6 日)
致尉健行 ……………………………………………… (647)
(1985 年 9 月 7 日)
致胡耀邦 ……………………………………………… (649)
(1985 年 9 月 12 日)
致张劲夫并吕东、袁宝华、赵维臣等 ……………… (650)
(1985 年 9 月 12 日)
致邓小平 ……………………………………………… (652)
(1985 年 9 月 17 日)
致董边 ………………………………………………… (653)
(1985 年 9 月 23 日)

致胡启立、姚依林、宋平并转张塞 …………………… (655)
(1985年9月25日)
致王鹤寿、韩光 …………………………………………… (656)
(1985年9月25日)
致巴金 ………………………………………………………… (657)
(1985年10月2日)
致陈国栋 …………………………………………………… (658)
(1985年10月13日)
致吴祖光 …………………………………………………… (660)
(1985年10月14日)
致薄一波、杨尚昆 ………………………………………… (662)
(1985年10月19日)
致胡启立 …………………………………………………… (666)
(1985年10月24日)
致胡启立、李鹏、朱厚泽并宋德福 ……………………… (667)
(1985年10月28日)
致陈章太 …………………………………………………… (669)
(1985年10月28日)
致上海《科学》杂志编辑部 ………………………………… (670)
(1985年10月)
致中央新闻纪录电影制片厂 ……………………………… (671)
(1985年11月4日)
致胡耀邦 …………………………………………………… (672)
(1985年11月19日)

致袁宝华、朱镕基 ……………………………………………… (673)
(1985年11月30日)
致薄一波 ……………………………………………………………… (674)
(1985年12月8日)
致周光召 ……………………………………………………………… (675)
(1985年12月16日)
致尉健行、中央组织部 ……………………………………………… (677)
(1986年2月16日)
致匡亚明 ……………………………………………………………… (679)
(1986年3月4日)
致胡耀邦、习仲勋、胡启立并赵紫阳 ……………………………… (680)
(1986年4月8日)
致邓力群 ……………………………………………………………… (681)
(1986年4月26日)
致逄先知、龚育之 …………………………………………………… (683)
(1986年5月2日)
致丁石孙、沙健孙并王力家属等 …………………………………… (686)
(1986年5月4日)
致中共中央文献研究室并邓力群 ………………………………… (687)
(1986年5月10日)
致龚育之、逄先知 …………………………………………………… (689)
(1986年5月14日)
致邓力群 ……………………………………………………………… (692)
(1986年5月16日)

致李鹏、何东昌等 ……………………………………(694)
（1986 年 5 月 21 日）
致逄先知、龚育之 ……………………………………(695)
（1986 年 5 月 27 日）
致胡启立 ………………………………………………(696)
（1986 年 6 月 11 日）
致芮杏文、江泽民 ……………………………………(697)
（1986 年 6 月 13 日）
致宋健 …………………………………………………(698)
（1986 年 8 月 28 日）
致李锡铭 ………………………………………………(699)
（1986 年 9 月 6 日）
致胡启立、邓力群、温家宝 …………………………(700)
（1986 年 9 月 10 日）
致艾知生 ………………………………………………(702)
（1986 年 9 月 10 日）
致胡耀邦、邓小平、赵紫阳、李先念、陈云 …………(704)
（1986 年 10 月 18 日）
致姚依林、朱镕基 ……………………………………(708)
（1986 年 10 月 23 日）
致陈国栋 ………………………………………………(710)
（1986 年 11 月 2、3 日）
致胡启立 ………………………………………………(712)
（1986 年 11 月 6 日）

致张毕来 ……………………………………………………(713)
（1987年1月3日）
致朱厚泽、朱穆之并胡启立、田纪云、邓力群 ………(716)
（1987年1月24日）
致谭大同 ……………………………………………………(718)
（1987年2月3日）
致邓力群、王忍之 ………………………………………(720)
（1987年2月4日）
致赵紫阳、胡启立、田纪云、邓力群 ……………………(721)
（1987年2月27日）
致胡绳 ………………………………………………………(724)
（1987年2月28日）
致胡启立、邓力群并报赵紫阳 …………………………(727)
（1987年3月7日）
致邓力群 ……………………………………………………(728)
（1987年3月16日）
致胡启立、邓力群 ………………………………………(729)
（1987年3月26日）
致方铭 ………………………………………………………(730)
（1987年4月2日）
致周杰、中央档案馆等 …………………………………(732)
（1987年6月28日）
致宋平 ………………………………………………………(735)
（1987年7月16日）

致中共上海市委宣传部 …………………………… (736)
(1987年7月25日)
致赵紫阳并胡启立、李鹏 ……………………… (738)
(1987年7月27日)
致王忍之、王维澄 …………………………… (739)
(1987年8月26日)
致赵紫阳、薄一波、胡启立 …………………… (741)
(1987年8月29日)
致沈昌文、董秀玉 …………………………… (743)
(1987年8月30日)
致胡绳、汝信、邢贲思 ………………………… (745)
(1987年9月1日)
致陆定一 ……………………………………… (747)
(1988年2月7日)
致逄先知 ……………………………………… (748)
(1988年3月5日)
致崔奇 ………………………………………… (749)
(1988年3月29日)
致何东昌 ……………………………………… (751)
(1988年4月21日)
致中办秘书局会议处并转中共中央 ………… (752)
(1988年4月29日)
致赵华富 ……………………………………… (753)
(1988年6月1日)

致中国作家协会并萧军家属 ……………………………(754)
（1988年6月23日）
致黄裳 ……………………………………………………(755)
（1988年10月24日）
致柯灵 ……………………………………………………(757)
（1988年10月24日）
致王忍之、李彦、曾建徽 ………………………………(759)
（1988年10月24日）
致叶华 ……………………………………………………(761)
（1989年2月8日）
致薄一波 …………………………………………………(763)
（1989年2月18日）
致钱端升 …………………………………………………(764)
（1989年5月11日）
致李政道 …………………………………………………(765)
（1989年8月1日）
致许永跃 …………………………………………………(767)
（1989年8月17日）
致王忍之并报李瑞环 ……………………………………(769)
（1989年8月18日）
致钱钟书、杨绛 …………………………………………(771)
（1989年11月7日）
致刘大年并白介夫 ………………………………………(772)
（1989年11月8日）

致王作民并韦君宜 …………………………………………………… (774)

（1989 年 11 月 19 日）

致邓力群 ………………………………………………………………… (776)

（1989 年 11 月 25 日）

致王任重并曾庆洋 …………………………………………………… (777)

（1989 年 12 月 1 日）

致商务印书馆汉译世界学术名著丛书编辑部 ……… (779)

（1989 年 12 月 4 日）

致郭豫适 ………………………………………………………………… (781)

（1990 年 1 月 21 日）

致杨尚昆、薄一波 …………………………………………………… (782)

（1990 年 3 月 27 日）

致孔海珠 ………………………………………………………………… (783)

（1990 年 4 月 9 日）

致王忍之、滕文生 …………………………………………………… (788)

（1990 年 4 月 11 日）

致中共中央常委 ……………………………………………………… (791)

（1990 年 6 月 14 日）

致乐怡然、王慰慈 …………………………………………………… (793)

（1990 年 7 月 14 日）

致乐怡然 ………………………………………………………………… (795)

（1990 年 7 月）

致卞之琳 ………………………………………………………………… (796)

（1990 年 8 月 5 日）

致方铭 ……………………………………………………………(797)
（1990 年 8 月 30 日）
致段连城、王作民 ………………………………………………(799)
（1990 年 11 月 2 日）
致李灏、郑良玉等 ………………………………………………(801)
（1990 年 11 月）
致刘大年、白介夫等 ……………………………………………(803)
（1991 年 1 月 22 日）
致陈威、陈斐章、滕文生 ………………………………………(805)
（1991 年 2 月 21 日）
致倪墨炎 …………………………………………………………(806)
（1991 年 3 月 8 日）
致杨尚昆、薄一波、邓力群并江泽民、温家宝 ………(809)
（1991 年 6 月 26 日）
致《中国社会科学》编辑部 ……………………………………(811)
（1991 年 7 月 2 日）
致李先念并杨尚昆、薄一波、邓力群、胡绳 …………(812)
（1991 年 7 月 12 日）
致盐城市委、市政府 ……………………………………………(814)
（1991 年 7 月 20 日）
致张德勤 …………………………………………………………(815)
（1991 年 9 月 30 日）
致李政道 …………………………………………………………(816)
（1991 年 10 月 21 日）

致胡绳 …………………………………………………… (817)
(1991年11月4日)
致陈原 …………………………………………………… (819)
(1991年11月14日)
致陈原 …………………………………………………… (821)
(1991年11月28日)
致财政部 ………………………………………………… (822)
(1991年12月16日)
致耿飚 …………………………………………………… (823)
(1992年1月10日)
致钱钟书 ………………………………………………… (825)
(1992年1月15日)
致薄一波 ………………………………………………… (827)
(1992年5月)
致扬州中学 ……………………………………………… (829)
(1992年8月2日)
致扬州中学 ……………………………………………… (831)
(1992年9月9日)
致巴金 …………………………………………………… (832)
(1992年9月27日)

编后记 …………………………………………………… (833)

致任弼时

（一九四五年四月九日）

弼时[1]同志：

历史稿[2]送上，因考虑得仍不成熟，改得仍不多，你上次所指出的许多地方因记得不甚清楚亦尚未改正。将来的改正稿望你给我一份以便继续研究。

关于教条主义宗派我是先讲小集团，待宗派主义事迹说清后才安上教条主义宗派的头衔，以见实事求是之意，经验主义的问题也是先说事实后说责任，这样说不知是否有当？

敬礼

乔　木

九日

据胡乔木手稿排印。

注　释

1　弼时，即任弼时（1904—1950）：湖南湘阴（今属汨罗市）人。时任中共中央秘书长、中央书记处书记。1944年受中央委托，主持起草《关于若干历史问题的决议》。

2　历史稿，指《关于若干历史问题的决议》初稿。1945年4月20日中共六届七中（扩大）全会正式通过了这个决议。

致林伯渠、马锡五、贾拓夫等

（一九四五年七月三十一日）

林[1]、马[2]、贾[3]转仲良[4]、合邦[5]、沃如[6]同志：

望对庆阳天主教神甫做争取教育工作。庆阳王神父[7]，三十里铺薛神父[8]（阿根廷人），受顽军迫害，求我方保护，谢我方帮助的情形，是国际宣传的很好材料，望将此事始末及他们写给陈传纲的信（已由乔木交沃如）摘要写成新闻发来，并望对他们和其他教友继续做团结争取的工作，使他们进一步靠拢我们，为我们讲话，打击国内外反动派说我们摧残天主教的欺骗宣传。[9]

定一[10]、乔木　世[11]

据胡乔木手稿排印。

注　释

1 林，即林伯渠（1886—1960）：湖南临澧人。时任陕甘宁边区政府主席。

2 马，即马锡五（1898—1962）：陕西保安人。时任陕甘宁边区高等法院陇东分庭庭长。

3 贾，即贾拓夫（1912—1967）：陕西神木人。时任中共中央西北局常委、秘书长。

4 仲良，即张仲良（1907—1983）：陕西耀县人。时任中共陇东地委书记。

5 合邦,即李合邦(1913—1967):又名鹤榜,陕西清涧人。时任中共陇东地委副书记。

6 沃如,即李握如(1908—):湖南平江人。时任中共陇东地委常委、社会部部长。

7 王神父,即王维藩神父,当时在庆阳天主教堂任职。1945年7月25日的延安《解放日报》刊出题为《什么地方有传教自由》一文,记录了王神父的谈话。王神父说:自欧战爆发后,国民党在西峰、平凉等地,对教堂、教友不但断绝经济,而且对他们掠夺、抢劫,政治上欺压;但陕甘宁边区政府却对他们是另外一个样子,保障其信仰,经济生活上也十分关怀。因此他对边区政府十分感谢,表示拥护毛主席的《论联合政府》,并望早日实现。

8 薛神父,即薛乐达,美籍阿根廷人,当时在陇东的三十里铺(今甘肃庆阳县)天主教堂任职。

9 1945年10月12日,延安市天主教友邀请薛乐达神父、庆阳传教会会长周荣福来延安参观半月。薛乐达等参观后,深感边区和国民党统治区是两个世界,十分感慨,认为"可见毛主席治国有方"。离开延安时,薛乐达致函林伯渠主席、李鼎铭副主席,表示感谢,并表示要将边区的实况,"告诉全体教友和国外的朋友们"。1945年10月30日的延安《解放日报》,刊出题为《陇东美籍天主教神父薛乐达等来延参观》的报道。

10 定一,即陆定一(1906—1996):江苏无锡人。时任中共中央宣传部部长。

11 世,即31日。

致毛泽东

（一九四六年三月二十四日）

毛主席[1]：

此文[2] 匆促写成，未及送少奇[3] 同志阅了，为求能于今日发表，故直送你了。文中有一处在括弧内提到军队国家化与政治民主化同时并进的解释，意思是预先说好以免反动派挑拨，并便于在宣传上转弯，请看是否妥当[4]。又昨晚来信收到时文章已写好，意思是加进去了，但不一定适宜，我想在日内另写一文专驳所谓二中全会[5] 已批准了政协决议之说，蒋介石的手法当于该文中充分予以揭穿。

敬礼

乔木

三月廿四日晨

据胡乔木手稿排印。

注释

1 毛主席，即毛泽东（1893—1976）：湖南湘潭人。时任中国共产党中央委员会主席、中央政治局主席、中央书记处主席。

2 此文，指胡乔木起草的《评国民党二中宣言》稿。

3 少奇，即刘少奇(1898—1969)：湖南宁乡人。时任中共中央书记处书记。

4 毛泽东看了胡乔木原先起草的文章后，在胡乔木的信上批示："乔木：此件写得不甚好，请考虑或暂置，或修改。如修改，只注重两点：(一)先军队国家化，吞并异己，大权在握，永远也不国家民主化；(二)对国民党军国家化，一字不提，明欲保存党派军队。凡此皆为规外行动，另生枝节。我们坚主即刻开始政治民主化，使整军后之两党军队均交民主政府；必须两党齐交，希望国民党勿作规外行动，勿另生枝节。"

5 二中全会，指 1946 年 3 月 1 日—17 日国民党在重庆召开的六届二中全会。蒋介石在会上公开号召破坏政协协议。全会通过了推翻政协宪章中各项民主原则的决议及其他多项反共决议。

致 刘 雪 苇

（一九四六年五月二十日）

雪苇[1] 同志：

你的信收到了，你所嘱咐的事我已做了。祝你的愿望成功！

你以前给我的一封信我没有自己回你的信，这是我的一宗憾事。幸而党校最后作出了使你基本满意的结论。在今后的工作中党将更完全地认识你的战士的品质。

你在文学事业上已经有了一定的成绩，经过更多战斗的阅历一定会更为成熟。你过去和我讨论过鲁迅生活中一段的看法，我至今还感激你的厚意。希望将来见面（或通讯）时能够交换更多关于其他问题（文艺、文化、思想）上的意见。

握手！

乔　木

五月二十日

据胡乔木手稿排印。

注　　释

1 雪苇，即刘雪苇（1912—1998）：贵州郎岱（今属六盘水市）人。作家、文艺评论家。1932 年 3 月加入中国共产主义青年团，同年 10 月转为中国共产党党员。1937 年到延安，任中央研究院研究员和特别研究员。

致周恩来

（一九四六年八月十一日）

恩来[1]同志：

（一）安平事件[2]，延安亦无任何详细情报，仅据冀东来电发表。冀东既始终未成立新华分社，且电台联络亦数日不通，致催询详情之电经常积压，极感困难。延安应做之事，一为判断来电可靠程度，二为保持宣传之前后一致。但因新华社发表消息时未能详细研究，亦未向中央详细报告，遂造成此次之前后不符，得此教训后已力求谨慎（艾云爱事亦如此。但王铁汉则系捉住几天后逃走者）。

（二）中央已令各地此后报告军事与外交消息时，特别注重迅速准确，如不能判断绝对准确，必须注明。并令冀察晋与北平执行部共同解决冀东外交与宣传问题，在冀东派一干员专司对美外交宣传工作。冀东新华分社必须迅即成立，直接与延安联络。詹[3]、毕[4]鱼电[5]，仍极笼统，已再电催告详情。

陆[6]、乔[7]、余[8]　真[9]

据胡乔木手稿排印。

注 释

1 恩来,即周恩来(1898—1976):祖籍浙江绍兴,生于江苏淮安。时任中共中央政治局委员、中央书记处书记。

2 安平事件:1946年7月29日,驻天津美军60余人,为了帮助国民党发动内战,协同国民党军80余人,闯入天津西北我解放军驻地安平镇附近,向解放军进攻。事后,美军不但不认错,反而在空军配合下,占领安平镇。此事称为"安平事件"。

3 詹,即詹才芳(1907—):湖北黄安人。时任冀东军区司令员、东北民主联军纵队司令员。

4 毕,即毕占云(1903—1977):四川广安人。时任冀东军区副司令员。

5 鱼电,即6日电。

6 陆,即陆定一。

7 乔,即胡乔木。

8 余,即余光生(1906—1978):浙江镇海人。时任新华社代理社长、《解放日报》总编辑。

9 真,即11日。

致毛泽东

（一九四八年十一月十五日）

主席：

《国内一周》[1] 是应各方面要求而作的一种尝试，解放区报纸、口播、特别是英播是很需要这样一种东西。十一月开始作，这是第二篇，两篇均由长江[2] 同志写了初稿。算是对于综合报道习作的一个较经常和原始的方法。请审阅指示。[3]

敬礼

乔　木　15/11

据胡乔木手稿排印。

注　释

1 《国内一周》，1948 年《人民日报》每逢周日在第一版有《国内一周》栏目，以后又新添《国际一周》栏目。

2 长江，即范长江（1910—1970）：四川内江人。时任新华社总编辑。

3 毛泽东在胡乔木的信上批示：“需要这种报道。此篇写得可以。”

致安岗

（一九四九年四月二十九日）

安岗[1]同志：

柳亚子诗四首[2]，毛主席嘱务请明三十日登报勿误。另昨送他给毛、朱贺电亦请于明日补登。

敬礼

乔木

二十九日

据胡乔木手稿排印。

注释

1 安岗（1918— ）：天津人。时任《人民日报》副总编辑。

2 柳亚子（1887—1958）：江苏吴江人。诗人。新中国成立后任中央人民政府委员、政务院文化教育委员会委员。1949年3月25日，毛泽东到北平，柳亚子同沈钧儒、陈叔通、黄炎培、马寅初等去西苑机场迎接。毛泽东在机场检阅了中国人民解放军部队。是夜柳亚子宿颐和园，吟诗四首，歌颂党和毛泽东的丰功伟绩。

致毛泽东、周恩来

（一九四九年六月二十四日）

毛、周：

新华社拟将社务委员会改组、扩大。其名单如下：

胡乔木（兼社长）

范长江（副社长，拟将来调回任新闻事业管理处处长，届时即将副社长名义取消）

陈克寒（副社长兼总编辑）

徐健生（秘书长）

吴冷西（第一副总编辑）

朱穆之（第二副总编辑兼国内新闻编辑部主任）

陈适五（秘书室主任）

陈翰伯（国际新闻编辑部主任）

黄操良（国际新闻编辑部副主任）

廖盖隆（国内新闻编辑部副主任）

黎　澍（资料室主任）

纪坚博（外文翻译部主任）

汤宝桐（第一助理秘书长兼秘书处处长）

耿锡祥（第二助理秘书长兼电务处处长）

丁　拓(干部处处长)

又社务委员会前改称社务管理委员会,现拟恢复原名较为简便。以上请予批示。[1]

乔　木

六月二十四日

据胡乔木手稿排印。

注　　释

1　毛泽东当日批示:“同意。”

致毛泽东

（一九四九年六月二十七日）

毛主席：

七一文章[1]先送上，七七口号[2]今晚送上。

四国会议[3]已在《国际一周》中说了，待七七文章[4]再说。

嘱广播的几篇文章均已办。

敬礼

乔木

六月廿七日

据胡乔木手稿排印。

注释

1 七一文章，指《中国革命胜利的关键何在？——纪念中国共产党的廿八周年》。包括七七口号、七七文章都是毛泽东交给胡乔木起草的任务。毛泽东在6月24日给胡乔木的信中写道："乔木：写一篇纪念七一的论文（似不宜用新华社社论形式，而用你的名字为宜），拟一单纪念七七的口号（纪念七七，庆祝胜利，宣传新政协及联合政府，要求早日订立对日和约，消灭反动派残余力量，镇压反动派的破坏和捣乱，发展生产和文教）——此两件，请于六月最近两天拟好，以便于六月廿八日发出，六月廿九日各地见报。

写一篇七七纪念论文(带总结性),——此件须于七月二日写好,三四两日修改好,五日广播,七日各地见报。起草一个各党派的纪念七七的联合声明——此请亦于七月二日写好,以便交换意见。以上工作很繁重,都推在你的身上,请你好好排列时间,并注意偷空睡足觉。你起草后,我给你帮忙修改,你可节省若干精力。

"'英美的外交——特务外交'一文甚有用,请令全文播发,提起警惕性。"

未过两天,毛泽东于6月26日又给胡乔木写信催索:

"七七口号及七一论文怎样?是否可于日内写起?

"对欧洲外长会议——由你指定一人写,似应有一篇评论,是否还来得及、是否有过时之嫌?如不写专评,则在七七文章中讲国际形势里写进去也可以。

"提议将本日(廿六)《人民日报》所载两篇短文口播及文播:一是陈雷的自我批评,一是赵树理的'也算经验',请酌办。"

2 七七口号,指《纪念抗日战争十二周年中共中央发布口号》,载1949年7月2日《人民日报》。

3 四国会议,指1949年5月23日—6月20日在巴黎召开的苏、美、英、法四国外长会议。会议内容,一是讨论恢复德国经济与政治统一问题;二是讨论对奥和约问题。

4 七七文章,指《新政治协商会议筹备会各民主党派各团体为纪念"七七"抗日战争十二周年宣言》,载1949年7月7日《人民日报》。

致龚澎

（一九四九年六月二十八日）

香港新华社龚澎[1]：

和代报告[2]巳鱼[3]已播节译，如必要，请港全译。

胡乔木　俭[4]

据胡乔木手稿排印。

注　释

1 龚澎（1914—1970）：安徽合肥人。时在香港做国际宣传工作，主编英文双周刊《中国文摘》。

2 和代报告，指《出席巴黎—布拉格世界拥护和平大会中国代表团报告书》，载 1949 年 6 月 4 日《人民日报》。

3 巳鱼，即 6 月 6 日。

4 俭，即 28 日。

致赵毅敏、廖井丹

（一九四九年七月二十一日）

华中总分社[1] 转赵毅敏[2]、廖井丹[3] 同志：

陈楚[4] 拟带到西南去的班子约有多少人，是否可独立办一个或两个省委的报，望立复。

乔木　午马[5]

据胡乔木手稿排印。

注　释

1 华中总分社，指新华社华中总分社。

2 赵毅敏（1904—　　）：河南滑县人。时任中共中央华中局宣传部部长。

3 廖井丹（1914—　　）：四川长寿人。时任中共中央华中局宣传部副部长。

4 陈楚（1917—　　）：山东荣成人。时任《长江日报》社社长。

5 午马，即 7 月 21 日。

致陈荒煤

（一九四九年八月十二日）

华中局分社转荒煤[1]同志：

《万水千山只等闲》一文[2]写得很好，望你能每一两月写一篇这样的通讯给我们。此意并望转告白羽[3]、牧良[4]、穆青[5]为感。

乔　木　未文[6]

据胡乔木手稿排印。

注　释

1 荒煤，即陈荒煤（1913—1996）：湖北襄阳人。作家。时任武汉市军管会文教部副部长兼文艺处长。

2 《万水千山只等闲——记解放军某部在暴风雨中翻越荆山的进军》一文于1949年8月14日发表在《人民日报》增刊第二版，后收集在陈荒煤《难忘的梦幻曲》一书中，1994年8月由中国文联出版公司出版。

3 白羽，即刘白羽（1916—　　）：北京人。作家。时任新华社随军记者。

4 牧良，即蒋牧良（1901—1973）：湖南涟源人。作家。时任新华社特派记者。

5 穆青（1921—　　）：河南杞县人。时任新华社特派记者。

6 未文，即8月12日。

致王稼祥

（一九四九年十一月十三日）

稼祥[1]同志：

新华社拟派李何[2]任驻莫[3]记者，兹将李的履历开列如下，请予审查批准并复，以便准备出发。

乔木　戌元[4]

据胡乔木手稿排印。

注释

1 稼祥，即王稼祥（1906—1974）：安徽泾县人。时任外交部副部长、中国驻苏大使。

2 李何（1918—1962）：福建福州人。时任新华社国际新闻编辑部编辑。

3 莫，即莫斯科。

4 戌元，即11月13日。

致 邓 力 群

（一九四九年十一月十五日）

力群[1]：

发来新盟讣告[2]有数处疑问望速复以便发表。（一）阿哈买提江后称阿哈买提江哈斯米[3]，应如何统一？（二）讣文前后均称新盟中央组织委员会，但中间又忽称新盟中央委员会，阿哈买提江的职衔亦为中央委员会主席，两者关系如何？应否统一？（三）讣文末称“永远的领导者人民模范”不可解，望校正重发。（四）各人姓名如何区分，其外国文译名如何拼音？望告以便发英俄文广播。此后发来新疆消息时亦望注意及此。（五）毛主席唁电[4]称他们于九月间遇难，讣文中则完全没有遇难时间，是否需要说明？（六）新疆有无追悼消息发来？[5]

乔　木

十一月十五日

据胡乔木手稿排印。

注　释

1　力群，即邓力群（1915—　　）：湖南桂东人。时任中共中央特派员。

2 新盟,即新疆保卫和平民主同盟,1948 年 8 月 1 日在伊宁成立,是新疆人民革命的领导机构。1949 年 9 月 26 日,新疆人民出席中国人民政治协商会议的第一批代表新疆省联合政府副主席阿哈买提江、新疆省伊犁阿山塔藏三区民族军总指挥伊斯哈克伯克、新疆保卫和平民主同盟中央委员会委员阿不都克里木、民族军副总指挥达列尔汉、新疆中苏文化协会干部罗志等 5 人,在赴京途中因飞机失事在西伯利亚遇难,新盟中央组织委员会于 1949 年 11 月 1 日为此发表讣告。

3 阿哈买提江·哈斯米(1914—1949):新疆伊犁人。维吾尔族。新疆三区革命后期的主要领导人。1949 年任新疆省联合政府委员兼副主席、新疆保卫和平民主同盟中央主席。

4 指 1949 年 11 月 22 日毛泽东为阿哈买提江等 5 人遇难向新疆保卫和平民主同盟中央委员会发出的唁电,载 1949 年 11 月 25 日《人民日报》。

5 邓力群于 1949 年 11 月 18 日致电胡乔木:“所询问题答复如下:(一)阿哈买提江哈斯米是全姓名,哈斯米是姓,阿哈买提江是名。我问了赛福鼎,他说用汉字发表可以不要姓,以免误为二人,译成外文则与汉人姓名译成外文同。(二)新盟中央委员会内,设中央组织委员会,其职权性质与我中央政治局相似,阿哈买提江为中委会主席兼组织委员会主席。(三)末文一句话是你处收错了(应为永远的启发者和模范)。(四)他们遇难时间是九月廿六日。(五)有原文及《新疆日报》之追悼消息,如需要我可和新华社来此记者商量发出一个消息。(六)将原文继重发一次。”

致周恩来并转中央

（一九四九年十一月二十二日）

周[1] 并转中央：

"上海出版业东北华北参观团"，由公私合营书店二家（三联，上海联合出版社），与公私合营有关者一家，已被军管者二家，及私营十七家（包括商务，中华）组成，来平向中央政府出版总署请示具体方针。团长张静庐[2]，副团长姚蓬子[3]。十一月五日到京，八日去东北。约半个月再返京，届时出版总署拟正式予以接见。

办法，拟（一）由出版总署主动召开一次座谈会，重申扶助有益于人民的私营出版事业，及在不为帝国主义、封建主义与官僚资本主义作宣传的范围内出版自由的方针。并谛听他们的意见。

（二）指示他们在缺乏新的稿子时，把已出的各书中尚有用处者整理出来重印。有些书销行甚广，但内容有反动与错误之处（如《辞海》、《辞源》中有关政治的条目），必须于再版时修改。

（三）确定教科书国营，但海外华侨的教科书可自由经营。

是否妥当，请予批示。[4]

陆、胡[5]

十一月二十二日

据胡乔木手稿排印。

注　释

1 周，即周恩来，时任中央人民政府政务院总理。

2 张静庐（1898—1969）：浙江镇海人。出版家。时任上海出版工作者协会（筹）东北华北参观团团长。

3 姚蓬子（1891—1969）：浙江诸暨人。作家。

4 周恩来 11 月 24 日批示："毛、刘、朱传阅后退陆定一、胡乔木。拟同意其所提办法，并在谈话后由出版总署写一报告。"

5 陆、胡，即陆定一、胡乔木。

致毛泽东、刘少奇、周恩来、朱德

（一九四九年十一月二十四日）

毛[1]、刘[2]、周、朱[3]：

送上关于统一发布中央人民政府及其所属各机关重要新闻的暂行办法草案一份，系新闻总署（根据中央政治局决定）所拟，拟由[4] 中央人民政府委员会通过[5] 后召集中央政府各机关代表商讨执行办法，但不公布。请审查需要否及可用否。

其中需统一发布的项目中原有负责人重要言行一项，在讨论时删去了，因估计现在要求李济深[6]、黄炎培[7] 等不直接在报纸上自由发表谈话是不适当的，但对于党内则应要求统一发布。

中央人民政府新闻室[8] 拟由陈克寒[9] 兼主任，以便与新华社工作统一。

敬礼

乔　木

十一月二十四日

据胡乔木手稿排印。

注　释

1 毛,即毛泽东,时任中共中央主席、中央人民政府主席、人民革命军事委员会主席、中央军委主席。

2 刘,即刘少奇,时任中央人民政府副主席。

3 朱,即朱德(1886—1976):四川仪陇人。时任中央人民政府副主席。

4 11月28日毛泽东阅此件时在“拟由”两字后面加了“政务院呈请”五字。

5 毛泽东还把“委员会通过”五字删改为“主席批准”四字。并在胡乔木信上批示:“周:似宜由政务院决定呈请中央人民政府主席批准即可,不必经过政府委员会,请酌定,并告乔木。”周恩来于11月30日接着批示:“照主席规定办理。”

6 李济深(1885—1959):广西苍梧人。时任中央人民政府副主席、中国国民党革命委员会主席。

7 黄炎培(1878—1965):江苏川沙(今上海市)人。时任政务院副总理兼轻工业部部长。

8 周恩来在此处批示:“新闻室,仍归新闻总署管理,不必设在中央人民政府办公所内。”

9 陈克寒(1917—1980):浙江慈溪人。时任新华社副社长兼总编辑。

致杨尚昆

（一九四九年十一月二十七日）

尚昆[1]同志：

六中全会发言稿[2]（文件五——二五一）主席决定不必付印了，因为字数有一百几十万之多，而内容又已过时，发给各地不能起指导作用。现将第一办公室和我在文字上改过的（我才改了几十份）以及发言者本人改过的整出一全套，送上请查收作为正式档案保存。

敬礼

胡乔木

十一月二十七日

据胡乔木手稿排印。

注释

1 尚昆，即杨尚昆（1907—1998）：四川潼南人。时任中共中央副秘书长、中央办公厅主任。

2 六中全会发言稿，指1938年9月29日—11月6日召开的中共六届六中（扩大）会议上与会者的发言稿。

致毛泽东

（一九四九年十二月二十三日）

毛主席：

自主席访苏[1]消息公布后，不但工人和知识分子极为兴奋，各民主党派反映亦甚热烈。民盟四中全会[2]会场上闻悉此讯，欢声雷动。永安饭店、远东饭店中的很多客人，闻讯后连呼伟大伟大，手舞足蹈。民革[3]为此召集中常会，会上咸认此后中国经济建设必可获苏联大力帮助。几个个人的反映如下：

（一）黄炎培说：毛此行是由苏联要求修改中苏条约和交回旅大，但中国尚无准备，必须商量。此外也要讨论太平洋防御和借款问题，借款是必有希望的。至对美刺激不可避免，因中苏必须打成一片。黄在民盟会上盛称苏联对中国的援助，说他从前对苏认识有些错误，现在认识到苏联是中国最好的朋友，他从未见过这样的朋友。

（二）章乃器[4]说：工商界对毛访苏都很高兴，纷纷议论中国建设有望，因苏联必在经济上帮助我们克服困难。

（三）蔡廷锴[5]说：各方均认为毛访苏对中国前途很重要，毛主席到莫斯科受热烈欢迎，我们都很快慰。

（四）胡庶华[6]说：毛访苏可能是斯大林所邀请，否则不会这样快。此行可打破英美的铁托幻想，对中苏友谊极有裨益。

（五）杨卫玉[7]说：毛此行主要是解决旅大问题。

（六）丁西林[8]说：毛赴苏意义重大。他说苏联中小学生均熟知中国领袖，他们知道毛主席的比我国学生知道斯大林的要多得多。

其余反映容续探报。

乔木

十二月二十三日

据胡乔木手稿排印。

注释

1 主席访苏，毛泽东从1949年12月16日起访问苏联，1950年2月14日在莫斯科与苏联签订《中苏友好同盟互助条约》、《关于中国长春铁路、旅顺口及大连的协定》、《关于苏联贷款给中华人民共和国的协定》。

2 民盟四中全会，指1949年11月15日—12月20日在北京召开的中国民主同盟一届四中扩大会议。

3 民革，即中国国民党革命委员会。

4 章乃器（1897—1977）：浙江青田人。经济学家。时任政务院政务委员、财经委员会委员、粮食部部长、中国民主建国会中央副主任委员。

5 蔡廷锴（1892—1968）：广东罗定人。时任人民革命军事委员会委员、中国国民党革命委员会中央常委、副主席。

6 胡庶华（1886—1968）：湖南攸县人。时任北京钢铁学院教授、中国国民党革命委员会中央团结委员会委员。

7 杨卫玉（1888—1956）：江苏嘉定（今属上海市）人。时任轻工业部副部长、中国民主建国会中央常委。

8 丁西林(1893—1974):江苏泰兴人。剧作家。时任文化部副部长。

致毛泽东、周恩来

（一九五〇年二月十五日）

毛、周：

（一）赖亚力[1]所带文件均收到，中苏友好同盟互助条约，中苏关于中长旅大协定，中苏关于贷款协定三件均已校正完全无误。

（二）新华社社论修改电[2]已收到，已照改并送刘[3]校阅完全无误。

（三）北京电信局于北京十四日二十二时四十分始收到维辛斯基[4]演说（已译好），十五日二时始收到由海参崴转来一报七五七字（尚未译出），当系联合公报[5]，周演说[6]尚未收到。

（四）新华社已自十五日二时起广播已收好的各文件，同时电告各报按下列次序发表：一、公报　二、条约　三、中长旅大协定　四、贷款协定　五、两外长演说（以演说先后为序）　六、社论[7]，并告各报必须在收齐上述全部文件后始得出版。

（五）新华社英文广播须视塔斯社广播情况而定。如条约、协定获得太晚则拟先发公报、演说及新华社社论。

乔 木

一九五〇年二月十五日三时

据胡乔木手稿排印。

注 释

1 赖亚力(1910—1994):四川内江人。时任外交部办公厅副主任。

2 指1950年2月14日毛泽东关于修改《中苏友好合作的新时代》社论给刘少奇、胡乔木的电报。

3 刘,即刘少奇,在毛泽东访苏期间,由他代理中共中央委员会主席及中央人民政府主席职务。

4 维辛斯基(1883—1953):时任苏联外交部部长。

5 联合公报,指《中苏两国关于中华人民共和国与苏联之间缔结条约与协定的公告》,载1950年2月16日《人民日报》。

6 周演说,指周恩来2月14日在《中苏友好同盟互助条约》、《关于中国长春铁路、旅顺口及大连的协定》、《关于苏联贷款给中华人民共和国的协定》签订仪式上发表的演说。

7 社论,指《巩固中苏兄弟同盟》,载1950年2月16日《人民日报》。

致范长江、邓拓、安岗

（一九五〇年三月二十二日）

长江[1]、邓拓[2]、安岗同志：:

《人民日报》常常行子太挤，使版面极不美观。要解决这个问题需要依靠熟练的看大样的同志遇到拥挤的情形时立即设法纠正。许多文章要减去三五行并不困难，只要这里那里删掉几个不重要的字，就可使一个短行完全不见。改用扁标点使只占半格也是一种救急的方法。

此外，标点放在一行之首也很不美观，尤其是一个标点独成一行，既不美观又不经济。这些都需要改用扁标点来解决。

拿今天的第三版来说，梁达三文章[3] 中的小标题可以改用四号楷体或老五号加点，较为醒目又使行格宽松（因不是正题只是五号易于搞混）。新片评介的栏题内容形式都不好，可以取消，也可节省一些篇幅。《党的生活》两文正副题黑压压的也可以调整。诸如此类。

总之，应当使《人民日报》的报面美观，这是《人民日报》全体编校印刷同志的政治任务之一。请设法保证这一任务的实现。

今天的二版对读者来信和答复的内容来说是一个讽刺[4]，不过这不在本题之内，所以就不说了。

敬礼

胡乔木 22/3

据胡乔木手稿排印。

注　　释

1 长江，即范长江，时任新闻总署副署长、《人民日报》社社长。

2 邓拓(1912—1966)：福建闽侯(今福州市)人。时任《人民日报》总编辑。

3 梁达三文章，题为《怎样检查水利工程》。

4 指《人民日报》3月22日《读者来信》栏目中刊出读者黄鼎文来信，要求《人民日报》发表的文章“要写短些通俗些”，来信不到200字；但编辑部的答复却有400多字，行文也不大通俗。

致范长江、邓拓

（一九五〇年五月十三日）

长江、邓拓同志：

请考虑《人民日报》五、六版除附送外的单独发行的问题。这可以刺激第五版各专刊负责人把专刊办好，成为全国性的一个方面的力量。其次，也可以刺激第六版变为行情报道、影剧广播节目介绍、商品介绍、公私启事等栏的综合版。成为为读者服务的另一种形式，和领导全国广告改进的首脑。如果可以作，应当在适当时机作为通告，征求订阅。

敬礼！

胡乔木

一九五〇年五月十三日

据铅印件排印。

致毛泽东

（一九五〇年五月十九日）

主席：

新闻总署拟出版一全国性的画报，请写《人民画报》四字，横行，大小不拘。务恳允许，并于休息前写好。[1]

沈阳市政府来函奉上。

敬礼

胡乔木

五月十九日

据胡乔木手稿排印。

注释

1 毛泽东于当日复函："照写如另纸"。

致范长江

（一九五〇年六月七日）

长江：

今日送去的公私工商业关系社论[1]写得并不好，原因是没有分析，只是将决定的办法一二三四地记录了一下。比方对私营工业在今天有什么重要性，为什么必须采取订货、收购办法，这种办法的救急作用与调整作用，私营商业为什么仍然是必要的，与国营商业合作社的力量对比，为什么要在价格政策（应分收购与零售两方面说）上和零售业的业务范围和开办数量上照顾私商，在这些方面都没有说出什么道理来。如果不采取这些政策，还能采取什么旁的政策呢？就会发生什么问题呢？采取这些政策就可以得到什么结果呢？只有这样才叫做提出了问题、解决了问题，才叫做有说服性，才说得上透彻。所以这篇文章最好是重写，把工业商业分开写。要把必要的材料成熟地掌握一下，找出逻辑关系来。（凡写重要问题的社论必须充分展开逻辑，才能被人接受和重视的理由。）否则，作为专论发表，也还需要请你再加些修改。

习仲勋报告[2]应全登第一版。党报应表现出注意我党的各个最重要方面的问题的能力。

敬礼

胡乔木 7/6

据胡乔木手稿排印。

注 释

1 指要在1950年6月8日《人民日报》发表的社论《如何调整公私工商业关系》。

2 习仲勋(1913—):陕西富平人。时任中共中央西北局书记。习仲勋报告，指习仲勋在1950年5月20日干部大会上的报告《反对官僚主义》，载1950年6月7日《人民日报》第一版。

致 范 长 江

（一九五〇年六月二十五日）

长江同志：

《人民日报》读者来信很有益，但每信后面应注明处理情形或意见，如此信已复如何如何，此信已转抄某处某处，此信已请某人某人代复，此信为何为何尚未答复。否则看了就未免令人纳罕。特此建议。

胡乔木

一九五〇年六月二十五日

据铅印件排印。

致邓拓、范长江

（一九五〇年七月十四日）

邓拓、长江同志：

《人民日报》最近期间的评论工作很有成绩。现在请你们将重心转到整党方面来，拟定十篇左右整党社论（关于各地整党情况及工商、征税、征粮、公安、农业生产、工业生产、土改、复员工作、军民关系、官兵关系、司法、文教、支部工作、群众工作等方面的作风整顿）的题目，并自本月下半月起至下月加以完成和发表。

与明日社论[1] 同时可考虑将所引斯大林论文第四节[2]积累之正当利用节约制度在第二版头栏加以发表，并加介绍。文中其余的话，对今天的中国不甚适用。

胡乔木　14/7

据胡乔木手稿排印。

注　释

1　明日社论，指《克服工业生产中的严重浪费》，载 1950 年 7 月 15 日《人民日报》第一版。

2　斯大林论文第四节，指斯大林在《论苏联经济形势与党的政策》的报告中的

第四节。这个报告，是斯大林给列宁格勒组织的活动分子作的关于1926年4月13日联共(布)中央全会工作的报告。胡乔木指示《人民日报》在发表上述《克服工业生产中的严重浪费》社论的同时，发表斯大林这个报告的第四节。

致范长江

（一九五〇年七月十六日）

长江同志：

请注意：明日将有京津出版社工作会议新闻及胡愈之在会上关于出版工作报告[1]（约有两三千字，应置一版显著地位并加插题，如能写短评更好；出版工作以后还准备写社论，已告出署[2]），华北军区和东北军工局批评问题（刘、聂[3]已阅，现在周[4]处，今晚可退还；王宝德原信之摘录摘错了一大段，把前年的事拖到今年政务院名下，驴头不对马嘴，应由摘录者严格检讨），及全国人民反侵略运动周开始（天津三万人大会，北京分会计划，东北已开始，朝鲜国旗国歌等）等件。如何安置请考虑。

胡乔木

七月十六日

北京、天津两市及华北整风消息何以不见？日内应有一头条新闻，配合拟陆续发表补充性的整风学习文件。

又及

据胡乔木手稿排印。

注　释

1 京津出版工作会议，指1950年7月10日—15日在北京召开的北京、天津出版工作会议。

胡愈之(1896—1986)：浙江上虞人。时任出版总署署长兼《光明日报》总编辑。他在会上作了《出版事业中的公私关系和分工合作问题》的报告，载1950年7月17日《人民日报》。

2 出署，即中央人民政府出版总署。

3 刘、聂，即刘伯承、聂荣臻。

4 周，即周恩来。

致范长江

（一九五〇年九月二十一日）

长江同志：

梁漱溟文请准备于十月一日发表[1]，勿作任何修改。此文望打好清样给光明、进步，沪港渝大公、文汇及《新观察》各一份。[2]

听说唐兰有一篇文章[3]不知如何处理了，我想可交《新建设》，请告下落。

敬礼

胡乔木　21/9

据胡乔木手稿排印。

注　释

1 梁漱溟（1893—1988）：广西桂林人。哲学家、教育家。时任全国政协委员。梁漱溟文，指《国庆日的一篇老实话》，载1950年10月2日《人民日报》。此文是讲他对开国以来的感想。梁说他曾参加辛亥革命，但未参加共产党成立以后的革命，直到召集人民政协时，中共邀请他参加，他仍表示谢绝。声称他对于国事“只发言而不行动”。

2 指《光明日报》、《进步日报》、上海、香港、重庆的《大公报》、《文汇报》及《新观察》杂志。

3 唐兰(1901—1979):浙江嘉兴人。古文字学家。时任故宫博物院副院长。唐兰有一篇文章,不详。胡乔木在眉头加注:"可能转给吴玉章同志了。请问淡秋同志。"

致麦唐纳

（一九五〇年九月二十六日）

星加坡总督府转英国驻东南亚高级专员麦唐纳先生：

本会代表在全中国记者严重抗议星加坡政府封闭《南侨日报》并逮捕该报负责人和马来亚联合邦政府封闭《现代日报》的无理行为，并要求立即启封两报及释放被捕者。[1]

中华全国新闻工作者协会主席胡乔木

九月二十六日

据铅印件排印。

注释

1 马来亚英国殖民当局于1950年8月间曾决定将吉隆坡市郊7个接近森林区的居民两万余人实行“迁移”，占居民大部分的华侨，将被迫流离失所。7月15日，雪兰峨州英殖民当局曾援用“紧急法令”，限令士拉映地区居民700余名于一周内“迁移”别处，否则将焚毁所有民房。7月1日及10日，在柔佛和霹雳两州也曾有居民两千余人被迫“迁移”，其中大部分是华侨，他们都因此无家可归。马来亚英殖民当局还援引所谓“紧急法令”，驱逐大批华侨出境。对于马来亚英殖民当局对该地华侨变本加厉的迫害行径，《南侨日报》和《现代日报》都作了强烈揭露。英殖民当局因此恼羞成怒，封闭了两报，并逮捕了《南侨日报》的负责人。

致毛泽东、刘少奇、周恩来

（一九五〇年十二月二十一日）

毛、刘、周：

保卫世界和平委员会[1]拟于廿四日（星期日）午后一时在中山公园举行庆祝朝鲜胜利、欢迎和大代表[2]大会，有数事请示：

1. 会名拟定为：北京各界庆祝中朝人民抗美胜利[3]、欢迎和平大会代表团回国大会。

2. 讲演者名单拟定为：朱德、郭沫若[4]、李济深、李周渊[5]、李立三[6]、沈钧儒[7]、黄炎培、群众代表。朱总司令讲好不好？如不好，则考虑由李立三致开会词，如宋庆龄[8]愿意讲话，则置李济深前。

3. 挂像拟以毛居中，斯大林居右，金日成居左。挂旗拟于门首挂国旗，会场挂中、朝、苏及各人民民主国家国旗。

以上妥否请示。

胡乔木

十二月二十一日

据胡乔木手稿排印。

注　释

1 保卫世界和平委员会，指1950年10月26日在北京成立的“中国人民保卫世界和平反对美国委员会”。

2 和大代表，指11月16日—22日中国出席在波兰华沙召开的第二届世界保卫和平大会的代表。代表团团长为郭沫若。

3 中朝人民抗美胜利：1950年6月25日，朝鲜内战爆发。27日，美国向朝鲜派出海空军，扩大朝鲜战争，并命令海军第七舰队向中国领土台湾沿海出动，以武力阻止中国人民解放台湾。10月，美帝国主义悍然把战火烧到中国东北边境。中共中央根据朝鲜劳动党、朝鲜政府的请求和祖国安全的需要，作出“抗美援朝、保家卫国”的战略决策。10月19日，中国人民志愿军入朝参战，经两次战役，于12月6日收复平壤，并向“三八线”追击。

4 郭沫若（1892—1978）：四川乐山人。诗人、作家、历史和考古学家。时任政务院副总理、中国文联主席、中国科学院院长、中国人民保卫世界和平委员会主席。

5 李周渊，时任中国驻波大使。

6 李立三（1899—1967）：湖南醴陵人。时任中央人民政府委员、劳动部部长。

7 沈钧儒（1875—1963）：浙江嘉兴人。时任最高人民法院院长、全国政协副主席、中国民主同盟中央副主席。

8 宋庆龄（1893—1981）：广东文昌（今属海南省）人。时任中央人民政府副主席。

致毛泽东

（一九五〇年十二月二十八日）

主席：

一、胡佛演说[1] 全文已刊今晚参考[2]，可否以资料名义发表于《人民日报》四版或《世界知识》？

二、与《实践论》发表同时[3]，可否将中央关于领导方法的决定[4] 再发表一次，并要邓拓同志写一评论予以介绍？[5]

胡乔木

十二月二十八日

据胡乔木手稿排印。

注释

1 胡佛，即赫伯特·克拉克·胡佛（1874—1964）：美国第三十届总统。

胡佛演说，指1950年12月20日胡佛在纽约发表的演说，内容是抨击杜鲁门的外交政策。演说全文载1950年12月29日《人民日报》第四版，题为《美国反动头子胡佛演说全文》。

2 参考，指由新华社编辑出版的内部报纸《参考消息》。

3 中共中央毛泽东选集出版委员会于1950年12月29日在《人民日报》发表毛泽东的《实践论》。

4 此决定是毛泽东1943年6月1日为中共中央起草，收入《毛泽东选集》第三卷时，题为《关于领导方法的若干问题》。

5 毛泽东于当日复信胡乔木,写道:"(一)可将胡佛演说以资料名义刊于《人民日报》第四版和《世界知识》上;(二)不但领导方法决定,而且有许多其他文件,都有在报上重新发表一次的必要。此事请与陈伯达商量一下,开出一个文件单,加以审查,然后发表。"

致范长江、邓拓、安岗

（一九五一年一月八日）

范、邓、安：

报纸上发表新闻的格式和发表函电文件的格式应有清楚的区别，此点前已谈过两次，但今天一版的两个文件[1]仍是用新闻的标题而无新闻的内容。凡不以新闻形式发表的文件即应以文件原题为题（即不加叙述词、形容词等），此种格式以用于最郑重的文件为宜，不要滥用，以免对读者不便。凡用新闻标题的文件，文内劈头应至少有一两句话的叙述，这个叙述才是与题目相应的新闻的主体（即“发表”、“报告”等事件的叙述，其主词、宾词、时间、地点等决不可少）。以上两种格式二者必居其一，不得互相混淆。因《人民日报》对此事已连错过四次，特为详告，希予公布周知。

今天报上还有几件事值得一谈。

1. 天津市委纪律检查委员会开除王君健，这种说法是错误的。纪律检查委员会应当只能决议请市委开除而不能直接开除。此事请与中组部一谈。

2. 工农干部王志熙，应当说农民出身的干部王志熙。工农干部是综称由工人和农民出身的干部，一个人不能又是工人出身又是农民出身。

3. 天津私营工商业开始稳步走向正常发展的道路，意义不明。开始稳步走向一条路，似是实际上走着另一条与该路交叉的路，而且离的相当远，所以开始稳步出发，开始走向正常发展的道路，然则这是一条什么路呢？走向恐怕应当是走上吧。

4. 提要有："专文：美国的特务'援华'"，但三版的"专文"却是另一题[2]。这种标法不妥。此外，什么叫做专文，什么叫做非专文呢？

5. 今日社论[3]中所说天主教革新运动材料，报上似未全见，不知何故？这是一个重要的缺陷。

胡乔木

一月八日

据《人民日报》社所存手抄件排印。

注　释

1 两个文件，指中央人民政府政务院财政经济委员会颁发的《关于统购棉纱的决定》和政务院颁发的《关于处理接受美国津贴的文化教育救济机关及宗教团体的方针的决定》。

2 1951 年 1 月 8 日《人民日报》第三版"专文"的标题是《美帝在中国的特务活动》，作者陈乐叁。

3 今日社论，题为《欢迎天主教人士的爱国运动》，载 1951 年 1 月 8 日《人民日报》第一版。

致中共中央

（一九五一年一月十三日）

中央：

为了有计划地进行翻译工作，并调整各翻译机构和翻译刊物的分工，今日中央宣传部邀集出版总署编译局、中央俄文编译局、中苏友协编辑部、中央宣传部编译室各单位代表开了一个会。兹将这次会议的决议报告如下，当否请指示[1]：

（一）准备由出版总署会同有关各方，迅速筹备在今年夏季召集一个全国翻译会议，在这个会议上通过一个全国翻译界的五年工作计划。这个计划以马克思列宁主义的经典著作的翻译为主，同时包括马克思主义以前的各国哲学、经济学以及历史学、地理学、各种应用社会科学、自然科学和文学的重要著作的有系统的翻译。除了决定翻译的内容外，这个会议还要决定翻译、审订和出版的工作制度。全国翻译工作现已开始活跃，与出版总署翻译局有联系者已有一千数百人，但没有组织和领导，在这个会议后翻译工作可以走上轨道，并且可以为全国思想学术工作和高等教育工作解决一个有历史意义的大问题。关于会议的筹备方法和拟制的翻译计划草案另报。

(二)对于现在从苏联报刊翻译论文的几种刊物,决定作一分工。学术性的译文,属于自然科学的登《科学通报》,属于社会科学的登《新建设》,属于通俗学习文字登《学习》,属于时事的登《世界知识》。此外出两种丛刊,一种收集通俗学习文字,属于《学习》杂志社,由俄文编译局负责(该局原定出刊物计划取消);一种收集理论性文字,属于中苏友协,由出版总署和中苏友协共同负责。所有译文,均采取严格挑选、严格译校原则,反对滥译。

胡乔木

一月十三日

据胡乔木手稿排印。

注　释

1 政务院总理周恩来在看到胡乔木的报告后,于1月16日批示:“乔木:应着手编译‘统一译名词典’,俄英文可同时进行。”

致范长江、邓拓、安岗

（一九五一年一月十五日）

长江、邓拓、安岗同志：

《人民日报》第三版的版面仍未见有显著改善。其主要原因仍是缺乏思想性的文字，未能成为讨论思想问题的战线。此外，内容性质杂乱也是原因之一。可否将无关思想文化的文字一概移入一、二、四版？例如抗美援朝的重要材料移第一版，其余摘成短讯登第四版或登专刊或仍留三版均无不可，少数民族的经济生活移第二版，政治生活移第一版等等。第三版的稿件要有通盘计划，并由邓拓统一负责，经常与中宣部讨论。第二版也需要增加一些好的论文，也需要有专门计划，在《经济与农业生产》停刊后勿使原有的好文章也随之绝迹。在目前版面拥挤的情况下，恢复京市新闻版确有困难，但可考虑一、二、三版每日均有一条京市新闻，甚至设一固定栏目，每周至少有一篇评论或通讯，不知适当否？以上均请考虑。

敬礼

胡乔木　15/1

据胡乔木手稿排印。

致 范 长 江

（一九五一年一月二十五日）

长江同志：

洛甫同志的文章[1]请先送他一阅，然后打清样在晚上六时前后交我，行格要离得宽些，否则黑压压一大片很难看。

敬礼

乔　木

一月廿五日

翰笙先生文章[2]我改了一些，现找他面商。

据胡乔木手稿排印。

注　释

1 洛甫，即张闻天（1900—1976）：江苏南汇（今上海市）人。时任中国驻苏大使、外交部第一副部长。

洛甫同志的文章，指《美帝国主义的侵略政策必将继续失败》，以社论的形式载1951年1月26日《人民日报》第一版。

2 翰笙，即陈翰笙（1897—　）：江苏无锡人。经济学家、历史学家。翰笙先生文章，指《从经济看美国政治》，载1951年1月27日《人民日报》第一版。

致毛泽东等

（一九五一年二月十四日）

主席并中央同志：

今晨马大夫[1] 和其他医师来看我时告诉我说，我的胃肠新的通路已经证明发生作用。[2]（吃进的多，吐出的只五分之一；胃部气体残渣已可从大肠排出；胆汁已开始分泌到胃部等。）十二指肠出血不但已完全停止（昨天连血的残余也再未吐了），而且再不会发生。现在虽然还有些呕吐，也无关重要，不日自会完全停止。伤口状况良好，今日已开始拆掉三针线。今天已开始自由饮用流体食物，血压脉搏体温均良好并逐日进步，马大夫和陈宝信[3]、宋遵武[4] 两位医师以及三位轮流看护的护士都异常尽心，身体痊愈已无问题。我的病承主席多方关切，并承总理亲来探视，心中感谢，实难言表。现在身体康复在望，在医生允许出院和恢复工作后必当努力学习和工作，同时必当继续注意爱护身体，力求对党作一切可能的贡献。敬祝主席和中央各同志健康。

胡乔木

十四日

据胡乔木签字抄件排印。

注　释

1 马大夫,即马雅特,苏联第一医学院脑外科教授,是苏联第一批来华的医务人员,当时在北京医院工作。

2 胡乔木因胃溃疡严重出血而做了胃切除手术。

3 陈宝信(兴)(1921—　　):辽宁辽阳人。时任北京医院外科主治大夫。

4 宋遵武(已故):北京人。时任北京医院脑外科大夫。

致毛泽东

（一九五一年二月二十一日）

主席：

关于纠正电报、报告、指示、决定等文字缺点的指示[1]，细看一遍，觉得并没有什么秘密，似可公开发表。一来党内外看到的人多，事情容易办成功；二来对于报章文字和社会文字习惯也可以造成很大的影响。当否请示。[2]

乔　木

二月二十一日

据胡乔木手稿排印。

注　释

1 指1951年2月1日《中共中央关于纠正电报、报告、指示、决定中的文字缺点的指示》。此件由毛泽东主持起草，内部发行至中央及军委各部、政务院党组、各中央局、各大军区、分局、各市委、省委、区党委、地委、军区、兵团、军，及专员公署以上政府党组负责同志及民众团体的党组负责同志。

2 毛泽东在2月25日复胡乔木的信中，写道："可以印成小本发给党内党外较多的人看，不要在报上发表，因此件并无给群众看的必要。而一般文法教育则应在报上写文章及为学校写文法教科书。"

致毛泽东

（一九五一年二月二十三日）

主席：

兹送上中央宣传部工作报告一件，召集全国宣传工作会议通知一件[1]，另关于各级宣传部任务机构指示一件今晚续送上，均请审阅指示。报告写得太晚。去年十二月结束的会议上所原则通过的三个决议，除宣传员决定已发表外，党的理论教育和宣传部任务机构两件均未发出，致各中央局宣传部纷纷催询责难。这都是我对主要工作不能抓紧时间的错误所致。

宣传部拟定四月中旬召开全国宣传工作会议[2]，着重讨论抗美援朝的深入普及问题，组织工作会议拟三月二十日召开[3]，时间可不致冲突。如中央同意召集这个会，务望即日批发[4]，以便中宣部和各地能够准备。

敬礼

胡乔木

二月二十三日（一九五一年）

据胡乔木手稿排印。

注　　释

1 通知一件,指预定在4月召开的第一次全国宣传工作会议通知。

2 这次会议后延期到5月7日—23日在北京召开。会议的主要议程是:抗美援朝和爱国主义的宣传教育工作;执行中央关于建立宣传网的决定;党的30周年纪念;各级宣传干部的调配和训练问题。

3 第一次全国组织工作会议于3月28日—4月9日在北京召开。会议通过了《关于整顿党的基层组织的决议》、《关于发展新党员的决定》。刘少奇在会上作了《为更高的共产党员的条件而奋斗》的报告。

4 毛泽东于2月24日在胡乔木的信上批示:“同意。请刘(少奇)、周(恩来)、陈(云)阅后退乔木办。”

致 毛 泽 东

（一九五一年二月二十四日）

主席：

周作人[1]写了一封长信给你，辩白自己，要求不要没收他的房屋（作为逆产），不当他是汉奸。他另又写了一信给周扬[2]，现一并送上。

我的意见是：他应当彻底认错，像李季一样在报纸上悔过[3]。他的房屋可另行解决（事实上北京地方法院也并未准备把他赶走）。他现已在翻译欧洲古典文学，领取稿费为生，以后仍可在这方面做些工作。周扬亦同此意。当否请示。[4]

敬礼

乔 木

二月二十四日

周总理处也谈过，周作人给他的信因传阅失查他并未看到。

据胡乔木手稿排印。

注　　释

1 周作人(1885—1968):浙江绍兴人。作家。抗日战争时期,曾任伪华北政务委员会教育总署督办。抗战胜利后,1945年12月被国民党政府以汉奸罪收监,1949年1月被保释出狱。

2 周扬(1908—1989):湖南益阳人。时任文化部副部长、全国文联副主席、中国作家协会副主席。

3 李季(1892—1967):又名卓之,字懋猷(亦写为茂由),号协梦(又号移山郎),湖南平江人。是我国第一个共产主义小组——上海共产主义小组的成员之一。1921—1924年,相继留学德国和莫斯科东方大学。1925年回国后,与瞿秋白、张太雷、李达、蔡和森、周建人等一起,在上海大学任教。1926年转到武昌中央军事政治学校任教。大革命失败后,相继在平江、上海定居,一度赞同陈独秀的一些托派观点,在组织上也有接触。1934年,他停止与托陈派的来往,并在一大学杂志上刊登声明,脱离关系,以后埋头翻译和著述工作。他是我国马克思主义著作的早期翻译家和著述人。
胡乔木在信中提到的李季登在报上的"悔过",即《刘仁静和李季的声明》,载1950年12月21日《人民日报》第三版。

4 2月24日,毛泽东在胡乔木给他的这封信上批示:"照办"。

致《人民日报》编辑部

（一九五一年三月四日）

《人民日报》编辑部：

注意标题——这是我对于《人民日报》的一个要求。

今天的报纸第三版有一段文章，题目是《我们伟大祖国有世界最高的山峰》[1]。这个题目是报纸上许多不好的标题之一。从这个题目人们决不能得到关于这段文章内容的任何暗示，而且也不能引起任何兴味，因为标题里的话是谁都知道的。这段文章正确的标法应当是：《额非尔士峰的名字应当通令纠正》，《额非尔士峰应当恢复祖国的原名》，《用外国人名称呼我国最高峰是一个错误》，《纠正我国地理名称上的一个重要错误》，《世界第一高峰是谁发现的》，《发现世界最高峰的是中国人，不是外国人》，等等。

我所以详细指出这个例子，是因为《人民日报》上这类毛病太多了，简直是每一天每一页都有这种题不对文、不着边际、毫无生气的题目。我要求编辑部切实改正这种现象。

今天《书报评论》第一篇文章的题目《建议一种报道方法》，和今天的《抗美援朝专刊》上的所有标题[2]，都是沉闷的，都应当反对。

评论的沉闷当然首先是因为评论的内容空泛，使人不知道究竟作者在打算叫人干什么，提倡什么和反对什么。就是说，首先是作者的责任。但是编辑部没有替作者预先把题目出好了，出得非常具体确切，鲜明中肯，而不是什么总结、回顾与展望，什么论、什么意义与什么之重要性，以及编辑部没有向泛滥的党八股连同它们的灰色得要死的题目提出抗议或修改的建议，也是一个重要的原因。

只要全部题目（连小题）都是生动醒目的，文章又都是对题而不是离题的，那就表示整个报纸的生动醒目的问题，已经解决了一大半。加上短评、信箱、动态、通讯、图片等成分安排得好，编排不是故意叫人难受，那么，报纸就会活跃得像春天的大花园一样了。

敬礼

胡乔木

一九五一年三月四日

据铅印件排印。

注 释

1 1951年3月4日，《人民日报》第三版从《开明少年》杂志第66期上摘录转载一段文字，编辑部给它加上了一个《我们伟大祖国有世界最高的山峰》的题目。

2 1951年3月4日《人民日报》的《抗美援朝专刊》上的标题是：《全国人民热烈开展反对美国武装日本的运动》、《制止侵略战争，保卫世界和平》、《世界保卫和平运动半月》、《西南区的抗美援朝运动》、《河北省农村的抗美援朝运动》、《福建各城市的爱国运动正在发展》。

致范长江、邓拓、安岗

（一九五一年三月十二日）

长江、邓拓、安岗同志：

《人民周报》[1] 减低定价好。但是篇幅因此不能增加。这个矛盾如何解决呢？

我提议辟一专栏，将许多次要的但应当介绍的文章缩写一下，这样就可以用不多的篇幅（例如用八页左右的下三分之一或二分之一），把次要的社论、书报评论、人民文艺和各版未入选的通讯评论以及读者来信和各种动态中的最重要的内容纳入。栏名即可算为《人民日报文摘》之类。这当然要费些人力，但对周报的作用来说是值得的。使刊物不但丰富了，而且活泼了。

这件事是否可行，请你们考虑一下。

周报的每篇文章末了，应当注明原载某月某日《人民日报》，而将作者自注的某月某日某地写等字样一概删去。在报纸上也是如此，除少数特殊重要的作品均不应注出这些废话。希告各版各栏编辑同志注意。

敬礼

胡乔木

一九五一年三月十二日

据铅印件排印。

注　释

1 《人民周报》，指当时由《人民日报》社出版的一种刊物，主要是选载《人民日报》上的重要文章。

致毛泽东

（一九五一年三月十九日）

主席：

今年五一全国决定大示威，并拟以此为普及抗美援朝宣传的一个顶点，然后转向深入，而全国宣传工作会议又定于四月二十日至五月五日举行，时间上对各省市宣传部长不免感觉冲突，他们要求将此会延至五一以后举行。如中央全会已决定在五月下旬开，那么我们就想将宣传工作会议期改在五月五日至二十日（二十日准可结束）。不知中央会期已有定案否？望告田家英[1]同志转告，以便决定计划。

理论教育决定草案少奇同志认为可以先发各地参考，各地催索要者亦不绝，故拟一通知，请看可用否。又选集[2]中可以报纸上发表的篇目请审定后交家英同志带回。原选供党史学习用的篇目拟在《学习》杂志发表，可否亦请指示。[3]

近日宣传部忙于准备开会，写党史提纲（七一用）和整党读本，很多应作的事都没有作，希望多给指示。

敬礼

乔木

三月十九日

据胡乔木手稿排印。

注释

1 田家英(1922—1966):四川成都人。时任毛泽东秘书。

2 选集,即《毛泽东选集》。

3 毛泽东在胡乔木信上批示:“乔木同志:(一)宣传会议可自五月五日至十五日开十天,如十五日以后四中全会还未开会再延长五天,否则不要延长。(二)理论教育决定可先以草案发各地,通知早发。(三)选集提前发表的文章,待看后送你,四月或可发表一二篇。《学习》上不要发表我的文章。毛泽东三月二十日”

致范长江、邓拓、安岗

（一九五一年三月二十八日）

范、邓、安：

几个意见请考虑：

一、《我们伟大的祖国》[1]图片的印刷模糊，需要再想些办法。除照片本身的选择和制版问题外，对照片的剪裁也是一个重要问题。像今天的照片[2]，如将背景全部剪除改用白底只留一个人拿一张土地证（并将位置移于正中），就会清楚得多，今天报上的照片看了实在叫人不满意。

二、每星期三的《读者来信》栏目可否索性改为《响应人民日报的号召》，以清眉目。在这一栏中主要的应当是登载对《人民日报》评论和其他宣传（社论、短评、论文、党的生活、通讯、评论性的新闻动态，以及宣传画、图片都在内）的反应（党的生活的反应不要占《党的生活》的篇幅，如同对社论的反应无须占社论的篇幅一样。也可以包括读者来信中的问题，不过这是当作一般政治问题来讨论，而不是当作个别问题的个别答复来讨论罢了），借以表示党报的宣传正在人民群众中造成影响，表示全党和人民应当努力扩大这种影响使之变为实际生活。这一栏的稿件应当由与评论直接有关的工作部门和《人民日报》的读报组负主要责任来供给，读报组发表这些意见是必要的，否则人们就不知道这些读报组究竟还存在不存在，以及究竟有什么政治的作用。这两期的编法，表示编辑部还不善于宣传重要的东西，不善于保证党的号召变为群众的行动。普通个别零星的批评（它们并不是“《人民日报》的批评”，只是《人民日报》个别读者的批评呀），都每天用固定篇幅发表了反应，而党的重要号召反而不组织反应，这不是一种明显的颠倒吗？像这两期的来信，只要用很小的篇幅摘要登在这一栏的后面就好了，否则就不像报纸的政治宣传，而有些像关于报纸的广告了。

三、《党的生活》与三版的短文应当经常努力保持较高的政治质量，就是说使它们经常地服务于重要问题的讨论。《党的生活》应号召经常写信给省、市、地、县委询问他们对党和人民政府的决定指示和执行的情形和其中的问题，这应当构成《党的生活》的主要内容。

四、《读者来信》(包括专页中的来信)应当过一个时候就综合一些重要的问题，在二版《读者来信》栏的开头发表一些短评，以引起人民的注意。如有特别重要问题，当然也可随时发表评论，不必拘泥。这是使一般领导机关和社会舆论(不但是直接有关的人)注意群众呼声的一个重要方法，也是使编辑部监督读者来信工作使其经常集中于重要问题并产生实效的一个重要方法。

敬礼！

胡　乔　木

一九五一年三月二十八日

据铅印件排印。

注　释

1 《我们伟大的祖国》，指当时《人民日报》第一版刊头所辟的图片栏目，用以介绍我国的文化、科技成就及新人新事等。

2 1951 年 3 月 28 日《人民日报》《我们伟大的祖国》栏所刊照片题名“为土地改革斗争的农民已经取得了胜利的果实”，一江苏农民举着土地证，欢呼“她分得了九分水田”。

致 邓 拓

（一九五一年三月）

邓拓同志：

今天我看到《新观察》二卷六期底封里关于钱塘江的几幅照片[1]，觉得很好。这一类的重要建设（如铁路、水利、工业、合作、土产等）还可多登些。朝鲜前线的、国内各界爱国行动的、少数民族的也可多登些。又历史人物只登过顾炎武[2]，要有后继者。

据胡乔木手稿排印。

原信无落款。

注 释

1 指由水利部供稿的关于钱塘江水不再泛滥的照片。

2 顾炎武（1613—1682）：初名绛，字宁人，号亭林，世称亭林先生。江苏昆山人。明清之际的杰出思想家、语言学家。著有《日知录》、《天下郡国利病书》、《音学五书》、《韵补正》、《亭林文集》等。

致中共中央

（一九五一年四月一日）

中央：

兹提议今年七月一日中国共产党三十周年纪念办法要点如下：

庆祝办法：

（一）全国各大城市（北京在内）一律由市委召集群众性的庆祝会，或集中举行或分区举行，视情况而定。庆祝会以热烈、严肃、朴素为原则。以党员为主体，党外人士和群众得依自愿参加。

（二）凡不能举行或不能参加大的庆祝会的地方，均得以支部或总支为单位召集较小的庆祝会，但均应吸收群众自愿参加。部队得依驻地分别举行军人大会庆祝。工人得由党的组织与工会组织联名召集庆祝会，但不得强迫全体职工参加。

（三）庆祝会上概不招待外宾。

（四）全国一律不放假。党的机关悬党旗一天。

（五）在庆祝会上，党的负责人应发表主要演说。在有党外人士和群众参加时，亦应邀请他们中间的代表人物（必须有工农兵代表)发表简短演说。

宣传办法:

(一)中央书记处书记,各中央局书记,总政治部主任,总工会主席,青年团书记和其他由中央指定的同志都写一篇纪念文字。

(二)由马列学院写一篇党史提纲,由中央宣传部写一篇中国共产党三十周年纪念宣传大纲,编一本供下级党员用的介绍党史的通俗小册子,一本以照片和绘画编成的中国革命画史,和一本由照片编成的毛主席画传。

(三)由中央宣传部和中央人民政府文化部共同组织一个中国革命史迹展览会。为指导这一展览会,提议由彭真[1]、陈伯达[2]、周扬三同志组成一小委员会负责。

(四)宣传内容着重于:马克思列宁主义——毛泽东思想在中国的发展和胜利,中国共产党三十年奋斗的伟大、光荣、正确,中国革命的目前形势和团结国际友人,团结全国人民,继续艰苦奋斗的必要,整党的必要。

以上意见请速批示。[3]

杨尚昆　胡乔木

四月一日

据铅印件排印。

注　释

1　彭真(1902—1997):山西曲沃人。时任政务院政法委员会副主任、中共北京市委书记、北京市市长。

2 陈伯达(1904—1989):福建惠安人。时任中共中央宣传部常务副部长、政务院文化教育委员会副主任、中共中央马列学院副院长。

3 中共中央办公厅主任杨尚昆4月2日致刘少奇、周恩来、陈云的信中说:“此件系根据主席与乔木同志口头指示,由办公厅召集了一次座谈会拟定的。是否再送主席请一并批示。”刘少奇阅后批示:“同意。送主席阅。”毛泽东于4月13日阅后批示:“同意,退尚昆办。”

致毛泽东

（一九五一年六月五日）

主席：

关于语法的讲座[1]，拟于明日起连载。兹将《人民日报》编者按语和为此写的社论[2]送上请审阅，并望今晚十二点前交还付印。[3]如今晚不能看好，或需将吕叔湘的文章送阅（该文已送来的第一部分有一万几千字，明日只发几千字，现在报社）[4]，则报社也可以延至星期六发表。另附列宁短文[5]一篇拟同时见报。

敬礼

胡乔木

六月五日（一九五一年）

据胡乔木手稿排印。

注释

1 语法的讲座，指当时《人民日报》上关于语法、修辞的系列讲座，由语言学家吕叔湘、朱德熙撰稿，从 1951 年 6 月 6 日起连载。

2 社论，指《正确使用祖国的语言，为语言的纯洁和健康而斗争！》，载 1951 年 6 月 6 日《人民日报》。

3 毛泽东于 6 月 6 日零时 20 分在胡乔木的信上批示："照发"。

4 吕叔湘(1904—1998):江苏丹阳人。语言学家。时任清华大学教授。这里所说的文章,指由吕叔湘、朱德熙合著的《语法修辞讲话》的引言及第一讲:《语法的基本知识》。

5 列宁短文,指列宁的《论清洗俄国语言》,载1951年6月6日《人民日报》。

致 刘 少 奇

（一九五一年六月十五日）

少奇同志：

抗日战争部分前面重写了一大段[1]，其余修改了一下，请即看，以便今晚付印。

陈伯达同志信送上。他对陈云[2]、定一[3]两同志文章[4]的修改只有几个字，已告翻译者照改，不再送上了。对“三十年”[5]的修改待集齐后一并送阅。

敬礼

乔 木

六月十五日

邓小平同志文章[6]送上。

据胡乔木手稿排印。

注 释

1 指胡乔木为纪念中国共产党诞生三十周年而写的《中国共产党的三十年》一文的第三部分“抗日战争时期”。

2 陈云（1905—1995）：江苏青浦（今属上海市）人。时任中共中央政治局委员、中央书记处书记。

3 定一，即陆定一，时任中共中央宣传部部长、政务院文化教育委员会副主任。

4 陈云和陆定一所写的文章分别为《中国共产党领导着国家建设——为纪念党的三十周年而作》，载1951年7月1日《人民日报》；《中国革命的世界意义——为纪念中国共产党诞生的三十年而作》，载1951年6月23日《人民日报》。

5 “三十年”，指胡乔木所写的《中国共产党的三十年》，载1951年6月22日《人民日报》。此文原是为刘少奇起草的准备在中国共产党诞生三十周年庆祝大会上作的报告。文章写出，毛泽东看后批示此文以胡乔木名义发表，刘少奇的报告另行起草。

6 邓小平同志文章，指邓小平为中国共产党成立三十周年所写的纪念文章《紧密联系群众是我党的光荣传统》，载1951年6月24日《人民日报》第一版。

致毛泽东

（一九五一年六月二十一日）

主席：

“三十年”[1]《人民日报》要求明日增出一张一次登完，现其余均已排好，希望能把改的一页清样马上看一下，在十二点前退回。

对陈独秀[2] 说是当时“最有影响的马克思主义宣传者和党的发起者”，拟改为“有很大影响的社会主义宣传者和党的发起者”，是否较妥？（**可以**。）

“事实证明，毛泽东同志的农村包围城市的方式已经完全胜利”，此处用“方式”意义不明确，拟改“原理”或“道路”或“战略”或“方针”，请示何者较妥。（**“方针”为好**。）

叙述整风[3] 时说“党抓紧了这个局势比较稳定的时期”，但前面说这是敌人扫荡最残酷最紧张的时期，似有不合。可否改为：“党抓紧了这个局势较少变化的时期进行了全党范围的马克思列宁主义教育，这种教育在战争和革命猛烈发展和迅速变化的时期曾经是难于大规模进行的。”（**这样好**。）

第一次代表大会人数各说都是十三人[4]，惟李达[5] 说是十二人,理由是包惠僧[6] 非代表。两说不知孰是?(**是十二人。**)[7]

以上各点请指示。

敬礼!

胡乔木

二十一日

据铅印件排印。

注 释

1 "三十年",指胡乔木所写的《中国共产党的三十年》一文。

2 陈独秀(1879—1942):安徽怀宁(今安庆市)人。中国早期的马克思主义传播者,中国共产党的创始人之一。1921年7月在上海举行的中国共产党第一次全国代表大会上,他被选为中央局书记。从1921年到1927年,陈独秀一直是党的主要领导人,1925年1月中共四大后任中央总书记。由于他后期犯有右倾机会主义的错误,1927年7月中旬被解除中央总书记职务。

3 整风,指抗日战争时期中国共产党在延安进行的整风运动。

4 指中国共产党第一次全国代表大会出席代表的人数。

5 李达(1890—1966):湖南零陵人。中国早期的马克思主义宣传者。出席中国共产党第一次全国代表大会的代表之一,会上被选为中央宣传局主任。

6 包惠僧(1894—1979):湖北黄冈人。武汉共产主义小组成员,1921年7月受陈独秀委派出席中国共产党第一次全国代表大会。

7 信内括号中的黑体字为毛泽东的批示。

致　邓　拓

（一九五一年六月二十八日）

邓拓同志：

吕叔湘先生近来写的几部分[1] 完全是创作，前人未曾作过。这几部分很有益处，望注意发表一些读者来信以便引起广泛的注意。

《光明日报》昨二十七日董渭川一文[2] 可否转载？

敬礼

胡乔木　28/6

据胡乔木手稿排印。

注　释

1 近来写的几部分，指吕叔湘、朱德熙发表在《人民日报》上的《语法修辞讲话》有关部分。

2 董渭川（1901—1968）：山东邹县人。社会教育家。时任北京师范大学教授。董渭川一文，指《错误在于我的"教育"观点》，内容是检讨自己对《武训传》在认识上的错误，载 1951 年 6 月 27 日《光明日报》。

致毛泽东并中央

（一九五一年七月十日）

主席并中央：

七月九日召集了关于党的翻译工作的会议，到王稼祥[1]、李立三[2]、陆定一、师哲[3]、张西畴[4]、曹葆华[5]、张仲实[6]、何匡[7]（编译局）、姜椿芳[8]（时代出版社）、胡乔木共十人。讨论了《斯大林全集》的翻译工作和《毛泽东选集》俄译的校阅问题。

《斯大林全集》一九四九年十一月由中宣部翻译室开始翻译，已成二卷。原提议与莫斯科外文出版局合作，迄未获复，估计该处人力有限，似无希望。已成之稿去年虽抄送一卷（第一卷）给外文出版局请其校阅，亦无消息。因中宣部翻译室人手不足，翻译质量不易保证，故与师哲同志商定与俄文编译局共同进行。在这次会上决定不依赖外文出版局的合作，准备在五年内完成《斯大林全集》共十六卷的翻译工作，由曹葆华、张仲实、何匡、姜椿芳等人各集合助手分头进行，一律实行严格的互相校正，保证译文之忠实正确而尽量易懂。组织工作由中央宣传部统一负责，翻译疑难由俄文编译局组织经常的解答，重要争论则交本会解决。俟工作有相当进展后，再定最后校阅办法及是否从联共[9]请一通晓中文的顾问。具体工作计划和工作制度另召集一次直接担任翻译的同志的会议决定之。

《毛泽东选集》俄译拟由王稼祥、李立三、张闻天三同志校阅，稼祥、立三两同志均认为有必要，并愿意担任，但请求中央准予休假两个月来专任这一工作。请中央决定后再定各人分工办法。另《毛泽东选集》英译问题拟于下次会议上讨论。

此项会议定名为中央翻译工作委员会，每月集会一次，提议由下列同志组成：王稼祥、李立三、师哲、张西畴、曹葆华、徐永煐[10]（负责英译毛选工作）、陈伯达、胡乔木。开会时可另邀其他同志列席。此会提议由稼祥同志负责，但稼祥同志一再推辞，如何，亦请中央决定。[11]

胡乔木

七月十日

据胡乔木手稿排印。

注　释

1 王稼祥，时任中共中央对外联络部部长。

2 李立三，时任中央人民政府委员、劳动部部长、中共中央职工运动委员会（即中华全国总工会党组）书记。

3 师哲（1905—1998）：陕西韩城人。时任中共中央办公厅副主任、中央马恩列斯著作编译局局长、俄语专修学校校长、外文出版社社长。

4 张西畴（1905—　　）：四川涪陵人。时任中共中央马恩列斯著作编译局副局长。

5 曹葆华(1906—1978):四川乐山人。俄文翻译家。

6 张仲实(1903—1987):陕西陇县人。俄文翻译家、出版家。时任中共中央宣传部出版处处长。

7 何 匡(1924—):浙江海宁人。俄、英文翻译家。

8 姜椿芳(1912—1987):江苏常州人。俄文翻译家。时任上海俄文学校校长、上海市文化局对外联络处处长。

9 联共,即苏联共产党。

10 徐永煐(1902—1968):江西龙南人。时任中共中央宣传部《毛泽东选集》英译委员会主任。

11 毛泽东于7月13日复信胡乔木:“同意你的各项意见。但委员会的主持人稼祥既不愿担任,就由你暂时担任为好,每月召开一次会,将来再考虑用他人。”

致中共中央

（一九五一年七月二十四日）

中央：

东北来电建议明令以“九三”[1] 为战胜日本纪念日，这事现在作起来自然不适当。但我国每年在“八一五”[2] 或“九三”是否应就苏军解放东北一事向苏联表示谢意（过去东北地方曾经表示过），请考虑[3]。

敬礼

胡乔木

七月二十四日

据胡乔木手稿排印。

注　　释

1 “九三”，即九月三日。1945 年 9 月 2 日，日本天皇和政府以及日本大本营的代表在对盟国的投降书上签字。九月三日定为中国抗日战争胜利纪念日。

2 “八一五”，即八月十五日。1945 年 8 月 14 日，日本政府致电美、英、苏、中四国，宣布接受波茨坦公告，无条件投降。8 月 15 日，日本天皇向国民宣读“终战诏书”，标志世界反法西斯战争胜利结束。

3 周恩来 7 月 30 日在胡乔木信上批示：“提议在今年八一五，以毛主席致电斯大林元帅对苏军在对日战争中解放东北之功表示感谢。”毛泽东8月1日在胡乔木信上批示：“请乔木另拟一电，采用统一的九三纪念。”

致郭沫若

（一九五一年八月三日）

郭老[1]：

南京各界发起在太平天国旧天王府立碑纪念，请中央同志题“太平天国起义百年纪念碑”[2]，毛主席请郭老写一下[3]。

南京的同志提议将天国写为天（上横较长）国，以存当时习惯，这一点有无需要？请酌定。

敬礼

胡乔木

八月三日

据胡乔木手稿排印。

注释

1 郭老，即郭沫若，时任政务院副总理兼文化教育委员会主任。

2 洪秀全领导的太平天国革命于1851年1月11日在广西桂平金田村爆发。1853年5月19日，太平军占领南京并定都，改称天京，建立天朝宫殿（俗称天王府）。南京市政府与文物部门，于1950年12月成立太平天国起义百周年纪念筹备会；1951年1月至8月，在南京太平天国旧天王府举办了太平天国革命历史展览会，并向中央提议建立“太平天国起义百年纪念碑”。

3 郭沫若遵毛主席指示和胡乔木的请求，题写了“太平天国起义百年纪念碑”，纪念碑于1952年1月11日落成。

致范长江、邓拓、安岗

（一九五一年八月十三日）

范、邓、安：

《人民日报》的三个动态[1]提议均改为简评，即《经济生活简评》、《文化生活简评》（可以包括最短的书评，但读者来信中的零星意见仍应另行集合，或可集为“读者来信一束”，作为《文化生活简评》的末了一则发表。）、《国际简评》。尚可增设《党的生活简评》、《政治生活简评》。理由有三：

一、叫作动态不适当。许多说不上是动态，即运动的状态。这些是动态，那么整篇新闻反而不是动态么？

二、叫简评可以加强报纸的思想性、战斗性、严肃性，提高编者、记者和读者的注意，消灭无病呻吟、无的放矢的东西，使简评成为有威信有吸引力的一栏。简评仍然不应该说空话，仍然应该是有述有评，由述而评，一般地多述少评。

三、短评即可归入此栏。较重要的短评可以把题字放大些，用四号或三号字，放在第一段。如此版面亦较干净。请酌。

敬礼！

胡乔木 13/8

又:《国际简评》应注意利用《争取持久和平》、《和平》,世界工联、妇联、青联、学联刊物中文版,《新时代》、《新闻》、《时代》、《世界知识》、《实话报》、《中苏友好》、《苏联介绍》、《苏联画报》及各新民主国家的报刊(包括北京各使馆印送的材料),以求丰富生动。

据胡乔木手稿排印。

注 释

1 1951年8月31日以前,《人民日报》设有三个小栏目:即第二版上的《经济生活动态》,第三版上的《文化生活动态》,第四版上的《国际动态》。

致毛泽东

（一九五一年九月一日）

主席：

李立三同志关于《毛泽东选集》的翻译和出版的意见[1]送上请阅，并请转少奇、伯达、稼祥三同志一阅。立三同志要求停止校阅工作半个月至一个月，以主持全总和劳动部的两个会议[2]，师哲同志希望他能够继续校阅，因否则第一卷[3]计划即不能完成，请少奇同志指示[4]。翻译文字师哲同志拟约立三同志与费德林[5]同志面谈一次，估计不会有什么问题。

敬礼

胡乔木

九月一日

据胡乔木手稿排印。

注释

1 李立三于1951年8月29日、9月1日先后两次写信给胡乔木、师哲，就《毛泽东选集》俄译本的翻译和出版问题提出了下列意见：①要求阅读部分已修正的毛泽东原稿；②对《毛泽东选集》中已译好的12篇俄文稿质量谈了个人的看法;③请师哲对李立三修改的俄译稿提出意见;④认为《毛泽东选集》俄文版的出版计划时间上不可太仓促,以便保证译稿质量。

2 全总,指中华全国总工会。两个会议,指9月3日—15日在北京召开的第一次全国劳动保护工作会议和9月20日—29日在北京召开的全国铁路劳动模范代表大会。

3 第一卷,指俄文版《毛泽东选集》第一卷。

4 刘少奇阅后批示:“我先找立三同志一谈,再决定。”

5 费德林(1912—):苏联著名汉学家、作家、外交家,苏联科学院通讯院士。时任苏联驻中国大使馆文化参赞、苏联外交部第一远东司司长和外交部部务委员会委员。

致毛泽东并刘少奇、周恩来、彭真

（一九五一年九月十八日）

毛主席并少奇同志、恩来同志、彭真同志：

教育部党组关于北京大学思想状况的报告和北京市委组织部关于北京各大学思想状况的报告送上请阅。两件均因侧重落后方面，对进步方面估计不足，但所述严重情形是必须克服的。马寅初[1]所发起的思想改造学习，如果我们给以认真的准备和布置，可能成为一个有效的开端。因此提议请周总理（已允为北大讲演）或彭真同志召集北大支部、市委、中央宣传部、中央教育部、中央统战部、中央公安部商定一个动员进步力量、团结教育大多数、孤立打击最少数反动分子的具体计划（可以包括目前的计划和较长期的计划），并取得马叙伦[2]、马寅初等同意，然后再开始思想改造的讲演和文件的学习。北大的经验可以用来推动全北京和全国的大学教育的改革。因为目前教育思想斗争的主要任务是批判资产阶级的右翼，故对陶行知[3]思想批判拟不在报纸上发表，以免分散群众目标为仇者所快。是否有当，请予指示。[4]

敬礼

胡乔木

九月十八日

据胡乔木手稿排印。

注　　释

1 马寅初(1882—1982):浙江嵊县人。经济学家。时任北京大学校长。

2 马叙伦(1884—1970):浙江杭县(今余杭)人。教育家。时任教育部部长。

3 陶行知(1891—1946):安徽歙县人。爱国教育家。在二、三十年代他先后发起组织中华教育改进社、中华平民教育促进会和生活教育社,推行平民教育,主张“教育救国”。1935年华北事变后,又组织国难教育社,发起国难教育运动。

4 毛泽东次日在胡乔木的信上批示:“同意。”

致邓拓、李庄

（一九五一年十一月二十二日）

邓拓、李庄[1]同志：

《东北工业》是工业方面我所知道的最重要刊物，我几次提议请《人民日报》注意利用，迄无结果。请工业组各同志务必认真研究这个刊物，充分利用它和《东北日报》进行关于工业的宣传。并请在一周内写一篇书评加以推荐表扬，号召一切财经刊物向它学习。

敬礼

胡乔木　22/11

据胡乔木手稿排印。

注　释

1 李庄（1918—　　）：河北徐水人。时任《人民日报》编委兼记者部主任。

致毛泽东

（一九五一年十二月二十八日）

主席：

刘青山、张子善贪污案新闻[1]三件送上请审阅以便发表。

在河北省党代会新闻中原有要求所有受贿干部检讨一项，河北省委希望取消，以免牵涉多人分散目标，华北局则主张保留。我觉得也可以保留。请酌决。

开除刘、张党籍经华北局批准，是否须加上请示中共中央字样？按党章规定应经高两级批准。我觉得华北局既是中央代表机关，可以批准，无须再加请示字样。亦请酌决[2]。

敬礼

胡乔木

十二月廿八日

据胡乔木手稿排印。

注　释

1 刘青山，原中共石家庄市委副书记，后任中共天津地委书记；张子善，第二任中共天津地委书记。在“三反”运动中，二人被揭发出犯有严重贪污罪行，被开除出党，经河北省人民法院公审，判处二人死刑，于1952年2月10日在保定被处决。这里所说的新闻是指中共河北省第三次代表会议揭发天津地委刘青山、张子善巨大贪污案的新闻、中共河北省委关于开除刘青山、张子善党籍的决议等，载1951年12月30日《人民日报》。

2 毛泽东次日在胡乔木信上批示："照发。应于卅日见报。所提两点都同意。"

致李克农、乔冠华

（一九五二年一月二十八日）

李[1]、乔[2]：

谈判公报[3]北京收到时常在二十三时以后，有时迟至次日上午一二时，中经译抄送审再交新华社时多在次日上午三四时，北京各报如等候发表则贻误出版发行时间（各报截稿时间多在二时半）。如不等候则常须隔日发表，影响宣传。至其他城市报纸已都是隔日发表。又英文广播亦常因过了时间，又不易预定何时补发，使电台发生很多困难。故请你们研究能否提前于每日下午六时（北京时间）发表，如此则可保证每天当日以中英文播出，次日可以及时见报。盼复。

胡乔木

一月二十八日

据胡乔木手稿排印。

注　释

1　李，即李克农（1899—1962）：安徽巢县人。时任外交部副部长。

2　乔，即乔冠华（1913—1983）：江苏盐城人。时任中央人民政府办公厅副主任、外交政策委员会副主任兼新闻总署国际新闻局局长。

3 谈判公报，指当时正在进行的朝鲜停战谈判公报。

致周恩来并转毛泽东、刘少奇

（一九五二年一月三十日）

周总理并请转毛主席、少奇同志：

今年留苏学生选派计划经文委[1]、财委[2]、教育部、人事部、外交部开过几次会，提出方案，又经李富春[3]同志和师哲同志修改，兹送上，望即审阅，以便迅即分配具体名额，考选集中学员并成立留苏预备部。时间急迫，务望早日退回办理。[4]

敬礼

胡乔木

一月三十日

据胡乔木手稿排印。

注　释

1　文委，即政务院文化教育委员会。

2　财委，即政务院财政经济委员会。

3　李富春（1900—1975）：湖南长沙人。时任政务院财政经济委员会副主任。

4　周恩来在胡乔木信上批示："已另以教育部党组报告送中央。"

致李维汉

（一九五二年五月二十七日）

维汉[1] 同志：

关于民族问题的各件[2] 看了一下。很好。只有以下几点意见请酌。

1. 关于历史上民族关系的叙述在现在的报告中似可少提，以免说得带有片面性。报告中第二页“民族压迫制度，主要是历史上各个时期居于统治地位的某几个民族中的反动统治集团（其中又主要是汉族反动统治集团）造成的，他们用这种制度去统治其本民族以外的其他民族，使他们日益陷于奴役的境地。历史上的这些反动统治集团，即是当时反动阶级的代表，他们不仅压迫各民族人民，同时也压迫其本民族人民，因此成了包含其本民族在内的各民族人民的共同敌人。”照这一段话看来，似乎历史上各个时期的统治集团都是反动的，也即是说，过去中国历史除革命时期外整个是反动的。这种判断是把民族压迫、阶级压迫和反动相混淆了，而事实上有压迫不等于就是反动。所以这段话似乎需要修改。此点毛主席指示可以完全删略，只提帝国主义侵略中国以来中国的反动统治阶级，特别是蒋介石国民党反动统治集团,等等,就可以了。

2. 少数民族的领袖人物的作用是重要的,“各民族自治区自治机关的形式和内部改革依照各民族大多数人民及与人民有联系的领袖的志愿”的办法是正确的,但似乎不宜写在法律性的条文中,因为事实上这只是一个政治步骤,而不是一个法律步骤(与人民有联系的领袖人物本身就是一个政治范畴,而不是一个法律范畴)。所以提议在报告中保留,而在实施纲要中略去或换上其他更适当的说法。

3. 少数民族区域的法规与中央人民政府法令抵触的问题,不必也不宜像现在的样子写在这些文件中,而应由另外的方法来处理。从原则上说,第一,中央法令应当顾及到在少数民族区域适用时的伸缩性,如婚姻法、土地法等都已顾及了。第二,不应当在法律上承认地方可以制定违反中央法令的法规,更不应当规定政务院可以有权批准违反中央人民政府法令的法规,这不但在逻辑上与中央人民政府组织法相冲突,而且在实际政治上会产生长远的不良的后果。所以提议对这个问题的办法和写法作一修改。

4. 几个词句上的问题:(甲)报告大纲[3] 有几处提到“取得上级人民政府的帮助”、“争取先进民族的帮助”、“争取人民解放军的帮助”等等。提议换一种说法,如改为“重视……”,“充分利用……”,“扩大……帮助的效果”之类。我们很少说群众应当争取共产党的领导,地方应当取得中央的帮助,中国应当争取苏联的帮助等等。(乙)保障散居民族权利决定第二条“遇有关少数民族的提案和意见,应予以重视”一句可删去或改用其他说法，这样说似乎旁的提案可以不予重视。同件第三条少数民族成分的生活方式、宗教信仰和风俗习惯别人不得干涉并须加以尊重和照顾一语似嫌笼统，可能被人曲解滥用，可否考虑加上不违反法律的、合法的一类限制？（如加限制则文字上还须修改，因上文有保持或改革字样）（丙）区域自治纲要第六章各条文句均无主词，与该件全文及其他各件体裁不合，可否改为一律？

因为长久脱离工作[4]，又未参与过民族问题的研究讨论，以上所说可能有许多不适当，姑遵嘱写上，以供参考，并希指正。

敬礼

胡乔木

五月廿七日

据胡乔木手稿排印。

注　释

1　维汉，即李维汉（1896—1984）：湖南长沙人。时任中共中央统战部部长、全国政协秘书长、政务院秘书长、民族事务委员会主任。

2　关于民族问题的各件，指：①《有关民族政策的若干问题》（1951 年 12 月 21 日）；②《中华人民共和国民族区域自治实施纲要》（1952 年 2 月 22 日政务院第 125 次政务会议上通过，1952 年 8 月 8 日中央人民政府第 18 次会议正式批准执行）；③《中华人民共和国中央人民政府政务院关于地方民族民主联合政府实施办法的决定》（1952 年 2 月 22 日政务院第 125 次政务会议上通过）；④《中华人民共和国中央人民政府政务院关于保障一切散居的少数民族成分享有民族民主平等权利的决定》（1952 年 2 月 22 日政务院第 125 次政务会议上通过)。

3 报告大纲,指《有关民族政策的若干问题》一文。

4 这年2月胡乔木因胃病复发又休养了几个月。

致毛泽东、刘少奇

（一九五二年八月二十日）

主席、少奇同志：

来大连已一月余，健康有些进步，体重较前增加了一两公斤，但睡眠状况还很不稳定，有几次白天稍用了一些脑力，晚上就虽服安眠药也不能成眠。原来希望在八月底结束休息，然后在东北参观的计划，现在看来只好改变了。九月间或继续在大连休息，或回北京治疗，或到各地旅行，尚未决定。中央如有指示，望告周扬[1] 同志转告。[2]

这里现在休息的同志很不少。饶漱石[3]、张鼎丞[4] 两同志休息很有成绩，饶已可看电影，但还不能多看书报，他预备月底到北京再定下一步计划。董老[5]、李维汉同志和萧劲光[6] 同志的健康还没有什么显著进步。

祝您们健康，并祝江青[7] 同志痊愈。

胡乔木

八月二十日

据胡乔木手稿排印。

注 释

1 周扬,时任中共中央宣传部副部长、文化部副部长、全国文联副主席。

2 毛泽东 8 月 25 日在胡乔木信上批示:“请少奇同志处理。似须回京施行睡眠疗法。”

3 饶漱石(1903—1975):江西临川人。时任中共中央华东局第一书记、华东军政委员会主席。

4 张鼎丞(1898—1981):福建永定人。时任中共福建省委书记、福建省人民政府主席、中国人民解放军福建军区政治委员、中共中央华东局第四书记。

5 董老,即董必武(1886—1975):湖北黄安人。时任中央人民政府委员、政务院副总理兼政务院政治法律委员会主任。

6 萧劲光(1903—1989):湖南长沙人。时任中国人民解放军海军司令员。

7 江青(1914—1991):山东诸城人。毛泽东的夫人。时任中共中央宣传部电影处处长。

致 邓 拓

（一九五三年一月七日）

邓拓同志：

关于《人民日报》发表的文章何者不署名，何者署名（署个人名或组织名），何者署名加衔，希望研究后作一规定。举例说，今天齐白石的介绍似以署名为好。[1] 又除读者已很熟悉的作者外，应多署职衔，有时不署职衔使读者对题文都无法理解，这时就非署职衔不可。例如今天报上黄墨滨署衔很对[2]，但李默然亦应署东北人民艺术剧院演员衔。[3]

黄墨滨的文题是《反对〈单纯生产观点〉》。这类名词应当慎于“创造”和使用。所谓单纯生产观点究竟是怎么回事呢？认真地说这是不能理解的，只能说是忽视基本建设的观点。凯丰[4] 同志认为单纯技术观点一词也是不能成立的（他的信附上请阅退）。这与技术一边倒一类名词一样都应当避免。

《苏联和人民民主国家的生活》栏名太赘，可否改《在和平民主阵营》？

现在各报广告栏横行竖行左行右行纠缠不清。如索性将广告全由左向右横排(但仍分直栏,便于分类等等)如何?
敬礼

胡乔木

一月七日

据胡乔木手稿排印。

注　释

1　1953年1月7日《人民日报》第三版刊出题为《祝贺画家齐白石九十三寿辰》的文章,未署作者名。齐白石(1863—1957):湖南湘潭人。中国画画家。根据齐白石生年,到1953年应是90寿辰。

2　1953年1月7日《人民日报》第二版刊出黄墨滨写的题为《批判我的单纯技术观点》的文章,并署"天津钢厂厂长"职衔。

3　李默然(1927—　　):黑龙江阿城人。演员。1953年1月7日《人民日报》第三版刊出题为《我上了重要一课——对饰演〈曙光照耀莫斯科〉中库烈聘这一角色的体会》的文章,并署了作者李默然的名字,但未署"东北人民艺术剧院演员"的职衔。

4　凯丰(1906—1955):江西萍乡人。时任中共中央宣传部副部长、中央马列学院院长。

致刘少奇

（一九五三年一月十七日）

少奇同志：

这是为《苏联大百科全书》所写的小传[1]，苏联催索甚急，盼于十九日以前审阅修改退还中央宣传部。

胡乔木

十七日

据胡乔木手稿排印。

注释

1 小传，指《毛泽东传》。

致周恩来并转毛泽东

（一九五三年二月十四日）

周总理并转

毛主席：

少奇同志昨晚讲演[1]有系统地说明了中苏三年来的友谊，这是很需要的，我想可以全文发表。遵少奇同志嘱送上请恩来同志阅正后再请主席最后看一次，以便交新华社公布。[2]文中少数字即另行查对。

敬礼

胡乔木

二月十四日

据胡乔木手稿排印。

注 释

1 少奇同志昨晚讲演，指1953年2月13日晚刘少奇在北京各界庆祝《中苏友好同盟互助条约》签订三周年大会上的讲话。

2 毛泽东当日在胡乔木信上批示："照发。"刘少奇讲话载1953年2月16日《人民日报》。

致毛泽东并中央

（一九五三年六月十六日）

主席并中央：

关于朝鲜停战[1]宣传，我们在十三日晚间根据周总理指示曾约北京各新闻机关讨论，结果要点如下：

（一）由中央宣传部拟一宣传指示（另报），向全党说明朝鲜停战是中朝苏和平政策和世界和平运动的巨大胜利，今后的主要任务是争取停战协定的确切实施和争取和平解决朝鲜问题。

（二）修正了《人民日报》和新华社对这一问题的计划（新华社修正报道计划附后），在计划中不着重宣传军事胜利，而着重宣传和平政策和反侵略斗争的胜利，配合和缓国际紧张局势，争取和平解决朝鲜问题、远东问题和一切国际争端的总任务。关于敌人暴行的宣传由几种杂志负责，在停战后非必要时不登报或广播。

（三）组织新华社、各报社、杂志社、电影队、广播电台的记者和摄影录音人员约六十余人于日内赴朝鲜工作。

（四）由人民出版社、外文出版社会同总政治部负责搜集朝鲜战争三年来的有系统的资料准备编审出版。由文化部会同总政治部搜集抗美援朝纪念品筹设抗美援朝纪念馆。

(五)由于抗美援朝的任务尚未完成,在遣俘问题未实际解决、和平会议未召集并有结果和志愿军未回国以前,暂不考虑抗美援朝口号的改变,但亦不宣传继续加强抗美援朝,而宣传争取实现停战协定、并和平解决朝鲜问题。

(六)停战协定签订时,考虑在大城市举行适当的群众代表集会,由抗美援朝总会或分会召集,会上即以"拥护朝鲜停战协定,争取和平解决朝鲜问题"为口号。同时,慰问志愿军、志愿军伤病员、归来人员和家属。待志愿军回国时,再举行大规模的群众大会。解放台湾口号暂不提,但可提反对美国继续侵略台湾。朝鲜战争三周年不作纪念,但报纸上应发表纪念论文和三年战绩。

以上意见和办法妥否请指示。[2]

敬礼

胡乔木

六月十六日

据胡乔木手稿排印。

注 释

1 朝鲜停战谈判开始于 1951 年 7 月 10 日,以中朝为一方,以韩美为主的参战诸国为另一方,断断续续,一直到 1953 年 7 月 27 日在"三八线"附近的板门店签订《关于朝鲜军事停战的协定》,朝鲜战争终告结束。

2 毛泽东当日在胡乔木信上批示:"尚昆即印发本日下午七时到会同志。"当时正在召开中共中央政治局常委扩大会议。

致毛泽东

（一九五三年七月六日）

主席：

本期《学习译丛》末篇100—101页，又提到对于“对立的统一”的批评，[1]供参考。[2]

敬礼

胡乔木

七月六日

据胡乔木手稿排印。

注释

1 《学习译丛》1953年第6期刊载苏联П·巴热诺夫的文章，题为《评罗森塔尔的〈马克思主义辩证法〉》，文中说：我们认为罗森塔尔教授所用的“对立的统一”及“对立的统一和斗争的法则”等名词是不妥当的。斯大林在其经典著作《辩证唯物主义与历史唯物主义》中已规定发展即对立的斗争。在我们的哲学著作中所见到的对立的“同一”或对立的“统一”等名词，是黑格尔的表述方式的残余。在哲学著作中应当用“对立的斗争”这个名词，因为它最确切地表达了这一法则的实质。在斯大林的著作《辩证唯物主义与历史唯物主义》中，就是把这一法则说成对立的斗争法则。作者应当根据斯大林的精确的措词来阐明马克思主义辩证法的第四个特征，因为这样的措词是马克思主义的最新成就。

2 毛泽东在胡乔木的这封信上批示:“我认为这种批评是错误的。”

致 周 恩 来

（一九五三年九月三日）

总理：

胡风给你的信一件[1]送上，有暇时可以一阅。他对文艺团体的看法有相当理由，与我们现在的计划相近。但他的意见过于狭隘，如完全否认统一战线性，研究者和教授不应参加文艺团体等。他提议文联暂时保存，此点主席亦有此意，要我们再加研究，不过与他的想法不一样。此信我意可不必答复，由我们约他面谈即可。

敬礼

胡乔木

九月三日

据胡乔木手稿排印。

注 释

1 胡风（1902—1985）：湖北蕲州（今蕲春）人。文艺理论家、翻译家、诗人。胡风此信写于 1953 年 8 月 20 日，信的抬头是“习仲勋、胡乔木、周扬同志并转周总理”。

致刘少奇

（一九五三年九月三十日）

少奇同志：

给《真理报》和《持久和平》[1] 的文章[2] 已写好，似还可用，请审阅。其中所引数字是今年二月周总理政治报告[3] 所已经发表的。此文急待译发，盼能于今日退回。[4]

敬礼

胡乔木

九月卅日

据胡乔木手稿排印。

注释

1 《持久和平》，指欧洲共产党九国情报局理论刊物《争取持久和平！争取人民民主!》。

2 文章，指《有计划的国民经济建设的新时期的开始》一文，载 1953 年 10 月 2 日出版的《争取持久和平！争取人民民主!》第 40 期，署名林伯渠。

3 指 1953 年 2 月 4 日—7 日在北京举行的中国人民政治协商会议第一届全国委员会第四次会议上周恩来所作的政治报告。周恩来时任全国政协副主席。

4 刘少奇在胡乔木的信上批示：“主席阅后退乔木。”

致刘少奇

（一九五三年十月二十九日）

少奇同志：

给《持久和平》写的十月革命纪念文章[1] 亦拟以吴老[2]名义送去，现将所拟文稿送上，请审阅。此文如可用须明日送吴老看过并译好以电报发出才来得及。

敬礼

胡乔木

十月二十九日

据胡乔木手稿排印。

注 释

1 十月革命纪念文章，指《十月社会主义革命的旗帜是永远不可战胜的》一文，载1953年11月20日出版的《争取持久和平！争取人民民主！》第45期，署名吴玉章。

2 吴老，即吴玉章（1878—1966）：四川荣县人。时任中苏友好协会总会副会长。

致毛泽东、刘少奇

（一九五三年十二月七日）

主席
少奇同志：

两件事请示：

1. 在我即将离开北京并已暂时离开宣传部工作[1]的条件下，凯丰同志似有能经常列席中央会议的需要。本来中央的部长是不必列席的，但因宣传部负着每天指导宣传工作特别是报纸评论的工作，而仲勋[2]同志现在对宣传部工作过问的可能很少，所以希望中央对此能予以格外的考虑，不知妥否。

2. 少数民族文字问题和汉字改革问题的两个文件，均已印发。前一文件是过去中央在讨论统战部工作报告时提出过并经原则同意的，按中央指示交中央文字问题委员会又讨论了一次（有李维汉同志和党外专家参加），并作了部分修改补充，拟由政务院以指示形式发布，以便进行工作，希望能在最近中央的会议上通过。汉字问题较为复杂，但因文委[3]的文改会[4]成立已近两年，若不定一方针，甚难继续工作，对该会多数党外学者亦感无以交代，故切盼中央能对其中所提初步改革办法作一原则指示。[5]

敬礼

胡乔木

十二月七日

据胡乔木手稿排印。

注　释

1 1953年1月，胡乔木任中华人民共和国宪法起草委员会委员。1953年12月中共中央政治局决定成立宪法起草小组，胡乔木为起草小组成员，随即同毛泽东离北京到杭州，主要从事宪法起草工作。

2 仲勋，即习仲勋，时任中共中央宣传部部长、政务院秘书长。

3 文委，即中共中央文化教育委员会。

4 文改会，即中国文字改革委员会。

5 毛泽东12月10日在胡乔木信上批示："退少奇处理。（一）乔木暂离时期，凯丰列席中央会是必要的；（二）文字问题待会谈。"

致毛泽东

（一九五三年十二月九日）

主席：

总路线宣传与学习提纲[1]的第六次稿今日上午约伯达[2]、凯丰、胡绳[3]、熊复[4]、许立群[5]、于光远[6]、马洪[7]等同志讨论后，认为尚须作相当的修改，现在由凯丰同志修改，后日（十一日）可以送上。特告。[8]

敬礼

胡乔木

十二月九日

据胡乔木手稿排印。

注释

1 总路线宣传与学习提纲，指《关于党在过渡时期总路线的学习和宣传提纲》。

2 伯达，即陈伯达，时任中共中央宣传部常务副部长。

3 胡绳（1918—2000）：江苏苏州人。时任中共中央宣传部教材编写组组长。

4 熊复（1916—1995）：四川邻水人。时任中共中央宣传部秘书长。

5 许立群（1917—2000）：原籍江苏镇江，生于南京。时任团中央宣传部副部长。

6 于光远(1915—):上海人。时在中共中央宣传部科学处任职。

7 马洪(1920—):山西定襄人。时任中央人民政府计划委员会委员兼秘书长。

8 毛泽东于12月7日下午7时给胡乔木一封信,写道:"宣传大纲请你们于数日内写好,先经你及凯丰、伯达几位同志看过,最好座谈一下,于十二月十一日以前交我为盼!"胡乔木12月9日写了这封信。12月10日,毛泽东阅后在胡乔木的信上批示:"如来不及,十二日交我即可。"

致毛泽东

（一九五四年二月二十八日）

主席：

中央关于农业生产互助合作问题的第一个决议[1]提议即在报纸上公布，并请农村工作部准备一篇报道和一篇社论，说明这个决议已在一年多的实践中证明为完全正确，并已有了很多新的发展（可以大致把第一个决议中的意思说一说）。我想把这个决议以及第二个决议[2]公开发表并作公开的通俗的正确解释（出小册子、连环画等）对党内外都有重大的意义。妥否请指示。

敬礼

胡乔木

二月二十八日

据胡乔木手稿排印。

注　释

1　第一个决议，指中共中央1953年2月15日通过的《关于农业生产互助合作的决议》。这个决议，曾于1951年12月15日作为草案印发各地试行。

2 第二个决议，指中共中央 1953 年 12 月 16 日通过的《关于发展农业生产合作社的决议》。

致团中央

（一九五四年十一月二十一日）

团中央对批评俞平伯[1]的李希凡[2]、蓝翎[3]两人的自学精神加以适当表扬是好的，但要注意不要过分，防止冲昏头脑，并防止忙于讲演成为名人。在科学工作中培养典型模范的办法似不适用。他们两人过去花一年写了一篇文章，现在接连写了许多，已有些粗制滥造，须提起他们警惕不要骄傲自满，并注意各方对他们的文章中缺点的意见。《中国青年》近期社论[4]认为青年是新生力量的代表的提法也可考虑，老年只要掌握马克思主义方法，也可以是新生力量的代表。《中国青年》最好写一篇文章全面讨论一下青年和老年（成年）的关系，因为现在既有老年压迫青年，也有青年轻视老年，即既要提倡勇敢斗争，又要提倡虚心学习，掌握知识。

以上意见是否妥当，供参考。

据铅印件排印。
原件无抬头、落款。

注　　释

1 俞平伯(1900—1990):浙江德清人。红学家、古典文学研究家。时任中国科学院哲学社会科学部文学研究所研究员,著有《〈红楼梦〉简论》、《〈红楼梦〉研究》等。李希凡和蓝翎相继在山东大学《文史哲》杂志(1954年第9期)和《光明日报》(1954年10月10日)发表《关于〈红楼梦简论〉及其他》及《评〈红楼梦〉研究》,批评了俞平伯研究《红楼梦》中的“资产阶级唯心论”。李、蓝的文章在文史界引起广泛关注,获得毛泽东的赞赏。共青团中央机关报《中国青年》杂志1954年第22期也发表《青年应该自觉成为新生力量的代表者》社论,号召全国青年向李希凡、蓝翎学习。

2 李希凡(1927—　　):直隶通县(今属北京市)人。文艺评论家。当时在中国人民大学教师研究班学习。

3 蓝翎(1931—　　):山东单县人。时任《人民日报》文艺编辑部编辑。

4 《中国青年》近期社论,指《青年应该自觉成为新生力量的代表者》,载《中国青年》1954年第22期。

致周恩来、陈云、彭真

（一九五五年十一月八日）

总理、陈云[1]同志、彭真[2]同志：

合作社章程草案[3]在今天与廖鲁言[4]同志研究后认为还有两三处文字须略加修正：

1. 第三十八条第八项(21页)昨天国务院会议上加了"保护林木"，作为水土保持综合措施来说只讲了消极的一面，拟改为"护林造林"。第十项(22页)的"利用荒山植树造林"改为"利用荒山发展林业"。两句内容不同(前面专指农业林，后面一般泛指经济林)，文字上也避免了重复。

2. 第五十二条(28页)、第五十八条(31页)、第六十三条都讲合作社的总收入，三处用语不统一。拟将第五十二条第二行"全社全年的生产所得"改为"全社全年在生产中得到的实物和现金"，第五十八条第四行括弧"生产所得的实物和现金"也改为"生产中所得到的实物和现金"，第六十三条第一行"合作社的生产品和生产中得到的现金"也改为"合作社在全年生产中得到的实物和现金"。同条倒数第三行"余下的生产品"改为"余下的实物"，使前后一致。另外，第二十条(11页2行)的"实际产量"因限指农产品，但非指产量，应改“实际收获”。

3. 第六十三条第四行“留作下年的生产费股份基金”，因一般习惯基金不是年年变的，拟改为“留作下年的生产费”。同样，第六十五条的“生产费股份基金”也改为“生产费”。

4. 昨天国务院会议上还决定要对生产组长的任命作一规定。现将第七十八条第二款作了相应的修改。原文还提到副队长，因全文未说副队长，无规定必要，故删。

以上修改如同意可以在常委会上廖鲁言同志解释时提出，也可考虑重行印发[5]，以昭郑重，并且免得引起在会上纷纷修改，请酌定。

昨天在最后修改时因为心放在写社论上，未能集中时间和精力，又因廖鲁言同志参加十月革命节招待会，未能充分商量，所以到今天才商量提出意见，这是我的错误。

敬礼

胡乔木

十一月八日

另附改出的一本。

据胡乔木手稿排印。

注　释

1 陈云，时任中共中央政治局委员、中央书记处书记、国务院副总理。

2 彭真，时任第一届全国人大常委会副委员长兼秘书长。

3 合作社章程草案，指 1955 年 10 月 4 日—11 日召开的中共七届六中(扩大)

全会上基本通过的《农业生产合作社示范章程(草案)》。

4 廖鲁言(1913—1972):江苏南京人。时任农业部部长。

5 周恩来在看了胡乔木的信后,于11月8日当天批示即送彭真阅。并说:"可以重新付印,明天当场分发。"《农业生产合作社示范章程(草案)》于11月9日召开的第一届全国人大常委会第24次会议上讨论和通过。会议决定,将这一草案交由国务院发给县以上各级人民委员会讨论和征求人民意见。还决定,各地农业生产合作社可以把这一草案作为自己的社章试用。

致 邓 拓

（一九五五年十二月一日）

邓拓同志：

这封日本女学生的来信（信封上我的名字在发表时不要用），[1] 我看可以在最近一期的《读者来信》译出发表，[2] 然后由读者来信部组织一些中国女学生和女工同她通信（要真正通信，就是说要把原信和请中国学联译成日文的信一起寄给收信者本人，而且要写得像来信一样真切，比原信更详细生动地说一些中国女学生的生活）。如果能组织小县城的通信者更好，因为来信者并非东京人。原信应由读者来信部保存，防备将来外国反动分子说我们是假造的。

敬礼

胡乔木　1/12

据胡乔木手稿排印。

注　释

1 指日本女青年学生早濑笙子、津久井惠子写给胡乔木的信。

2 1955年12月11日《人民日报》第六版的《读者来信》栏目刊出《让我们建立友谊的联系——日本女青年早濑笙子等的来信》。信中说，日本青年渴望通过互相通讯，以及交换书籍、美术明信片、画片和邮票等邮件的方式，来了解中国的人民和中国美好的一切。

致 杨 尚 昆

（一九五六年一月十九日）

尚昆[1] 同志：

代拟中央对文改会报告批示[2] 和文改会报告的修正本送上，请送中央核办。

敬礼

胡乔木

一月十九日

据胡乔木手稿排印。

注 释

1 尚昆，即杨尚昆，时任中共中央办公厅主任。

2 批示，指《中共中央关于文字改革工作问题的指示》，拟印发上海局、各省市委、自治区委党委，中央各部委，中央国家机关和人民团体党组，人民解放军总政治部。杨尚昆 1 月 20 日在胡乔木的信上批示："送小平同志阅批。"邓小平 1 月 24 日批示："这个文件是经过政治局会议讨论，并经乔木作了修改的。"要求毛泽东、刘少奇阅后发。毛圈阅批示："尚昆办"，刘也圈阅"同意"，杨尚昆于 1 月 27 日批示："印发"。

致邓拓、杨刚

（一九五六年一月二十三日）

邓拓、杨刚[1] 同志：

日本青年继续给我来信（前次的女学生来了第二封信[2]，是日文的，附了一张她的照片，已转编辑部，不知哪一位收下的）。因此，我建议：1. 请总编辑室写一封信给组织这些通信的日本团体[3]（上一次那位女学生介绍了她的通信处），告诉他们：收到了好几封从日本的来信，谢谢他们的好意，但是通信处错了，应写给邓拓。2. 对于每次来信都应该及时答复并设法组织年级相近的学生的答复，这种答复不要有官腔和政治煽动，要亲热，着重在友谊联系。可考虑由中国学联组织，而且中国学联也可以主动地组织这种通信给日本和印、缅、巴、印尼、泰、菲各国的中间型的报纸，但这是另一事。3. 到相当的时候《读者来信》还可以发表一批这样的来信[4]。来信连信封应妥为存档，以免反动分子说我们是假造的（《苏联画报》即曾发表过一批各国来信信封的照片以驳斥这种污蔑）。发表这种通信对于我国和东南亚各国的友好是有重要意义的，不应采取冷淡态度。4. 武田和夫[5] 寄来的彩色明信片有两张（另一张是札幌郊外的牧场)，因为太漂亮了，我转给文化部出版局看，请他们设法改进我国的美术印刷，未附上。请回信时注意不要说成为只收到一张。5. 后来来的三封日文信[6]内容和你们处理情形望简告。

敬礼

胡乔木

一月廿三日

据胡乔木手稿排印。

注　释

1 杨刚(1905—1957)：湖北沔阳(今仙桃)人。时任《人民日报》副总编辑。

2 指早濑笙子的第二封来信。

3 日本团体，指日本"国际青年友好协会"(Y.C.I.C.)，地址：日本东京都神田神保町二十丁目一番地。

4 根据胡乔木的意见，1956年2月5日《人民日报》第七版的《读者来信》栏目发表了五封日本的来信，通栏标题是"建立中日两国青年的友谊联系"。许多中国青年纷纷给日本青年写信，早濑笙子有时一天要收到三四十封信。从1955年12月20日—1956年1月下旬，仅早濑笙子就收到中国青年学生的去信200多封。这一活动，对加强中日两国人民的友谊起了很大的作用。一位日本青年的来信中说："中国的朋友们，为了和平，我们交换友谊的信件吧！即便你们寄来几万封信，我也一定写回信。如果我一个人来不及写，日本的青少年们也一定会给你们写的。"还有一位日本青年的来信中这样说："我希望和中国的朋友们通信，通过这个机会和中国人交朋友。我认为这就是我在中国学习的'全世界人民是一家'的精神。让我们把它作为目标而奋斗吧！"

5 武田和夫是日本北海道栗山中学的学生。

6 三封日文信，指三位日本青年白石阳子、武田和夫和菊池孝次的来信。

致刘少奇

（一九五六年一月二十四日）

少奇[1]同志：

送上国务院关于推广普通话指示稿、国务院关于公布汉字简化方案指示稿（两稿将于二十八日国务院会议讨论）、拼音方案草案和拼音方案说明（两件将在政协会上分发，会后讨论）各一件，请审阅。

敬礼

胡乔木

一月廿四日

据胡乔木手稿排印。

注释

1 少奇，即刘少奇，时任全国人大常委会委员长。

致毛泽东

（一九五六年一月二十七日）

主席：

送上《汉语拼音方案草案》和说明[1]各一份，希望能够翻阅一下。说明并不难看，也不难懂。因为上次政治局会议决定要争取在今年"五一"以前公布，所以准备在这次政协会上散发（可能时作一口头说明），会后就在北京和各省市组织讨论，以便在三月份内修正完毕，并由中央正式通过（最好由七中全会[2]批准），再提到国务院和常委会通过公布。如有可能，非常希望你看后加以指示。

敬礼

胡乔木

一月廿七日

据胡乔木手稿排印。

注　　释

1 指1956年1月由中国文字改革委员会拟定的《汉语拼音方案草案》及《关于拟订汉语拼音方案（草案）的几点说明》。

2 七中全会，指1956年8—9月召开的中共七届七中全会。

致邓小平

（一九五六年六月五日）

小平[1]同志：

李何同志最近来信[2]呈阅。

敬礼

胡乔木

六·五·

据胡乔木手稿排印。

注 释

1 小平，即邓小平（1904—1997）：四川广安人。时任中共中央政治局委员、中央秘书长、国务院副总理。

2 李何，时任《人民日报》社驻苏联特派记者。最近来信，指他相继于1956年5月20日、27日写的“关于苏联哲学方面的某些情况”、“关于苏联反对个人崇拜的一些反映”。他在前一封信中说：“苏联科学院哲学研究所所长费多西也夫，不久前在研究所作报告时说：苏联哲学的当前中心任务，是清除个人崇拜的错误，在各方面发扬列宁的思想。”“苏联《哲学问题》杂志1956年第2期社论着重谈了这个问题。社论中说：个人崇拜的结果，把哲学的研究限制在斯大林《关于辩证唯物主义与历史唯物主义》一书所谈的问题的周围。”“这阻止了对马、恩、列哲学著作的深入研究。”“在哲学研究中产生了教条。”他在后一封信中说：“苏联科学界关于苏联反对个人崇拜有这样看法:个人崇拜有害,党的政策是对的,但是解决的办法不好,对斯大林的批评缺乏深刻的马列主义分析,也没有自我批评,所以不能很好地从思想上解决问题。有些人说:《人民日报》那篇文章(指《论无产阶级专政的历史经验》),比《真理报》的深刻,那篇文章中有些话就是向苏联同志的规劝。"邓小平阅后6月6日在胡乔木信上批示:"尚昆:请打送政治局委员,副秘书长,定一,稼祥阅。"

致 邓 小 平

（一九五六年六月三十日）

小平同志：

此稿[1]拟明日见报，务恳今晚八时以前退回。已另送主席、少奇同志。

胡乔木

六月三十日

据胡乔木手稿排印。

注 释

1 此稿，指胡乔木为《人民日报》改版所撰写的《致读者》。邓小平收到胡乔木来信的当天（6 月 30 日）阅后批示："同意。"此文作为社论载 1956 年 7 月 1 日《人民日报》。

致 陆 定 一

（一九五六年九月一日）

定一同志：

陈云同志对于社会主义建设部分提了一些修改的意见[1]，现按照他的意见稍作修正，送上供参考。

关于运输业，王首道同志处曾写过一段文字[2]，因为其中工程质量问题与工业重复，技术改造问题工业部分原来也有的，后经陈云同志指示取消（现在说它没有多少实际意义），只剩下一个合理使用运输力量问题，成为一节很困难，又要压缩篇幅，所以决定不用了。估计这个问题仍可能有人提出，故将首道同志处所写的一段送上，以供修正时斟酌。陈云同志提议在工业的后面加一小节说关于工业的问题一般也适用于运输业，但工业中的前两个问题并不能适用于运输，所以还没有想出妥善的方案。

商业一节打算再作些修改送上供参考，但请不必等待。

敬礼

胡乔木

九月一日

另附吕正操、王震两同志信各一件

据胡乔木手稿排印。

注　释

1 当时中国共产党第八次全国代表大会正在筹备。陈云对八大政治报告稿的“社会主义建设部分”提出了一些修改意见,并于9月1日给胡乔木一封信,写道:“社会主义建设的工业这一节看到,有些意见在上面批了。请酌。
“运输是否在工业后写二三百字的一小节?请斟酌。
“我原写的商业第一稿送你一份。第三物价政策;第四利用资本主义商业的有用经验,两节请你看一下,里面是否还有可用的东西。
“社会主义建设这一节,请你在文字上改后送定一同志。”

2 王首道(1906—1996):湖南浏阳人。时任国务院第六办公室主任。他对《关于发展国民经济的第二个五年计划的建议的报告》稿中关于运输业部分提出了修改意见。

致 王 稼 祥

（一九五六年九月三日）

稼祥同志：

国际部分（已决定独立为一节）[1] 改了一下，缩去三分之一，现送上，务请详加改正，于日内退回，谨以为感！

敬礼

胡乔木

九月三日

文中对殖民主义势力一般仍用帝国主义。

又，全文对缓和国际形势方面说得很少，声势汹汹，你觉得怎样？

对国际支援部分的意见亦望早告，以便赶上交卷时间。

据胡乔木手稿排印。

注　　释

1 指国务院副总理陈毅准备在党的第八次全国代表大会上的发言《目前国际形势和我们的外交政策》（初稿）中的一部分。这个发言的全文载1956年9月26日《人民日报》。

致少儿出版社编辑部

（一九五七年一月二十七日）

少年儿童出版社编辑部：

大仲马的《侠隐记》[1] 供中学生阅读我认为是可以的。大仲马的小说给我们的作者一种把故事写得极为有趣的榜样；至于对读者，也可能帮助他们训练自己的意志和勇气。如果我们尽出这些书，那就会形成一种偏向，但是我们还出比这多得多的别样的书，所以我觉得并没有什么危险。但是对于小学生，书里的情节似乎不很相宜。又，大仲马小说的结构是很严密的，如果必须删节也要十分仔细。这是我的意见，供你们参考。

敬礼

胡乔木

一月二十七日

商务本有沈雁冰注释，但是缺少插图，最好能找一些好的插图补入。

据胡乔木手稿排印。

注　释

1 大仲马,即亚历山大·仲马(1802—1870):法国作家。

《侠隐记》,又译为《三个火枪手》、《三剑客》,法国大仲马的这部小说在中国最早的译本由伍光建翻译,1907 年由商务印书馆出版。1924 年,沈雁冰为伍光建的译本作评注,并写了《大仲马评传》,由商务印书馆出版。

致刘少奇

（一九五七年七月七日）

少奇[1]同志：

社论稿[2]送上请阅正，盼于今日晚饭前退回，拟明日见报。已另送小平[3]、彭真[4]两同志。

胡乔木　7/7

据胡乔木手稿排印。

注　释

1 少奇，即刘少奇，时任中共中央副主席、中央政治局常委、全国人大常委会委员长。

2 社论稿，指《斗争正在深入》一文，为胡乔木所撰写。刘少奇阅后批示："退乔木同志。可用。"社论载1957年7月8日《人民日报》。

3 小平，即邓小平，时任中共中央政治局常委、中央委员会总书记。

4 彭真，时任中共中央政治局委员、中央书记处书记、全国人大常委会副委员长。

致 邓 小 平

（一九五七年七月）

小平同志：

社论稿[1]请阅正，如可用拟明日见报。[2]

胡乔木

据胡乔木手稿排印。

注 释

1 社论稿，指《妥善安排中小学毕业生下乡》一文，载1957年7月11日《人民日报》第一版。

2 邓小平7月9日批示："可用"。

致陈浚、白夜等

（一九五七年十二月十一日）

陈浚[1]、白夜[2]同志，校对组并印刷厂：

《拼音方案说明》[3]虽经我参加校对，但是仍然出现了错误，在七版第四栏第二十行括弧前把俄文字母ч印成拉丁字母j。

值得注意的是：第一，在我看过的校样上并不错（起先是错成y，后来改了，只是ч的字号大些，我觉得这样的缺点可以容忍就没有再要求改）；第二，北京其他各报都没有错（当然也有字号不整齐的）。

至于整个排法不如《北京日报》。注音字母的样式太笨，不如《北京》、《大公》、《光明》[4]；其他一些小错（包括把一个I印成i），就是次要的问题了。

这比起报社工作中的其他问题来，诚然是小事，但是这种小事太顽固了，经常不能改正，虽屡次落在其他报社之后不以为耻，不求雪耻，对于这种老大的满不在乎的暮气不能不进行斗争。而且在我们的报纸上凡出现外国字的时候，几乎十次有九次总要弄一点错。我们有什么权利硬要给党中央的报纸丢脸呢？

我希望你们给我一个答复,不但说明为什么,而且说明怎么办。同时我希望,对于这种小事的干预,不但不至于妨碍我们对于大事给予更大的注意,而且加以推动——反对得过且过、满不在乎的暮气。

祝你们在打倒落后、争取进步的斗争中得到胜利。

胡乔木

一九五七年十二月十一日

据铅印件排印。

注 释

1 陈浚(1917—):浙江杭州人。时任《人民日报》编辑。

2 白夜(1919—):江苏沭阳人。时任《新闻战线》编辑。

3 《拼音方案说明》,指《关于拟订汉语拼音方案(草案)的几点说明》。

4 《北京》即《北京日报》,《大公》即《大公报》,《光明》即《光明日报》。

致 刘 少 奇

（一九五七年十二月二十日）

少奇同志：

这个决议[1]拟由新华社摘要发表，但《人民日报》则发表全文。当否请即示。[2]

胡乔木

十二月二十日

据胡乔木手稿排印。

注 释

1 决议，指苏联共产党中央委员会全体会议于 1957 年 12 月 17 日通过的《关于共产党和工人党代表会议的结果的决议》。这次共产党和工人党代表会议，于 1957 年 11 月在莫斯科召开。

2 刘少奇在看到胡乔木的请示后，当即批示："同意。"新华社的新闻稿即以"新华社北京 19 日电"将《苏共中央全会通过关于共产党和工人党代表会议的结果的决议》摘要发出，《人民日报》于 12 月 21 日将"决议"作为消息发表，题为《苏共中央全会拥护莫斯科宣言》。

致　毛　泽　东

（一九五八年七月二十五日）

主席：

地球赤道长度普通教科书上只说40,000公里，准确些的写成40,076公里。

按地球赤道直径为12,756.5公里（南北极直径少42.8公里，为12,713.7公里），如乘以3.1416，则为40,075.8204公里，按四舍五入为40,076公里。

坐地日行三万里[1]也可考虑索性改为坐地日行八万里。1. 这可以算是拗体，唐宋诗中常见。2. 按北京音八是阴平，读如巴。

巡天遥渡一千河[2]，遥似可改夜，因为银河本来夜晚才看见，而且太空大部黑暗。夜渡较遥渡更具形象性，更多暗示性。

逐逝波[3]未想出什么意见，已告袁水拍[4]往商郭老[5]。

杜勒斯讲话[6]附上，用后请还。

敬礼

胡乔木

廿五日晚

据胡乔木手稿排印。

注 释

1 坐地日行三万里，系 1958 年 7 月 1 日毛泽东所写《送瘟神》七律原稿中的一句。此诗公开发表时，毛泽东接受了胡乔木的修改意见，改为“坐地日行八万里”。

2 巡天遥渡一千河，亦系《送瘟神》七律原稿中的一句。此诗公开发表时毛泽东将“渡”改为“看”，成为“巡天遥看一千河”。

3 逐逝波，系《送瘟神》诗“一样悲欢逐逝波”一句的最后三字。

4 袁水拍(1919—1982)：江苏吴县人。诗人、翻译家。时任《人民文学》和《诗刊》杂志编委。

5 郭老，即郭沫若，时任中国科学院院长兼哲学社会科学部主任、中国文联主席。

6 杜勒斯讲话，指 1958 年 7 月 1 日美国国务卿杜勒斯在华盛顿举行的记者招待会上的讲话。其主要内容是：一、关于中东黎巴嫩局势；二、关于就停止核试验实行监督的问题；三、关于中美两国大使级谈判问题。

致毛泽东

（一九五九年二月十二日）

主席：

谭震林同志的文章[1]，因他在九日已离京，来不及作大的修改。这篇文章在后面还算是讲了一篇道理，说明今年的有利条件，编辑部的同志都觉得还不错，一时也找不到更好的文章替换，所以这一期《红旗》[2]还是准备发表，不知可否？

这一期《红旗》的校样送上以供翻阅，其中，关于杜勒斯的一篇[3]可以看，柯庆施[4]和杨成武[5]的两篇也还可以。

敬礼

胡乔木

二月十二日晚八时

据胡乔木手稿排印。

注释

1 谭震林（1902—1983）：湖南攸县人。时任国务院副总理、国务院农林办公室主任、国家计委副主任。谭震林同志的文章，指《争取今年夏季更大的丰收》，载《红旗》1959年第4期。

2 指1959年第4期《红旗》。

3 关于杜勒斯的一篇，指于兆力的《杜勒斯的童话和中国的真实》。

4 柯庆施（1902—1965）：安徽歙县人。时任中共中央政治局委员、中共中央华东局第一书记。柯庆施文，指《论“全国一盘棋”》。

5 杨成武（1914—　　）：福建长汀人。时任中国人民解放军副总参谋长。杨成武文，指《谈干部当兵》。

致毛泽东

（一九五九年十二月十三日）

主席：

送上关于意共的材料三份[1]，可以看出比较突出的修正主义倾向。

十七国共产党宣言[2]也受了这种倾向的影响，如一开头就说“出现了永远消灭战争并把一切人力物力都用来为人类进步服务的可能”。新华社广播时，只发摘要，把这类话都删节了。看来这个流毒将要蔓延一个时候。[3]

敬礼

胡乔木

十二月十三日

据铅印件排印。

注释

1 即1959年11月14日意大利《团结报》发表的意共中央通过的《关于政治局势和将要举行的党的第九次代表大会的任务的提纲》等文件。意共认为新的世界大战是可以避免的，主张用国际范围的阶级合作代替国际范围的阶级斗争，反对对帝国主义的斗争，号召建立一种“新的国际秩序”，号召民主力量执行和平和进步的政策，并加强争取和平的斗争。

2　1959年12月7日，十七个西欧国家共产党代表在罗马举行会议，会议发表公报并通过告全体劳动人民和全体民主人士的呼吁书。呼吁书号召欧洲资本主义国家的劳动人民和民主人士们，“在争取和平事业的胜利、争取进步、争取革新民主、争取劳动人民的福利和争取幸福的未来的斗争中我们大家团结起来！”

3　毛泽东在胡乔木的信上批示：“各同志阅，退毛。”

致　彭　真

（一九六〇年十二月二十九日）

彭真[1]同志：

袁枚的《黄生借书说》[2]抄一份送上。因未找到普通选本，《四部备要》[3]本头太大不便传送，未将原书送来。

文意颇好（末了还是要借书的早还，并不肯送人，不过这也证明借书之难），可以考虑请人译为白话，写一短文介绍，在《北京日报》或《人民日报》副刊发表。[4]

敬礼

胡乔木

一九六〇年十二月二十九日

据铅印件排印。

注　释

1 彭真，时任中共中央政治局委员、中央书记处书记、中共北京市委第一书记、北京市市长、全国人大常委会副委员长、秘书长。1958年起兼任中共中央政法小组组长。

2 袁枚（1716—1798）：浙江钱塘人。清代诗人、散文家。《黄生借书说》写的是穷书生黄允修向他借书而引发的感慨。袁枚说：帝王和富贵之家藏书无数，“然天子读书者有几？富贵人读书者有几？”而书生黄允修是“书非借不能读”。

3 《四部备要》，我国古代把图书按经部、史部、子部、集部分为四大部类，合称四部。后因分库储藏，故又称四库。《四部备要》为丛书名，中华书局辑，共336种，1936年由中华书局排印出版。所选均为研究古籍常用的著作，并多采用经清代学者整理校注的底本。

4 1961年1月23日《人民日报》发表了邓拓的《从借书谈起》，并刊出袁枚原作和白话译文。

致毛泽东

（一九六一年一月八日）

主席：

关于全国党政干部中适用的“三大纪律、八项注意”，研究了各省的一些类似的规定和宪法、刑法草案、党章等，并与许多同志交换了意见，现在拟了一个稿子送上，请看可否印发这次会议到会同志讨论一下。[1]

三大纪律：

（一）有事同群众商量，永远同群众共甘苦

（二）重要问题事前请示，事后报告

（三）自己有错误要检讨改正，别人作坏事要批评揭发

八项注意：

（一）保护人民安全，打人要法办，打死人要抵命

（二）保护人民自由，随便罚人抓人关人搜查要法办

（三）保护人民财产，侵占损害人民财产要赔偿

（四）保护公共财产，贪污盗窃假公济私要赔偿

（五）用人要经过组织，不许任用私人

（六）对人要讲公道，不许陷害好人包庇坏人

（七）对上级要讲实话，不许假报成绩隐瞒缺点

(八)对下级要讲民主,不许压制批评压制上告

敬礼

胡乔木

一月八日

据胡乔木手稿排印。

注　　释

1 这次会议,指中共中央正在北京召开的工作会议。毛泽东 1 月 9 日在胡乔木的信上批示:“三大纪律、八项注意(草案)印发各组讨论,提出修改意见。(一)是否目前颁发?目前是在全国 20%的县、社、队夺取政权问题,是否缓一下再发为宜?(二)太复杂,不如红军三大纪律、八项注意简单明了,使人难记。有几条执行起来,可能起反面作用。以上两项请予讨论。”

致 毛 泽 东

（一九六一年四月十四日）

主席：

送上调查组[1]关于解决食堂问题的报告一份[2]，请审阅。另送上韶山公社讨论六十条情况简报一份[3]，韶西大队杨家生产队食堂分伙后情况一份[4]，和毛华初同志访问东茅塘生产队材料一份。[5]关于韶山公社的一些情况，请毛华初同志面报。

韶山大队准备在后天（四月十六日）召开代表大会，讨论食堂、山林、房屋、包产等问题。韶山大队因原来包产较高，经社员讨论后提出包增产百分之二，即亩产由原包的五百三十一斤增包至五百四十一点六斤，公社党委已同意，将在这次代表大会上正式决定。

昨天我和王力[6]同志、毛华初同志、省农业办公室贺炳贤[7]同志等人去了一趟湘乡县委。我们原听说邻近韶山的原东郊公社现龙洞公社死人情况严重，拟去该处调查。结果因为道路不便，临时到原东郊公社现陈赓公社的楠香大队、七星大队、水底大队、石匠大队的几个生产队看了一下，发现这几个大队的情况也很严重。据县委说，全县病人在去年年底达七万人，现已减至一万余，但我们去的地方，有些生产队病情尚未停止。经过彻底整风的地方，群众敢于讲话，气氛较好，倒是一类二类的队，因为没有整风，现在问题反而多些。全县粮食都由大队而不由小队保管和加工（据说邵阳全区从一九五八年以来就这么办），对于社员安排口粮和发展养猪都很不利。这一点我们提出意见后，地县委同志都表示同意立即改变。去年年终决算应分给社员的工资和应退赔的实物现金发得都很少，县委已决定最近加以解决。未整过风的社队，县委也准备在插秧后着手整风。湘乡原被认为一类县，从我们所看到和听到的问题说来，其严重不下于湘潭，而在去年年底大量死人这一点上，还有过之。但是只要把问题揭开，发动群众认真整风，也是完全可以较快地扭转局面的。

毛华初同志回省开会，同时向省委报告韶山和湘乡的一些情况，预备过两天还回来。如有指示，希望能告诉他转告。

敬礼

胡乔木

四月十四日

据胡乔木手稿排印。

注释

1 1961年1月14日—18日，中共八届九中全会在北京举行。毛泽东在会上号召全党大兴调查研究之风。1月20日，毛泽东指派田家英、胡乔木、陈伯达各带领一个调查组分赴浙江、湖南、广东作农村调查。刘少奇、周恩来、朱德、陈云、邓小平、彭真等中央领导同志也都深入农村调查。3月15日—23日，毛泽东在广州主持中央工作会议，讨论和制定了《农村人民公社工作条例(草案)》(简称《农业六十条》)。3月22日、23日，中共中央先后发出《关于讨论农村人民公社工作条例给全党同志的信》和《关于认真进行调查工作问题给各中央局，各省、市、区党委的一封信》。中央工作会议后，胡乔木再次带领调查组深入湖南农村调查。4月14日致毛泽东的信，就是为报送四份调查材料、反映调查了解到的情况而写。此时毛泽东也到了湖南，他阅信后，4月15日上午将此信批转给湖南省委第一书记张平化："张平化同志：胡乔木同志来信一件及附文四件，送上请阅。我看可印发你们的三级会议各同志，予以讨论。请在今日印好发出。发出时，请送刘少奇同志、王任重同志、王延春同志各一份，送我20份，为盼。"

2 指关于在韶山公社解决食堂问题的报告。报告说，在韶山公社干部和社员讨论《农业六十条》的时候，我们遇到的最突出问题就是公共食堂问题。从群众反映看来，大多数食堂目前实际上已经成了发展生产的障碍，成了党群关系中的一个疙瘩。这主要是因为它同工分值降低、社员收入减少和分配上的平均主义直接联系在一起，又在群众的日常生活中引起了许多不便。在这种情况下，大多数食堂势在必散，而且散了并不是什么损失，反而对整个工作有利。我们和韶山公社党委书记毛继生一起，研究了韶山大队旺冲生产队的一个坚决要散的食堂。经过五个晚上的讨论，这个食堂在分散时遇到的种种问题，如房屋、菜地、柴山、养猪、困难户等，都一一得到了圆满的解决。这个经验证明，群众要求散的食堂不但应该散，而且散得越快越好。我们认为，韶山公社解决旺冲生产队食堂问题的经验是好的，可以推广。

3 指关于韶山公社讨论《农村人民公社工作条例(草案)》(简称《农业六十条》)的情况简报。简报说，自中央调查组入社以来，全社各队层层召开了干部会、党团员积极分子会、社员会等，对《农业六十条》展开了热烈的讨论。讨论的主要问题是：(一)第二十条，关于"三包一奖"制，包产指标一定要落实，要留有余地。社员对此积极拥护，但对超产实物奖励办法，持有不同意见。对于增产部分，一部分社员主张按倒四六分成，即生产队六成，大队和国家得四成，国家比大队要少得。大部分社员主张把产量包死，按今年三定任务加增产增购任务，若再多增产也不增购。(二)二十六条和二十七条,关于生产队的所有权和自主权问题。大家一致认为这是刺激生产发展的好办法。(三)关于三十三条,大家一致认为按劳分配是调动社员积极性的最好办法。对供给与工资的比例问题,绝大部分社员赞成按三七开分配。许多生产队提出,大队三七开,生产队全部按劳分配。(四)三十四条,关于公共食堂。多数人不自愿办。我们认为,对于群众确实不自愿办的,应积极帮助做好分散工作,全面安排社员生活。

4 关于韶西大队杨家生产队食堂分伙后的情况简报说,《农业六十条》与干部、群众见面后,杨家生产队召开了管理委员会,一致同意马上散食堂。接着又开了社员会,经过讨论,从第二天起就正式分伙做饭。据干部和部分社员向我们反映,散食堂以后出现了如下情况:第一,节省了很多福利工;第二,提高了劳动积极性;第三,增加了肥料;第四,节省了烧柴;第五,社员用粮更加灵活,更加精打细算,能节约用粮;第六,为吃粮、吃菜而互相怀疑、"扯皮"的人和事少了。由此看来,真正是群众要求散的食堂不如早散为好。

5 毛华初(1921—　　):湖南湘潭人。时任湖南省档案局副局长。毛华初访问东茅塘生产队的调查材料说:4 月 1 日,我回到曾在二十多年前居住过的家乡东茅塘访问。乡亲们普遍反映,食堂办得不好,房子又挤又破,锅灶没有了,生活不如前几年了,山林破坏太严重。在访问中,大家对以下几个问题谈了看法:第一,食堂问题。大家主张目前仍维持全年指标到户,按月发粮,食堂煮饭,自己种菜,到插秧后再分伙。第二,养猪问题。大家认为只要每人有七厘到一分自留地,粮食到户,有细糠碎米,经过今年和明年,就会发展起来。第三,山林的管理问题。大家认为只要按高级社时的办法去管就能管好。具体做法是:山权属公家,包给私人培育管理。看来这个办法值得研究采纳。对树木,也可以研究一个包管、包培育、分成奖励的办法。

6 王力(1918—1996):江苏淮安人。时任《红旗》杂志副总编辑。

7 贺炳贤(1922—　　):山西文水人。时任中共湖南省委农村办公室一处处长。

致毛泽东

(一九六一年五月八日)

主席:

我们的调查组最近同省委[1]一起,初步提出了对六十条[2]的修改意见,正在修改中。现在想较多地了解一下以前没有多了解的商业和手工业问题。主要是想了解恢复供销社和手工业社的试点情况。今天我和王力、张超[3]同志即去浏阳调查新成立的手工业社(在张平化[4]同志领导下进行的),陶铸[5]同志前晚来了,今天去桃源[6]研究林业问题,我们调查组的戴邦[7]同志也随去。最近工作中的情况简要报告一下:

一、食堂问题。韶山公社食堂,已由原有的一百一十二个减为六个,这六个据公社党委了解,其中五个不久以后都将不办,另一个我们去调查了一下,发现该食堂不分自留地,不搞家庭副业,恐也难持久。韶山经验除正在湘潭全县推广外,湘乡县沙田公社党委也在四月下旬推广。该公社在省、地、县委同志和我们一起合作下,有领导、有秩序处理了这一问题,由于群众要求迫切,结果在临近插秧之前,仅仅三天时间,就把这个问题在全公社基本上解决了。在办食堂中，各项问题的处理，同韶山差不多，也更细致了一些。群众的热烈程度难以想象，甚至说成是“第二次解放”。有农民说，六十条只要三条就能吃饱饭，一是不办食堂，二是按劳分配，三是超产全奖。省委对解决食堂问题决心很大，预定最近即可在全省范围内解决。

二、农村商业问题。省委已决定在原韶山的五个分社（韶山、永谊、银田、如意、杨林）开始作成立供销合作社的试点。供销部的工作人员，听了这个决定之后，虽对由国家干部转到集体干部感到震动，但第二天又显著改变了对社员顾客的态度，马上到各生产队去，征求对供销社工作的意见，拨给对许多产妇应供应而过去未供应的糖。韶山公社供销社最近即可在公社代表大会上正式成立，它属公社领导，但是单独核算，群众对现在的农村国营商业意见极多，据公社干部说，改变后大部分问题可以马上解决。

三、农村手工业问题。现在手工业工人劳动积极性极低，现行办法几乎到了无法继续下去的程度。同时，只成立供销社不成立手工业社，农村产供销的许多问题也不好解决。为了调动手工业工人的积极性，恢复市场供应，中南局各省委都决定，恢复单独核算的、具有集中生产也有分散生产的手工业生产合作社（应归社队经营的农村副业不在内），同时着手解决与此有关的一系列问题。我们意见，为了使五月会议[8]对供销社和手工业问题的讨论较为切实，是否各省都可进行一些试点工作（即试办一些供销社和手工业社）。

四、城市居民食堂问题。我们在湘潭市发现，由城市人民公社办的实际上是强迫参加的，城市居民食堂的情况，其严重程度，不下于农村。我们调查组同志在一个食堂里，竟被诉苦的群众所包围。湘潭市委的同志也认为，花了很多钱，费了很多精力，一年整顿六七次，落得大多数人不满意，确实是办了一件蠢事。现在湘潭市委已经就这个问题向省委写了一个专题报告，因为这个问题涉及很多城市，省委准备在最近迅速解决这个问题。城市居民食堂同农村情况有所不同，估计总会留下一部分，但现在某些城市勉强大多数居民参加，而国家和城市公社又不断受损失的这种食堂的问题非解决不可。

五、国营工厂企业参加和领导城市人民公社，究竟利多还是害多，这个问题也很值得研究。据湘潭市委和省工会负责同志反映，工厂党委领导工业生产，早已有自顾不暇之感，现在又要领导区一级或管理区一级的政权工作、居民工作和农业生产工作，增加人员，分散精力，实在困难。而且他们的领导对附近农村的生产还往往带来许多不良后果。公社的企业和农民，都来揩大工厂的油，侵占国家财产，这也是一个严重问题。

六、我们在长沙还附带问了一些城市工商业调查和城市整风的状况。根据有关同志的反映，这方面确有很多重大的方针政策问题。除计划指标外，工资奖励制度问题、经济核算问题、工厂管理制度和党政关系问题、职工关系和职工私自回乡问题、工会工作问题，目前都很尖锐，迫切要求认真解决，才能从根本上扭转现在的局面。中南局已开了一次会。陶铸同志准备和我在十一日回长沙，听取湖南省这一方面的汇报，在十三日同去武汉继续听取意见（广东省的同志也参加），然后十五日飞京。这方面的问题需要专门深入调查，在五月的会上虽然不能展开讨论，但是想在可能范围内提出一些已经很突出的问题，对下一步的调查或者有些好处。[9]

胡乔木

五月八日上午11时于长沙

据胡乔木手稿排印。

注释

1 省委，指中共湖南省委。

2 六十条，指1961年3月中央广州工作会议通过的《农村人民公社工作条例（草案）》，简称《农业六十条》。

3 张超（1923—1968）：山东蓬莱人。时任共青团中央书记处书记、全国青联第三届副主席。

4 张平化（1907—　　）：湖南鄙县人。时任中共湖南省委第一书记、中南局书记处书记。

5 陶铸（1908—1969）：湖南祁阳人。时任中共中央中南局第一书记兼广州军区政治委员。

6 桃源，即湖南省桃源县。

7 戴邦（1917—　　）：安徽天长人。时任新华社国内新闻编辑部副主任。

8 五月会议，指中共中央于5月21日—6月12日在北京召开的工作会议。这次会议进一步讨论了有关调整国民经济和农村工作问题。

9 毛泽东这时在上海，5月9日在胡乔木的信上批示："胡乔木同志此信，发给各中央局、各省市区党委，供参考。"并给胡乔木复信说："你的信收到，很有用，已发各中央局、各省、市、区党委参考。你继续在湘鄂两省就那几个问题进行调查，很有必要。五月十五日返京的计划，还可以改为五月二十日到京。”

致毛泽东

（一九六一年五月二十五日）

主席：

浙江省长(省委常委)周建人[1]老同志，今年七十多了，年初曾给我来一信，着重说西湖文化面貌和迁墓[2]问题，也谈了一些农村问题，不过比较简单。那信给田家英[3]同志看后找不着了，因此在回信时请家英同志去杭州时特意找他谈一次。最近他又来一信[4]，着重谈农村干部作风问题。因为少奇同志参加我们的小组会议，所以把这信送他看了一次。少奇同志认为这封信说的是一个十分严重的问题，要我把原信送你和中央各同志看一下。周建人同志说的问题，在别省也有，甚至还更严重，更荒谬。他的信态度恳切，语重心长，信也很短，很容易看。[5]

敬礼

胡乔木

五月二十五日

据胡乔木手稿排印。

注　　释

1 周建人(1888—1984):浙江绍兴人。鲁迅胞弟。

2 迁墓,指迁移西湖的苏小小墓。

3 田家英,时任毛泽东秘书、中共中央政治研究室副主任。

4 指1961年5月18日周建人给胡乔木的信。信中揭露了浙江省遂昌、黄岩等县的干部违法乱纪和对待群众的粗暴野蛮作风及迁墓问题。

5 毛泽东当日在胡乔木的信上批示:“此信及附信印发工作会议各同志。”这时正在北京召开中共中央工作会议。

致毛泽东

（一九六一年六月二十二日）

主席：

湖南省委管财贸的书记华国锋[1]同志（听说省委准备调他担任湘潭地委第一书记）曾在韶山公社主持关于恢复供销社和研究手工业的试点，不久以前寄来了两个有关的材料[2]，送上供参考。

另，毛华初同志寄来了一篇文章[3]，要我转送主席一份，现一并送上。

敬礼

胡乔木

六月二十二日

据胡乔木手稿排印。

注 释

1 华国锋（1921— ）：山西交城人。时任中共湖南省委统战部部长、省委书记处书记。

2 华国锋于5月28日寄给胡乔木两份材料：①《韶山人民公社农村手工业试点工作报告》；②《韶山人民公社设立供销合作社的经过情况》。

3 1961年1月，胡乔木率领调查组去毛泽东的家乡湖南湘潭县韶山公社和湘乡县白田公社、大坪公社，湖南省委派毛华初陪同胡乔木去韶山等地调查。毛华初于5月29日致信胡乔木，寄上他所写的文章《社会主义革命建设中的农民问题》，要求转呈毛泽东。

致毛泽东

（一九六一年八月十七日）

毛主席：

从今年六月休息，到现在快三个月了。在北京的休息和中西医药的治疗看来都没有发生显著的效果。七月二十日来北戴河，初来的前半月自觉有较大的进步，主要在体力方面。近半月来情况又有些变坏，还是走不动路，睡不着觉，认真谈话就觉得脑子发胀。推测起来，大概是因为这些时多看了一些文件，多谈了一些话之故。因此，原来想到庐山会议[1]来听听报告，现在为求真正复原，免得反而拖久，只好请假了。现在决心再彻底休息一个时候，心不旁骛，这样恢复是不会慢的。谷羽[2]很好。我们好久没有见主席，很挂念，希望你的身体长久健康！[3]

敬礼

胡乔木

八月十七日

据胡乔木手稿排印。

注　释

1 庐山会议，指1961年8月23日—9月16日中共中央在庐山召开的工作会议，讨论了工业、粮食、财贸及教育等问题。

2 谷羽(1918—1994)：原名李桂英，安徽天长人。胡乔木的夫人。时任中国科学院新技术局局长兼党委书记。

3 毛泽东于8月25日给胡乔木复信："八月十七日信收到，甚念。你须长期休养，不计时日，以愈为度。曹操诗云：盈缩之期，不独在天。养怡之福，可以永年。此诗宜读。你似以迁地疗养为宜，随气候转移，从事游山玩水，专看闲书，不看正书，也不管时事，如此可能好得快些。作一、二、三年休养打算，不要只作几个月打算。如果急于工作，恐又将复发。你的病近似陈云、林彪、康生诸同志，林、康因长期休养，病已好了，陈病亦有进步，可以效法。问谷羽好。如你转地疗养，谷宜随去。以上建议，请你们二人商量酌定。我身心尚好，顺告，勿念。"

致陈毅、康生

（一九六二年九月六日）

陈总[1]、康老[2]：

介绍你俩看一首诗——《厦门风姿》[3]。这首诗除感情热烈、文采富丽外，特别可注意的是一百六十行通体都用对仗（隔句对和当句对，略似骈赋）调平仄，每句押韵（北方流行的所谓十三辙的宽韵），章法严谨（每四行一节，每一大段一韵到底）。虽然篇幅略感冗长，不无小疵，但用白话写新式的律诗，究为诗史上的创举，也是主席号召的在古典诗歌基础上发展中国诗的一个认真的努力。这首诗发表已两个月了，我也是由于报刊的推荐和电台的朗诵才找出来看的。因为您俩都关心这方面的情况，不揣冒昧，特以奉上，并请对所见不当之处予以指正。[4]

胡乔木

一九六二年九月六日

据铅印件排印。

注　释

1　陈总，即陈毅（1901—1972）：四川乐至人。时任中共中央政治局委员、外交部部长。

2 康老,即康生(1898—1975):山东诸城人。时任中共中央政治局候补委员、中央书记处书记。

3 《厦门风姿》载1962年6月18日《人民日报》第四版。作者郭小川(1919—1976):河北丰宁人。诗人。

4 陈毅收阅胡乔木信后,于9月8日批:"康生:乔木同志送来郭小川长诗,请阅。我觉得郭小川在新诗人中是有前途的。乔木同志意见甚对,的确太冗长,不耐看。如何,请提意见。"康生9月9日批:"已阅,甚好,确是创举。'无韵律不成诗',这是历来的看法,读此诗,心中甚喜,惟词句尚欠精炼,不知对否?"

致谭云森等

（一九六二年十一月五日）

谭云森[1]同志和全体编辑同志们：

收到人民美术出版社寄赠的《革命历史画选》[2]很是感谢。

这部画集，印刷很好，选得也不坏，我只想贡献一点小意见，就是出版说明的文字上有不少欠通顺的地方。第一句：没有谓语，只有一个复杂的主语不能成立。第二句：是第一“句”的谓语，但是全句太冗长了。第三句：也是第一“句”的谓语，没有主语。第六、第七句：都没有主语，实际都是上一句的谓语，第九句的“因为”可以不要（与下“因此”重复），第十句的“根据现有的作品”也是应该删去的赘瘤，不过这两处还是修辞的毛病，不是语法上的错误。

我对美术是外行，因此要请你们原谅我所说的与美术无关。不过这是与编辑工作有些关系的，特别是因为这部画集如此精美，我们当然希望它最好在各方面都令人满意。

敬礼

胡乔木

一九六二年十一月五日

据铅印件排印。

注　释

1　谭云森(1927—　　):四川成都人。时任人民美术出版社编译组编辑。

2　《革命历史画选》,指《中国革命历史画选》,共收28幅,1962年由人民美术出版社出版。

致人民美术出版社图片画册编辑室

（一九六二年十一月三十日）

人民美术出版社图片画册编辑室编辑同志们：

十一月九日的信收到了。感谢你们对于我的一封简短潦草的信的重视。不过我想补充说明一点：重视语法，这究竟不是画册编辑工作中的主要问题，实在说，像上次提到的《出版说明》，即使语法修辞都没有错误，也是断然不能令人满意的。像样的画册应该有像样的序言。我们常可以从外国的较好的画集上看到内容丰富，见解精到，文字优美的序言，甚至中国出的某些外国画册也可以看到中国人参考了外国有关著述而写出较好的序言，为什么在我们自己人的画集上反而很少看到能跟内容相称的序言呢？可能的回答是——没有人写。这种可能如果不能完全否认，至少也不能完全承认。我们不是也有美术评论者吗？我不需要更深地陷入这个问题了，我只是请求你们把现在的工作提高一步。路在人走，事在人为，你们以为如何呢？附带说，我现在是在养病，没有百忙，因此才会作这些好事之谈。

敬礼

胡乔木

一九六二年十一月三十日

据铅印件排印。

致叶籁士

（一九六二年十二月十五日）

籁士[1]同志：

《文字改革》周刊上可否辟这样一栏，总题例如“常用汉字的由来”（或“这些字为什么这样写”？诸如此类），每期介绍一些字的古今繁简正俗演变，使一般人了解现在的几乎任何一个字都是经历过很多改革，现在和将来的继续改革因而也是不可避免的，简化字完全是有历史根据的，但重点可放在通俗生动介绍知识方面，使不赞成文字改革的人也有兴趣看，并有助于中小学语文教师，这样也可扩大文字改革刊物的读者范围（同样也可考虑增设“各国文字是怎样发展的”，世界上关于语文记录传递印行翻译的科技新闻，国内少数民族和一些外国的文字改革消息，等等）。不过这样一栏要请专家执笔，不能闹笑话。现在各大学中文系似无文字学课，语言所似也未闻有研究文字的部分，不知实际上是否如此，也许这是由于我很久不与外间接触，孤陋寡闻所致。唐兰对文字是有研究的，也愿意写，虽然不甚赞成现在的简体字，不知愿意作这样的工作否？蒋善国[2]和傅东华[3]都不在北京，魏建功[4]好像近来写文章不多，其他人选说不清。

敬礼！

胡乔木

一九六二年十二月十五日

据铅印件排印。

注　释

1 籁士，即叶籁士（1911—1994）：江苏吴县人。语言学家。时任中国文字改革委员会副主任。

2 蒋善国（1898—1986）：黑龙江庆城人。古文字学家。时任吉林大学中文系教授。

3 傅东华（1893—1971）：浙江金华人。文学翻译家、作家、文字学家。时任中华书局《辞海》编辑所编审。

4 魏建功（1901—1980）：江苏海安人。语言学家。时任北京大学中文系教授、中国文字改革委员会委员、中国科学院哲学社会科学部委员。

致夏承焘

(一九六二年十二月三十日)

承焘[1]先生：

近读大作谈辛词《水龙吟》一文[2]，略有所见，写上呈政。

词中下片首两句，先生以为反语，这种说法对帮助读者了解稼轩抱负之不同凡俗，可能是好的。但作者原意果否如此，似尚有斟酌之必要。我国封建时代地主阶级文人羡慕归隐，几成通例，虽豪杰之士如稼轩者亦不能免，此在辛词中所在多有，即在与此作同一时期、用同一故实以示对张翰[3]之向往者，亦屡见不鲜，所以这里很可不必曲为之说。求田问舍云云，直承上文，只是深一层来宣泄自己的痛苦心情，盖退既不能乐享林泉，进又不能报国救世，心非许汜[4]，而迹则无以异之，坐视华年，冉冉以去，此真所谓大无可如何之日，故欲红巾翠袖为之一揾英雄泪也(红巾翠袖解为离骚求女之意，亦失之凿)。此词用意本甚显豁，先生一代词学大师，岂待班门弄斧。意者或求之过深，将以现代进步观点要求古人，解释古人，遂不觉大义微言，触目皆是。前之释苏词[5]"朱栏绮户"句，殆亦生此耳。古人之进步，终不能如今人之进步，其于君臣男女家国出处之间，观点径庭，直不可以道里计。我们只要还古人一个本来面目，便是马克思主义的唯物主义的历史主义的态度。这样，古人留给我们的好东西，其价值并不因而减少，反是亦未必因而增加。私见如此，不敢自必，献之高明，会其或有一助乎。书造口壁词解释很好[6]，邓广铭[7]先生考辨金兵实未追至造口，但宋后确曾逃经造口，谓与此词起兴全不相涉，理由似不能认为充足。

专此，即颂

著安

胡乔木

一九六二年十二月三十日

据铅印件排印。

注释

1 承焘，即夏承焘(1900—1986)：浙江温州人。宋词研究专家。时任杭州大学中文系教授。

2 指夏承焘《读辛弃疾的〈水龙吟·登建康赏心亭〉》一文，载1962年12月23日《文汇报》。辛弃疾(1140—1207)：字稼轩，山东历城(今济南)人。南宋词人。其《水龙吟·登建康赏心亭》词如下：楚天千里清秋，水随天去秋无际。遥岑远目，献愁供恨，玉簪螺髻。落日楼头，断鸿声里，江南游子。把吴钩看了，阑干拍遍，无人会，登临意。　休说鲈鱼堪脍。尽西风、季鹰归未？求田问舍，怕应羞见，刘郎才气。可惜流年，忧愁风雨，树犹如此。倩何人、唤取，红巾翠袖，揾英雄泪。

3 张翰：字季鹰，西晋吴郡(今江苏苏州)人。他在洛阳做官时，见秋风起，便思念家乡美味的菰菜莼羹和鲈鱼脍，于是卸官归家。后来的士大夫和文人，乃称思乡和归隐为莼鲈之思。

4 许汜：三国时期蜀国国士。一日，许汜在荆州与刘备、刘表共论天下人，刘备批评许汜在天下大乱之时，不是忧国忘家，却“求田问舍”，热心购置田地房屋，以致“言无所采”，被人鄙视。刘备申言自己的大志，以激励许汜报效国家。

5 指苏轼词。苏轼（1036—1101）：字东坡，四川眉山人。宋代诗人。

6 指夏承焘《谈辛弃疾的〈菩萨蛮·书江西造口壁〉》一文所作释，载1962年12月28日《文汇报》。

7 邓广铭（1907—1998）：山东临邑人。宋史研究专家。时任北京大学历史系教授。

致楼适夷

（一九六三年二月十四日）

适夷[1]同志：

前次你说到要我对人民文学出版社的书提一点意见，后来因读《没有地址的信、艺术与社会生活》一书[2]，就随手记下一点意见，现抄上，谨供编辑部参考。

关于出版说明[3]。我以为这是写的很不认真的。《没有地址的信》实际上并没有答复“艺术是怎样产生的”这个问题(作者只是曾准备谈到这个题目，见165页第二节末，但该处说“艺术第一次成为唯心主义的”云云，疑译误，Idealistic可以有不同的含义)，而只是答复了艺术和生产劳动在人类历史上哪个占先的这个当然也很重要的问题。在这里，鲁迅译本序言[4](1957版，P.11，“详言之”以下)比这个说明倒是说的正确些。说明的这一节的末一句[5]是说对了，但在这以前，却罗列了一些资产阶级美学家的见解，而这部著作对他们却几乎没有任何驳辩，或者是简直没有接触(它讨论了游戏说，但限于指出有用的劳动先于游戏，并没有说到游戏与艺术起源的关系)，因而说明的说法显得是虚张声势。同样，在《艺术与社会生活》里，作者也没有谈到“艺术与解放运动的关系”；作者虽然谈了很少一点法国现实主义，但是他的论断我以为是可疑的（他像一些流俗的文学史家一样，把龚古尔[6]、福楼拜[7] 看作法国现实主义者早期的代表，从而认为他们的特点就是缺少社会兴趣，这跟法国文学史的主要事实和马恩关于巴尔扎克[8] 的众所周知的评价是不相符的）。总之，这一节的介绍的第一句[9] 也有些夸大的气味。还有，这一节的末一句[10]也不够确切。作者用大量篇幅证明某些本来对政治不感兴趣的资产阶级作家在资本主义没落时期转而赤裸裸地站在反工人阶级反社会主义的政治斗争中，而不只是走进了神秘主义和颓废主义的死胡同。这部著作的任务事实上是探讨资产阶级作家的为艺术而艺术的口号的社会根源和它在各个历史时期的演变。作者没有把注意的重点放在（或至少同样地放在）为社会进步而斗争的艺术方面，而且显然对这种艺术的意义估计不足甚至加以抹杀（例如对于《母亲》[11]、《怎么办》[12]以至涅克拉索夫[13]的评价，这种倾向在本书中也有流露），这正是普列汉诺夫思想中严重弱点之一。无疑，这是同他当时已经深深陷入孟什维主义[14]的政治情况分不开的。

撇开出版说明对原著的估价不谈，那么，出版说明竟然没有指出书中的第一部著作就是鲁迅译的《艺术论》的全译本（鲁迅译的不全，不是由于译者的责任，而是由于原著的后部直到一九三六年才发表），而那个译本在一九五七、一九五八年还曾由同一个人民文学出版社两次重印过，这实在是令人惊异的事。此外，说明中说，“其余几封信的编号是假定的”，而 P.107 的脚注说，“这里和以后的标题与副标题均系普列汉诺夫所写”，这也很难解。疑假定当为作者预定，指未发表而言。

关于注解。（一）原著或原编者有比较明显的不正确处，应酌予指出。例如：a，PP.124—125，普列汉诺夫把美感和功利、思维绝对地相互隔绝了，在这个问题上，他与一些资产阶级唯心主义美学家并无不同，以至他究竟也没有说清什么是美感，什么是美感和艺术的起源。另一方面，他把欣赏限于对种族有益的东西也缺乏充分的论证。b，P.195，PP.287—292，这里普列汉诺夫在和卢那查尔斯基[15]的争论中未必是正确的，普氏的客观主义倾向决不能因卢氏的造神主义错误而变为正确，这里作者和原编者很可能是利用了转移论点的手法。译者和编辑部在这些问题上一方面表现迷信于普氏和原编者的权威，对普氏的论点丝毫不加思索，另方面表现一种不应有的疏忽，没有去查阅卢氏的原文，甚至没有查阅关于普氏美学、哲学和政治观点的一般评价著作。c，P.195 作者注中的“第二部分末尾”，在现在的书上是第三部分末尾，译者和编辑部也置之不问。查冯译本[16]只有两部分，则此第三部分或为俄文编者后来分出去的？d，P.32，十七、十八世纪风景画无独立意义，这似乎只能就法国来说。荷兰风景画在十七世纪的巨大发展几乎是常识。

（二）有些原著引用的重点论点应注明出处或并揭出要点。例如 PP.3—4：托尔斯泰：《什么是艺术》[17]（中译本页数);P.6:圣西门:《人类科学概论》[18](中译见商务选集上);P.7:黑格尔:《历史哲学》[19](三联中译 P.308);P.8 以下:达尔文:《人类起源及性择》[20](商务重印马君武译本;动物有无美感及是否与性择有关,除普氏所举华来斯外,近今生物学家还有更准确的批评意见,似亦可加简注,因为这是书中和美学中的一个重要问题);P.17 注(1):赫克尔[21](就观点论更像赫胥黎[22]?),达尔文(前书:全书结论)和圣西门主义者的论点;又,注末所引出莫里哀[23](人文版喜剧选集卷中 P.172);PP.21—22:"俄国的一位唯物史观支持者在我以前所讲的话"(比普氏更早的俄国历史唯物主义者?或比《没有地址的信》较早发表的意见?);P.22:对立的原则(对立原理,达尔文《人类和动物的表情》,科学出版社译本 P.38,又,第二章 PP.51—57);如此等等。总之,我建议:为了认真地介绍马克思主义的理论著作或其他有重要历史意义的著作,应该采取对读者负责的精神,尽量把应该加注的地方加注,不要一味地倚赖俄文本编者注(甚至对原著引用的法文德文也是亦步亦趋,他注我照用,他不注我也不注),并且要尽量利用已有的中译本,而不要只限于利用《生活与美学》。试问,这是什么原则呢,对立的原则吗?

(三)有很多专名(人名、书名、种族名、地名)需要酌情加注,也不见得很困难,查查有关专科的百科全书或大辞典,就可以找到了大概。

(四)译文显然是比过去的译本好,流畅而可信。但是怕也是大概。似乎没有利用旧译本可以利用的地方,例如前面曾经提到的。这里还有一个例子：P.28：apriori 译为“臆断地”（比较蒋路译：法文〈！〉：“先天地”，《论俄罗斯古典作家》P.126），实在还不如鲁迅所译的“由因推果地”，虽不顺而犹信了。这是普通英汉字典都能查到的常见拉丁文，却因跟着俄文字典译得不确切了，可见粗枝大叶是不能因译者的久于此道而幸免的！（原作者所用的外国文最好能印在文后注释，译文放在页末，特别是后面重见时用见某页某注，这种办法对不懂外文的读者增加很多困难，减少很多兴味。）

无论如何，我对于人民文学出版社的重出这两部著作的新译本并且送了我一册是感谢的，使我有了重读一遍并且考虑一些问题的机会，我所以写出这一些，也正是为了表示我的谢意，和对于以后能出的多一些和更好一些的希望。至于所提出的意见，因为没有经过研究，必然有不适当和委屈了译、校、编者的地方，也很希望得到纠正。

此外，还想顺便提出几个关于“人文”出版工作方面的小问题：

1. 用两种或几种书名合为一本书的书名，对书的读者、买者、借者、查者都不方便，对出版者也不见得方便，可否改变办法，如仍以一书为名而注出附另一书或另取一名？

2. 已逝世的本国作者，和重要的外国作者，可否多附作者像，下系作者签名式和生卒年（生卒年更有用些，现存作者也可只注生年）？作者像如能选用与著作年代较近的当然最好，而多卷集则可附入不同时期的照像或画像。又外国作者的国籍有时很难找出，例如要在译后记的某一句话里找出，对于读者尤其买者很不方便，能否改进?

3. 有些书中的专名最好注出原文或拉丁文译名，附人物表者人名后面也可加原文。如是学术论著，能编索引最好。又某些著作后附地图或大事年表，尽管有些文学作品的内容跟地图年代纪会有矛盾，为参考计利多于弊。

4. 现时有些书籍有内容提要，我觉颇不好看，可否考虑改印在一本书的封面或封底的摺进去的宽边上，比较不正式些。如改用某一著名批评家或文学史家的一两句评论，则更好，从读者来说也更可信赖。如有序，或也可节用序文中适当的话。又在这种宽边上要能印出本书作者由本社出版或不同出版社出版的其他著作，或本丛书的书目，尤便读者，因为现今读者很难查出这些，而这样对于出版者发行者也是有益的。

拉杂写来，不觉已有许多。由于生病，很久没有写过什么东西了，现在是利用写信来练习恢复作文的能力，同时也是利用病假来说这些琐碎的闲话。一天写几行，断断续续，前后已隔了好多天，究竟还是前详后略，未能一以贯之。这只是供你和编辑部有关同志参考的，请勿外传，并勿为外人道。

敬礼!

胡乔木

一九六三年二月十四日

据铅印件排印。

注　释

1 适夷,即楼适夷(1905—2001):浙江余姚人。现代小说家、散文家。时任人民文学出版社副社长兼副总编辑。

2 《没有地址的信、艺术与社会生活》,是俄国最早的马克思主义宣传者格·瓦·普列汉诺夫(1856—1913)的两部美学著作。1962年人民文学出版社出版的中译本《没有地址的信》为曹葆华译;《艺术与社会生活》为丰陈宝、杨民望译,曹葆华校。

3 指人民文学出版社所出《没有地址的信、艺术与社会生活》一书中译本的"出版说明"。

4 鲁迅所译普列汉诺夫的《艺术论》,于1930年5月译就。1930年7月由上海光华书店出版,列为《科学的艺术论丛书》之一。鲁迅所作《艺术论》译本序言最初发表于1930年6月1日《新地月刊》(即《萌芽月刊》)第1卷第6期。

5 末一句是:"他引证了许多资产阶级学者实地考察得来的资料,用历史唯物主义的方法进行比较研究,他得出的结论是,最初人是以实用观点看待事物的,只是后来才对它们有了审美的要求,艺术的产生与发展是由社会的生产力与生产关系所决定的。"

6 爱德蒙·德·龚古尔(1822—1896):法国作家、艺术批评家、历史学家。《文人》、《赛尔维夫人》、《龚古尔兄弟日记》(22卷)是他的代表作。

7 古斯塔夫·福楼拜(1821—1880):法国批判现实主义作家。《包法利夫人》、《圣安东的诱惑》、《纯朴的心》是他的代表作。

8 巴尔扎克(1799—1850):法国作家。《人间喜剧》是他的代表作。

9 第一句是:"《艺术与社会生活》发表于一九一二至一九一三年,在这部著作中,他论述了艺术在阶级社会中的地位、艺术与解放运动的关系以及现实主义和浪漫主义等问题。"

10 这一节的末一句是:"在资产阶级处于没落时期,资产阶级作家也失去了资产阶级革命时期的强烈反抗精神;由于阶级的局限性,他们有的只是反对一下资产阶级的道德,有的由于找不到出路而走进了神秘主义和颓废主义的死胡同。"

11 《母亲》,指苏联作家高尔基(1868—1936)的长篇小说,写于1903至1906年间。

12 《怎么办》,指俄国作家车尔尼雪夫斯基(1828—1889)的长篇小说,写于1863年,副标题为“新人的故事”。

13 涅克拉索夫(1821—1877):俄国诗人、革命民主主义者。

14 孟什维主义,20世纪初俄国社会民主工党中分裂出来的一个反对列宁主义的机会主义思潮和派别,是第二国际修正主义在俄国党内的变种。

15 卢那查尔斯基(1875—1933):苏联科学院院士、文艺评论家。

16 冯译本,指冯雪峰所译的《艺术与社会生活》,1929年8月由水沫书店出版;1937年10月改译后,由生活书店出版。

17 列夫·托尔斯泰(1828—1910):俄国作家。《什么是艺术》,又译为《艺术论》,是托尔斯泰后期论著。

18 圣西门(1760—1825):法国空想社会主义者。《人类科学概论》发表于1813年,是他的主要著作之一。

19 黑格尔(1770—1831):德国古典哲学家。《历史哲学》发表于1837年,是研究黑格尔哲学的入门要籍。

20 达尔文(1809—1882):英国生物学家,进化论的奠基者。《人类起源及性择》又译为《人类的由来》,发表于1872年。

21 赫克尔(1834—1919):德国生物学家。达尔文主义者。

22 赫胥黎(1825—1895):英国生物学家。近代西方主要科学家之一。

23 莫里哀(1622—1673):文艺复兴时期法国喜剧作家、戏剧活动家。

致邓小平

（一九六三年二月十九日）

小平同志：

关于中小学条例[1] 有一点小意见，写上供中央参考。

两个条例都规定不要把语文课讲成文学课（中学第十二条，小学第八条）。但是中小学语文课文中都必然有文学作品，例如毛主席诗词，要不把这些课文当作文学作品讲，似乎不甚好讲，可能条例原意也不是如此。为了使含意准确些，可否把原话改为：除文学性的课文外，不要把一般的语文课文讲成文学课。

敬礼

胡乔木

二月十九日

据铅印件排印。

注释

1 中小学条例，指1963年3月由中共中央转发试行的《全日制小学暂行工作条例》与《全日制中学暂行工作条例》。这两个条例的初稿，1962年7月报送中央文教小组讨论后，送中央工作会议作为会议文件征求意见。1963年

3月23日中共中央正式批转下达。正式下达的条例采纳了胡乔木的意见，分别都加了“一般不要”的词句。

致 楼 适 夷

（一九六三年二月十九日）

适夷同志：

十八日信收到。我的信[1]决然不能够供“学习”，如多少对你们的工作有点帮助就很好了。不过信里有两句话我想去掉：一是粗枝大叶不能因久于此道而幸免；一是这是什么原则，是对立的原则吗？这都是多余的话。又，关于引文的中译本出处，信中举了《圣西门选集》，该书出在普氏书的译本之后，译著者当时自然不能引用，不过再版时可以考虑罢了。

关于出版工作我还有一点小意见，就是希望设法改进装订的质量。目前稍厚的书常因书脊凹进，书页凸出，久而就会脱落；硬纸面本易翘，封皮纸有时也因粘得不匀而鼓起。平装书封底前没有衬页，不但过于局促，而且正文末页常与封底粘连，封皮一坏末页很易污损。我们现在的出版工作在编辑校对方面比过去大有进步，但在这一方面则解放前的有些书籍还很值得借鉴。虽然这不是文学书籍特有的问题，但是很希望你们能带头研究改进。

敬礼!

胡乔木

一九六三年二月十九日

据铅印件排印。

注 释

1 我的信,指1963年2月14日胡乔木写给楼适夷的信。

致毛泽东

（一九六三年七月十二日）

主席：

诗词注释稿[1] 又看了一遍，尽量压缩了一些，送上请阅。诗词注释由作者看很难引起兴味，现在只求少出错误，多少满足广大读者的迫切要求罢了。专此，即致

敬礼

胡乔木

七月十二日

据胡乔木手稿排印。

注　释

1 诗词注释稿，指由胡乔木主持编辑的《毛泽东诗词选》一书的注释稿。这本书1963年由人民文学出版社出版。

致毛泽东

（一九六三年七月二十二日）

主席：

现将给《人民日报》写的几篇杂文[1]送上，暇时盼能一阅。

过去两年几乎不能写什么东西，近来稍好。但是一沾上赶任务性质的事情，还是感觉很紧张。为了设法改善，写些自由谈式的杂文，作为脑力劳动的一种练习。开始有些吃力，后来就逐渐习惯些，如果用几天时间凑一两千字，时作时辍，效果还好。希望能够坚持这种练习，逐步达到明年恢复工作的目的。没有用真名，为着免得向熟人解释。这些杂文虽是为国内外斗争摇旗呐喊，只是写得都太啰嗦，原想等写得稍为像样些再送请您看，不想秘密已经泄漏，只好提前了。如能得到您的指点，那就欢喜不尽。

敬祝

健康！

胡乔木

七月二十二日

据胡乔木手稿排印。

注 释

1 胡乔木给毛泽东送去的几篇杂文是：以赤子为笔名，分别于《人民日报》1963年6月16日、18日、19日、20日发表的《爱和恨和宣传》(一)、(二)、(三)、(四)；以白水为笔名，分别于《人民日报》1963年7月2日、4日发表的《湖南农村中的一条新闻》和《湖南农村中的又一新闻》；以赤子为笔名，于《人民日报》1963年7月16日发表的《美国人替中国算命》。

致少年儿童出版社编辑部

（一九六四年一月十四日）

编辑同志们：

麻烦你们一件很小的事。

德国作家朱尔格所作的《闵豪生奇游记》，解放前曾有华通书局的魏以新译本，似还有其他一个译本，解放后上海小主人出版社曾出有李俍民由俄文转译的《闵豪生奇游记》上下册，记得也还有另一个版本——不知道是不是就是少年儿童出版社出过？总之，我很爱读这部有趣的小书，我买过三四次，可总给孩子们传看弄丢了。现在我在上海许多旧书店找过，都没找着。后来到上海图书馆和上海少年儿童图书馆去查询，它们也只各有华通的和"小主人"版本，这就是说，这书是很难再买到的了。因此，现在写这封信给你们，希望了解：（一）少年儿童出版社或中国少年儿童出版社有没有出过这部书？（二）如果你们出版社出过，是否准备再版？这是一部世界文学名著，无害而又有益（使说谎吹牛成为滑稽可笑的事，而不会诱使儿童去模仿这种行为；此外，它还可以成为少年儿童说笑话、相声取材的来源），我想是可以再版的。（三）如果你们出版过而并不准备再版，不知道有没有多余的存藏品可以例外地卖给我一份?

我们没有见过面,也没有发生过工作上的关系,只因为我到现在也还是个少年儿童读物的爱好者,就给你们写这封信,如能得到你们的答复,深为感谢。

敬礼

胡乔木

一月十四日

罗大里[1] 的《洋葱头历险记》是你们出版社一九五四年出版的,这本书孩子们很爱看,也看丢了,这次我幸而在旧书店里又买到了一本。我想意共虽已陷入修正主义泥坑,这本童话还是革命的,我们只要不去向读者介绍作者的党籍,似乎还可再版,如果它还是有读者的话。不知你们觉得怎样? 又及。

通信处:兴国路 72 号。[2]

据胡乔木手稿排印。

注　释

1 姜尼·罗大里(1920—1980):意大利作家,意共党员。他所著的《洋葱头历险记》1954 年由上海少儿出版社出版。

2 兴国路 72 号,胡乔木当时在上海所住招待所的地址。

致石西民

（一九六四年三月十三日）

西民[1] 同志：

在沪时曾问起“芙蓉国”[2] 的意义，现查《北京晚报》一月二十六日有一篇答复，节录其意如下：

《佩文韵府》入声部“芙蓉国”条下只引明高启诗“芙蓉泽国临漫雨，禾秀田畴掩冉风。”（此诗未查出处，似非指湖南）但《全唐诗》第七六四卷唐末诗人谭用之《秋宿湘江遇雨》：“江上阴云锁梦魂，江边深夜舞刘琨，秋风万里芙蓉国，暮雨千家薜荔村。乡思不堪悲橘柚，旅游谁肯重王孙？渔人相见不相问，长笛一声归岛门。”芙蓉有两义，一指荷花，一指木芙蓉，二说均可通，因木芙蓉据本草亦称出自鼎州，即今湖南常德。

总之，“芙蓉国”即指湖南，作者用典亦出谭用之诗句。全诗是写湖南的大跃进（前五句是写地写景，但二、四、五句也是暗示，后三句点出主题，长岛即长沙，长沙附近湘江中有一长岛，至今仍在，亦即以得名），与日本毫无关系。

另请代告丕显[3] 同志：上海和华东的话剧在北京演出很成功，[4] 群众和绝大多数专家都表示满意。文化部和剧协前此对华东会演重视不足，态度不端，现在正在认真检查。遗憾的是中央领导同志因忙于中罗会谈，[5] 未能观看，这是美中不足的一点。

在沪多承关照，特此志谢。

敬礼

胡乔木

一九六四年三月十三日

据铅印件排印。

注释

1 西民，即石西民（1912—1987）：浙江浦江人。时任中共上海市委宣传部部长。

2 指毛泽东 1961 年所作《七律·答友人》中“芙蓉国里尽朝晖”的“芙蓉国”。

3 丕显，即陈丕显（1916—1995）：福建上杭人。时任中共上海市委书记处书记。

4 1964 年 3 月，上海人民艺术剧院话剧二团和山东省话剧团在北京演出话剧《一家人》、《激流勇进》、《丰收之后》等。

5 指 1964 年 3 月 3 日—13 日在北京举行的中国与罗马尼亚的两党会谈。

致叶籁士

（一九六四年三月十三日）

籁士同志：

双周刊[1]能否设法将各国文字演变改革的历史择要逐一约人撰文介绍？这样的文章可以有几十篇，并可合编成单行本。写的人是一定可以找得到的，只要努力设法去找，如北大东语系、西语系和上海华东师大林祝敔[2]都可找。又本国各民族文字沿革也可写几篇。《光明日报》穆欣[3]同志以前曾表示希望双周刊能适合该报性质，多团结一些专家撰稿，即如常用汉字的由来是否专由倪海曙[4]一人写亦可商，因本可约一批专家撰稿也。要尽量把路走宽才好。妥否请考虑。

敬礼！

胡乔木

一九六四年三月十三日

据铅印件排印。

注　释

1　双周刊，指《光明日报》《文字改革》双周刊。

2 林柷敔,时为华东师范大学教员。

3 穆欣(1920—):河南扶沟人。时任《光明日报》总编辑。

4 倪海曙(1918—1988):上海人。时任中国文字改革委员会研究员、国家语言文字工作委员会副主任。

致楼适夷

（一九六四年三月十四日）

适夷同志：

三月四日信收到。

现想就另一事提一小建议，现各种书籍广告太少见，对读者很不方便。即如我这样身居大城市的人，而人民文学等出版社又常送书给我，但一旦送书者有遗误（这是难免的事，不足为怪），而等到在别处看见某一想买的书时，到书店去买往往已买不到了，于是就只有到旧书店中去碰运气，况且现在多数新书店架上的书在柜台外常常是很难看清的，尤其较薄的书和高档上的书。我尚如此，则居于穷乡僻壤的读者的困难如何，可以不言而喻矣；没有书目，书店虽办理邮购业务，能有多大好处乎？因此，我想建议：文学创作书可在《人民文学》上登较齐备的广告（即包括人民文学出版社、作家出版社、中国戏剧出版社的某一季度或月份的书的全部或几乎全部，兼及上海文艺出版社的书的大部，余仿此），文学和艺术的书能在《文艺报》上登较齐备的广告（《文艺报》现每期封底都有几本书的广告，这比《人民文学》好，但广告所列文学书固很少，艺术书则几乎无有,如每期轮流登一类的似较于《文艺报》的名号更相称),外国文学的新译本和关于外国文学的评论书能在《世界文学》上登较齐备的广告。当然,这些刊物如能于广告以外,兼有书讯或书评,每期不辍则更幸事矣。登广告虽是小事,却于读者大有帮助,盖报纸上的广告很久才能见一次,读者难望剪存,隔几天就找不见了。刊物不登或少登广告,或由编辑的洁癖和爱惜篇幅(现在各出版社每月出书甚少,占篇幅有限得很),或由出版社的节约广告费用,不敢妄测。但现在的事实是关系到群众的文化生活,所以不能不作此呼吁,希望能得到您和一些刊物主编的考虑。又此事不限文艺方面,其他方面书籍的情况也是如此。全国很多有教育作用和实践意义的好书,除报纸偶见外,没有适当的广告,如中国青年出版社的书在《中国青年》上没有广告,有关国际问题的书在《世界知识》上没有广告,等等,因而难于为希望购阅的读者所获悉。这不但是对于读者,而且对于作者、译者、编者、出版者、发行者等方面都是深可惋惜的事。如有机会遇到黄洛峰[1]同志,并希提及,请他考虑一下设法予以改善何如?

敬礼

胡乔木

一九六四年三月十四日

据铅印件排印。

注 释

1 黄洛峰(1909—1980):云南鹤庆人。时任文化部出版局局长。

致胡绩伟

（一九六四年三月十四日）

绩伟[1]同志：

《解放日报》的这条编者按语[2]，要言不烦，却很能引人入胜——入马列主义之胜，很希望《人民日报》能在这些方面学学《解放日报》和其他办得好的地方报，使版面上的革命空气和理论空气进一步活起来。这一版上角的"短评"和第一版的"社论"也可看；当然，《人民日报》也写了不少好的短评和社论，这是有目共睹的。

以上所说不一定对，仅供参考。这些报纸看后请寄还，我还要用。

敬礼

胡乔木

一九六四年三月十四日

据铅印件排印。

注　　释

1　绩伟，即胡绩伟（1916—　　）：四川威远人。时任《人民日报》副总编辑。

2　按语，指 1964 年 3 月 8 日上海《解放日报》第二版的《编者说》，这个按语的全文是:“这里登的两篇稿子,都是在昨天上海妇女庆祝‘三八’大会上的发言。两篇发言都有引人深思的地方:为什么钱芬娣同志挡布机能够从八台增加到十五台以至二十四台?为什么电话服务台的同志能够把大量电话号码记得那么牢?原来,这里面有个哲学问题,或者说,这里有活的哲学。她们通过反复实践,反复思考,掌握了客观规律,这不是活的哲学吗?”

致胡绩伟

（一九六四年三月十六日）

绩伟同志：

今天看了《解放军报》和《解放日报》[1]，憋不住又要写几句话供你参考。

在全国活学活用毛泽东思想的高潮中，相形之下，我们的报纸在宣传方面似乎还没有站到最前列。看到这些报纸上的生动活泼的材料，就希望《人民日报》也能登一些，并且努力设法站到第一线去。送上的这些材料可否选用若干请你们斟酌。

这里有个版面问题，我以前曾提议把副刊的篇幅分出一半来，抓各种活思想（当然别的版面也要抓），用以见缝插针地宣传马列主义毛泽东思想，宣传阶级斗争社会主义，宣传移风易俗舍己为群，天天抓，至少也要隔天抓一次，这样副刊才能由只是文人的地盘变为工农兵和各行各业干部的共同地盘。这个问题，对文艺部说来是有些困难的。但是我们不是在提倡压倒困难么！我是人所共知的文艺爱好者，副刊的文艺地盘还是要保留的，不过尽是文绉绉的，我也觉得腻味。这个问题究竟如何解决为好，请你和陈笑雨[2]

同志以及编委各同志想点办法如何?

又,前此曾提过漫画问题:一、我想当前首须提倡的是教育性的漫画,如《人民日报》本月四日、十四日苗地[3]同志的画和《中国妇女》二月号第二十七页的画[4]固然可以说是教育性的,即如《人民日报》三月八日六版所登的《女民兵》[5],亦未尝不可以看作是一种漫画。虽然画家大概不愿意同意。总之凡属鼓舞人心,团结群众,帮助工作,促人向上的正面的漫画,以过去的《请薯类也坐正席》(?)的漫画为例,是决不会引起任何不满的议论的。二、华君武[6]同志多次提出,报社正副总编辑以至部主任对漫画不注意,国际漫画亦常由值班编辑临时出题,他很留恋范长江[7]同志和邓拓[8]同志,他们常常能够预先考虑到给漫画家以内容的建议和资料的供给。此事一并请研究一下可否?

胡乔木

三月十六日

据铅印件排印。

注 释

1 《解放军报》1964年3月16日第二版发表:《磨刀不误砍柴工,烧火连学习毛主席著作,提前完成紧急任务》。

《解放日报》1964年3月12日第二版发表:《学习、对照、实践》(楼森)、《紧密结合工作思想,认真学习毛主席著作》(邓发娇)。

2 陈笑雨(1917—1966):江苏靖江人。时任《人民日报》编委兼文艺部主任。

3 苗地(1925—):山西河曲人。漫画家。时任《人民日报》文艺部美术组编辑。《人民日报》1964年3月4日发表他的漫画"我和他"共6组,3月14

日又发表他的漫画“我们一家人”。

4 指《中国妇女》1964年2月号刊出的漫画“父母三思”，作者缪印堂。漫画批评、讽刺一些父母在自己的孩子做了一点事后，总是给予物质奖赏，以致养成儿女们不给报酬就不干活的坏思想。

5 指《人民日报》1964年3月8日第八版刊出蒋兆和的中国画“画毛主席《为女民兵题照》诗意”。

6 华君武(1915—)：江苏无锡人。漫画家。时任《人民日报》文艺部美术组组长。

7 长江，即范长江，1950年1月—1952年6月任《人民日报》社社长。

8 邓拓，1949年10月—1957年6月任《人民日报》总编辑。

致王子野

（一九六四年三月二十六日）

子野[1]同志：

二十四日来信和《走廊》[2]一期已收阅。我非常满意地读了吴国英同志的文章[3]，并为他的这种认真负责、不怕困难和麻烦、不盲从外国或权威的精神所深深感动。这是自力更生、奋发图强、鼓足干劲、力争上游的精神在编辑工作中的体现。当然，他的工作中还有没有解决的问题，仍应争取外援，全部解决，如仍有不尽妥善的地方也还要加以校正。总之，我很希望他的这种精神能够为所有编辑工作者在整个编辑工作中所学习，而不限于对中央所指定要学习的经典著作。我更希望所有著书、编书、译书的同志们也能学习这种精神，有了这种精神，就能够刻苦学习，不断前进；将来要给什么书写序跋，加注释，也就不难了。这样，一定能够把我国出版物的质量大大提高一步，把我国出版社编辑工作的水平大大提高一步。

敬礼

胡乔木

一九六四年三月二十六日

据铅印件排印。

注释

1 子野,即王子野(1916—1994):安徽绩溪人。出版家。时任人民出版社社长兼总编辑。

2 《走廊》,人民出版社编辑部交流业务工作的内部刊物。

3 吴国英(1925—):浙江余姚人。时任人民出版社马列主义基础组编辑。他担任普列汉诺夫《没有地址的信/艺术论》一书的责任编辑。该书出版后,他写了《编辑工作甘苦谈》,叙述编辑该书的经过。王子野把刊登这篇文章的《走廊》寄给了胡乔木。

致毛泽东

（一九六四年四月二十三日）

主席：

前几天，我在政治研究室[1]图书馆中，偶然发现了一本在太行山出版的《抗大五周年纪念刊》，里面第一篇就是您写的纪念抗大三周年的文章。[2]一下子读完了，真是说不出的高兴。因为不但这篇文章言简意赅，风骨劲拔，使千载以下人读之，犹觉虎虎有生气；特别有意义的，还是这篇文章中首次出现了（自然是说在您的文章中，并且以现在我们所能看到的为限）"三八作风"中的三句话。反动派愈反对我们，愈足以表明我们之正确光荣，这个提法似乎也首见于此。此外，这篇文章对目前的青年学生和教育工作者也很有益。全国都要学解放军，全国的学校都要学抗大，学它的革命性，进步性和艰苦奋斗而又生动活泼的朝气。

为此，我要我的秘书把这篇文章抄了一份送给您，请您看看，考虑一下可否收入《毛主席著作选读》[3]？文中用铅笔画的字和符号是我写的，大部分是为了与全书体例一致，仅供您参考。又，这篇文章曾被编入《毛泽东同志论教育》一书（三五——三七页）[4]，但似并未发生多少影响。

敬祝您的健康，并问江青同志好。

胡乔木

一九六四年四月二十三日

据铅印件排印。

注　　释

1　政治研究室，即中共中央政治研究室。

2　毛泽东的这篇文章最早载1939年5月30日《新中华报》，题为《抗大三周年纪念》。

3　指1964年和1965年分别以毛泽东著作选读编辑委员会名义出版的《毛泽东著作选读》乙种本和甲种本。此文收入该书后，题为《被敌人反对是好事而不是坏事》。

4　《毛泽东同志论教育》，1958年9月由人民教育出版社出版。

致毛泽东

（一九六四年十二月二日）

主席：

词稿[1]承您看了，改了，并送《诗刊》（现因停刊改送《人民文学》），这对我是极大的鼓励，非常感激。康生同志告，您说词句有些晦涩，我完全同意，并一定努力改进。三首词结句的修改对我也是很大的教育。

因为粗心，稿中有一首漏了一句，有首少了两字。幸同时寄呈郭老，他详细地推敲了，给了我一封长信，除指出以上错漏外，还提出了许多修改意见。为了便于您最后改定，我向人民文学社要了清样（结果不知怎的寄来了原稿），想根据郭老的指点先作一番修改。有些觉得两可的，就只注在上面，请您选定。有几处修改要加以说明的，用纸条贴在稿旁，供您斟酌。此外，我又续写了三首《水龙吟》[2]，重加排次，使这一组词粗具首尾，补足原稿中应说而未说的方面，请您审阅。这三首我也寄郭沫若同志和康生同志了，请他们把修改的意见直接告诉您。

《沁园春》一首，在此曾经林乎加[3]同志和陈冰[4]同志看过，后来又把其中提出的意见同霍士廉[5]、曹祥仁[6]两同志谈了,得到了他们的完全同意。省委[7]已决定对西湖风景区进行改造,《浙江日报》已登了十几篇读者来信,要求风景区也要破旧立新,彻底整顿,把所谓苏小小墓[8]等毒害群众的东西加以清理。这是你多年以前就提出的主张,在现在的社会主义革命新高潮中总算有希望实现了,所以在此顺便报告,并剪附今天的《浙江日报》一纸。此事待有具体结果后再行报告,以便能在北京和其他地方有所响应。

敬礼

胡乔木

一九六四年十二月二日

据胡乔木手稿排印。

注 释

1 词稿,指胡乔木1964年10月下旬寄请毛泽东阅正的十三首词的未定稿。

2 指胡乔木在11月续写的三首《水龙吟》,与10月所作四首《水龙吟》合为一组共七首。新增的三首与原先的十三首,后以《词十六首》为题,载1965年1月1日《人民日报》和《红旗》杂志1965年第1期。

3 林乎加(1916—):山东长岛人。时任中共浙江省委书记处书记。

4 陈冰(1920—):江苏淮安人。时任中共浙江省委常委兼宣传部部长。

5 霍士廉(1910—1996):山西忻县人。时任中共浙江省委书记处书记兼副省长。

6 曹祥仁(1914—1975):湖北大冶人。时任中共浙江省委书记处书记。

7 省委,指中共浙江省委。

8 苏小小:南齐名妓。其墓在西湖的西泠桥畔。

致《人民文学》、《人民日报》编辑部

（一九六四年十二月五日）

《人民文学》、《人民日报》编辑部同志们：

近日病中多暇，学习写了几首词，多关时事，略表欢喜之情，并鼓同志之劲。内“杭州”一首，借指文化革命。但国内至今庙坟尚如此之多，毒害群众，亦觉须加挞伐。令人高兴的是，杭州孤山一带成堆的坟墓，经过广大群众热烈讨论和领导的决定，已经在十二月二日分别情况迁移或平毁，西湖风景区内各种反动的、封建的、迷信的、毫无保留价值的建筑和陈设，也正在有计划地清理和改造。[1] 词中的一些话现在对于杭州基本上已经不适用了。[2] 杭州一呼，全国响应的日子，想亦不远。至于这些词，在艺术上是不成熟的，不少地方还有些难懂，未能作到明白晓畅，以后当努力改进。现送上，望加斧削。如以为可，请予发刊。

敬礼

胡乔木

一九六四年十二月五日

据铅印件排印。

注 释

1 胡乔木的这封信同时送请毛泽东审阅。毛泽东在此处批道:“杭州及别处,行近郊原,处处与鬼为邻,几百年犹难扫尽。今日仅挖了几堆朽骨,便以为问题解决,太轻敌了,且与事实不合,故不宜加上这个说明。至于庙,连一个也未动。”

2 毛泽东在此处批道:“基本上还适用。”

致叶汉波

（一九六四年十二月六日）

汉波[1]同志：

一九六三年一月在上海时你社陈秀珍[2]、许文焕[3]两同志来看我，并送了些书给我，很是感谢。你社出的《旧上海的故事》[4]非常好，我们全家人都看了，只觉得书太短了，一下就看完，如果能再收集一些类似的故事教育意义就更大了。你社出的《十万个为什么》[5]已经全国风行，也是我们家庭的爱读书。祝贺你们的这些成绩。

现在想问你一个小问题，就是小学程度（包括中年级高年级）的书刊能否出些汉字和拼音字母对照的。我的孩子也和别的孩子一样，在低年级学了拼音字母，很快就能阅读有拼音对照的书刊，可惜这些书刊现在越出越少，到了中年级以后只有一部分书刊还用生字注音的办法，久而久之，他们不但不能从注音识字，连查新华字典都困难了，于是遇到不认识的字就撇在一边，不去认，或者瞎认一气，不愿意查字典，这种现象看了叫人实在觉着痛心。不知你社曾否考虑过这个问题？很希望听听你的意见。我现仍在养病，来信请寄杭州延龄路二号转。

敬礼

胡乔木

一九六四年十二月六日

据胡乔木手搞排印。

注　释

1 汉波，即叶汉波(1917—　　)：广东东莞人。时任上海少年儿童出版社第一副社长兼分党组书记。

2 陈秀珍(1929—　　)：上海人。时任上海少年儿童出版社第三编辑室副主任。

3 许文焕(1934—　　)：浙江上虞人。时任上海少年儿童出版社第三编辑室编辑。

4 《旧上海的故事》，郑拾风等14人编著，1963年9月由上海少年儿童出版社出版。郑拾风(1920—1996)：四川资中人。

5 《十万个为什么》，1961—1962年12月由上海少年儿童出版社陆续出版。

致叶籁士并胡愈之

（一九六四年十二月二十九日）

籁士同志并愈之[1]同志：

《文字改革》双周刊的编辑方针（也就是文改会大部分同志的思想方法）似觉有须加检查之处。提出一个问题，往往好走极端，主观、片面、夸夸其谈地说了几大篇，简直不考虑实际可能性和必然会引起来的反应，经过指出，于是马上草草收场。这次讨论精减汉字字数问题，又已走上以前讨论古书用简字和科学术语用译音问题的覆辙。这样下去，对文改工作只能有害无利，因为每次讨论总不求具体的实际可行并且真要实行的建设性的成果，结果一大堆问题都没有解决，只是喧嚷一通，当然也就不可能扩大同情，甚至阵脚也难站得稳了。我认为这不是马克思列宁主义和毛泽东思想的表现，相反，这是文改会工作人员一贯忽视马克思列宁主义和毛泽东思想的表现。因此，例如调查研究、一分为二、稳步前进、争取多数这些原则，似乎在同志们头脑中没有什么地位。继续让小资产阶级或资产阶级的空谈、空想、主观、片面、脱离群众、脱离实际的思想方法和工作方法占据领导地位，我认为这是非常危险的。

国务院已经批准的东西，在双周刊上很少看见认真的介绍和宣传，这样就使已得的成就也难以巩固下来。简化字总表本身及其注释、附录，本都应郑重、详细地分好几篇文章逐一向读者解释，因为其中涉及许多过去悬而未决的问题，却以为出了小册子，就没有事了，真是奇怪的想法。现在仍应补作这步工作。字形表既经批准，也应分若干期分批地认真介绍解释。这些工作好像都不在同志们眼里，这样工作如何能前进？这对国务院批准公布的东西是采取的什么态度？

敬礼

胡乔木

一九六四年十二月二十九日

据铅印件排印。

注　释

1　愈之，即胡愈之，时任中国文字改革委员会副主任。

致耿庆国

（一九六五年一月二十一日）

耿庆国[1] 同志：

一月十日来信收到。你在毕业后决心服从国家的分配，到党最需要的任何地方去，搞一辈子革命和建设，这个志愿很好，祝你成功地实现你的愿望。

你对于我的几首词感觉兴趣，因而问起我以前写过的能不能发表。我告诉你吧，以前我没有写过词，这次发表的是我初次的习作。以后可能还写一些或发表一些，但这现在还不能决定。当然，我以前曾经读过一些词，作过一些初步的研究，否则是不会一下子就写出来的。

词这种文学体裁很特殊，严格地说来是已经过时了，要学习写作需要一定时间的学习，以便掌握有关知识和技巧，因此我并不鼓励你认真去写它。你写的几首，热情是有的，但是对于文字的掌握还没有“过关”，有不少词语用得不恰当。比较起来，末一首《渔家傲》文字通畅，但是情韵还嫌有些不够味，需要更多的精练和抒情化。我想，你有了这份革命的热情，这是最重要的，至于写不写词，或者写得好不好，这对于一个从事自然科学的青年来说并不重要。

我近年由于得了比较严重的神经衰弱症，不能工作，也因此才有时间学习这些东西。虽然它们的内容完全是革命的，没有旧诗词中常见的那些坏东西，但是无论如何，如列宁所说，写革命都不如实干革命更为有趣。不多谈了，祝你顺利地完成你的毕业论文。

胡乔木

一九六五年一月二十一日

据铅印件排印。

注　释

1　耿庆国（1941—　）：北京人。中国科学技术大学地球物理系地震专业1965年应届毕业生。以后在西北长期从事地震预报应用研究，1967年创办《地震战线》刊物，并任主编。

致中国青年出版社编辑部

（一九六五年四月二十日）

中国青年出版社编辑部：

这部清样[1]我从头到尾看了一遍，觉得很好。顺手作了一些文字上和标点上的校改，不知来得及改正否？书中的加拿大共产党有几处地方都加了（加拿大劳工进步党）的括弧，也有个别地方径称劳工党的，这些地方我都改了，因为劳工进步党的名称只用于一九四三——一九五九年这段时期内，与白求恩[2]在华时固然没有关系，与今天也没有关系，用不着给读者增加麻烦。书里有些比较难懂的医药上的名词，如能加上简要的注最好，因为这样可便于广大读者。

由于学习《纪念白求恩》[3]的人很多，估计此书是会受到广大读者注意的。此外，白求恩本人的文字，如有今天还适于公开发表的，最好能选一两篇作为附录，如此则现有的附录可改为附录二。以上供参考。

敬礼

胡乔木

一九六五年四月二十日

据铅印件排印。

注 释

1 这部清样，指该社送胡乔木审阅的《伟大的国际主义战士——白求恩》一书清样。

2 白求恩(1890—1939)：加拿大共产党党员。胸外科医生。1937年为反对法西斯、支援中国人民抗战，率由加拿大人和美国人组成的医疗队抵达延安，后转战晋察冀、冀中前线救死扶伤，1939年11月12日在河北省完县以身殉职。

3 《纪念白求恩》，指毛泽东1939年12月1日为纪念白求恩所写的文章，收入《毛泽东选集》。

致中国青年出版社编辑部

（一九六五年四月二十八日）

中国青年出版社编辑部：

前几天曾就《纪念白求恩文集》事写过一封信给你们，想已收到。不知所提的建议，哪些能办到，哪些不能？[1]

书稿中有一处“锰剥水”，我打了问号，希望查明并加注。当时曾问一位医生，他也没听说过，不懂是什么东西，所以我觉得要加注。今天又遇到两位医生，一位年青些的也不知道，另一位年长些的告诉我，他猜想这可能是从日文来的，剥音指 Potassium(po = 剥)，锰剥水也就是常用的消毒防腐剂高锰酸钾（或过盐酸钾 $KMnO_4$，Potassium Permanganato = P. P. = 灰锰氧，灰字也是从钾字来的）的溶液。因此，这里的锰剥水似宜改用现在通用的名词。

另，书稿中还有一篇文章（可能是最后一篇附录，或其他编在后面的文章），内有两处“改正缺点”的字样。这个用法现在用得很多，但其实是欠通的，只能说“克服缺点”或“改正错误”，在该文中似应改为“克服缺点”。当时未改，现因写此信，故一并附告。

现在学习毛著选读甲乙种本的人很多，他们都很希望有一些参考的资料。例如你们出了白求恩的材料，就可以给读者很大的帮助。但此外还需要很多，如介绍张思德[2]的生平等。又，近年解放军和其他各界青年中学习毛选的好经验在报刊发表的已有很多，你们也已出了一些有关的书，只是还觉不够。可否以甲乙种本所收文字为纲，尽可能逐篇（读者最急需的先出，如《学习〈为人民服务〉》、《学习〈愚公移山〉》等）有系统地出一套辅助性的读物？请考虑。

敬礼

胡乔木

一九六五年四月二十八日

据铅印件排印。

注　　释

1　胡乔木审阅《伟大的国际主义战士——白求恩》一书的清样后，对改进此书的编辑工作提出了意见。中国青年出版社根据胡乔木的指示，将此书分为上、下两辑，上辑为白求恩在华战友写的回忆录，下辑为白求恩本人的部分遗稿。

2　即毛泽东在1944年9月8日所写的《为人民服务》一文中所赞扬的烧炭工张思德。1944年9月5日，张思德在陕北安塞县山中烧炭，因炭窑崩塌而牺牲。

致包之静

(一九六五年五月三日)

之静[1] 同志:

前谈《白求恩文集》[2] 不知已进行否?此书最好有一白求恩略传。现剪上《杭州日报》的一篇极简单的材料,这不能成为根据,只是由此使我想起有些需要而已。白求恩生于加拿大何地,何年生,何年入加共,在入党前后生活经历如何,不知有人知道否?加共总书记布克(右派)之子现在北京工作,或可从他处得到一点消息亦未可知,可经中联部[3] 打听一下。又周而复[4] 不知搜集过这些材料否。自一九五二年迁葬石家庄,有墓园,亦应提及并摄影。白生前照片如有当然应收入。有关他的画作亦可酌收。另此书如能有一序言最好,如能由聂荣臻[5] 同志写尤好,因为白工作主要是和他有关的,书内好些信也是写给他的。序内须约略提到,加共领导机关现虽亦跟随指挥棒反华,但中加两国共产主义者和中加人民的友谊是永存的。此书须送叶青山[6] 同志一阅;征求其同意和帮助供给有关资料,如他能写一短序亦好。再,《人民日报》一篇短文亦剪寄,请中国青年出版社考虑可否收入作为附录(我并不认为此文特好,可能还有比这好的文章可用),不过这要与其他拟作附录的各文分别处理而已。

另外一件事,也是谈过的:我要我的秘书商恺[7]同志为中国妇女出版社编一册《自从我的妻子双目失明以后》,日内想可编成。[8]在出版发行方面,可能要遇到许多如我前次所谈的困难,不知你能否通知出版局给予支持?这是因为,如你所说,中国妇女出版社的这个户头太小了,在印刷发行方面都看不上眼,但是这本小书关系“世道人心”者甚大,在社会主义教育中可以发生不小的作用,应该加以支持(如尽快付印、橱窗宣传、新书推荐等),否则是很可能如石沉大海一样,这不但对于中国妇女是一个打击,也不合于人民的利益。

又雨果的《悲惨世界》[9]未出部分是否仍以出全为好,出全后在书后要写批判性介绍文章也好落笔,它的前两册也不是不要批判,只出半部总觉于我国的出版风格不甚协调,我们是连赫的文集和反华文集[10]也出版了的。此书是雨果的代表作,代表了他的正反两面,其余的书都为次要。又,罗曼罗兰[11]我们现在只出他的《克利斯朵夫》和前期剧作以及散文论著,对他后期转为共产主义的重要著作小说《善良的灵魂》[12](?)、剧本《罗伯斯庇尔》,以及他的拥护社会主义、批判个人主义、反帝反法西斯的论文何以反不出版?此二小事有便烦与韦君宜[13]同志等一谈。可否?

敬礼！

胡乔木

一九六五年五月三日于杭州

据铅印件排印。

注　　释

1 之静，即包之静（1912—1971）：江苏苏州人。时任中共中央宣传部新闻出版处处长。

2 此书后改题《伟大的国际主义战士——白求恩》，1965 年由中国青年出版社出版。

3 中联部，即中共中央对外联络部。

4 周而复（1914—　　）：安徽旌德人。作家。时任中共上海市委统战部副部长、宣传部副部长。

5 聂荣臻（1899—1992）：四川江津人。中华人民共和国元帅。抗日战争时期，历任八路军第一一五师副师长、政委，晋察冀军区司令员兼政委，中共中央晋察冀分局书记等职。白求恩当时主要在晋察冀抗日根据地工作。

6 叶青山（1903—1987）：福建长汀人。时任卫生部部长助理。

7 商恺（1922—1998）：山东茌平人。时任胡乔木秘书。

8 此书后未编成。

9 雨果（1802—1885）：法国作家。《悲惨世界》共五卷，写于 1845—1862 年。

10 指《赫鲁晓夫言论》1—14 集及《苏联报刊反华言论》1—5 集，1964 年两书均由世界知识出版社出版。

11 罗曼罗兰（1866—1944）：法国作家和社会活动家、诺贝尔奖金获得者。《约翰·克利斯朵夫》是他的代表作。

12 罗曼罗兰的《善良的灵魂》，中译本题为《欣悦的灵魂》，共五卷，1980 年 11

月由广东人民出版社出版。

13 韦君宜(1917—2002):北京人。作家。时任人民文学出版社副社长兼副总编辑、党委副书记。

致郭沫若

（一九六五年七月二十四日）

郭老：

二十三日信[1]收到。不宜改动过多和争取早日发表的意思很对。其它意见也很好。因康老原也嘱先将意见报告主席，争取早日发表，故今早已将郭老建议函送主席处。"飞跃"原是康老提出[2]，我把他和您的看法都告诉主席了。另外还附加了一些个别意见，一并供主席参考。

敬礼

胡乔木

七月二十四日

据胡乔木手稿排印。

注释

1 1965年夏、秋，毛泽东写了《水调歌头·重上井冈山》、《念奴娇·鸟儿问答》两首词，胡乔木将这两首词的初稿寄给郭沫若，征求他的意见。郭沫若在7月23日的回信中说："词两首，以后忙着别的事，不曾再考虑。我觉得不宜改动过多，宜争取早日发表。"这两首词，后同时发表在《诗刊》1976年1月号。

2 《念奴娇·鸟儿问答》一词中，有"怎么得了，哎呀我要飞跃"句，康生提出可将“飞跃”一词换为“逃脱”；郭沫若认为，“‘飞跃’我觉得可不改，因为是麻雀吹牛。如换为‘逃脱’，倒显得麻雀十分老实了。”

致 康 生

（一九六五年九月十日）

康生同志：

词二十七首本多仓卒之作。经主席修改后，我又作了一些修改，并拟删去其中的读报四首（平淡而又过时，改不好）和家书末两首（有些酸气）。另外，最近写了律诗五首，想补在后面，虽也有些晦涩，但在时间上较新鲜些，不知可用否？请一并阅正，并代转主席，为荷。[1]

敬礼

胡乔木

九月十日

据胡乔木手稿排印。

注 释

1 康生9月10日当天即将信和胡乔木对《词二十七首》删改、增补而成的《诗词二十六首》转送毛泽东，并告："我已同《红旗》和《人民日报》讲过，等主席看过后，即照登。"毛泽东阅改后于9月15日上午3时写了以下批语："删改得很好，可以定稿。我又在个别字句上作了一点改动，请酌定。另有一些字句，似宜再思再改。如不妥，即照原样。惟'南针仰'一句须改。"胡乔木的《诗词二十六首》作于1965年新年至6月间，载1965年9月29日《人民日报》和10月1日出版的《红旗》杂志第19期。毛泽东对《诗词二十六首》的修改,胡乔木在他的诗集《人比月光更美丽》的《后记》中依次作了说明。

致毛泽东

（一九六六年四月五日）

主席：

在主席诗词注释本[1]中，有两三个比较重要的问题需要请示。

（一）《蝶恋花·从汀州向长沙》一首，根据总政治部几位同志的建议，参照《关于若干历史问题的决议》和注，作了如下的注释：

“一九三〇年六月，中央红军由福建汀州（长汀）进军江西。七月，又从江西向河南进军，准备（**第二次**）[2]攻进长沙，（**结果未能攻入。**）在当时敌我力量对比的条件下，（**敌人已有准备，**）进攻长沙是不正确的。（**但当时由于蒋冯阎在河南大混战，南方湘赣诸省在半年之内，除长沙南昌诸城之外，其余地方都无强敌。所以红军乘此机会，攻取了大片地区，扩大了部队，为粉碎第一次敌人的围剿准备了条件。**）由于毛泽东同志的说服，中央红军的干部终于改变作战方针，分兵攻取茶陵、攸县、醴陵、萍乡、吉安、（**峡江、新喻**）等地，使红军力量和农民土地革命斗争得到了很大的发展。这首词是写红军在进军中的豪情壮志（**的**）。”

这样的注，不知是否适当？请指示。

（二）《水调歌头·游泳》中的“一桥飞架，南北天堑变通途”一句，据袁水拍[3]同志告主席意见，仍作“一桥飞架南北，天堑变通途。”

（三）《七律·送瘟神》中的“千村薜苈人遗矢”，据读者来信建议和查阅有关典籍结果，拟作“千村薜荔人遗矢”（苈只用于葶苈，系十字花科植物，即焯菜，苈字不与薜连用，亦不单用）。

以上两处正文的更动，未知可否？请一并指示。[4]

注释本中关于白云山的注[5]，已正郭解之误[6]。现正就全文再作最后一次核校，然后印行少数，在内部征求意见。

敬礼

胡乔木

一九六六年四月五日

据胡乔木手稿排印。

注释

1 主席诗词注释本，指由胡乔木主持编辑的《毛泽东诗词选》一书的注释本。这本书1963年由人民文学出版社出版。

2 信中括号内黑体字均为毛泽东所加。

3 袁水拍，时任《人民文学》兼《诗刊》杂志编委。他曾向主席反映，有人建议此句中的逗号应标在“一桥飞架”之后。

4 毛泽东在此处批示“可以”。并在胡乔木给毛泽东请示信的信封上写下“已阅。退乔木。”

5 白云山，指毛泽东1931年夏所作《渔家傲·反第二次大“围剿”》中的“白云山头云欲立，白云山下呼声急”句。白云山在江西省吉安县东南，吉安、泰和、兴国三县交界处，距东固西南十七里，是第二次反“围剿”中毛泽东、朱德指挥打第一仗的地方。

6 郭，即郭沫若。郭沫若在《喜读毛主席的〈词六首〉》（《人民文学》1962 年 5 月号）中说“白云山在江西会昌县东八十里，……这儿已与福建接壤，可以望见武夷了”。并据此认为，“战场已经由吉安东南八十里的富田镇移到会昌东八十里的白云山下了，是战役快要胜利结束的时候。”《毛泽东诗词选》注释本注明了词中的“白云山”所处的地理位置，说明该词上阕是写第二次反“围剿”战役的第一仗，纠正了郭沫若解释的错误。

致叶籁士

（一九七三年）

来信[1]给了我很大鼓舞。现已完成整个“探险”的约四分之三，剩下的部分工程还相当艰巨，恐怕至少还得半个月。这里送上的[2]有很多页是重抄过的，可惜抄后又改得相当潦草，并且字仍然很小，看起来很吃力。不过已无力再抄，只好这样交卷了。

通过这次还未完成的试探，我确信汉字的任何合理改革都必须把现有的汉字从头到尾摸几道，全面地弄清它的内容联系，抓紧它的历史发展的根本趋势，也就是说，要根据辩证法，才好对目前的种种问题和群众的种种意见作出适当的回答。“目无全牛”的办法必然顾此失彼，并且往往因小失大。在“探索”的过程中，我尝试对现有的汉字提出一些简化的设想，这些具体的设想经常要再三地回顾，返工，但是结果仍然是现实和空想的某种不调和的混杂物。这一任务的真正解决只有依靠广大群众的集体智慧，任何个人都是不可能完成的。我的希望，也只是向群众贡献一些思考和实践的可能的线索，其中很多当然是拙劣可笑的，但这并不重要。比较重要的还是一些原则性的意见，这也只是广大群众长期实践特别是最近时期实践的概括。广大群众创造了并发展了例如乙、了、刀、力、入、七、九、几、卜、上、下、么、凡、中、尤、毛、元、比、夭、户、生、术、兰、令等等这些表音的偏旁,使它们应用于大批大批的同音字。我想这些可总称为简易通用声旁,它的发展是目前汉字简化的主要趋势。当然还有其他趋势,但那些一般只涉及个别的字或个别的偏旁,不涉及一个字音的大批甚至全体同音字,不影响汉字的全局,因而不能促进汉字的历史性的前进运动即向拼音化、机械化的过渡。这些简易通用声旁的继续大量发展的趋势,和原有复杂的、不能通用的、不能表音或不能适当表音的结构或声旁之间的矛盾,我看是目前汉字发展中的内在的主要矛盾。我的试探如果有什么意义,那就是表明用最少量、最简易、便于通用化、便于分解组合的声旁,加上最少量的简易义旁,来拼写绝大多数汉字,是有现实可能的,虽仍有种种困难,要经过长期的奋斗,究竟并不是完全无法实现的幻想。这种以简易通用声旁为核心的新式简化汉字,不仅便于教学认记,便于打字印刷和信号化,而且它是基本上表音的文字,基本上与普通话拼音相对应(而不是像过去那样基本上与繁体字相对应),因此它将是促进汉字走向拼音化、机械化的重要关键。既然是在汉字的范围内,既然要尽量照顾习惯,它就不可能完全合理。但是它一经为群众所掌握,就必然会继续迅速发展,加上夹用拼音,配合推广普通话,这就会为汉字改革造成一个全新的局面。广大群众中所蕴藏的改革汉字的极大的积极性和创造力,将有可能由于有了一个明确的方向而较快地集中起来和动员起来,使目前在少数人面前觉得束手无策的种种困难,得到比较顺利而妥善的解决。问题是现在作出的对于群众实践的这个概括,是否符合实际?如果大致符合,它怎样才能得到中央领导和广大群众的支持?因此,作好调查,作好分析性的和综合性的研究,提出确有逻辑性和说服力的材料,办好简报和内部刊物,适当地进行公开宣传(例如请郭老在适当时机在《红旗》上再写一篇文章[3]),加强上下联系,确是目前当务之急。

随着试探的展开,我自己的认识也在不断修改和逐渐明确起来。过去写的部分没有存底,有些已记不清,想来一定还要作大的修改,现在写的也是这样。待把全稿写完,如你认为多少还有些用(例如四分之一有用),并在得到你的批评纠正以后,隔一段时间也许可以重新整理一次,删去显然不适当的部分和一些东拉西扯的说话,成为类似表格样的东西,以便参考时阅看和筛选。

一点建议

汉字的进一步简化要有全面的长远的规划。

所谓全面的规划,就是要就全部汉字作一有系统的考虑。具体说来,就是要对所谓形声字的全部义旁和声旁逐一进行研究。要使义旁尽量精简,进行适当调整,删除不必要、不合理的义旁,剩下 20 个左右,可以一目了然,便于学习记忆;尽量使每一声旁只有1—3∽4个读音,每一读音只有1—5∽6个声旁,留下的声旁是比较简洁,好认好写的。再将其余非形声字作一整理,总之要尽量求得好认好写,把难认难写容易认错写错的字尽量删除。整理的范围要及于全部通用字,只要是现在还用得到的人名地名用字、古名物字、成语用字等,以及残存的异体字和已简化而不够简或不合理的少数简化字,都不例外,这样才不至停顿在枝枝节节的解决上。

所谓长远的规划,就是简化要有一定的基本原则,而这些原则应以便于机械化和利于向拼音化发展为前提。为了这一目的,要使所有简化后的汉字尽量采用组合式,组成的部件要能尽量独立成字,这些部件的形体和大小要尽量标准化、通用化,组合方式也要力求规整化,如尽量多用左右二合式,上下二合式,尽量少用包围式,穿插式,三合四合五合式,右左式(如羟、瓩等),义旁尽量在左在上,尽量减少难写的笔划和麻烦的零件(如厌鬼发惠骨禹鬲中的丶厶龸去冋内罓等)。汉字形成组合式,对文字机械化和过渡到拼音化有极重大的意义。只有把汉字变成由可以分析的若干个组成单位所合成(这些组成单位和合成方式当然都是愈少愈好,反之,每一组成单位的使用频率是愈高愈好),才能迅速便利地把文字变为光、电、声、数等各种信号,并把这些信号迅速便利地还原为文字,进而利用各种最现代化的新技术(复印远不能代表这些技术,电子计算机才能作为目前比较适当的代表)。同时,这样组合式的汉字也才便于日常的学习和使用。这种组合式的汉字实际上是为拼音化在造字法上准备了条件，其发展趋势必然是逐步向拼音式前进。过去的简化工作因为缺少这一认识，有些字的简化实际上是与机械化、拼音化的要求背道而驰，也因此，有些简化字虽然笔划很少，却很容易写错。

以上简化规划不可能一次实现，只能分期分批实现，但近期计划要适合远期目标。

为了向拼音化发展，在进一步简化汉字的同时，要请求中央考虑：把外国人名地名和某些只有音译的名词的译音拼音化；把象声词、感叹词、语气词和“的、地、和、了、着、儿、子”等最常用而又常与同形实字混淆的几个“虚字”拼音化，这样，拼音字母才有实际意义，才能在文字中生根。这是另一问题，但目前应提到日程上来。

以上想法希望能详细考虑一下。因是闭门造车，不知天下大势，一定有许多不适当的地方，期待你的指正。如可以基本上同意，则现在的新简化字[4]如有不适合以上原则处，可否在考虑以后再印发？又可否请示一下郭老，请求他大力支持？

对于所谓义旁部首，想了一部分最初步和很不成熟的整理意见，现先将已写出的一些送上供参考。

阅后勿留，有用处可摘记。

据胡乔木手稿排印。

注　释

1 叶籁士来信未见。限于当时环境，胡乔木的复信未写抬头，也没有落款。据编者考证，写信时间在 1973 年。叶籁士，时任 1972 年 3 月成立的中国科学院文字改革办公室负责人。

2 随信送上的文稿还有：《关于整理义旁部首的一些参考意见》(3 页)；《对新简化字方案草稿二稿意见》(25 页)，《关于人名地名用字的两个字例》(1 页)。

3 郭沫若曾在《红旗》杂志 1972 年第 4 期(4 月 1 日出版)上发表通信《怎样看待群众中新流行的简化字?》，就辽宁本溪市一位煤矿工人给《红旗》杂志编辑部信答复《红旗》杂志编辑同志。

4 新简化字，指《第二次汉字简化方案(草案)》。这个简化方案草案的二稿在 1973 年 1 月 30 日定稿，征求意见。胡乔木写了《对新简化字方案草稿二稿意见》，附奉收信人。

致郭沫若

（一九七五年二月二十八日）

郭老：

关于石家庄河北新医大学石志华[1]大夫用穴位低频电疗治疗支气管炎的材料，是中联部工作人员廖盖隆[2]同志送来的，他很热心地建议您可以试一试这种疗法。现在把他的来信和石志华大夫写的材料都送上供参考。石大夫说他的疗法限于治疗单纯型和哮喘型的慢性气管炎，不知对您的病是否适用？如果需要进一步了解，可否考虑派人到石家庄去直接询问一下，在认为适宜的时候再考虑是否请石大夫来京治疗的问题。

敬礼

胡乔木

一九七五年二月二十八日

据胡乔木手稿排印。

注　释

1　石志华，时任河北新医大学生理教研室副教授。

2 廖盖隆(1918—2001):广东信宜人。时任中共中央对外联络部西亚非洲研究所研究员、所长。

致 邓 小 平

（一九七五年十月十三日）

小平同志：

此件[1]可以一看。请考虑要不要转送主席和政治局各同志。[2]

胡乔木

十月十三日

据胡乔木手稿排印。

注 释

1 此件，指中国科学院哲学社会科学部1975年10月9日印发并上报的《政工简报》第31期。1975年9月30日，一大批科技教育界、文学艺术界、新闻出版界人士出席了1975年国庆招待会。国庆招待会后，哲学社会科学部政工组把学部出席招待会的吕叔湘、任继愈、俞平伯、顾颉刚、冯至、何其芳、丁声树、吴世昌、贺麟、韩幽桐、傅懋勣、严中平等人的反映整理成《学部老知识分子出席国庆招待会的反映》，于10月9日以《政工简报》第31期印发并上报。材料说，学部有21人（领导干部3人，老知识分子18人，老知识分子中有人大代表6人）出席了邓小平副总理主持的以周恩来总理名义举行的盛大招待会，庆祝建国26周年。这些老知识分子非常兴奋，认为“国庆宴会充分体现了我国安定团结的大好形势”，充分体现了落实党的知识分子政策的精神。表示要为实现“在本世纪内把我国建设成为一个社会主义强国”这一宏伟目标贡献自己的力量。材料还反映，一些与国民党上层有过联系的人物出席招待会，对于党的统战工作有影响，对做台湾工作有好处。当时，哲学社会科学部归胡乔木为主要负责人的国务院政治研究室分管。胡乔木看到《政工简报》第31期后，立即报送邓小平。

2 这份简报，邓小平阅后于10月15日转报毛泽东，并批写：“送主席看看”。10月16日，毛泽东在这份简报第一页上写了以下批语：“打破‘金要足赤’、‘人要完人’的形而上学错误思想。可惜未请周扬、梁漱溟。”同时，在胡乔木致邓小平的短简中“政治局各同志”几个字下面划了两道杠，前面加上一个“送”字，将这个材料送政治局各同志阅。

致毛泽东

（一九七五年十月二十三日）

主席：

送上长篇小说《李自成》作者姚雪垠由武汉写给您的一封信。[1] 姚在信里说，这部小说他拟写五卷约三百万字，第一卷已改写，第二卷已写成近两年，但还没有地方出版，请求您能给予帮助。

姚的信是宋一平[2] 同志托我转送的。宋现在哲学社会科学部工作，以前长期在武汉，所以姚把信寄给他。宋还把姚给他的两封信[3] 也给我看了。因为这两信可以帮助了解姚目前的具体困难，所以现在也一起附上，供您在需要时参阅。

胡乔木

一九七五年十月二十三日

据铅印件排印。

注　释

1 姚雪垠（1910—1999）：河南邓州（今邓县）人。作家。他给毛泽东的信写于1975年10月19日。

2 宋一平(1916—):湖北石首人。时为中国科学院哲学社会科学部临时领导小组成员。

3 1975年10月8日,姚雪垠写信给宋一平,讲述了《李自成》书稿的进行情况及出版上的困难,以及他想给毛主席写信、并请求宋转递的想法。宋复信表示支持。10月19日,姚雪垠给宋一平写了第二封信,并附上他给毛泽东写的信。宋接信后,即向胡乔木汇报,并将姚写给他的前后两信及姚写给毛泽东的信附在致胡乔木的信中。胡乔木即致信毛泽东。毛泽东阅信后于11月2日批示:"印发政治局各同志,我同意他写李自成小说二卷、三卷至五卷。"

致臧克家

（一九七六年一月二日）

克家[1]同志：

去年十一月间收到尊作《忆向阳》[2]，当即细读一遍。没有几天，即因肺炎住院一个多月。才出院，病情还有些残余，所以一时还不能上班。您的诗作很有新的气息，我没有去过干校，但读了仍能受到劳动激情的感染。其他说不出什么意见。原稿仍托子野[3]同志带还。谢谢您让我看稿的好意。

敬礼

胡乔木

一九七六年一月二日

据胡乔木手稿排印。

注　　释

1 克家，即臧克家（1905—　　）：山东诸城人。诗人。时任中国作家协会书记处书记、《诗刊》主编。

2 《忆向阳》，臧克家的诗集，共收诗45首，1978年由人民出版社出版。向阳，即湖北省咸宁附近的向阳湖，臧克家在向阳湖畔"五七干校"度过3年干校生活。

3 子野，即王子野，时任国务院政治研究室理论组组长。

致胡耀邦

（一九七八年七月十三日）

耀邦[1]同志：

建议将此件在《理论动态》上发一下。[2]虽然《理论动态》一向只登论文，但破一次例也更好引起注意，况且这正是货真价实的“理论动态”。

胡乔木

七月十三日

至今各报还没有这样一篇文章。原件用后请退。

据胡乔木手稿排印。

注释

1 耀邦，即胡耀邦（1915—1989）：湖南浏阳人。时任中共中央党校副校长。他接读胡乔木此信和推荐的文章后即指示发表。

2 此件，指《“一分为二”是普遍现象》一文，作者韩树英，载中共中央党校的内部刊物《理论动态》1978 年第 73 期（7 月 15 日出版）。韩树英（1922—　　）：辽宁大连人。时任中共中央党校教授。

致李东甫

（一九七九年三月三十一日）

东甫[1]同志：

谢谢你一月二十五日的来信，[2]可惜没有能及时答复，很抱歉。

无产阶级专政时代不等于整个社会主义历史阶段，这至少在理论上是两个很不同的概念。整个社会主义历史阶段的后期究竟怎么样，这要由国内和国际的各种现在不易预见的条件来决定。现在作出关于那时的具体判断，我个人认为既不必要，也不可能。而且列宁当时在说无产阶级专政时代时究竟是指的一种什么意义，也不能望文生义地判断。他在用这个词的时候并不始终都指同一意义，因为列宁在十月革命以后一段时期内，如同在十月革命以前，也如同马克思、恩格斯，都曾把无产阶级专政设想成为一个不长的时期，但后来的实践却证明很不一样。现在的情况是，剥削阶级消灭了或基本上消灭了，但一种特殊形式的阶级斗争还存在着（斗争对象不是按经济地位划分的一个公开的完整的阶级）。我们一定要肯定这个阶级斗争，但现在还完全没有根据并且也完全没有必要去设想进入共产主义的前夜是否还存在着这种阶级斗争。至于康生[3]说的阶级斗争则是另一回事，即所说打倒走资派，这你很清楚，现在不用多说了。这是我的想法，供你参考。

敬礼

胡乔木

一九七九年三月三十一日

据铅印件排印。

注释

1 东甫，即李东甫，时任中共陕西省委党校政治经济教研室教员、省经济学会秘书长。

2 李东甫在1979年1月25日致胡乔木的信中说："'四人帮'、康生一伙把毛主席的'在社会主义这个历史阶段中，还存在着阶级、阶级矛盾和阶级斗争……'一语，歪曲为在社会主义社会'这个历史阶段中，始终存在着阶级、阶级矛盾和阶级斗争……。'"经查列宁的《无产阶级专政时代的经济与政治》一文，确曾说过"在无产阶级专政时代，阶级始终是存在的"这句话。李东甫提出应如何正确理解这个问题。

3 康生，1975年已死。"文化大革命"时期曾任中央文革小组顾问。

致邓小平

（一九七九年六月二十二日）

小平[1]同志：

这个材料[2]中联部已送你处，不过可能没有看。李一氓[3]同志写信建议我看一下，我才看了，觉得确实值得一看。文中的观点并不一定都正确，但态度还比较客观。为什么在俄国发生的事，在中国也发生了，虽然情况有所不同，但基本性质是相近的，而且中国在某些方面还超过了，这确是一个严肃的和迟早必须对党内外国内外妥善解答的问题。故送上请一阅。

敬礼

胡乔木

六月二十二日

据胡乔木手稿排印。

注释

1 小平，即邓小平，时任中共中央政治局常委、中央委员会副主席、国务院副总理、中央军委副主席、全国政协主席。

2 这个材料，指中共中央对外联络部所送苏联共产党老党员、经济学家叶·盖·瓦尔加(1879—1964)写的《走向社会主义的俄国道路及其结果》一文的简报。瓦尔加此文从根本上批判当时苏联的经济政治制度,他认为苏联的社会主义建设道路并未解决,它还将向前发展。

3 李一氓(1903—1990):四川彭县人。时任中共中央对外联络部副部长。

致彭真并转胡耀邦

（一九七九年七月七日）

彭真[1] 同志并请转耀邦[2] 同志：

刑法、刑事诉讼法公布以后，建议中央发一指示，着重说明各级党委要保证两法的严格执行（这是取信于民的大问题），并提出其中的几个关键性问题，因法律条文很多也很难懂，哪些与党委过去习惯作法不合不是一眼就可以看出来的。附件所说的党委批案是其中之一，而且积重难返，非特别纠正不能解决问题。特此建议，当否请酌。附国内动态[3] 一份，阅后请退。[4]

胡乔木

七.七.

据胡乔木手稿排印。

注　释

1 彭真，时任全国人大常委会副委员长兼法制委员会主任。

2 耀邦，即胡耀邦，时任中共中央政治局委员、中央纪律检查委员会第三书记、中央秘书长、中央宣传部部长。

3 国内动态，即新华社编印的内部资料《国内动态清样》。

4 彭真7月9日在胡乔木的信上批示："耀邦同志：我同意乔木同志的意见。

请你批处。此类材料(清样)请加发法委一份。”胡耀邦7月9日在胡乔木的信上批示:“愈明同志注意乔木同志意见。动态请你退乔木同志。”愈明,即王愈明,时为中共中央办公厅工作人员。

致胡耀邦

（一九七九年八月十一日）

耀邦同志：

这一份材料[1]很使人鼓舞。工夫不负有心人，这是一个打不倒的真理。

我因此希望：一、新华社和广播电台的对外报道能系统地研究一下美国之音和英国广播公司的经验（外文出版局《编译参考》某期[2]有一篇关于美国之音的材料，驻苏使馆有一篇关于西方广播如何掌握苏联听众的报告，都很有用），以便进一步改进工作。二、能将新华社对外报道（不应称宣传）的经验同样成功地推广到对内报道上来。三、《人民日报》能带头每天至少出一版国内新闻（纯粹是新闻，不是通讯等等），现在新闻实在太少了。

以上谨供参考。[3]

胡乔木

八月十一日

据铅印件排印。

注　释

1 这一份材料，指《新华社工作简报》所载英国友好人士格林于 1979 年 7 月 8 日给新华社负责人的来信。信中赞扬“新华社新闻的写作和报道面已经有了如此巨大的改进”，“衷心祝贺你们在如此之短的时间里取得的这样大的成就”。两年前，格林曾来信相当严厉地批评新华社对外报道的写作风格。邓小平当时指示：“格林的意见都很重要，无论宣传和文风等等方面，都值得注意”。

2 某期，指《编译参考》1978 年第 9 期。

3 胡耀邦把此信批转给有关单位负责人朱穆之、穆青、胡绩伟、张香山阅。

致邓小平

（一九八〇年一月三日）

小平同志：

昨说的姚依林[1]、张劲夫[2]等同志草拟的关于经济体制改革的初步意见检出送上。材料比较长，一次看完太累，可分两三次看，不过不难看下去。

您主张集体办公，这真是中国实现现代化的一个伟大希望所在。在中央书记处和国务院各自实行集体办公以后，除需要专职的书记和总理、副总理每天上班以外，我想这两个机构都还需要一定数目的负责工作人员，他们不是普通的助手，而是能够在书记、总理、副总理指导下独立负责解决一些问题的高级干部（类似某些国家的所谓文官），这样两个机构的工作的系统性和连续性才能得到保证。不知这个想法是否对。总之，非常希望您能就这个问题在中央的会议上和全会上讲一讲。[3]

为了提高我国党政和一切企事业组织的工作效率，克服官僚主义，我想还得大力改变我们目前的会议制度。会议不能事前无准备（无文件等），不能离题漫谈，不能无限制地讨论，不能不作出明确决定。各种不同的会议需要的时间当然不同,但一般工作会议最好不超过一小时,其他的会议时间也需要作出限制。否则就很难实现现代化。世界上可能没有另外一个国家像中国这样沉迷在无数冗长的会议中。这个问题改变起来当然很不容易,但是非解决不可。建议中央能够对这个问题在经过充分调查研究以后通过一个决定。

敬礼

胡乔木

一月三日

据胡乔木手稿排印。

注释

1 姚依林(1917—1994):安徽贵池人。时任中共中央副秘书长、中央办公厅主任、国务院副总理、国务院财经委员会秘书长。

2 张劲夫(1914—):安徽肥东人。时任国务院财经委员会副秘书长。

3 1980年2月29日,邓小平在中共十一届五中全会第三次会议上关于《坚持党的路线,改进工作方法》的讲话中讲了这个问题。

致胡耀邦

（一九八〇年三月五日）

耀邦[1]同志：

少奇同志的《作一个好的党员，建设一个好的党》一文已抄出[2]并校阅了一遍。有极少数地方作了最必要的文字调整，这大概一看就知道是非调整不可的，至于个人行文习惯一概未动。

有一处拟加注，即注明三个报纸[3]是什么报纸，现正在查。《抗敌报》是新四军军部的报纸。

以上请审阅。

胡乔木

三月五日晚

据胡乔木手稿排印。

注释

1 耀邦，即胡耀邦，时任中共中央政治局常委、中央委员会总书记。

2 《作一个好的党员，建设一个好的党》，是刘少奇任中共中央中原局书记时，于1940年7月1日为纪念党的19周年，在华中新四军江北指挥部召开的纪念大会上所作的报告。经胡乔木抄出并作文字上的必要调整后，载1980年3月12日《人民日报》第一版。

3 三个报纸，指中共中央中原局机关报《抗敌报》(江北版)、新四军第五支队机关报《前锋报》，以及新四军某单位的《迈进报》。刘少奇的这个报告也是应这三个报纸的征文要求而写的。这三个报纸先后发表了这个报告。

致胡耀邦

（一九八〇年三月十五日）

耀邦同志：

建议把计划生育和其他有关问题列为一项议程在书记处会议上议一次，请陈慕华[1]同志负责准备。印发有关文件如下：关于我国人口发展的定量研究；我国人口增长太快与农业状况极不适应的有关情况；对计划生育的一些意见；关于法定婚龄问题的请示报告。计划生育所引起的一些问题如何解决，似须请陈慕华同志准备一书面意见。

妥否，请考虑批示。[2]

胡乔木

三月十五日

据胡乔木手稿排印。

注　释

1 陈慕华（1921—　　）：浙江青田人。时任国务院副总理、国家计划生育委员会主任、全国托幼工作领导小组组长。

2 胡耀邦当天在胡乔木信上批示："照印发并告慕华同志。"

致穆青、胡绩伟

（一九八〇年三月二十八日）

穆青[1]、绩伟[2]同志：

此材料似未见报[3]。请查明，如确未见报，请新华社告哈尔滨速报（加凶犯和犯错误干部处理），在见报时请《人民日报》发一评论[4]，强调共产党员必须在此情况下挺身而出，并动员群众共同斗敌，决不可“明哲保身”，批评一般公民特别是党员采取明哲保身态度是许多凶犯能够旁若无人扬长而去的主因，群众共同奋起则凶犯是无能为力的。

胡乔木　28/3

据胡乔木手稿排印。

注　　释

1　穆青，时任新华社副社长。

2　绩伟，即胡绩伟，时任《人民日报》总编辑。

3　此材料，指1980年3月20日公安部整顿城市治安情况反映材料《哈尔滨刑警侯培生负伤勇擒二窃贼》。

4　1980年4月1日《人民日报》第一版发表了《刑警侯培生勇擒罪犯临危不惧》的专题新闻和黑龙江党政领导与哈尔滨市广大群众热情慰问侯培生的新闻，并刊出本报评论员文章《做敢于同坏人作斗争的无畏战士》。

致周冠五

（一九八〇年四月七日）

冠五[1]同志：

你好！我很久就想去首钢看看你们的改革和发展，或者先约你们几位同志谈谈话，可惜因为工作实在忙，身体也不好（现住医院），到今天还没能如愿。而使得我今天给你写信的原因，却完全是另一个问题，而这个问题你是早知道了。首钢迁安矿区医院口腔科主任、主治医师赵祖禧同志，他的爱人是厂桥医院妇产科主治医师李应芳，两人现年分别为四十七岁和四十五岁，夫妇长期分居，生活很多困难，这些你是比我更清楚的。李应芳多次要求将赵祖禧同志调到北京二龙路医院，并找过你三次，还给北京市委、冶金部、党中央以及我本人多次来信来电来访。但这个问题至今始终没有解决。我完全可以了解，首钢和迁安矿区医院下这个决心是有困难的，但究竟还不是完全不能解决这个问题。最近小平同志在对耀邦、紫阳同志和我的谈话中，都提到电影《人到中年》，称赞这是部很好的片子，还说："这是教育我们这些人的。我们为什么对这些中年知识分子这样挖苦，对他们的困难怎么能坐视不顾呢？"冠五同志，我看了李应芳同志最近给我的来信,心中深感不安,不能不向你本人直接提出呼吁,请求你迅速帮助解决调赵祖禧同志来京的问题,并希早日给我一个答复。烦扰你了,你解决他们的困难,就是具体落实党中央的知识分子政策,我代表中央和他们一家谢谢你。我多年来未去过首钢了,希望不久能够见面。

胡乔木

四月七日

为免多费你的时间,李的来信就不附上了,如需要可即送上。

据胡乔木手稿排印。

注释

1 冠五,即周冠五(1918—):山东金乡人。时任首都钢铁公司党委书记。

致李琦、胡绳

（一九八〇年四月十三日）

李琦[1]、胡绳[2]同志：

两件[3]都看了。设文献委员会一件较成熟，只是规定除毛、周、朱、刘[4]著作外一律交党史研究室[5]处理恐难行通：(1)规定的界限似乎将党的领导人分作两类，会引起很多困难，是否仍由文献研究室与人民出版社商办。(2)交党史研究室处理在短期内固不可能，在长期内考虑亦未必可能和适宜，因两者任务不同，如此则界限易生混淆。此点请再酌，修改后或先送书记处，或待我休息回京后仍由我转书记处均可。

刘文事[6]似不需要由中央发文（中央和各地都认为中央发文已太多），只要由中宣部发一简单通知即可，而通知内容亦应侧重少登，而不要侧重都与毛办[7]商定，更不要提到我或书记处，只说最重要文章应报经中央同意。请根据具体情况与中宣部商拟。

敬礼

胡乔木

四月十三日

据胡乔木手稿排印。

注　释

1 李琦(1918—2001):河北磁县人。时任中共中央毛泽东著作编辑出版委员会办公室第一副主任。

2 胡绳,时任中共中央毛泽东著作编辑出版委员会办公室副主任。

3 两件,指1980年4月10日中共中央毛泽东著作编辑出版委员会办公室《关于建议设立中共中央文献编辑出版委员会和中央文献研究室的请示报告》和《关于编辑出版刘少奇选集的请示报告》。

4 毛、周、朱、刘,即毛泽东、周恩来、朱德、刘少奇。

5 党史研究室,即中共中央党史研究室。

6 刘文事,1980年5月5日李琦、胡绳联名给胡乔木的信中说:"发表少奇同志著作的审批手续的请示报告已重拟,经任重同志核批后以中宣部名义发了。"

7 毛办,指中共中央毛泽东著作编辑出版委员会办公室。

致胡绩伟

（一九八〇年四月二十一日）

绩伟同志：

此稿[1]作了一些修改，请阅正，并请重打清样送耀邦同志并中央常委各同志审阅。

胡乔木

一九八〇年四月廿一日

据胡乔木手稿排印。

注释

1 此稿，指《人民日报》编辑部根据胡乔木意见所撰写的《人民日报》社论《恢复毛泽东思想的本来面目——论为刘少奇同志平反》。《人民日报》编辑部根据胡乔木修改稿重新打出清样后，即于4月25日送胡耀邦，并给胡耀邦写了一封信："送上《恢复毛泽东思想的本来面目——论为刘少奇同志平反》社论清样两份。这篇社论是根据乔木同志的意见撰写，并经他亲自修改的。乔木同志嘱我们分送中央常委审阅。"胡耀邦即于当日批示："这是一篇极大胆极重要的文章，必须慎重对待。先送小平同志审阅，再送华主席、李副主席、紫阳同志审阅。如果可用，我意放在追悼会前三四天发。"《人民日报》编辑部同时也给邓小平送审，邓小平于4月26日批示："退乔木同志。我看好，改了几个字。"该文于1980年5月16日正式发表。

致胡绩伟

（一九八〇年五月五日）

绩伟同志：

我因看了五月二日《浙江日报》第四版的两篇文章[1]，特找了三月二十五日《我在香港的七个月》[2]一文来看，觉得确是一篇好文章，相信会受到广大读者热烈欢迎。因特带回送你看看，请考虑可否在《人民日报》转载（转载时如认为有可删处可稍加节略）。五月二日香港同胞来信也可考虑转载，[3]因两人代表两种身份，请据篇幅酌定。

此外还有两件事顺便请你考虑一下。

一件是《人民日报》的新闻仍是太少。改版之初较好，现则与改版前差不了多少。我在休息期间常听中央台国内新闻节目（大都是新华社的），内容于国于民都很重要，经电台剪裁文字都不长，但《人民日报》就是没有用，因为篇幅被其他稿子占了，或者编辑同志也未注意过或看过这些新闻。此外，电视台的国际新闻现在也往往比报纸多。报纸本是新闻纸，现在人民每天从报纸上只能看到几条可怜的新闻，这对国家的民主化和四化都很不利。因此恳切希望定出一个切实有效的办法加以改进。

另一件是小事，我希望报纸上的数字仍恢复用阿拉伯字，好处很多不必说。用起来也要规定一些用法。例如一二十、十来个不能用1、20，10来个之类，好在已有经验。

末了，还有一点题外的话。五月三日第五版唐天然的文中出现“共产第三国际”的说法。[4] 这出现在党报上太不像话了。难道编辑这一点常识都没有吗？或者认为是无关大体？（据我所知，陈云同志当时只是中国代表团的成员，[5] 似也不能就说是“在共产第三国际工作”。不过这可以不论了。）

敬礼

胡乔木

五月五日

据胡乔木手稿排印。

注 释

1 两篇文章，指《我的前途在社会主义祖国》、《解放后的祖国确实可爱——一位香港同胞的来信》，前一篇作者为杭州大学学生傅铿，后一篇作者为徐星海。当时胡乔木正在杭州。

2 《我在香港的七个月》，作者吕芳。

3 以上三篇文章，均在1980年5月7日《人民日报》第三版转载。

4 1980年5月3日《人民日报》第五版刊出唐天然的文章《中国共产党的最好朋友——介绍陈云同志悼念鲁迅的一篇文章》。文中说：1936年陈云化名史平，在报上发表悼念鲁迅和瞿秋白的文章，当时他“正在莫斯科共产第三国际工作”。唐天然，时为中共中央党校文史教研室教员。

5 1935年5月陈云奉中共中央指示，离开长征队伍去上海恢复党的秘密工作。同年7月，他又奉中共中央指示去莫斯科参加共产国际第七次代表大会，于8月下旬抵达莫斯科时，共产国际七大正好刚刚结束。之后，陈云留在莫斯科，是中共驻共产国际代表团成员之一。

致胡耀邦

（一九八〇年六月二十三日）

耀邦同志：

对于批判党内、政府内和社会上封建主义思想残余问题，需要有慎重准备，究竟反对什么、纠正什么，如何改革，需要明确规定，以免一哄而起，造成思想上、政治上甚至组织上的混乱，此外，而于实际解决帮助不大。现在只提反对封建主义而放松反对资本主义的惟利是图、损人利己和各种恶性腐化现象，也不妥当。因此，建议指定几个人先研究一下提出方案，经书记处讨论后，再定是否在政治局会上提出来。

胡乔木

六月二十三日

据铅印件排印。

致 胡 耀 邦

（一九八〇年七月三十日）

耀邦同志：

现在党内围绕反对宣传毛泽东思想问题逐渐形成一股思潮，这是与党内政治生活准则第一条的规定不相容的。这股思潮可能传到党外或与某种党外的思潮相结合，香港的《七十年代》等刊物和国内地下刊物都可能成为传播的媒介。这种动向值得注意。恐须向一些同志打一招呼，这些意见可以向党中央提，但在中央明确表示反对后即应坚决在宣传工作中执行中央方针，而决不允许在党内外传播。

胡乔木

七月三十日

据胡乔木秘书的手抄件排印。

致胡耀邦、姚依林、冯文彬、曾三

（一九八〇年八月一日）

耀邦、依林[1]、文彬[2]、曾三[3] 同志：

我基本上同意这个报告[4]，另外批注了一些意见。

但是我认为这个报告对今后档案工作的改革考虑得不够积极。目前条件确有很多困难和限制，但是得首先提出和确定今后工作的新的原则和方针，才有利于逐步克服这些困难和限制。档案工作一方面既注意保存和保密，另一方面要注意利用和流通，在不妨碍保存、保密的前提下为广大党政工作人员和科研工作人员提供高质量、高效率的服务。现行办法过多地注意了前者，过少地注意到后者，这样势必对需要使用的同志造成不便，也对领导同志增加了一些超过必要范围的负担。中央档案馆兼国家档案馆，使解决这个矛盾的要求更为迫切。我建议档案馆要通盘考虑各类档案的性质，划分非机密、机密、绝密的三种档案的界限（这个界限将随时间而有所变动）和不同管理使用范围和方法，对非机密和一般机密材料要准备在一定条件下、一定范围内公开开放，其性质要近似图书馆，但对借用机密材料要规定不同手续。对各类档案都要研究保管技术。这是档案工作的现代化要求，不积极努力适应这个要求，势必受到各方的合理的责难。“文化大革命”期间的批件内容很狭窄，情况很特殊，不能作为档案工作的全面的长久的指导原则。以上意见妥否，请考虑。

胡乔木

八月一日

据胡乔木秘书的抄件排印。

注　释

1 依林，即姚依林，时任国务院副总理、中共中央书记处书记、中央办公厅主任。

2 文彬，即冯文彬（1911—1997）：浙江诸暨人。时任中共中央办公厅第一副主任。

3 曾三（1906—1990）：湖南益阳人。时任中共中央办公厅副主任、中央档案馆馆长。

4 这个报告，指《档案馆关于档案的利用和保密等问题的请示报告》。

致胡耀邦

（一九八〇年八月五日）

耀邦同志：

同意公开发表这个指示[1]。对人大会堂减少挂像也可省得引起许多议论。原件中有些话不适于公开发表，已删节，附件亦取消。扫除封建主义遗毒一语拟采中宣部意见，改用肃清封建主义的和资产阶级的思想影响（资产阶级也宣传个人创造历史）。（三）后面加了一句话[2]，是否适当请酌。又为了先党内后党外，使县团级干部先接到文件，建议稍缓几天（例如至八月十日）公布。

敬礼！

胡乔木

八月五日

据胡乔木手稿排印。

注　释

1　指示，指1980年7月30日中共中央在党内发出的《关于坚持“少宣传个人”的几个问题的指示》。这个指示由胡乔木起草、又经他作了些修改后，公开发表于同年8月12日《人民日报》第一版，题为《中共中央发出指示——坚持少宣传个人》,共有五条具体规定。同年10月20日,中共中央书记处会议还作出决定,今后二三十年内一律不挂现领导人的像,以利于肃清个人崇拜的影响。

2 原指示第三条规定是:"报纸上要多宣传马列主义、毛泽东思想,多宣传社会主义优越性和工、农、兵、知识分子为四个现代化奋斗的成就,多宣传党的政策方针决议,少宣传领导人个人的没有重要意义的活动和讲话。"公开发表时在后面加了一句话:"同时,在宣传先进个人或先进集体时,也要掌握适当分寸,不要过于集中和绝对化,防止产生副作用。"

致胡耀邦

（一九八○年九月二十四日）

耀邦同志：

波兰事件[1] 对我们有重大意义。建议书记处或联合国务院召集一次会议进行专门讨论。这次事件，对于我们进一步认识苏联东欧各国社会矛盾及各国外交关系固然很有帮助，但我想我们的讨论主要宜重于国内。一个共产党执政国家（姑且如此说）的社会内部矛盾（我不认为是阶级斗争，这是我们要研究的另外一种性质的社会政治矛盾，波匈事件[2] 和我们的十年内乱[3] 以及目前的民族纠纷都是它的不同表现形式）可能达到的激烈程度和爆发形式；社会主义制度所未能解决的政府与人民之间的隔阂或对立，包括经济纠葛（除物价、工资、供应、住宅、就业等项外，还有把政策、计划和经营的错误造成的巨大损失转嫁于人民，这就使上述各项问题更严重，我们也一样）和政治纠葛（我们也有，少数持不同政见者与心怀不满的工人群众相结合可能成为怎样一股巨大力量，这一点对我们应是一个重大教训，因此，对所谓自发组织决不能以驱入地下为了结，而政治的有计划有领导的民主化和对这些组织的成员开展各种形式的教育争取分化工作并辅以必要的打击措施应成为当务之急);外来思想、经济、政治、文化影响(这在我们也是一大问题);工会之可以分为官方工会与独立工会(我们如不从速解决也并非不能造成这种局势,而且其他群众组织也可出现类似情况);宗教之可以成为严重政治问题(我们过去都把宗教问题看得太简单了,其实是汉人大多数因长期宗教观念淡漠而产生的错觉,故现在非认真研究对策不可,可能在若干方面要作出一定合理的让步,尤其要培养一大批真正拥护党的真正宗教领袖和宗教信徒)等等,凡此都是现成的迫切的一课。且因与我无直接利害关系,我可以作出较为客观的分析。我希望中联[4]、中调[5]、外研[6]、社研[7]、计委[8]及有关各财经部门、工会、青年团、中宣、《人民日报》、新华社、教育、文化、出版、公安、法制、中纪委、统战各部委都能从各自角度出发进行研究,事前写成一两页至多三四页的建议(即鉴于波兰事件的教训对于我们当前某一方面或某几方面工作的建议),讨论前大家都看过,如此则开会时只需互相补充意见而不必解释,也许到会的人虽多,会还是可以开得不长。书记处和国务院也不一定要在会上作结论,也可能开过一次会后还要再开一两次或分头深入研究。如各方建议确有某些重要而紧迫的内容,则可考虑由书记处和国务院分别作出一些具体决定或指示。波兰事件没有结束,它还要发展并有可能在一定程度上影响世界前途(如在波继续演变扩大和影响到邻国或引起苏联干涉时)。一九五六年波匈事件时,毛主席曾企图由此引出结论,正确解决我国人民内部矛盾。毛主席提出这个问题非常正确而重要,至今仍有巨大指导意义。可惜:(1)后来完全反其道而行之,把人民内部矛盾当成敌我矛盾,造成历史上的大悲剧,即认为人民内部矛盾部分亦未实际正确解决。(2)《正确解决》[9]一文的内容其实并未完全正确解决,除因修改而前后矛盾外,还因为社会主义社会内部主要矛盾是经济问题,该文并未认真研究,都是不能用“团结——批评——团结”解决的;其次矛盾是政治社会文化等问题,亦非“团结——批评——团结”或“双百方针”所能完全解决,这就要解决一整套分权、民主、人权、法制、党的工作体制和工作方针等问题,该文亦略而未谈。这本亦不是一篇讲话一个时候所能解决的,而是社会主义社会的长期任务。现在新的波兰事件又来了,希望今天的党中央引为殷鉴,对每一有关问题认真研究制定出正确的具体解决办法并予以力行,则他人之祸即可化为我人之福了。

匆匆写就,错误和不周到之处必多,请指正。

敬礼

胡乔木

九月二十四日

据铅印件排印。

注 释

1 波兰事件,指波兰团结工会成立事件。1980年9月22日,来自波兰全国各地36个独立自治工会的代表在格但斯克举行第二次会晤,决定成立全国性的独立自治工会,即团结工会。总部设在格但斯克。瓦文萨当选为该委员会主席。团结工会实际为政治组织,它的成立改变了波兰的历史发展道路,并严重影响其他东欧的社会主义国家。

2 波匈事件,指1956年相继发生在波兰的“波兹南事件”和发生在匈牙利首都布达佩斯的事件。

3 十年内乱,即十年“文化大革命”。

4 中联,即中共中央对外联络部。

5 中调,即中共中央调查部。

6 外研,即外交部有关研究所。

7 社研,即中国社会科学院有关研究所。

8 计委,即国家计划委员会。

9《正确解决》,指毛泽东1957年发表的《关于正确处理人民内部矛盾的问题》。

致中共中央政治局常委

（一九八〇年十月十日）

常委各同志：

现将《关于建国以来党的若干历史问题的决议》（草案）中新增的关于粉碎“四人帮”以后四年的一段送上，请审阅。[1] 决议草案全文将于明日付印，在全党四千人讨论后将根据讨论结果进行许多修改，这一段也在内，故未等待你们各位的修改意见，请特别谅解。

胡乔木

十月十日

据铅印件排印。

注　释

1 叶剑英、邓小平、陈云、胡耀邦、赵紫阳当天看完新增的这一段后都表示同意；李先念出国，没有来得及看，原先已经表示过赞成写。华国锋亲自给负责“历史决议”起草工作的胡乔木打电话，说这段没有经过常委正式讨论，不赞成加印到决议的讨论稿里去。胡乔木即将华国锋的意见报告邓小平、胡耀邦。10 月 10 日，邓小平约胡耀邦、胡乔木、邓力群去谈话，表示既然华国锋不赞成，先不加，等到四千人讨论之后，如果大家觉得需另加，再加也不迟。这样，发给四千人讨论的“历史决议”草案稿关于这四年仅六行文字。后来,根据四千人讨论中大家的意见,在“历史决议”中加上了粉碎“四人帮”后四年的这一大段。

致胡绩伟

（一九八〇年十一月五日）

绩伟同志：

近来常看到这样一种反映，即毛主席的论点在报纸上一点一点地批判否定了。我想这种反映可能有三种原因：(一)这种批判比较地稍显频繁。(二)批判的题目、口气多用直接质问或否定式，往往只讲其不正确和消极的一面，而较少提及这些提法的一定背景和在历史上所曾起过的积极作用，以及如给以限定或补充仍有可取之处(假定确是如此)。如从正面论述，说得较为周到，印象就可能不一样。除公开文章外，《理论宣传动态》也是这样，或更甚，它虽是内部的，其影响则不能限于内部。(三)与此同时，没有或很少着重正面宣传毛泽东同志的一些现在仍应宣传的正确观点，无论这些观点后来是否被他本人的言行所推翻。这里当然要把实践是检验真理标准和双百方针除外。我想这是我们宣传工作中的一个重要问题，需要深思熟虑。我所想的不一定合乎实际，也很不全面，但因其重要，故提出请编委会作为参考意见予以考虑。一个问题经过多数人认真讨论后总会得到比较妥当的结果的。

敬礼！

胡乔木

十一月五日

据胡乔木手稿排印。

致邓小平并转中央政治局

（一九八〇年十一月六日）

小平同志请转中央政治局：

《关于建国以来若干历史问题的决议》讨论稿，经全国党政军各部门高级干部四千人（此外还有中央党校等参加讨论的很多同志）约二十天的认真讨论，对文件的修改帮助很大。我们研究了现已看到的意见，提出起草新稿的如下一些重要原则性设想，报告中央政治局，请求加以指示，以便及早着手重写。

（一）少数同志认为现在作决议时机还不成熟，须待十二大或十二大以后；还有个别同志主张把讨论范围逐步扩大到全党。我们认为，在六中全会作决议的时机已经成熟，统一大多数意见并无严重困难，不能再行延迟。现在不作决议，则党内思想将更难统一，十二大也不好开。党内外种种形势已不容许我们再行延迟。这样性质的问题党中央不拿出一个正式通过的决议而拿一个草案去在全党讨论，势必等于全民讨论，等于对外表示党内的不一致，党内外国内外各种思想影响纷至沓来，很难避免引起政治上的动乱，很不利于安定团结的大局。何况今天党的工作任务的紧迫决不允许这样做。

（二）关于编辑建国以来或有关“文化大革命”的材料书，我们同意应该现在就着手编。但编这样的材料书困难很多，因“文化大革命”正式文件很少，档案也很不完全，建国以来中央会议很少纪录，多数重要史实要靠调查核实。为求其确实符合历史真相，能够说明主要问题，编辑工作估计要用两年或更长时间（这不是说编卷帙浩繁的包括各种历史资料的大书，那要另编）。建国以来和“文化大革命”的主要问题是清楚的，所以现在就可以起草，讨论和通过决议（决议不涉及细节），不必也不能等待材料书的编成。我们想先编一部主要文件集和一本基本史料集，但篇幅都不会很小，也不会很快编成。

（三）我们同意这种意见，即现讨论稿篇幅太长，像论文而不像决议。我们认为新稿应力求缩短至少一半，采取简单明了的决议体裁。可以考虑在保持全篇逻辑完整的条件下按问题分为若干小节，每节少则一二行，多则一二十行。对每个问题不多作叙述和解释。如此则文件篇幅和写稿时间容易缩短，意见容易集中，审查、修改、通过和通过后的学习都比较容易进行。叙述和解释的工作另行解决。

（四）决议时间不向前提到七大以后，仍由建国开始，但第四阶段（一九七六年十月至一九八〇年底）一定要写。

（五）第一阶段：路线正确或基本正确。这一阶段的内容可以大体仍旧，但要增加：1. 社会主义改造和社会主义建设的具体成就；2. 指出这一阶段的主要缺点是没有在政治思想方面完成肃清封建残余、没有真正提出建设人民共和国的民主化和法制化的任务(宪法和人民代表大会没有完成这个任务);3. 对邓子恢同志拟恢复名誉;4. 对文化知识界的政策拟指出"左"倾已有开端。其他可不涉及。

(六)毛泽东同志的晚期思想[1],在方法和主要观点上都不同于前期,我们建议加以区分,而以八大为分界。这样区分,符合历史事实,可以解决原讨论稿中的许多困难,也可以取得多数同志的同意。毛泽东晚期思想也是逐步形成的,一九五七年以后直至一九七五——一九七六年仍有不少好的见解,但基本倾向是背离八大路线的,并且错误愈来愈严重。在决议中应对毛泽东晚期思想的错误及其由来和发展作出比较系统的说明。同时指出,毛泽东晚期思想也不完全是他个人的产物,除林、江、康、陈[2]外,党内有些同志也起了助长作用。

(七)既然讲了毛泽东晚期思想的内容,当然也要讲毛泽东思想的内容。但不用原讨论稿第四部分的讲法,要高度概括。对毛泽东同志的功过也要集中地讲一下。这都是政治上的必要,也是文件的逻辑必要,并非文不对题,更非个人迷信。

(八)在区分毛泽东思想和晚期思想以后,可考虑不用或少用毛泽东思想科学体系的提法,但要明确批判两个"凡是"的观点。毛泽东思想还要继续发展。毛泽东思想是马克思主义在中国革命建设实践中的运用发展,决不能与马克思主义对立或并立。

（九）第二阶段（一九五七——一九六五）是党由正确路线转向错误路线的一个迂回曲折、错综复杂的过渡时期。在这一方面，党中央常委的民主集中制已经逐步破坏，毛泽东晚期思想已经逐步形成，并影响全党，所以党在这一时期犯了几次很严重的错误，以至发展到“文化大革命”；另一方面，政治局、书记处、国务院在绝大部分时间还能正常地工作，并作出了和执行了一系列正确的或比较正确的决议，所以全党全国虽一再遭受严重挫折，还能不致大乱。至于究竟正确路线为主或错误路线为主，拟置不论。

（十）建国以来党内是否一直存在两条路线的斗争？我们倾向于不这样说，因不甚符合实际。但应指出，在哪些时候，哪些问题上，哪些同志是站在正确方面的。对于毛泽东同志的错误，有时有斗争，有时有抵制，有时有怠工（所谓“独立王国”），但不能说存在过全面的一贯的斗争或抵制。这除了由于民主集中制被破坏外，同时也因为，对于建设社会主义经济、社会主义社会和社会主义国家，全党都缺少经验。但经济工作中的是非功过要讲清楚。

（十一）“文化大革命”的起因和性质需要讲得更清楚些。“文化大革命”如何更准确地定性，还需要进一步研究，但除林、江集团外不能说是反革命。“文化大革命”中党受了严重摧残，但不能说已不存在，也不能说九大、十大非法。对参加“文化大革命”的群众、党员、干部和领导人，都要采取分析态度。“文化大革命”的错误不说是党的错误。对解放军的“三支两军”，要作正确说明。

（十二）少数民族问题专写一段。

（十三）国际反修问题要在限定范围内很慎重地写一段。不写，对“文化大革命”很难解释，对康生和“四人帮”在这方面的罪行也不能不提。同时完全不提在世界舆论上也会被认为是有意护短。对批评反个人迷信、批评和平共处、批评南共意共，以及“文化大革命”期间以是否拥护毛泽东思想和“文化大革命”划线几点，要用很少很适当的语言加以纠正。还要明确指出，今后我们除坚持反对霸权主义、反对大国大党欺负干涉小国小党以外，各国党内国内反修正主义问题一概由各国党和各国人民自行判断解决。修正主义从原则上仍要反对，但一定要同创造性地运用发展马克思主义相区别。

（十四）无产阶级专政改用人民民主专政，正式说明理由。不影响四个坚持。无产阶级专政列宁即作过几种不同的解释。既不能解释为工人阶级的专政，也不能解释为共产党的专政。如作为资产阶级专政的对立面，则资产阶级专政等于资产阶级民主，无产阶级专政亦等于无产阶级民主。不如人民民主专政明确易懂，且适合中国国情。

（十五）规定党的领袖是一个领导的集体。党的领导人必须具有某些政治品质。党的领导人和整个党都要受人民的有效监督。

（十六）原讨论稿第五部分改为经验教训和防止错误重演的办法。

（十七）以上是一些主要问题。各组各地修改稿集中后可能还有一些新的重要问题,再向中央政治局常委提出请示。

(十八)新稿写成后先经中央政治局常委审查,原则同意后在四千人范围内再讨论一次,但时间可缩短些,以利工作,亦免外泄。

胡乔木

一九八〇年十一月六日

据胡乔木亲笔修改的一手抄稿排印。

注 释

1 在"历史决议"起草过程中,根据胡乔木意见曾使用"毛泽东晚期思想"这一提法,是想用它来与中国共产党集体智慧的结晶"毛泽东思想"相区别。到1981年6月中共十一届六中全会通过"历史决议"之前,根据讨论中的意见,采用"毛泽东晚年错误"的提法。

2 林、江、康、陈,即林彪、江青、康生、陈伯达。

致邓小平

（一九八〇年十二月十一日）

小平同志：

六中全会[1]将要通过的若干历史问题决议和中央人事更动的决定，在党的生活和国家政治生活中当然是极为重大的问题。但是在三中全会[2]决定中心工作转移，号召全党一心一意扑在四个现代化上的，两年以后，接连三次中央全会[3]都不讨论经济问题，这在全国人民以至很多党员是不容易理解的。尤其是明年要实行大的调整，这对人民的生活和思想都会发生重大影响，如何使人民了解这次调整的必要，有关调整的各项方针，以及如何在调整的过程中改善党的工作保持全国的安定团结，是一个很复杂而不容忽视的紧迫问题。因此，我想六中全会最好能再增加一个议题，即讨论通过关于贯彻调整方针、改善党的工作、保证安定团结的决议。这个决议也不容易写，但是再三考虑，却又非写不可。实际上群众将最关心这样一个决议。前天约邓力群[4]同志谈，他说如果中央决定，中央书记处研究室可以担任起草。这个想法是否适当可行，请你和耀邦同志、常委各同志考虑决定。[5]

敬礼

胡乔木

一九八〇年十二月十一日

据胡乔木手稿排印。

注 释

1 六中全会,指1981年6月27日—29日在北京举行的中共第十一届中央委员会第六次全体会议。会议审议并通过了《关于建国以来党的若干历史问题的决议》。

2 三中全会,指1978年12月18日—22日在北京举行的中共第十一届中央委员会第三次全体会议。

3 三次中央全会,指1979年9月25日—28日在北京举行的中共十一届四中全会、1980年2月23日—29日在北京举行的中共十一届五中全会和即将于1981年召开的中共十一届六中全会。

4 邓力群,时任中共中央办公厅副主任、中国社会科学院副院长。

5 邓小平对胡乔木的建议非常重视,当即批给陈云、李先念、胡耀邦、赵紫阳传阅,"这是一个好意见","已告乔木照此搞文件"。1980年12月16日—25日,中共中央在北京召开工作会议,主要讨论经济形势和经济调整问题。

致谢晋

（一九八〇年十二月十六日）

谢晋[1]同志：

我们大概没有见过面。现在忽然写这封信给你，没有别的事由，只是因为刚才看了你导演的新片《天云山传奇》，有点小意见想告诉你。这部片子的导演，依我这个外行看来是成功的；也许女主角的妹妹对周围的人和事好像有时有些游离，但究竟是否如此我不能说定，并且我也不是要说这个。地委书记夫妇的家庭陈设和生活衣着都太豪华了，这不真实，连地委机关和宾馆也是如此。我觉得这是这部片子以及目前许多影片以至戏剧的一个共同的问题。艺术家们是不是为了使场面看来“风光”些？但它必然会引起群众的误解，在某种程度上还可能助长人们对于超过实际可能的生活水平的追求。这里说的的确主要地不是艺术问题而是政治问题，但我想是值得电影、戏剧艺术家们注意的。这不是我的创见，我首先是听赵紫阳[2]同志讲的，随后又看到美国友人艾德勒[3]的同一意见，因此，在看你的新作的时候马上想起这个问题。就是这样，我想把这个意见告诉你，而且希望如果你认为可以同意，能够请你在便中告诉电影界的其他同志们共同考虑。若有不同看法，欢迎来信，信寄中南海即可。

祝好！

胡乔木

一九八〇年十二月十六日晚

改正右派比三中全会要迟一段时间，这可能是原作的问题，也不重要。

据铅印件排印。

注　释

1 谢晋（1923—　）：浙江上虞人。时任上海电影厂导演。他导演的《天云山传奇》1981年获第一届中国电影金鸡奖最佳故事片奖、最佳导演奖。

2 赵紫阳（1919—　）：河南滑县人。时任中共中央政治局常委、国务院总理。

3 艾德勒，即索尔·艾德勒（1909—1994）：原籍英国。经济学家、马克思主义者。30年代到美国，加入美国国籍。40年代初到中国，1947年返美，50年代初被迫移居英国，1962年来华定居。曾任国务院经济技术社会发展研究中心、对外经济贸易合作部、中国社会科学院世界经济与政治研究所顾问。曾参与《毛泽东选集》英文版的定稿工作。

致中共中央

（一九八〇年十二月二十日）

中央：

根据我目前工作和身体的实际情况，我深感再兼任社会科学院院长职务，实在负担不了。尽管是挂名，但许多事务（如外事活动等）很难摆脱。为此，提请中央批准我辞去中国社会科学院院长的职务，改任顾问（兼职）；同时建议也批准邓力群同志辞去副院长的职务。我们不再担任院党委书记和副书记。

关于今后社会科学院领导班子如何妥善安排的问题，最近院党委常委专门作了研究，并征求了院内部分专家学者的意见。他们同意院的领导体制目前暂不作大的改革，实行党委领导下的院长负责制。初步商定，由于光远[1]同志任代理院长，梅益[2]同志任党委书记（当然要通过民主选举产生）。如中央原则同意，具体任免事项将由社会科学院另行报告。

以上意见妥否,请批示。

胡乔木

一九八〇年十二月二十日

据胡乔木秘书的手抄件排印。

注释

1 于光远,时任中国社会科学院副院长。

2 梅益(1914—):广东潮安(今潮州)人。时任中国社会科学院副院长。

致王任重并转胡耀邦

（一九八〇年十二月二十日）

任重[1]同志并请转耀邦同志：

关于当前的宣传工作，我想起几点建议，谨供参考：

1. 要现在就准备写一篇有分量的元旦社论。它要能充分反映党中央对当前全党工作和全党思想工作的要求，既要提倡四个坚持、艰苦奋斗、党与群众同甘共苦、严格的纪律性（党内的和人民群众中的）等等，又要给全党和全国人民对光明前途的无限信心。配合这篇社论，要准备写一些对当前种种错误思潮的批判文章。《人民日报》和首都报纸要气象一新。

2. 关于表扬与批评，我觉得这个问题还没有完全解决。不能只表扬艰苦朴素廉洁奉公一方面（这是需要的），要更多地宣传党的许多干部克服困难扭转旧习创造新局面新事业的方面。相应地批评也要，批评那些不执行三中全会方针因循保守的同志。这样，表扬批评才能与党的路线更加合拍。此外，在广播和电视中批评要减少。

3. 党在转变过程中确有许多新的思想理论问题要探索，但轻易在报纸上发表也确使下级干部和党员有无所适从之感，并且又为一些对党和社会主义不满的人们制造气氛和口实。因此，可否考虑出版一种全国性的党内刊物，可以发行很广，不怕外泄（亦不让外泄），但仍区别于公开报刊的宣传。待党内思想较有准备较为一致时再把其中的一些论点陆续公开发表。也就是避免弯子转得太陡，造成很不应有的混乱。这样像《人民日报》的《理论宣传动态》就不一定需要了。

4. 出版刊物似乎多了一些，这也容易引起思想上的混乱。党对舆论的指导实际很难用双百方针抵抗一切。

以上想法不一定妥当或易行，姑且写出供考虑吧。[2]

胡乔木

十二月二十日

据胡乔木手稿排印。

注　释

1 任重，即王任重（1917—1992）：河北景县人。时任中共中央宣传部部长。

2 王任重于当天在胡乔木信上批示："我同意乔木同志意见，如耀邦同志同意，即批示由穆之同志组织人写。并筹办党内理论刊物，由党校《理论动态》为主联合有关单位办可否？"胡耀邦于次日在信上批示："请在中宣部例会议一议。"并在胡乔木信的第三点建议"可否考虑出版一种全国性的党内刊物"处批："现在刊物太多，这一点现在不必考虑。"在中宣部的组织下，1981 年《人民日报》元旦社论《在安定团结的基础上，实现国民经济调整的巨大任务》、1981 年 1 月 17 日《人民日报》社论《政治安定是经济调整的保证》、1981 年 1 月 19 日《人民日报》社论《坚定不移地继续执行三中全会的方针政策》等，都体现了胡乔木此信建议的精神。

致胡耀邦

（一九八〇年十二月廿二日）

耀邦同志：

毛主席诞辰即届，毛办同志建议发表这封信[1]（另附原件已先制版），我认为这封信内容很好，同意发表，并已告小平同志。因时间关系，亦为节约大家精力，拟不在常委同志中传阅，请你阅后即定。[2]

胡乔木

十二月廿二日

据胡乔木手稿排印。

注释

1 这封信，指 1937 年 11 月 27 日毛泽东致文运昌的信。文运昌是毛泽东的表兄。参见《毛泽东书信选集》，人民出版社 1983 年版，第 114—116 页。

2 胡耀邦当天批："同意，照发。"

致邓小平

（一九八〇年十二月二十八日）

小平同志：

送上材料四份[1]供参阅。材料都不长，其中第一件前次谈话时曾提到过。

胡乔木

十二月二十八日

据胡乔木手稿排印。

注释

1 材料四份，指《清华大学党委调查分析党员、群众中思想动荡的情况和原因》；《北京部分高等学校学生会干部的意见》；《当前青年学生中一种值得注意的观点》；北京市委召开的思想政治工作会议讨论中《对中央一些重大问题提法的意见》。胡乔木在信中所说的第一件，是指哪一件，已不可考。

致夏衍

（一九八一年一月五日）

夏衍[1]同志：

你给颖超同志的信，她转给我看了[2]。关于斯大林代表来延安的事[3]，我想你所说的必是事实。关于闻天的声明[4]，顷阅《党史研究》八十年代第六期费侃如同志文章[5]，得到较准确的说明。该文末段如下：

"一九三七年十一月，王明从莫斯科回到延安，带回了共产国际的意见，中央书记处于十二月进行了改组，中央不再设总书记[6]，而由数同志组织之书记处领导全党工作，张闻天同志仍然是书记处书记，毛泽东同志在党内的职务也是书记处书记"。这与闻天同志声明内容相同。

我问了陈云同志，他也说这一段时间没有明确的总书记职务和名义。一九四一年对张批评后[7]，张不再召集会议，而不是到那时才不任总书记，特告。

祝你健康！

胡乔木

一月五日

据胡乔木秘书的手抄件排印。

注 释

1 夏衍(1900—1995):浙江杭州人。时任文化部顾问。

2 夏衍在1980年10月四千人讨论《关于建国以来若干历史问题的决议(讨论稿)》时,曾在小组会上提出:遵义会议之后,毛主席的“主席”是军委主席,张闻天依旧是中央的总书记。可是到了延安之后,张的总书记职务就无形中消亡了。张在什么时候、在哪一次会议上、经过什么程序,被撤销了“总书记”职务?1945年4月党的六届七中全会通过的《关于若干历史问题的决议》中没有任何记载。四千人讨论会之后,夏衍写信给邓颖超,提出这个问题,邓颖超将夏衍的信转寄胡乔木答复。

3 1942年5月,共产国际和斯大林派彼得·佛拉第米洛夫来延安长驻,担任共产国际与延安间的联络,具体身份是共产国际代表兼塔斯社军事特派员。佛拉第米洛夫原是苏联塔斯社驻华特派员,1938年至1940年曾在国统区工作。此次来延安,前后三年多,于1945年11月离开。他回到莫斯科后,著有《延安日记》,对中共和延安的情况进行歪曲宣传和攻击。

4 闻天的声明,指1938年4月9日张闻天致电中共中央长江局王明、周恩来、博古、凯丰,对《救亡日报》3月26日发表的记者采访录《张闻天论当前抗战诸问题》的声明。这个声明的第二点说:“中共中央有几个书记,向无所谓总书记。”

5 费侃如文章的题目是《对张闻天同志在遵义会议上任职问题的认识》,载《党史研究》1980年第6期。

6 1937年11月29日,王明、康生、陈云等从苏联回到延安,中共中央于12月9日—14日召开政治局会议,王明、陈云、康生增补为中央书记处书记。这时的书记处成员是:张闻天、毛泽东、王明、陈云、康生。未设总书记一职。

7 对张批评,指1941年9月中共中央政治局会议对张闻天的批评。1943年12月张闻天所写的延安整风笔记,对他的错误作了检讨和自我批评。

致胡绩伟、王若水、范荣康

（一九八一年一月十五日）

绩伟、若水[1]、荣康[2]同志：

日内我将外出休息，你们的社论稿我无法看，但想出几个题目供考虑时参考：

1. 国家的民主化改革必须在安定团结的基础上逐步实现（驳斥要由上而下、由下而上，党的改革派与地下组织合作进行，或用大鸣大放大辩论大字报的办法进行，或由请愿、串连、发宣言、签名、以至罢课罢工一类办法进行）。

2. 言论自由必须依法实现，或：提倡所谓言论绝对自由的人目的何在？

3. 在调整过程中为什么会有经济矛盾，应该怎样解决？

4. 目前全国学生的主要任务是什么？（要把自己培养成为有社会主义觉悟和有社会主义建设、社会主义经营、社会主义组织工作能力的人才，要在党团领导下培养成为社会积极分子）

5. 社会主义民主与资本主义民主的区别何在？

6. 社会主义社会的力量或优越性在于能够安定团结

(资本主义不可能)。

7. 社会主义制度是有前途(有理想)的制度。

8. 马列主义基本原理永远是我们的指导思想。

9. 毛泽东思想为什么有持久的生命力?

10. 究竟“向前看”还是“向钱看”?

11. 无政府主义和极端个人主义是民族的大敌。

12. 中国共产党为什么成为中国人民的领导核心?

一时想不完,工作太紧、精力太差、知识太少,你们人多议论多,只要把方向掌定了,一定会在当前的关键时机对党和人民作出光辉的贡献。

敬礼

胡乔木

一月十五日

据胡乔木手稿排印。

注 释

1 若水,即王若水(1926—2002):上海人。时任《人民日报》副总编辑。

2 荣康,即范荣康(1929—2001):江苏南通人。时任《人民日报》副总编辑。

致胡耀邦、赵紫阳

（一九八一年一月十八日）

耀邦、紫阳同志：

因陈云[1]同志在一天之内连续三次催我立即离京休息，我自己也感精力疲惫，一到晚间几乎只想睡觉，虽明知中央工作人手很缺，特别是你俩的负担太重，仍不得不下决心在下星期内（不超过下星期日即一月二十五日）离京休息二十天左右。这样，暂时少做些工作，以后还可以多做些工作。

现在剩下的主要工作是紫阳同志的报告。我拟明日约房维中[2]同志来听取紫阳同志的意见，并同他交换一下修改的意见。这样一个重要报告，要在几天内完全改好是不可能的，我想尽快改好一个底子交卷。好在这以后还可以请房维中根据大家意见继续改，直到可以见报为止。报告当日当然需要作一简要的报道，这可由新华社同志负责。

在下星期内，书记处的会议我都请假，其他较复杂的工作也无法参加，因为不然紫阳同志的报告就不能交卷了。

特此报告

胡乔木

一月十八日

据胡乔木秘书的手抄件排印。

注　释

1 陈云，时任中共中央政治局常委、中央委员会副主席、中央纪律检查委员会第一书记。

2 房维中(1928—　　)：吉林东丰人。时任国家计划委员会副主任、党组副书记。

致赵紫阳、万里、姚依林

（一九八一年一月二十二日）

紫阳、万里[1]、依林同志：

我在昨天谈话以后，继续考虑下届中央全会需要有关当前经济政策、物价政策一类问题的文件发表。理由是：

(1)三中全会以来的历届中央全会都未讨论经济问题，这与三中全会宣告今后以经济建设为中心的矛盾无法解决。不但在预定的六中全会上没有，即预定的七中全会上也没有。这很难使人民相信党中央已经把工作中心转到经济建设上来(一直是讨论政治问题组织问题)，甚至会认为新的中央对经济仍然没有办法。只讲调整不能解决这个问题，在某种范围内还会加重这个问题。(2)调整带来的问题以及例如物价这样关系到家家户户的问题，人民是迫切关心或担心的，如中央对这些问题不拿出比较系统的政策或解决办法，则会使人民感到党没有想人民所想，急人民所急。这不是光做文章所能解决的。我对于这些问题没有研究，没有发言权，但因是关系党的威信的大事，虽情况可能不可行，谨仍提出请考虑。

比较现成的，可考虑：把去年七十五号文件[2] 再加充实，正式发表；这在党内外虽然是旧闻，但仍有公布的必要。自主权和集体个体经济能作出正式决定公布较好，但调整中的政策和物价政策仍为当务之急。党的思想政治工作和社会安定工作究竟只能在一定的经济基础上起作用。

敬礼

胡乔木

一月二十二日

据胡乔木秘书的手抄件排印。

注 释

1 万里(1916—)：山东东平人。时任中共中央书记处书记、国务院副总理。

2 去年七十五号文件，指1980年9月27日发出的《中共中央关于印发进一步加强和完善农业生产责任制的几个问题的通知》。1980年9月14日—22日，中共中央在北京召开了省、市、自治区党委第一书记座谈会，讨论加强和完善农业生产责任制问题。会议形成了《关于进一步加强和完善农业生产责任制的几个问题》的座谈纪要，共十二条。纪要强调要从实际出发，允许有多种经营形式、多种劳动组织和多种计酬方法同时存在，并对包产到户从政策上作了相应的规定。

致邓小平、陈云并胡耀邦、彭真

（一九八一年一月二十四日）

小平、陈云并耀邦、彭真[1]：

根据小平、陈云同志多次指示特别是邓小平同志这次在中央工作会议讲话要求[2]而起草的维护社会安定、保障经济调整暂行条例稿（紫阳同志也曾告我希望赶快提出这样一个综合性条例），听说在书记处会议上没有通过，而决定拟定结社法、出版法等，我很觉不安，因为我负责修改的文件[3]搞得不好，未能准确地体现中央领导同志的指示。不过我认为这个稿子的不妥当处还可修改，发表的方式也可以考虑，根本不发表这样的文件却不一定有利。谨略陈理由如下：

（一）小平同志讲话已向群众传达，讲话中建议人大常委、国务院发布有关维护安定团结的条例、指示，现在忽然不发了，容易引起种种揣测。维护安定团结的条例不是个别性的条例（如出版法、结社法有关罢工、游行等法规）所能代替的，更非已有的法令所能代替。尤其是小平同志报告中说明要把四项原则法律化，现在的条例稿已根据宪法第一、二条作了明确的规定，这个问题是现在全国安定团结的中心关键,任何个别性的条例、现有法令及其补充规定都无法代替。这样重大的问题在提出以后如果不了了之,对安定团结是否有利?对中央威信是否有利?

(二)关于对付非法组织和非法刊物的活动是目前阶级斗争中的一个很迫切的问题。由于过去迄未采取明确有力的方针,现已蔓延很广,几乎扩大到各中等以上城市的许多学校和工厂。如采取制定结社法、出版法一类办法来对付,则这种法律断非短期所可拟定。就是说在条例稿中规定按《社会团体登记暂行办法》和《管理书刊出版业发行业暂行条例》来要求他们登记,其后果亦很可能被这些反党反社会主义钻了空子我们还不知道(他们的一部分人,现正积极活动登记,以全国之大,各级负责登记机关人员的庞杂,这种后果是很难避免的),故现在的条例稿还要改得严格些,只讲凡反对四项基本原则的团体的刊物一概不许成立和活动否则即予取缔之类的话为好。结社法、出版法一类问题最好暂时不提,先用快刀斩乱麻的办法,否则远水不救近火,甚至养痈贻患。

(三)有些问题过去法令中未有规定,用补充规定办法或则是琐碎(如处理诲淫电影等)或则更为刺目(如授权地方戒严等),而不规定公安机关或地方行政机关无法无据,将来被责问时很难说话。

(四)现在的条例有一缺点,即易使人感到全国很不安定。这个问题我也考虑了很久。出路有二:1. 把现在的条例稿的有些条文改得缓和些或加以压缩删略。2. 人大常委通过后不登报，只在各单位内部张贴。不过后者不算好办法，除似乎理不直、气不壮外，有些条文亦不便在报纸上解释。如游行要登记，罢工要调处，在国际上都是常事。

根据上述，谨请中央对这个问题再加考虑[4]。

胡乔木

一月二十四日

据胡乔木秘书的手抄件排印。

注释

1 彭真，时任中央政法委员会书记、全国人大常委会副委员长、法制委员会主任。

2 邓小平1980年12月25日在中央工作会议上作了《贯彻调整方针，保证安定团结》的讲话，提出“为了保证安定团结，建议国家机关通过适当的法律法令，规定罢工罢课事先要经过调处；游行示威事前要经过允许，指定时间地点；禁止不同单位之间、不同地区之间的串连；禁止非法组织的活动和非法刊物的印行。”并说：“建议人大常委会、国务院发布有关条例、法令。”

3 此稿由人大常委会王汉斌、邢亦民起草，胡乔木修改。

4 1981年2月20日，中共中央、国务院联合发出了《关于处理非法刊物非法组织和有关问题的指示》。

致吴冷西并胡绳

（一九八一年二月十四日）

冷西[1] 同志并胡绳[2] 同志：

信和记录[3] 都收到。李鑫同志的检查[4] 在京时也看了。这样就不必同他谈了。

我的健康情况暂尚未见有什么好转（除未再感冒发烧外）。但是你们写的决议稿[5] 写完后仍请送来，看看是否已差不多，宪法修改稿[6] 似须加一些注解，说明一些重要条文规定与某些主要外国宪法的比较，此外有些什么其他方案，以及这些规定主要依据哪些学者和哪些部门、地区提出的意见，或出于哪些重要考虑。这样草案阅者才能便于了解。

敬礼

胡乔木

二月十四日

据胡乔木秘书的手抄件排印。

注　释

1　冷西，即吴冷西，时任中共广东省委书记，“历史决议”起草小组成员。

2　胡绳，时任中共中央毛泽东著作编辑出版委员会办公室副主任，“历史决议”起草小组成员。

3 信和记录，指1981年2月4日，吴冷西致函在广州休息的胡乔木，汇报胡乔木委托他了解华国锋提出“两个凡是”的经过，并随函附上李鑫传达的华国锋在1977年2月7日《人民日报》、《红旗》、《解放军报》社论《学好文件抓住纲》发表前的讲话记录稿。2月7日社论第一次公开出现“两个凡是”的提法。

4 李鑫同志的检查，指他1981年1月5日写的有关“两个凡是”的检查。李鑫在中共十一届三中全会前曾任中共中央毛泽东著作编辑出版委员会办公室副主任、中央办公厅副主任。

5 决议稿，指1981年6月中共十一届六中全会通过的《关于建国以来党的若干历史问题的决议》草稿。这个决议是在邓小平、胡耀邦主持下起草的。胡乔木具体负责起草工作。吴冷西、胡绳参加了起草小组。

6 宪法修改稿，指1982年12月第五届全国人大五次会议通过的《中华人民共和国宪法》修改草稿。宪法修改工作是在彭真主持下进行的。胡乔木是宪法修改委员会秘书长。

致《解放军报》社并转黄克诚

（一九八一年四月七日）

《解放军报》社并请转告黄老[1]：

黄老的这篇讲话[2]很重要。小平同志要我看看。我仔细看过几遍，并请了一些同志帮助进一步核查事实，对于行文也作了一些更动，但不知是否妥当，请报社各负责同志和黄老再加斟酌。因为这篇讲话发表会有很大影响，所以有些容易引起争论的话希望尽量避免。为求效果更好些，我想考虑得愈周到愈好，我所作的一些修改必有不妥之处，能有多几位同志多几次审定最好。[3]

敬礼

胡乔木

四月七日

据胡乔木手稿排印。

注　释

1 黄老，即黄克诚（1902—1986）：湖南永兴人。时任中共中央委员、中央纪律检查委员会常务书记。

2 黄老的这篇讲话，指黄克诚在中纪委第三次贯彻《关于党内政治生活若干准则》座谈会上讲话的第一部分:《关于对毛主席评价和对毛泽东思想的态度问题》。

3 1981 年 3 月 29 日,《解放军报》致函中央军委办公室主任王瑞林并报邓小平,说明准备将黄克诚的讲话在《解放军报》上发表,要求给予指示。邓小平于 3 月 31 日批示:"乔木同志:这篇东西,我看是讲得好的,请你帮他看一下,争取按时发表。"《解放军报》社 1981 年 4 月 2 日致信胡乔木,告此文"已经黄克诚同志审定同意,并报小平同志审阅。小平同志也已同意发表,他提出请您再看一下。"并告此文"拟在本周内在军报发表"。黄克诚此文载 1981 年 4 月 11 日《人民日报》和《解放军报》。

致吴冷西等

（一九八一年四月八日）

吴冷西并各同志[1]：

此件[2]请一阅。这样的文章竟能在大学学报公开发表，可以看出我国目前思想的状况严重混乱到何种程度。我们的《决议》一定要注意到和有助于反击这种极为有害的思潮。决不能随便讲什么农业社会主义、封建主义（建国至今一直大力发展重工业，这岂是农民观点？）。在讲到生产关系一定要适应生产力发展问题时要注意措词，勿被人利用来进行反党宣传。要把列宁在十月革命前后直至《关于俄国的革命》、《论合作制》等文章的基本观点牢记心头。

胡乔木

四月八日

据胡乔木秘书的手抄件排印。

注　释

1　各同志，指《关于建国以来党的若干历史问题的决议》起草小组的人员。

2　此件，指《南京大学学报》1980年第4期刊登的《关于社会主义改造后期的几个理论问题》一文。该文发表了一些极其错误的观点，引起了胡乔木的重视。他要求"历史决议"起草小组的人员在起草中要注意这种不可忽视的思潮。他又很关心对这一问题的实际处理。4月15日,胡乔木在江苏省委给中宣部的电话记录(关于《南京大学学报》1980年第4期刊登《关于社会主义改造后期的几个理论问题》一文的处理情况)上批示:"请中宣部考虑可否告江苏省委宣传部并转告南大党委:这是一种社会思潮,并非一二人所特有,对作者不要施加压力,仍要和风细雨地摆事实讲道理,并欢迎他们认识错误。但编辑部确应加强把关。这篇文章已超出双百方针的范围,而且南大学报是对国外发行的,这类文章不但可能被港台反动报刊利用,还会使各国研究中国问题中立的学者发生错觉,认为这就是中国实况或中国学术界的公论。"

致邓小平

（一九八一年四月九日）

小平同志：

查恩来同志在一九六八年十月十三日八届十二中全会开幕会上的讲话，“中央委员原有能到会的为四十位，要补选十位，因为从十一中全会到现在已死去十人。通过无产阶级司令部商定，提出下述十位同志补为中央委员：黄永胜、许世友、陈锡联、张达志、韩先楚、潘复生、刘建勋、李大章、吴德、刘子厚同志。他们原来是候补中央委员，今天在十二中全会上补为正式中央委员。这样，中央委员出席的就是四十位。中央委员原来定额是九十七人，现有五十人出席，过半数了。其他能出席的还有九位候补中央委员……”

据此，尽管十二中全会开得很不正常，但由十名候补中委补上已死去的十名中央委员，补足法定人数，不能说是不合法。[1] 候补中委到会人数多少没有决定意义。至于其他非中委列席人员未讲清有无表决、选举权，笼统说出席，这后来究竟参加表决和选举了没有还要查，但这究竟较为次要。

因此,仅从法律形式说,还应承认十二中全会是合法的。这事关心的同志较多,恐需在适当时机说明一下。[2]

胡乔木

四月九日

据胡乔木秘书的手抄件排印。

注 释

1 有一种意见曾对《关于建国以来党的若干历史问题的决议》1981 年 3 月 31 日征求意见稿提出:“八届十二中全会和‘九大’不合法。作为历史决议,应讲清这两次会议不合法。稿子上不讲,是何道理?”

2 邓小平接受胡乔木建议,在 1981 年 5 月 19 日专门讨论“历史决议”草案的中共中央政治局扩大会议开幕会上说:有些意见没有吸收。譬如说,八届十二中全会和“九大”是非法的。查了一下,十二中全会那个时候周恩来同志有个说明,乔木同志专门查了那个记录,我顺便念一念恩来同志在开幕会上的讲话(略)。这就是讲的合法性。不管十二中全会也好,“九大”也好,按照毛主席在延安时对六届四中全会的决定(那个决定是英明的),说它是非法不好。而且在“文化大革命”中间,我们始终还有个党的领导,始终还有个党,如果现在否定了八届十二中全会和“九大”合法性,就等于说我们有一段时间党都没有了,这不好,所以这个意见没有接受。

致贺敬之

(一九八一年四月十三日)

敬之[1]同志:

(一)我收到几封信,因很不了解内中有关情况,不知如何处理为好,盼能得到你的指点。

(二)巴金提议成立新文艺资料馆[2],这个意见他也跟我说过,我觉得很好,表示愿意尽力支持。听说荒煤[3]同志也很赞成。不知有没有着落?有没有希望?

(三)关于《天云山传奇》[4],我后来看到过一些观众的反映很热烈,而对《巴山夜雨》[5]则比较冷落。不知总的反映如何。我很希望我们的随便谈话不致形成一种脱离广大群众和广大艺术界的"长官意志"。

胡乔木

四月十三日

据胡乔木秘书的手抄件排印。

注释

1 敬之,即贺敬之(1924—):山东枣庄人。诗人、剧作家。时任中国剧协书记处书记,1981年前任文化部副部长。

2 巴金(1904—):四川成都人。作家。时任中国文联副主席、中国作家协会副主席、中国电影家协会副主席。根据巴金的提议,后来成立了中国现代文学馆。

3 荒煤,即陈荒煤,时任文化部副部长。

4 《天云山传奇》,1980年由上海电影制片厂摄制的故事片。

5 《巴山夜雨》,1980年由上海电影制片厂摄制的故事片。

致邓小平、方毅并蒋南翔

（一九八一年四月十四日）

小平同志、方毅[1]同志并南翔[2]同志：

读了本期《教育通讯》所载《要重视学生的劳动教育》一文，觉得这确是当前教育（不限中学）工作中的重要原则问题之一，需要认真研究解决。“文化革命”前对劳动教育有些说法和做法太过分，现在不应重复，但如完全放弃，则不免走入另一极端，而且种种弊害已十分明显。大学生对工厂、农村日益疏远，在留学生中甚至表现为不如资本主义国家大学生的习惯于劳动。因此，请考虑可否请教育部在全国范围内有准备地征求一些意见，并提出一项建议报中央审议。既要加强思想政治教育和劳动教育，又不能降低文化科学教育和学生的健康水平，这是一个不易解决的难题，只能在实践中求得逐步解决。以上是否有当，谨供参考。

敬礼

胡乔木

四月十四日

据胡乔木秘书的手抄件排印。

注　　释

1 方毅(1916—1997):福建厦门人。时任中共中央政治局委员、中央书记处书记、国务院副总理、国家科学技术委员会主任、中国科学院院长。

2 南翔,即蒋南翔(1913—1988):江苏宜兴人。时任教育部部长。

致于光远

（一九八一年四月十四日）

光远同志：

读了你在日本的讲话（即《社会主义建设与……》）[1]，感到十分愉快、亲切而有味。这虽是引言式的东西，但会使读者得到多方面的启发。因此，我建议你把它在《中国社会科学》发表。

第十七页一处疑有误，请看看是否如此。还有，说恩格斯对人的生活分作生存、享受与发展三方面，不知是否出于他为《雇佣劳动与资本》所写的导言，那里是说生活资料、享受资料、发展和表现一切体力和智力所需要的资料的社会支配。教育（或学习）在人的生活中占有重要地位，这当然也可列入发展（虽然与恩格斯原话有些出入），但无论未成年教育和成年教育都带有一定程度的强制性，并在很大程度上作为生存的手段，所以如果列入闲暇，是否需要加上某些说明？

这点管见谨供参考。

敬礼

胡乔木

四月十四日

据胡乔木秘书的手抄件排印。

注　释

1 于光远在日本讲话的题目为《社会主义建设与生活方式、价值观和人的成长》，载《中国社会科学》1981年第4期。

致 韩 天 石

（一九八一年五月七日）

天石[1] 同志：

看了最近报纸上关于北大对学生加强思想政治教育并取得良好成效的消息，很是高兴。谨向你和党委全体同志、各位教授、副教授、教师和全体政治工作人员、党团学生会组织的干部和全体党团员，并向全校爱国同学和职工表示热烈的祝贺。

北大的陈岱老[2] 教授，我在清华时虽未听过他的课，究竟是他的学生。几年前我在一次会议上讲话，他也来了。我当时很为不安，可惜会散后未能见到他。现在更想去拜访他了。报上提到的其他几位教授、副教授，我都想向他们致敬和请教。我早想到北大来看你和其他各位同志，没想最近生了一场病，现还住在医院，待身体恢复、工作得暇时一定前来，当然也想到其他学校看看。先此预约，决不食言。

这信只是表示我的一番心意，请勿以任何形式发表。

祝北大在工作中继续取得新的进步！

胡乔木

一九八一年五月七日

据胡乔木秘书的手抄件排印。

注 释

1 天石，即韩天石（1914— ）：辽宁沈阳人。时任北京大学党委书记。

2 陈岱老，即陈岱孙（1900—1997）：福建闽侯（今福州）人。经济学家。时任北京大学经济系教授、系主任。

致方毅、李昌

（一九八一年五月十九日）

方毅[1]、李昌[2]同志：

希望学部会议千万不要把院士制度否定了。院士制度是世界通行几百年的制度，无论如何不能用学部委员代替。两者性质很不相同。如科学院否决了，社会科学院即不便单独推行，这实是国家一级的问题，务恳考虑。

胡乔木　19/5

据胡乔木秘书的手抄件排印。

注　释

1　方毅，时任中共中央政治局委员、中央书记处书记、国务院副总理、国务院学位委员会主任、国家科学技术委员会主任、中国科学院院长。

2　李昌（1914—　　）：湖南永顺人。时任中国科学院副院长。

致 吴 江

（一九八一年五月二十日）

吴江[1] 同志：

谢谢你纠正了我在《几点说明》[2] 中关于“路线”问题的错误。对于马、恩、列，我只是根据主要著作，而且主要根据记忆，以致说错了。但是究竟还不能说路线和方针、策略有什么区别，并没有给予严格意义，否则《两个策略》等书名就不能用了。关于斯大林，我只翻阅了《联共党史简明教程》，对《论联共党内的右倾》没有看全文。我党的文件，在一九二七年以后我已见到用“路线”，但确是很少，所以认为略而不提也可以，这不严格，应改为一九二七年失败后开始用（但六大未用），到反立三路线后，才大用。我想以后在不严格的意义上仍可用路线，但党的总路线、路线错误、路线斗争等确以不提为好。党的总路线在革命斗争形势任务较为简单时用了能起作用，在比较复杂的情况下就很难用几句话说明问题。

无产阶级单独掌握领导权的提法有一定理由，并且必须坚持，但如何由一阶级单独掌握的问题仍未解决，最后只能由党来解决。工人如果提出，为何不经过全国总工会或全国职工代表大会来解决就算是工人阶级掌握了领导权呢?这个问题仍不好答复。今后全国人民代表大会或政协全国委员会能否规定工人比例较高?不一定妥当,即此亦不能算单独掌握领导权。说来说去,无产阶级专政口号的提出是与认为无产者将占人口大多数而其余的人口全要是资产者这一推测分不开的,而阶级专政无论如何不能解释为党专政,这是主要的难点。

敬礼

胡乔木

五月二十日

据胡乔木秘书的手抄件排印。

注 释

1 吴江(1918—):浙江诸暨人。时任中共中央党校第一副教务长。

2 《几点说明》,指胡乔木 1981 年 5 月 19 日在中共中央政治局扩大会议上就"历史决议"作的几点说明。曾在那次会议上作为文件印发,收入《胡乔木文集》第 2 卷时标题改为《关于〈历史决议〉的几点说明》。

致黄永玉

(一九八一年五月二十日)

永玉[1]同志：

您是一位大画家，我非常尊敬和钦佩您。所以我早就想去看望您，并且拜领您为我作的画。但是终因事忙，未能早日践约，深感内疚。听说您最近回湘西去了，我也因胆囊炎要动手术(已定二十二日)，只好再拖一两个月。

世事不能尽如人意是常事，亦是常理，望为祖国、人民和艺术而善自排遣。余容面罄。

祝旅次愉快。

胡乔木

五月二十日

据胡乔木秘书的手抄件排印。

注释

1 永玉，即黄永玉(1924—)：湖南凤凰人。画家。曾任中国美术家协会副主席。

致邓颖超

（一九八一年五月三十一日）

颖超[1]同志：

接读手书，十分感激。您这样高龄的前辈，对我的病情和病后休养需要注意之点，再三谆谆嘱咐，关怀备至，我们不但一定要坚决照办，而且要向您学习和致敬。手术以后，恢复顺利，谨以告慰。现已部分拆线，一周后即可完全拆线。待医生认为可以出院后，将仍在305医院再住一段时间，以求巩固。尔后将继续休息，直至完全恢复为止。

希望您在操劳党务、国务之余多加保重。祝您健康长寿！

胡乔木、谷羽[2]　31/5

据胡乔木秘书的手抄件排印。

注　释

1　颖超，即邓颖超（1904—1992）：河南光山人。时任中共中央政治局委员、中央纪律检查委员会第二书记。

2　谷羽，时任中国科学院副秘书长。

致邓力群、吴冷西等

（一九八一年六月七日）

力群[1] 同志、冷西同志并各同志：

修改时[2] 建议在成果中列上杂交水稻的试验成功和大面积推广。究以列在三十年成就中，还是重复列在“文化大革命”时期的成就中，请酌定。这一成果主要是在一九七〇——一九七六年间在湖南和长江以南各省协作中获得的，这有力地说明了“文化大革命”时期的党政领导并没有只做坏事不做好事。

以阶级斗争为纲只在阶级社会和由资本主义向社会主义转变的时期才是正确的和适用的。到生产资料所有制改造基本完成以后就不再正确和适用。在社会主义社会中，除非领导犯严重错误(包括扩大阶级斗争和忽视阶级斗争，也还有其他性质的错误，如经济改革造成民穷财尽，“大跃进”和波兰、匈牙利均属此种错误)，就不应也不会出现大规模的无论属于什么性质的动乱。此意可否用简洁语言补入结尾一章的某处，亦请酌定。

敬礼

胡乔木

六月七日

据胡乔木秘书的手抄件排印。

注　　释

1　力群，即邓力群，时任中共中央书记处研究室主任。

2　指《关于建国以来党的若干历史问题的决议》草稿的修改。

致吕叔湘

（一九八一年六月十一日）

叔湘[1]同志：

看了《辞书研究》一九八一年第二期，我很专注地读了您的《辞书工作的艰苦和愉悦》一文。同时我也很注意地读了李行健[2]同志的《概念意义和一般词义》一文，深觉《现代汉语词典》有许多词条有类似的毛病，很需要认真准备修订。这当然不是把《现代汉语词典》的巨大成就给贬低了，我是几乎一日不无此书的，而是为了百尺竿头更进一步。而且这个缺点是当时政治空气所致，我也应负其责。不知你和有关各同志（可惜丁老[3]现不能再参与这项工作）对该文的看法如何？

敬礼

胡乔木

六月十一日

据胡乔木秘书的手抄件排印。

注　　释

1　叔湘，即吕叔湘，时任中国社会科学院语言研究所所长。

2 李行健(1935—):四川遂宁人。时任语文出版社、文字改革出版社副社长、副总编辑。

3 丁老,即丁声树(1909—1989):河南邓县人。语言学家。时任中国社会科学院语言研究所研究员、《中国语文》杂志主编。

致赵元任

（一九八一年六月十二日）

赵老[1]：

昨天向您提出的问题[2]，因限于时间，说得太简略，很难表达出我为什么要重视这个似乎不那么重要的问题。因此再多说几句，请你原谅。

（一）平仄如果只是一种人为的分类，而没有某种客观的依据，很难理解它为什么能在一千几百年间被全民族所自然接受，成为“习惯”。

（二）这种习惯远不限于诗人、文人所写的诗词、骈文、联语，而且深入民间。过去私塾里蒙童的对对并不需要长时间的训练，巧对的故事也并不限于文人。民歌中常有大致依照平仄规律的，如著名的山歌好唱口难开，桃红柳绿是新春，赤日炎炎似火烧，月子弯弯照九州（后二者可能出于民间文人）等。甚至新诗中也有教我如何不想他，太阳照着洞庭波这样的名句。

（三）平仄之分，至少在周代即已开始被人们所意识到，所以诗经、楚辞中用平韵的作品，远远超出用仄韵的，这决不是一个偶然的现象。后来历代诗赋词曲和现代的歌谣、歌曲、新诗，一直没有什么改变。这个事实，有力地说明平声和仄声确有明显的虽然是不容易讲清楚的区别，无论各自的实际调值在各时期和各方言区有多大不同。而且这个现象也包括北京话地区在内。平声字多似乎是一个理由，但是是一个不充足的和不能令人信服的理由。它还引出另一个不容易答复的问题：为什么汉语里平声字多？

因为这些，我想平仄的区别仍是一个值得深入研究的问题。

此外，还有一个问题也是我久已思考而未见有人解答的，即中国诗歌何以诗经、楚辞时期的偶数字句型为主变为两汉以后的以奇数字句型为主？偶数字句诗除辞赋体外，六言诗始终不流行，八言根本没有（当然不算新诗），奇数字句诗基本上也只限于五七言（不包括词曲），在民歌中大多数是七言。新诗出现以后，情况再变，基本上以偶数字句型为主，而且一般句子的字数也多在八言以上（这里没有考虑自由诗）。这个新起的变化因为是现代的，可能比较容易解释，但是四六言变为五七言的语言学上的原因就比较不清楚。是否古汉语的发展在此期间出现了某种重要变化？

向您这样高龄的前辈提出这些问题，于心很觉不安。不过我终于不肯放过这个求教的机会。您在返美以后，如能把您的一些想法告诉赵如兰[3]教授（我所提的问题我想她也会感兴趣的），请她给我回一封信，我就感谢不尽了。

祝您和如兰女士一路平安，健康长寿！

胡乔木

六月十二日（一九八一年）

据胡乔木手稿排印。

注 释

1 赵老，即赵元任（1892—1982）：江苏阳湖（今常州）人。语言学家。美籍华人。时任美国语言学会会长、美国东方学会会长。一生著述甚多。

2 1981 年 6 月 11 日，胡乔木去北京饭店拜访赵元任，就语言学方面的问题，特别是音韵学问题，向赵请教。

3 赵如兰，赵元任先生的长女，专攻古典音乐，此次陪同来华访问。

致 陈 荒 煤

（一九八一年七月八日）

荒煤[1]同志：

近读你写的《一颗企望黎明的心》[2]，很受感动。这不但使我增加了对丽尼[3]个人的了解，也增加了我对你和其他许多同志的了解。

现在写信给你是因为我看了于蓝同志六月二十四日给书记处关于儿童电影制片厂问题的信[4]，信亦随函寄上，虽然信可能已看过了。我很同情她所遇到的困难，尤其是从儿童电影事业的发展。只从消极方面说，由于缺少适宜儿童看的电影，一些少年儿童因看一些只适宜（或亦不适宜）于成人看的电影或电视堕落犯罪的记录是太令人心惊了。不知你能否运用你的职权对儿影厂给以大力支持？谨为全国儿童向你和文化部提出呼吁。

敬礼

胡乔木

七月八日

据胡乔木秘书的手抄件排印。

注　　释

1 荒煤，即陈荒煤，时任文化部副部长、中国作家协会副主席、中国电影家协会副主席。

2 《一颗企望黎明的心》，是陈荒煤为纪念作家丽尼写的散文，1981 年 3 月 10 日作，载《收获》1981 年第 3 期。

3 丽尼（1909—1968）：湖北孝感人。散文家、翻译家。

4 于蓝（1921—　　）：辽宁岫岩人。电影表演艺术家。时任北京儿童电影制片厂厂长。于蓝在给中共中央书记处的信中反映了儿童电影事业方面存在的困难，请求中央予以关注。

致贺敬之并王任重、朱穆之、周扬

（一九八一年七月十七日）

敬之同志并任重[1]、穆之[2]、周扬[3]同志：

昨天敬之同志来我处谈了当前文艺界的一些思想情况。我想，为了努力在必要范围内逐步统一文艺界的思想认识，有必要使一种刊物成为代表中宣部、文联党组、文化部党组共同意见的喉舌，经常就文艺理论问题、文艺界的工作成就和出现的某些不良倾向发表科学性的、指导性的权威性的评论。当然，这些评论仍然可以讨论，但是只要它们确有充分的理论根据和充分的说服力，那么文艺界的大多数同志是会给予信任和支持的。编辑这种刊物十分必要，因为这是直接联系群众的，这是经常出版的，这是用准确的文字来表达党关于文艺问题的科学见解的，因而与领导人的临时性的谈话不同。领导人的临时性的谈话当然不可少，但是领导人不可能在谈话时事前阅读和掌握各方面的第一手资料，也不可能专门研究马克思主义文艺理论以及中外文艺的历史和现实，也不可能事前准备好比较周密准确的谈话稿，而且就是这样的谈话也不可能经常进行，而文艺活动如同经济活动或其他文化活动一样，却是经常进行的，经常会提出种种要求给以适当答复的问题。现在文艺报刊虽然空前地多，却还缺少这样一个严肃的负责的刊物。这样，遇到问题，往往带有爆发性，即使暂时得到妥善的处理，却很难具有理论性、系统性、连续性，这是一目了然的。建国以来文艺工作指导中的失误，给我们的教训难道还不深刻和沉痛吗？我们的文艺理论工作至今没有能建立起一个马克思主义的科学体系，作家艺术家对文艺批评敬而远之，这种状况难道还能够继续下去吗？编辑这样一个刊物诚然不容易，但是选定一个比较适当的刊物（甚至就在《人民日报》每周编一版作为起点也可）作为基础，全力以赴，事情还是有希望的。

同样，这个问题在理论界也严重存在，迫切要求解决。这只有从办好《红旗》入手。问题的关键也是要全力以赴。言之匪艰，行之维艰，不过无论如何总得开步走。列宁建党初期提出从何着手的问题，他的答案是办报[4]。我们现在不是建党初期，但是列宁的答案仍然适用。

谨此建议，请付参考[5]。

胡乔木

一九八一年七月十七日

据胡乔木手稿排印。

注　释

1　任重，即王任重，时任中共中央书记处书记、中央宣传部部长。

2　穆之，即朱穆之（1916—　　）：江苏江阴人。时任中共中央宣传部副部长。

3 周扬，时任中共中央宣传部副部长、中国文联主席。

4 列宁在1901年5月出版的《火星报》第4期发表《从何着手?》一文，阐述了创办一份全俄政治报对建党的重要性，以及党报的性质和任务。

5 1981年7月20日贺敬之批示：“我同意乔木同志意见。是否请文艺局同志研究，提出一个具体方案，报部务会议定。”8月2日王任重批示：“先充实《人民日报》八版，使它成为指导文艺的阵地，然后加强《文艺报》，建议由贺敬之同志兼任编委主任，使之成为领导文艺界的权威性报刊。另起炉灶困难太多了！请守一同志主持一次部务会研究确定。”

致林涧青

（一九八一年七月二十日）

涧青[1]同志：

此文[2]的主旨是可取的。但论证的方法上有缺点。

1. 引用马克思对俄国公社的设想，但这一设想并未成为事实，因为俄国公社只存在一些残迹，在俄国革命的发展中并没有发生他们所预期的作用，与列宁的《俄国资本主义的发展》等书中的科学论断不相符合，而且马、恩的设想是以西欧首先实现无产阶级革命为前提的，既没有说服力，又节外生枝，不宜引用。2. 俄国资本主义虽然落后于西方，但又相当发展，所以俄国无产阶级在革命条件成熟时面临的任务是先夺取政权，再发展经济文化等等。这一点是与中国革命相同或相近的。应多引用列宁在这一方面的论述。3. 不管有些人怎么想，中国大大发展了社会主义公有经济，现在的问题只是更加完善地发展它。这一点文中缺乏有力的论证，需要援引大量的事实和数字并进行严密的论证，这才能够有针对性地驳斥有关谬论。我不知道作者是谁，也不知道研究室或社科院有没有适当的同志同他合作对此文加以改写。很需要这样一篇文章。但要写得好要费很大的气力。如何请酌。

胡乔木

七月二十日

据胡乔木秘书的手抄件排印。

注 释

1 涧青，即林涧青（1921— ）：福建连江人。时任中共中央书记处研究室副主任。

2 此文，未查到。

致陈慕华

(一九八一年七月二十三日)

慕华[1]同志:

昨天《光明日报》所载农村非法取出节育环的两封来信附上，这事想你早就知道了。该报六月十一日就登过三封同一问题的来信，可是这一现象颇流行，不限于少数地区。由于今后若干年内人口自然增长率将达到新的高峰，又值农村在推行生产责任制（这完全正确）后，原有计划生育办法一时难于适应，取环风在这一背景下很可能继续扩大，十多年计划生育的成就正面临严重危险。我只是从报纸上看到一点片断，不了解全面情况和计划生育委员会所采取的对策。因为觉得这是一个重大问题，所以请你根据情况考虑是否有必要由国务院针对目前出现的新问题（包括实行生产责任制后的新问题）明令规定严格而妥善的处理办法。如认为需要，并请考虑将此信转紫阳、万里同志一阅。

敬礼

胡乔木

七月二十三日

据胡乔木秘书的手抄件排印。

注　释

1 慕华，即陈慕华，时任国务院副总理、国家计划生育委员会主任。

致吴冷西、杨应彬

（一九八一年七月二十五日）

冷西、应彬[1] 同志：

梁宗岱是一位研究西方文学的老教授，平生著译很多。抗战期间因不愿与蒋政府合作（蒋曾要他在重庆担任某项官职），离川赴桂，因偶然原因研究起中药来。解放后本在中山大学外文系任教，在“文革”期间中山外文系停顿，被调往外国语学院，此后至今一直入迷于自费研制中药汤剂，并义务开诊。我在前年在广州时曾见过他，因老病已很憔悴。这事应彬同志可能知道一些。顷接她的妻子甘少苏的一封来信，要求有所帮助。她的要求不知是否可行，请你们两位酌情处理。

敬礼

胡乔木

七月二十五日

据胡乔木秘书的手抄件排印。

注　　释

1 应彬，即杨应彬（1921—　　）：广东大浦人。时任中共广东省委常委、秘书长。

致邓小平

（一九八一年七月）

小平同志：

中央书记处七月三十日会议决定，在八月三日由中央召集一个包括中央、地方、军队三方面共三百人的会议[1]，正式传达和讨论你七月十七日和王任重等同志的重要谈话[2]，研究部署在思想界文艺界展开批评和自我批评的问题。在会上将散发你的谈话纪录，在会后将发给全党高级干部讨论执行。我们考虑，原有的纪录稿虽已经你看过，但作为一个正式文件传达讨论（势必会传到党外和国外），有些地方还需要作一些文字上的修饰，使它比较准确、严密和条理化，同党的其他文件的提法保持一致，还有个别的话可以省略。因此，我们共同对纪录稿又作了一次整理。现在送上请予审阅，是否妥当请指示。

据胡乔木手稿排印。

原件无落款。

注　释

1　指中共中央宣传部于 1981 年 8 月 3 日—8 日在北京召开的全国思想战线座

谈会。

2 1981年7月17日上午，邓小平同中共中央宣传部门负责人王任重、朱穆之、周扬、曾涛、胡绩伟谈思想战线的问题。这篇谈话，后来以《关于思想战线上的问题的谈话》为题收入《邓小平文选》第二卷。

致冯牧并戈扬

（一九八一年八月七日）

冯牧[1] 同志并戈扬[2] 同志：

看了今年第十四期《新观察》发表的白桦[3] 的《春天对我如此厚爱》一文，觉很不妥当。对白桦同志的批评文章或批评方式，不能说没有缺点，但是决不是说《苦恋》、《太阳和人》不应批评，白桦同志不应该作出认真的自我批评。白桦同志发表这样的文章，以及《新观察》发表这样的文章，我认为都表现了一种有害的对抗的情绪，《新观察》从党的纪律（暂时冷一下）来说也不合。我热烈地希望你们对此有所纠正和补救。[4]

敬礼

胡乔木

八月七日

据胡乔木秘书的手抄件排印。

注　释

1 冯牧（1919—　　）：北京人。文学评论家。时任中国作家协会副主席、书记处常务书记。

2 戈扬（1916— ）：江苏海安人。作家。时任《新观察》总编辑。

3 白桦（1930— ）：河南信阳人。作家。他是电影剧本《苦恋》的作者，《太阳和人》是根据《苦恋》摄制的影片。

4 冯牧8月8日复信胡乔木："你7日的信已收到。信中的批评是完全正确的，我已把此信转作协党组并戈扬同志和编辑部讨论一下，并想出补救办法来。""作协今后当努力加强对《新观察》的领导。"

致习仲勋

（一九八一年八月十三日）

仲勋[1]同志：

昨与尚昆[2]同志谈到的建议想已告。文联召集的会也是只能开好，不能开坏。由于文艺界的几个主要同志之间意见甚深，是否还要找别人请商周扬同志（他现在北京医院，大概还可以出来，敬之已去北戴河，不必专程回来了）。故为开好此会，可否考虑请你们找他们几位先谈一谈，简单明了，一定要以党的纪律保证，在会上的发言要以小平、耀邦同志的讲话[3]为纲，人人都要顾全大局，不能各唱各调，并且只能自我批评，不能互相或明或暗地指摘，造成团结气氛，以利尔后工作。

我因手术[4]后确实需要休息一段时间，加以陈云同志严令离京，拟于明日去南京住一下，现在可能稍热些，但不久就会转凉。在此时让你孤军奋战，实所不忍，只能请你原谅，好在耀邦、小平同志不日即可回来了。但会议新闻及各人讲话要点最好能在小平同志回京前见报。[5]

敬礼

胡乔木

八月十三日

据胡乔木秘书的手抄件排印。

注释

1 仲勋，即习仲勋，时任中共中央书记处书记。

2 尚昆，即杨尚昆，时任中共中央军委常委、秘书长。

3 小平、耀邦同志的讲话，指1981年7月17日邓小平《关于思想战线上的问题的谈话》和1981年8月3日胡耀邦《在思想战线问题座谈会上的讲话》。

4 胡乔木于1981年5月22日因胆囊炎作了胆囊切除手术。

5 习仲勋得知胡乔木的秘书黎虹次日要去南京，即找黎谈了以下情况，要黎转告乔木："这次文艺界座谈会由文联、文化部联合召集。预计开三天，可能延长两天。会前，根据乔木同志建议，我找华楠、刘白羽、朱穆之、赵守一、周扬、赵寻六人开会，把乔木同志的信讲了讲，强调这次会只能开好，不能开坏；要按小平、耀邦同志的讲话统一思想。党内领导同志要保证做到这一条，这要以纪律作保证。找周扬同志事先谈了两次。会开得很好，大家表了态，都有自我批评。会后准备发表新闻和发言摘要，新闻尚未写好。"

致　于　蓝

（一九八一年八月三十一日）

于蓝同志：

八月二十四日信收到了。我因行胆囊割除手术后需要休息，已于八月中旬离京去外地，没有能及时答复你的信。关于你所提出的问题，我认为你所说的第二种理解是对的。[1] 你送给我的电影剧本[2] 还未看，现在不能提出什么意见。总之，对于“文化大革命”中的打砸抢、悲惨、阴险、丑恶、野蛮的场面在电影中出现过多是不利于下一代人或下几代人的教育的，我们这一代人能够理解党和人民的这一页伤心史，也是费了很大的代价和努力，何况下一代呢？更不必说儿童了。《望乡》[3] 是一部好影片，但是有一些少女却只从中学会了卖淫（有些男少年一样），这不是令人震惊么！历史无疑是不能割断的，但是第一不要太多地回顾，第二回顾后的作品应当是令人鼓舞的，因为我们是胜利和前进了。（一个人太多太久地回顾就无法前进，更无法与大多数人前进；当然写长篇历史小说的人有些不同，但究竟只能是少数。）匆匆不及详谈，在整理我的讲话时希望能说得稍为充分一些。

敬礼

胡乔木　31/8

据胡乔木秘书的手抄件排印。

注　释

1　1981年8月8日，胡乔木在中共中央宣传部召集的思想战线问题座谈会上，作了《当前思想战线的若干问题》的讲话，深刻阐述了文艺作品怎样表现“文化大革命”、反右、反右倾运动等历史的问题。对胡乔木的这个讲话，当时有两种理解，一种认为胡乔木的讲话是要求作家今后不要再写、再拍摄上述三段历史题材的文艺作品了；一种认为胡乔木的讲话并没有说今后不能写上述三个历史阶段的文艺作品，只是少写或不写上述三个历史阶段的文艺作品，特别是不能从消极方面来写。胡乔木在给于蓝的复信中说，对他的讲话的第二种理解是正确的。

2　指于蓝所送的《女儿》电影剧本。

3　《望乡》是一部描写日本妇女悲惨命运的影片。

致严文井

（一九八一年八月三十一日）

文井[1] 同志：

我写信给你，可不知你的身体怎样，能否回我的信，这是很抱歉的。反正你不能写信时就请别人代写吧。（君宜[2] 同志我也不知她的身体怎么样。）

我写信的目的是希望有同志给我介绍两三部专写“文化大革命”的好的长篇小说。[3] 我看了一部《将军吟》[4]，觉得很好，作者大概还会继续写下去（人文[5] 可否告诉我作者的工作单位，通讯地址或略历?），《一个女囚的自述》[6] 我也看了。但是我还不能就此对近几年写这一题材的长篇作出什么判断。个人见闻太有限，因此想求援于人民文学出版社主管当代文学的同志们，这当然不是说限于人文社出版的。或者别的专家也成。如果肯把书借给我看更好，不过这个问题不大，我都可以设法买到或借到的。

祝好！

胡乔木

八月三十一日

人文编辑出版现代文学作品时，不知是否已考虑：李健吾[7]、杨晦[8]、冯文炳[9]、师陀[10]。周作人[11]散文选似也可考虑，但要写一篇好的序。

据铅印件排印。

注　释

1 文井，即严文井（1915— ）：湖北武昌人。儿童文学家、文艺理论家。时任人民文学出版社社长。

2 君宜，即韦君宜，时任人民文学出版社总编辑。

3 严文井9月5日复信向胡乔木推荐了四部长、中篇小说：《惊心动魄的一幕》、《疯狂的节日》、《在没有航标的河道上》、《芙蓉镇》。

4 《将军吟》，长篇小说，作者莫应丰，1980年由人民文学出版社出版。小说主要描写空军第四兵团司令员彭其因在“文革”中的遭遇与斗争。

5 人文，即人民文学出版社。

6 《一个女囚的自述》，中篇小说，作者檀林，1980年由人民文学出版社出版。小说主要描写一个女青年在“文革”中蒙受迫害的遭遇。

7 李健吾（1904—1982）：山西运城人。作家。

8 杨晦（1899—1983）：辽宁辽阳人。剧作家、翻译家。

9 冯文炳（1901—1967）：湖北黄梅县人。作家、文学史家。

10 师陀（1910—1988）：河南杞县人。作家。

11 周作人1945年抗战胜利后因汉奸罪被捕入狱，晚年定居北京。

致胡耀邦、习仲勋、王任重

（一九八一年九月十日）

耀邦[1]、仲勋、任重[2]同志：

我的讲话[3]因中央已通报要下发，不得不请涧青同志等整理了一稿，我又在上面作了一些修改补充，其中涉及一些重要问题，务请仔细审阅。如认为有些话讲得不妥，请予毫不客气地删改。是否需经常委和书记处各同志审阅，请耀邦同志决定。[4]

胡乔木

九月十日

据胡乔木手稿排印。

注　　释

1 耀邦，即胡耀邦，时任中共中央委员会主席、中央政治局常委、中央委员会总书记。

2 任重，即王任重，时任国务院副总理、中共中央书记处书记、中央宣传部部长。

3 我的讲话，指胡乔木1981年8月8日在中共中央宣传部召集的思想战线问题座谈会上的讲话。

4 1981年9月22日胡乔木的秘书黎虹从北京打电话给时在南京的胡乔木说：

“乔木同志在思想战线问题座谈会上的讲话胡耀邦、习仲勋、王任重已阅，日内即送小平同志。胡耀邦9月12日批：即转仲勋、任重同志，小平同志处我们三人看后再送。习仲勋9月17日批：这个讲话虽长了点，但讲清了很多问题，特别以《决议》为纲，联系小平同志多次讲话，阐述得很透彻，我认为是必要的一篇好讲话，发下去，会澄清很多糊涂观念。王任重9月21日批：同意快发。”

致胡耀邦并转邓小平

（一九八一年九月二十七日）

耀邦同志并请转小平同志：

八月座谈会上的讲话稿[1]，再经耀邦、仲勋、任重同志看后，我又作了一些文字调动和增减，但没有实质性的改变。林涧青同志等也再看了一遍，提了一些修改意见，多已吸收。现送上，请审阅。

讲话中关于延安文艺座谈会讲话，有两个问题说明一下：(1) 关于人性问题，马克思从未否定人性，只讲是社会关系的综合，不能脱离社会性，但社会关系不同于阶级关系，社会性也不同于阶级性，前者的含义要广泛得多。给雷经天信[2]中两处提到“人的立场”、“作一个普通的人”。这个问题影响文艺、哲学、社会学、伦理学等很大，不能不说一下。（2）关于把延安的作家与国民党比较（“我说某种程度，因为一般地说，这些同志的轻视工农兵、脱离群众和国民党的轻视工农兵、脱离群众是不同的；但是无论如何，这个倾向是有的。”）、与大地主大资产阶级相提并论（“依了你们，实质上就是依了大地主大资产阶级，就有亡党亡国的危险。”），分见座谈会结论第一部分末一段和第五部分第二段。这是对思想上有缺点的革命知识分子的不信任的露骨表现。为了使今天的广大知识分子获得安全感和信任感，我想指出来有好处。

敬礼

胡乔木

九月二十七日

据铅印件排印。

注 释

1 中共中央宣传部于1981年8月3日—8日在北京召开全国思想战线问题座谈会。8月8日，胡乔木在会上作长达3小时的讲话，后以《当前思想战线的若干问题》为题公开发表。

2 给雷经天的信，指1937年10月10日毛泽东为审判黄克功致雷经天信。见《毛泽东书信选集》，人民出版社1983年版，第110页。雷经天(1904—1959)：广西宣化（今南宁）人。1937年时任陕甘宁边区高等法院庭长、代理院长，是审判黄克功案件的审判长。

致中共中央文献研究室各同志

（一九八一年十月二日）

文献研究室各同志：

我偶然翻看到刘选上164页："虽然，在我们的党内，还存在着某些缺点和错误……"这两处逗号都是多余的。虽然后如加逗，则意为虽然如此，这是文言用法（然=如此），与口语中的虽然=虽的意义完全两样。第二个逗号习惯上虽有人用，但仍是滥用。[1] 这类标点和句法问题在少奇同志文中很多，在发表"建设一个好的党"[2] 时我曾作了大量必要的修饰工作。望注意对全书再校阅一次。

218页题解：这封回信曾发表在中共中央华中局的《真理》第二期。《真理》前应有机关刊物，或在华中局下加"出的党内刊物"（?）亦可。[3]

胡乔木　2/10

据胡乔木手稿排印。

注　释

1　刘选上164页，指《刘少奇选集》上卷书稿第164页。该书1981年由人民出版社出版，胡乔木指出的这两处多余的逗号都删去了。

2 指1980年3月12日由《人民日报》重刊刘少奇的《作一个好的党员，建设一个好的党》一文。

3 218页（胡乔木笔误为216页）题解，指《刘少奇选集》上卷书稿第218页上《答宋亮同志》一文的题解。按照胡乔木的意见，该文题解修改为："这封复信原载中共中央华中局的内部刊物《真理》第二期。"

致胡耀邦并邓小平

（一九八一年十月五日）

耀邦同志并小平同志：

讲话稿[1]除末段参考费彝民[2]意见重写外，前面还作了一些重要的修改。主要是：1. 台湾问题笼罩全篇，而不是只放在最末一节，如此气氛较为热烈，文气也较一贯。2. 名单中增列我党同志和其他左派人士，这很重要。台湾正宣传辛亥革命与中共无关。3. 三大任务的第一、第二对调了一下，这样才与三中全会、六中全会的方针合拍，而且把反霸列为第一，似乎建设服从于外交，全国人民不能接受，世界各国也不相信。保卫和平一节，也针对第三世界认为我冷淡了他们，其他国家认为我好战（兄弟党亦然），并认为我有意煽动和挑拨战争，自谋渔利或拉人下水，故有对我敬而远之的情况。把语气改变了许多（原稿有许多过头话已删）。这样，这个讲话这方面就给人以新鲜感，我想这样才会引起各国的重视。以上当否请酌。4. 辛亥和台湾方面以及在大陆原国民党方面的人名列得可能不周到，请有关同志核正。

我来江苏休息已五十天，总的说健康有进步，但一劳累就发轻度的心脏病和神经系统的老病，故还须稍加巩固。拟在下月回京。

敬礼

胡乔木

十月五日

据胡乔木秘书的手抄件排印。

注　　释

1 讲话稿，指胡耀邦将在1981年10月10日首都各界纪念辛亥革命七十周年大会上的讲话稿。此稿是于10月4日送给正在苏州休养的胡乔木修改的，胡乔木连夜改出送回。

2 费彝民（1908—1988）：江苏苏州人。时任香港《大公报》社社长。

致滕文生

(一九八一年十月十五日)

文生[1]同志：

附上《北京周报·国外反映》一期[2]和袁血卒[3]同志来信一件，请阅。在决议的注释本[4]中，不知能否考虑到这些意见？国内外类似的意见和问题还会有很多，各地已发表的解释也不少，望注意收集参考。我想注释（包括史实和理论两方面）似乎要详尽一些（当然有些问题不便注释也不勉强），实际成为一部学习决议的基本参考资料。这个工作不容易做，但是很需要很值得做。不知你们以为如何？

胡乔木

十月十五日

王明在苏写的反党小册子[5]，据文欢[6]同志告，在越南广为印发，流毒很深，建议我们加以驳斥。此书我只看了一部分，已觉确有驳斥的必要，但工作量不小。此外张国焘[7]等人写的和苏联出的一些有影响的书籍也需要研究采取对策。决议注释不可能解决这个问题，但也不妨在适当的地方作一些针对性的说明，特别是有关延安整风、毛泽东思想（王明说毛主席自称要提出毛泽东主义，绘影绘声，局外人很难分辨真伪）等问题。关于刘少奇、彭德怀、评海瑞罢官等情节，也须作较详确的说明。

据胡乔木秘书的手抄件排印。

注 释

1 文生，即滕文生（1940— ）：湖南常宁人。时为中共中央书记处研究室理论组工作人员。

2 指 1981 年《北京周报·国外反映》第 10 期。

3 袁血卒（1910— ）：陕西宁陕人。时任民政部副部长。其信已查考不到。

4 决议的注释本，指《〈关于建国以来党的若干历史问题的决议〉注释本》，由中央文献研究室编辑，1983 年 6 月人民出版社出版。

5 王明（1904—1974）：原名陈绍禹，安徽六安（今金寨）人。1925 年加入中国共产党后，赴莫斯科中山大学学习。自 1931 年 1 月中共六届四中全会起，任中共中央政治局委员。此后至 1935 年 1 月遵义会议前，是党内“左”倾冒险主义路线的主要代表。1931 年 11 月去苏联，任中共驻共产国际代表团负责人。1937 年 11 月回延安，任中共中央长江局书记，又犯右倾路线错误。在 1938 年 9 月至 11 月举行的中共六届六中全会和 40 年代的延安整风运动中，受到批判。新中国成立后，任政务院政治法律委员会副主任。1956 年去苏联就医，居留苏联，化名马马维奇、波波维奇，著文攻击中国共产党。胡乔木信中说的“反党小册子”，即《中共五十年》一书，1979 年由莫斯科进步出版社出版。

6 文欢，即黄文欢（1905—1992）：生于越南义安省（今文静省）。越南政治家、革命家。曾任越共中央政治局委员、越南国会常务委员会副主席、越南祖国战线中央委员会主席团委员。1979 年 7 月，由于对内对外政见分歧，离开河内辗转到达北京。

7 张国焘（1897—1979）：江西萍乡人。1921年参加中国共产党第一次全国代表大会。历任中共中央委员、政治局委员、政治局常委。他在鄂豫皖根据地工作期间，犯“左”倾冒险主义错误。红军长征期间，又进行分裂党和红军的活动，另立中央。1937年3月，中共中央在延安召开政治局扩大会议通过《关于张国焘错误的决定》，张受到批判。1938年4月，他只身逃出陕甘宁边区投入国民党怀抱，反共反人民。胡乔木信中所提张国焘写的“有影响的书籍”，指60年代张国焘留居香港期间，由香港《明报》连载的张国焘回忆。以后，先后编成三卷出版。1980年3月，为了满足党史研究工作的需要，张国焘的《我的回忆》共三卷，由现代史料编刊社内部出版发行。

致 李 琦

（一九八一年十月十五日）

李琦[1]同志：

在发表毛泽东同志给雷经天同志的信时，对黄克功[2]的人和事曾作简注。后来看到《解放军报》和其他一些报纸关于这一事件的回忆文章，对黄的生平的介绍和处理这一事件经过的叙述详尽得多。相形之下，原有的注释就显得不够清楚准确了。希望及时把有关的注释修改补充一下，以便将来“毛选”再版时用。

关于“刘选”，现又看到182页讲第二国际[3]时有一句：“特别从马克思、恩格斯去世以后，第二国际在考茨基[4]辈领导之下……”这里马克思显然应该删掉，因据我记忆，第二国际是成立于马克思逝世之后。这样的疏忽在编辑工作中是不能容许的。同页下节“建立在思想上、政治上、组织上、行动上完全巩固和统一的……”思想和行动很难说明巩固，也许可改坚定或坚强，或将巩固删掉。请编辑同志考虑。

敬礼

胡乔木

十月十五日

据胡乔木秘书的手抄件排印。

注 释

1 李琦，时任中共中央文献研究室第一副主任。

2 黄克功，少年时加入红军，参加过井冈山的斗争和长征。1937 年时是抗日军政大学第六队队长。同年 10 月，对陕北公学女学生刘茜逼婚未遂，开枪把刘茜打死。经陕甘宁边区政府高等法院审判，黄克功被处以死刑。

3 第二国际，各国社会主义民主党和社会主义工人团体的国际联合组织，1889 年 7 月 14 日在巴黎成立。

4 考茨基（1854—1938）：生于布拉格。德国社会民主党和第二国际机会主义的首领之一。早年曾对马克思主义的宣传作过贡献。20 世纪初成为第二国际“中派”的首领。第一次世界大战期间，堕落到社会沙文主义立场，成为无产阶级的叛徒。

致胡耀邦并中共中央书记处各书记

（一九八一年十月十八日）

耀邦同志并书记处各同志：

附上《国内动态清样》一份[1]，不知已看过否。这个办法原则上可考虑逐步在全国各级各类学校中分别情况推广，并可考虑在工、矿、交、商等企业中研究试行和推广（具体办法不能照搬）。学校和企业的政治面貌改变了，机关就不难跟上来。这对加强思想政治工作和改变社会风气可能有重要作用。实行这个办法当然就要求健全和巩固各单位的政治工作队伍，提高他们的素质和威信。当否请酌。[2]

胡乔木

十月十八日

据胡乔木秘书的手抄件排印。

注　释

1 这是新华社反映的一份题为《南昌航空工业学院实行学生品德评语制度效果良好》的材料。其中说：南昌航空学院从上学期开始，实行品德评等、评语制度。品德分优、良、中、差四等。评定的方法是：自我鉴定，群众评议，班主任和政治辅导员写评语和等级，由系里核定。评语和等级均与本人见面，进入档案。评为“三好优秀学生”称号者分配时优先向重要单位推荐输送。

2 胡耀邦阅后批示：“转仲勋同志。”习仲勋阅后批示：“我同意乔木同志意见，请南翔同志邀请有关单位研究，提出意见，报书记处审议。”1981年10月30日，蒋南翔给习仲勋写报告，说教育部党组研究，同意乔木同志意见，即将在各大专院校实行评语制度。

致王任重

（一九八一年十月十九日）

任重同志：

陈翰伯[1]、吕叔湘、罗竹风[2]三同志《关于加强〈汉语大词典〉工作的报告》[3]，拟予同意，请审阅指示出版局、教育部和五省一市研究执行。汉语是世界上最重要的使用人口最多的语言之一，历史悠久，典籍浩繁，古今变化层出不穷，加以方言纷歧，口语、书面语、专科用语和作者习用语在群书中互见迭出，读者很难一一索解。由于我国历史上只有字书，没有现代意义的词典，现出的一些词典或只收古词，或只收今词，或合字典、词典、百科词典于一书，而且限于篇幅，远远不能满足实际需要。因此，编辑出版一部大型的比较完备的贯通古今的汉语词典，十分必要。这种工作在文化比较发达的国家中早已进行，且在迅速发展，而在我国尚属首创，很多方面需要从零开始，工作量很大，难度很高。它不但是一项极为繁重的大型工具书编辑工作，而且是一项有重大创造性、重大基本建设性、重大历史意义和重大国际意义的科学研究工作。一九七五年由国家出版局和教育部提出，经周恩来、邓小平两同志批准，决定由上海市和山东、江苏、安徽、浙江、福建五省协作编写并由上海市负责出版《汉语大词典》[4]。一九七八年国务院决定把这项工作列入国家重点科研项目，一九七九年又经胡耀邦同志批准在上海成立负编辑总责的编纂处，要求“努力进行”。经过五省一市近四百位学者的六年艰苦努力，这一工作已取得可喜的重要进展，正在按预定计划，力争一九八三年写成初稿，一九八五年定稿出版，其规模将三倍于新版《辞海》以上。显然，对于这一划时代的伟业，各有关部门和有关省市应在此重要关键时刻予以更大的支持：不但要努力保证此书按计划高质量地完成出版，而且要努力保持这一工作队伍长期稳定地存在，并尽可能地提高和扩大，以求我国词典事业得以在此基础上继续发展，以便有计划有步骤地陆续填补有关学术上的其他空白。

胡乔木

十月十九日

附陈翰伯、吕叔湘、罗竹风给胡乔木并报中央书记处、耀邦同志《关于加强〈汉语大词典〉工作的报告》。

据胡乔木秘书的手抄件排印。

注　　释

1 陈翰伯（1914—1988）：天津人。新闻出版家、国际问题评论家。时任国家出版事业管理局代局长。

2　罗竹风（1911—　　）：山东平度人。时任上海市哲学社会科学联合会主席。

3　该报告提出加强领导、健全组织、稳定队伍等问题。9月10日由吕叔湘转胡乔木，并在信中提出："希望您或耀邦同志在报告上批几句原则性的话。"

4　全书12卷，共收词目约37万条，5000余万字。另有检索表和附录一卷。由汉语大词典出版社出版。1986年出版第1卷，1993年出齐。

致胡绩伟

（一九八一年十一月四日）

绩伟同志：

看了《报纸动态》第41期第8页，觉得那里说的两个问题都很需要澄清。

一个口号是有它的具体条件或范围的，但口号因为简单，本身往往不能表达。“向钱看”的意义本来是大家都了解的，这就是不向前看，只向钱看，也就是唯钱论。《江西日报》却为文予以辩护，这只能制造人们的思想混乱。

毫不利己、专门利人和大公无私、公而忘私、忘我劳动一类口号，同样是不应批评而应加以正面的解释。所谓毫不利己、大公无私，是指在公私利益处在矛盾情况或随时可以矛盾的情况下对公私关系所应取的原则，特别是指处理公务的原则，历史上从来提倡大公无私，但从未有人因此而不吃饭不睡觉等等，或因有人仍然吃饭睡觉就证明他并非大公无私。对这些正确口号的批评只能而且已经引起青年们的思想混乱。对一不怕苦、二不怕死口号的批评之所以引起反感，也因为对这一口号的正确意义宣传不够

(与批评用指挥战争的方法指挥生产有些相似)，没有分清一是它的正确意义，一是对它的曲解和滥用。

这些意见请考虑可否在五版或八版作一些解释，但不必批评和辩论。当然，这是说假如以上的意见你和编辑部的同志认为正确的话。

关于企业领导问题，《北京简讯》第2100期文末既称“经过学习上述思想有很大变化，认识有了很大提高”，最好请写文章的同志详细了解一下。

对你的来信看了十分高兴。党内外环境很复杂，任务很艰巨，非常需要高级干部加强团结。

敬礼

胡乔木

十一月四日

据胡乔木手稿排印。

致邓力群

（一九八一年十一月七日）

力群同志：

这一部分稿子[1]初看一遍，觉得内容是好的，实事求是，条理分明。但考虑到这是赵总理第一次在人大报告，并且要唤起全国人民的信心和勇气，增加经济战线广大干部职工的干劲，似乎在文气上显得平淡、软弱、枯燥一些，难以引起群众鼓掌（这不是报告的目的，但还是个问题，请比较耀邦同志历次讲话效果和去年华在人大报告[2]的效果）。所以希望多增加鼓动性、气势、力量和适当的文采。我因感冒了一个星期，力不从心，非常抱歉。只好提出这点意见供你和其他参加写作的同志们考虑。估计小平、耀邦同志也可能会有同感。

敬礼

胡乔木　7/11

送下部分稿件时，望将前面的稿件（无论改过与否）一同送来，以便对照前后文内容和语气。

行文要有力，需注意无论大段小段，一般都先把不利方面说在前面，积极结果谈在后面，表明来之不易，非同寻常。如此才能由低潮进入高潮。反是则效果相反，故文字段落需作很多调动。

此外，作报告要时时想着，听众在前面，要揣摩听众的心理并努力影响之，而不是伏案作文。这样才能不但有理，而且有情（感情之情、非情绪之情）。不在多用辞藻，而在语气不同。

据胡乔木手稿排印。

注 释

1 指赵紫阳在1981年11月30日—12月13日召开的五届全国人大四次会议上的政府工作报告稿。

2 华，即华国锋，时任中共中央委员会副主席。去年华在人大的报告，指华国锋在1980年8月30日—9月10日召开的五届全国人大三次会议上的政府工作报告。

致华君武

（一九八一年十一月十五日）

君武[1]同志：

你曾问起为什么说《太阳和人》[2]是一种政治观点的寓言化和漫画化。这话并无贬低寓言和漫画的意思，只是说戏剧、电影不能成为表达一种政治观点的寓言和漫画，也就是不能成为政治观点的图解的意思。《太阳和人》号称电影诗，实际所用的手法并不是诗，而是漫画（或谑画）。这是批评电影不该成为漫画，而不是说漫画不应成为漫画。请勿误会。

胡乔木　15/11

据胡乔木秘书的手抄件排印。

注　释

1　君武，即华君武，时任中国美术家协会副主席。

2　《太阳和人》是根据电影文学剧本《苦恋》改编的电影，因政治倾向错误受到批评。

致 黎 虹

（一九八一年十一月十六日）

黎虹[1]同志：

1. 请告力群：报告稿[2]一面要鼓气，另一面要把道理讲清楚，不留下疑点、漏洞和话柄，不能像党内会议说话那样简便。二十亿赤字要说明为什么还有和为什么并不可怕和不宜勉强削平。增长速度不要用水分这类不严肃字样使人既不理解其真义，还会认为过去统计都是吹牛的。要说明计划制度、统计方法、管理方法、经济结构等原因客观上不可避免地形成了过去数字中的某些虚假成分。

明年计划如姚依林同志在人大常委报告中已说，现亦不作改动或要作某些改动，则报告中也应提到，这样的大事在这样的大会上不能等闲视之。

2. 请向丁玲[3]、艾青[4]两同志征求他们对讲话[5]意见，我本拟分别写信，因病不能写了，请他们特别原谅。并请向绩伟、光远两同志征求意见。光远同志的信已收到，谢谢。当然不改不可能，也不妥当，但少数字句改动这是可以和需要的。请代向敬之、柯岩[6]同志表示最亲切的慰问和最友好的祝愿，也请他提意见。

3. 请将丁玲送我的另一本书找出给我，带来的一本丁玲近作已将看完。魏巍[7]的《东方》，周克芹[8]的《许茂和他的女儿们》，巴金的《寒夜》，巴金译的《丹东之死》，罗曼罗兰的《爱与死的搏斗》、《书叶集》、《艺文轶话》，胡绳[9]的《从鸦片战争到五四运动》等书请带来。

4. 关于文献研究室和党史研究室（与党史征集委员会当然可以合并）合并问题，要考虑如不能迁在一处，则合并究竟能否减人，不迁在一处也可分别减人，但恐油水不大，因这两项工作都无法裁减，现在人力还负担不起。请与力群考虑：如有迁合可能，可否考虑：由胡绳总管（须向李琦同志说清，以免误解）。如实在合不成也不能勉强，这还不算臃肿。与档案馆合并恐更不现实。

5. 陈沂[10]同志告：林默涵[11]告他，据巴金女儿说，耀邦同志宴请巴金同志一行（在席间答应将宋庆龄故居拨给新文学资料馆，并由中央拨给经费，还说以后有什么问题可直接来北京解决），望询问胡与他谈话详情。又汝龙[12]房子问题已解决否亦望询告。我不久可能找他谈谈。

胡乔木　16/11

据胡乔木手稿排印。

注　释

1　黎虹（1930—　）：安徽天长人。时任胡乔木秘书。

2　报告稿，指国务院总理赵紫阳准备在五届人大四次会议上作的政府工作报告稿。五届人大四次会议于 1981 年 11 月 30 日—12 月 13 日在北京召开。

3 丁玲（1904—1986）：原名蒋伟，字冰之，湖南临澧人。作家。

4 艾青（1910—1996）：原名蒋海澄，浙江金华人。诗人。时任中国作家协会副主席。

5 讲话，指胡乔木 1981 年 8 月 3 日—8 日在中共中央宣传部召开的全国思想战线问题座谈会上的讲话。

6 柯岩（1929— ）：广东南海人。贺敬之的夫人。作家。时任中国作家协会书记处书记。

7 魏巍（1920— ）：河南郑州人。散文家、小说家。

8 周克芹（1936—1990）：四川简阳人。作家。

9 胡绳，时任中共中央党史研究室副主任。

10 陈沂（1912— ）：贵州遵义人。时任中共上海市委副书记。

11 林默涵（1913— ）：福建武平人。文艺理论家。时任文化部副部长。

12 汝龙（1916— ）：江苏苏州人。作家、文学翻译家。

致编译局列宁室

（一九八一年十一月十八日）

编译局列宁室[1]：

“打倒无党性的作家”一语，我想这样译仍有很大困难。著作在汉语中多指学术性著作，而学术性著作很难说都是有党性的，即令把党性解作倾向性也罢。例如一部中国植物志，这是很有价值的著作，但很难说有倾向性，更不必说有党性了。哲学的党性的译法就不妥当，因为党性在现代汉语中的意义太固定了，读者很难把它在头脑中转换为倾向性（我在汉译卢卡契[2]《文艺论》第一集某篇的译注中看到，该文中的党性德文原义即为倾向性，该德文字有 tendenzi 字根，此字在英语通常亦译倾向或趋势），至于打倒无倾向性的著作家的说法，读者就更难理解和接受了。总之，列宁的这篇文章[3]中因为有两个多义词（党的，党性的和文学）贯通全文，确实很难译，但又不能不译好。供参考。

胡乔木　18/11

据胡乔木秘书的手抄件排印。

注　　释

1 列宁室的全称是“列宁斯大林著作编译室”。

2 卢卡契（1885—1971）：匈牙利文学理论家、哲学家、美学家。

3 列宁的这篇文章，原译为《党的组织与党的文学》（博古译）。1982 年的新译文题为《党的组织和党的出版物》。中共中央编译局列宁斯大林著作编译室写了《〈党的组织和党的出版物〉的中译文为什么需要修改?》，载《红旗》杂志 1982 年第 22 期。

致巴金

（一九八一年十二月一日）

巴金同志：

十八日手书二十日收到。谢谢您相信我，肯把心里的话告诉我。我在修改讲话稿[1]时努力吸取了您的意见（同时也吸收了文艺界许多同志提出的意见），虽然很不充分。

上一个月我一直在感冒，完全不能出房门，直到这一两天才好转。因为这样，我未能按时参加这次人代会[2]。现已定本月八日回到北京，到时将可面谈。汝龙同志的房子问题北京市最近已提出一个解决方案，并已征得他的同意，只是有些准备工作未完，故尚未迁往。这事您在京可能已听说了。恐悬念，特先告。

致最真诚的敬意

胡乔木

十二月一日

据胡乔木秘书的手抄件排印。

注 释

1 讲话稿，指胡乔木 1981 年 8 月 8 日在中共中央宣传部召开的全国思想战线问题座谈会上的讲话。

2 这次人代会，指 1981 年 11 月 30 日—12 月 13 日在北京召开的第五届全国人民代表大会第四次会议。

致李琦、逄先知并邓力群

（一九八一年十二月二十五日）

李琦、先知[1] 同志并力群同志：

邓选稿[2] 已看过一遍，除前已退还者外，现退还七篇，我处已积稿了。有些重要修改，请阅。但已选入《三中全会以来》汇编中各篇还得也看一下，可能有些地方要统一口径和体例。然后，请写一简要报告给小平同志。

胡乔木　25/12　昆明

《三中全会以来》已向省委[3] 借到，可不送来。估计如有改动也很少，只要写在信上就可以了。改动理由未一一说明，大致一看就明白了。

据胡乔木手稿排印。

注　释

1 先知，即逄先知（1929—　　）：山东胶州人。时任中共中央文献研究室室务委员兼毛泽东著作研究组副组长。

2 邓选稿，指《邓小平文选（一九七五——一九八二年）》稿，此书的编辑工作最初由邓力群提议，得到邓小平同意。后于 1983 年 7 月出版第一版，1994 年 10 月出版第二版改称《邓小平文选》，增补了 14 篇，原收入本卷的《中国共产党第十二次全国代表大会开幕词》移入《邓小平文选》第三卷。

3 省委，指中共云南省委。当时胡乔木在云南昆明休息。

致邓小平、陈云并转胡耀邦、赵紫阳

（一九八二年一月十日）

小平、陈云同志并请转耀邦同志、紫阳同志：

送上有关农村治安情况材料两件[1]，想早已看过了。这类现象为数不少，其严重性在于发生这类现象地方的农村社会政治文化状况已经或几乎倒退到解放前的黑暗落后状况，非切实大力扭转不可。除了必须整顿党的组织和作风（这个问题较复杂，这里暂不论及）外，我建议中央下两条决心：（一）在今年内有准备、有计划、有步骤地在全国农村普遍恢复乡政府、恢复村长（人民公社、生产大队、生产队仍作为经济组织保留不变），并普遍在乡级设立派出所。如把乡政府设在公社一级，据安徽凤阳县试点经验，脱产干部比目前还可减少。这当然是一项繁重工作，但不解决不行，故建议中央为此早日作一正式决定发给全党，在适当时机并可由人大常委作出公开决定。[2] 在农业生产责任制推广以后，仍希望生产大队和生产队兼负政权职能基本上是不可能的，至少是很困难的，势必造成许多地区的权力真空，使这些地区程度不同地成为这样那样坏人坏事的乐园。当然，这些地区好人仍然占多数，但对坏人坏事无能为力，甚至会暂时地随波逐流。（二）必须坚持在农村实行义务教育，学龄儿童入小学，不许中途退学，成年农民入冬学。社会主义、合作制、精神文明都必须建立在一定文化教育水平的基础上，这是马列主义的一项基本原理，决不能幻想在愚昧、落后、文盲众多甚至日益众多的条件下实现四个现代化。在农村普及教育，诚然困难很多，这正如计划生育一样，虽困难也不能在原则上动摇。中国今天在经济文化方面诚然落后，但是决不比明治维新[3]时期的日本（日本也是一个人多山多、大部分地区原来很偏僻闭塞的国家）还落后，为什么日本天皇在一百多年前能做到的事，我们中国共产党在一百多年后和执政三十多年后却不能做到？解放初期至六十年代前期诚然也没有真正实现普及教育，但是坚持了这一方针，还是比解放前取得了巨大的进展，今天在广大农村逐渐走向富庶的条件下为什么反而放弃和批评这个自清末以来一直为全国所公认的口号呢？真正在中国这样一个大国实现普及教育，当然需要经过一段时间，一些步骤，在特别落后地区要变通，但是首先必须无条件地毫不动摇地确定决心、目的和原则，在这个前提下，我们才能稳步前进，否则就会陷入混乱，为今后的进步造成困难。在这个带有根本性的问题上，也请求中央和国务院早日作出正式的明确的书面的决定并发给全党。

以上建议是否可行，敬请中央考虑。[4]

胡乔木

一月十日

据铅印件排印。

注　释

1 两件材料是：一、《四川达县发生一起利用封建迷信造谣、称帝、奸淫、杀幼的特大案件》；二、《辽宁一些地方赌博风愈演愈烈》。

2 1982 年 11 月 26 日—12 月 10 日召开的五届全国人大五次会议上通过了第四部宪法，规定改变人民公社体制，设立乡政府。

3 明治维新，明治是日本天皇睦仁的年号。明治维新是从 1868 年起在日本明治年间发生的资产阶级性质的改革运动。这次改革虽未彻底消灭封建制度，但废除了封建割据的幕府制度，建立了统一的中央集权国家，并通过一系列措施发展资本主义，使日本成为资本主义国家。

4 邓小平 1 月 11 日对胡乔木的信批示："我赞成乔木同志意见，如何实行，请书记处、国务院拟定。"陈云 1 月 11 日对胡乔木的信批示："我赞成乔木同志意见，尤其是第二个问题。"之后，邓小平、陈云批语，胡乔木信和所附两个材料印成书记处会议讨论文件，并进行了讨论。

致朱穆之、赵守一

(一九八二年一月二十二日)

穆之[1] 同志、守一[2] 同志：

在冬闲期间进行党员教育和农民教育（包括扫盲、文化、时事政策和科学技术），看来很需要认真规定和推广一下。否则就会是各种歪风邪气滋长的季节。这个材料[3]以及界首县经验都说明这一点，而且过去早有了多年经验。请中宣部考虑可否赶紧发出一项指示。迟胜于无。

胡乔木

一月廿二日

据铅印件排印。

注　　释

1 穆之，即朱穆之，时任中共中央宣传部副部长。

2 守一，即赵守一（1917—1988）：陕西渭南人。时任中共中央宣传部副部长。

3 这个材料，指新华社 1982 年 1 月 21 日的一个内部报道《贺兰县通义公社党委对党员进行训练和教育取得良好效果》。

致穆青并秦川

（一九八二年一月二十九日）

穆青同志并秦川[1]同志：

朱宣人同志的意见[2]很值得注意。建议新华社请他将这些意见稍加整理，以新闻形式正式发表。谈话中除从农业生产观点出发外，最好还能从政治上和生产关系上说几句。如他在这方面不熟悉，也不必勉强。请《人民日报》在发表此新闻时发表一篇社论，加以提倡。附中央书记处会议文件供你们参考，但这是内部文件，阅后请勿外传并退还。

胡乔木

一月廿九日

据胡乔木手稿排印。

注　释

1 秦川（1919—　　）：贵州赤水人。时任《人民日报》副总编辑。

2 朱宣人（1916—　　）：江苏宜兴人。兽医病理学家。时任甘肃省副省长。他提出发展农业生产应处理好农民教育和生产的关系的意见。指出："世界银行1980年年鉴中有一份亚非拉十几个国家从1969年到1973年的25项调查表明，凡是接受初小四年级教育的农民，农业增产率高的可达

25.9%，一般都在10%以上。因此，文盲农民和即使只有初小文化水平的农民是不一样的，受过文化教育的农民，容易接受和采用新技术，生产增长就快。”他说，为了解决好农民教育和生产的关系，各地都应在中央有关政策、法令的指导下，因地制宜地立好三个法：农业教育法、农业科学研究法、农业技术推广法。他还说：“现在农业院校招收学生，不大考虑学生来源和出身，只考虑他们的文化科学水平，结果像一些农业院校招收的学生，城市居民的子弟比例相当大，由于缺乏对农村牧区的感情，学农不爱农，毕业后都想留在城市，不愿到农村牧区去。今后应把招收农牧区的子弟占多少比例定下来，哪怕文化程度稍低一些也要录取，这样培养出来的学生对农牧区有感情，既加强了农业，又便于分配。这样做，还有很重要的一个作用，就是可以逐步提高农牧区的文化科技水平。这是一项农牧人力资源开发的大问题，从现在起就应重视。”

致李先念、赵紫阳、黄华、朱穆之

（一九八二年二月四日）

先念[1]、紫阳、黄华[2]、穆之[3]同志：

送上材料，是关于中外关系史研究、中国边疆沿革史研究的，请一阅。

近代中外关系史和我国边疆沿革史研究，非集中专门人力进行长久经常工作不为功。过去我们都是临时抱佛脚，事后就撒手，致资料无法积累（各国有关新资料日增）。因此，建议中央指定现有部门成立专门机构，进行长期研究，并下决心出一批书，这样才能培养新的专业人才，才能使我遇到有关问题时便于应付，不怕因此引起争论。其他各国关于中国、中外关系和中国边疆沿革都出了很多很多专著，除美苏西欧外，即印度、越南、蒙古以至朝鲜也出了不少有关的书，惟独我国默不作声，甚至外国人说了些什么我们也不清楚，这对我们非常不利。这些书是学术性著作，并非政府文件，虽然我们编写这些书都要经过认真研究审查，坚决保持严格客观态度，使之具有高度科学历史价值，但在外交上不必承担责任。这个工作关系重大，进行起来很不容易，如中央不下很大决心是作不成的。这可能涉及一些编制、住房和阅看有关档案等问题（当然就现有编制内解决最好），社会科学院一家无力解决，建议中央外事工作领导小组专门讨论一次，作出正式决定。

胡乔木

二月四日

附件：1. 中俄关系问题研究江河日下
2. 边疆地理研究后继无人

据胡乔木手稿排印。

注 释

1 先念，即李先念（1909—1992）：湖北黄安人。时任中共中央政治局常委、中央委员会副主席。

2 黄华（1913— ）：河北磁县人。时任国务院副总理、外交部部长。

3 穆之，即朱穆之，时任中共中央宣传部副部长、中央外事工作领导小组成员。

致习仲勋并胡耀邦

（一九八二年二月十八日）

仲勋[1] 同志并耀邦同志：

傅聪[2] 早就想回国（但长期定居一时可能还有困难，他的妻子是英国人），中央音乐学院曾提出请他担任兼职教授，以便有个名义在国内活动，但教育部坚决不同意，认为这将鼓励一些留学生叛逃。我的看法相反。最近出版的《傅雷家书》[3] 即是一最有力的反证。傅雷的爱国爱党之心，溢于言表，读之令人感慨不已[4]（傅夫妇在十年内乱期间双双被迫自杀）。请你俩考虑，如同意，请仲勋同志转告教育部。[5]

据铅印件排印。
原信无落款。

注　释

1 仲勋，即习仲勋，时任中共中央政治局委员、中央书记处书记。

2 傅聪（1934—　）：江苏南汇（今上海市）人。钢琴演奏家。1954 年 1 月赴波兰参加第五届肖邦国际钢琴比赛并在波兰留学，1958 年底去英国定居，1979 年初首次回国，1982 年被北京中央音乐学院聘为兼职教授。

3 《傅雷家书》，1981 年 8 月由生活·读书·新知三联书店出版，1984 年 5 月再版并作增补。傅雷是傅聪的父亲，翻译家、作家。

4 指《傅聪谈第四次回来省亲的感受》，载《文汇报》的《情况反映》第 25 期。

5 习仲勋于 1982 年 2 月 19 日批示："同意乔木同志意见，请耀邦同志批示。"胡耀邦当天批示："应该欢迎这种特殊情况下的出走者'归队'。'欢迎归队'一语是毛主席在红军时期的著名政策。"

致胡绩伟

（一九八二年三月十一日）

绩伟同志：

你的文章[1]，我读过已好久了，也考虑过好久。我能够理解，你写这篇文章，是为了把党报办得更好。文中的很多意见，或者说大部分意见，我觉得是很好的，有益于改进我们的报纸工作。但是你用党性来源于人民性，又高于人民性作为全文的基本命题，而又未对人民和人民性两词作历史的和阶级的考察（只在个别地方提到党是无产阶级先锋队）。人民这个概念，在各个历史时期有各种不同的含义。列宁在《社会民主党在民主革命中的两种策略》一书中曾经指出："马克思一向都是无情地反对那些认为'人民'是一致的、认为人民内部没有阶级斗争的小资产阶级幻想。马克思在使用'人民'一语时，并没有用它来抹煞各个阶级之间的差别，而是用它来把那些能够把革命进行到底的确定的成分联为一体。"（《列宁全集》中文第1版，第9卷第118页）这个情况在无产阶级取得革命胜利以后虽有一定的变化，但仍然不能在使用人民这个概念时离开阶级分析的方法。你的文章对人民的概念未进行分析，对人民性的概念更未进行分析，这就导致理论上的严重混乱。文中虽一面说党性和人民性根本上是一致的，同时在论述中又认为党报出现某些错误倾向的时候，是由于过于强调党性，或是相反。诸如此类的一些缺陷，使全文缺乏逻辑上和理论上的一贯性。这样，这篇文章的主要骨干就难以在马克思主义的基础上站住脚。

关于党性和人民性问题，我想还应作更多的研究，但有几点是比较清楚的：

（一）马克思1842年在《第六届莱茵省议会的辩论（第一篇论文）》中，曾使用过"人民性"一词。他说："自由出版物的**人民**性（大家知道，画家也不是用水彩来画巨大的历史画的），它的历史个性以及那种赋予它以独特性质并使它表现一定的人民精神的东西——这一切对诸侯等级的辩论人说来都是不合心意的。他甚至要求各民族的出版物成为表现**他的**观点的出版物，成为haute volée〔上流社会〕的出版物，还要求它们围绕个别人物旋转，而不要围绕精神上的天体——民族旋转。"（《马克思恩格斯全集》第1卷第49页）顺便说一下，上述"自由出版物"一词，在社会科学院新闻研究所编印的《关于党报的党性和人民性的资料》中译作"自由报刊"。当时马克思说的这些话，是针对当时德国的诸侯代表要求所有出版物成为反映他们的观点的上流社会出版物这一情况而说的。而他所说的"自由出版物"是指民主主义的出版物而言。这里的"人民性"，在德文里是由两个词组成的：

volkstümlich（这个词可译为：1. 民间的，民族的，有民族风格的；2. 大众的，通俗的，为群众所喜闻乐见的。）与charakter（这个词可译为：1. 性格，品性；2. 特性，性质；3. 书写的笔法，字体）。在德文中“人民性”作为名词是 Volkstümlichkeit，这个词除了“人民性”外，还可译为“民族性”、“大众化”、“通俗”。但在马、恩著作中，没有用过这个词，也再未用过上述“人民性”的概念。

（二）据查，英语中没有“人民性”这个词。俄语中有 Народность 一词，是多义词，有“人民性”、“民族性”等含义。这个词的使用，有一个发展过程。据高尔基的《俄国文学史》第二章叙述，十九世纪初叶，俄国十二月党人起义被镇压后，沙皇政府曾把“人民性”连同东正教和专制制度一起，作为官方思想体系的三个原则（见该书中译本 1979 年版第 62 页）。《俄国文学史》译者注中称官方的“人民性”为“反动的‘人民性’”，是“十八世纪末十九世纪初……反动的统治阶级和反动的浪漫主义者，从他们自己的阶级观点来看人民，诬蔑人民，歪曲人民的品质，故意抹煞人民的进步因素，而以保守、迷信、服从、乐天安命、忍受压迫等等落后的因素硬加在人民身上，说这些就是‘人民性’……这种歪曲的反动的‘人民性’曾做了反动的沙皇专政的支柱。”（见同书第 63 页）

马克思主义以前的俄国民主主义思想家别林斯基、车尔尼雪夫斯基、杜勃罗留波夫等人，对官方的“人民性”作了批判，并且研究了文学艺术中的“人民性”问题，给

"人民性"以新的解释。开始的时候，他们（还有果戈理）对"人民性"的解释，大体相当于"民族性"和"人民的精神"。四十年代后，文学艺术中的"人民性"一词的含义逐步明确起来。杜勃罗留波夫1858年在《俄国文学发展中人民性渗透的程度》一文中指出："要真正成为人民的诗人，还需要更多的东西：必须渗透着人民的精神，体验他们的生活，跟他们站在同一的水平，丢弃阶级的一切关于新闻工作的党性和'人民性'问题偏见，丢弃脱离实际的学识等等，去感受人民所拥有的一切质朴的感情……"至此，"人民性"一词有了新的和比较明确的含义。后来，《苏联大百科全书》对别林斯基等人关于文学艺术中"人民性"问题的研究作了这样的评价：在马克思主义美学之前，他们"特别深刻而充分地制定了艺术的人民性的学说。他们力言艺术应该为人民的利益而斗争，捍卫自己时代最先进的思想。"（译文见1956年4月8日《光明日报·文学遗产》第99期）

据现有材料，苏联迄今仍使用"人民性"这个概念，但一般限于文学艺术范围之内（有时扩大到社会科学领域）。《苏联大百科全书》在"人民性"一词的条目中说："艺术上的人民性是艺术和人民的联系，人民大众的生活在艺术上的反映，劳动者的思想、感情、愿望和利益在艺术上的表现。""当艺术家不仅同情被压迫群众，反映人民生活并敏锐地了解民间艺术创作的丰富性，而且在自己作品中成为劳动阶级思想体系的直接表现者——在这种情况下，人民性便表现得最为明显。”这个大百科全书也讲到人民性与党性的关系，但是仍然没有超出文学艺术的范围。它说：“苏维埃艺术的人民性和它的党性是不可分的”，苏联共产党“最充分最深刻地表现了苏维埃人民的利益，无微不至地关怀着苏联的艺术，使它能够自由地为最广大劳动群众服务。”“同艺术中各种反人民的有害倾向进行斗争，引导苏维埃作家去创造无愧于伟大人民的艺术作品。”（同上）

（三）1947年1月11日《新华日报》编辑部文章《检讨与勉励》在政治意义上使用了“人民性”一词。这篇文章写道：“《新华日报》的立场，就是全民族全人民的立场。用一句话来说，就是‘为人民服务’。……今天，中国人民主要的要求和希望，是争取实现独立和平民主，坚决反对卖国内战独裁。我们认为，团结全民族全人民进行这种反对卖国内战独裁、争取独立和平民主的斗争，就是对全民族全人民最大至高的服务。正是因为这样，《新华日报》的党性和它的人民性是一致的。固然，《新华日报》是中国共产党的机关报，它的言论主张和新闻报道，是不能违反中共的整个路线、纲领和政策的。但是，由于中国共产党是一个人民的政党，它代表的是中国最广大人民的利益，它的一切政策是完全从人民的利益出发的，因此，《新华日报》也是完全站在人民的立场，从人民的利益出发。这就是说，《新华日报》是一张党报，也就是一张人民的报，《新华日报》的党性，也就是它的人民性。《新华日报》的最高度的党性，就是它应该最大限度地反映人民的生活和斗争，最大限度地反映人民的呼吸和感情、思想和行动。有的读者说：《新华日报》的‘党报色彩太浓厚’，这其实正是党性发挥得不够，也就是人民性发挥得不够的表现。简单说来，就是为人民服务做得还不够。”

这一段话并没有从科学上和历史上严格阐明“人民性”意义，因而决不能作为今天提出这一问题的理论根据。但在这里还是说得很清楚，《新华日报》的“人民性”，就是为人民服务，为最广大的人民谋利益，就是它的党性。在这里，编辑部文章作者并没有企图认为，“人民性”除了“党性”之外，究竟还有什么独特的内容。

据我所知，我们党的一些领导同志，偶而也在讲话中沿用了“人民性”这个词，也涉及党性和人民性的关系，但它的含义，大体上同上述《新华日报》这段话相同。

建国以后，主要是五十年代，我国学术界和文学艺术界，曾比较广泛地使用“人民性”一词，它的含义，大抵相当于“民主性”或“民主性的精华”。1964 年作家出版社出版的叶以群主编的《文学的基本原理》（上）中说：古典作家“同情人民、接近人民乃至代表部分人民群众的思想感情在作品中得到了反映，我们就承认它们具有某种程度的民主性或人民性。文学上的人民性，主要的是指过去时代并非来自人民的作家在作品中反映了被统治的人民大众的某些要求或愿望。”这个时期学术界使用“人民性”一词，其含义大致也是如此。但无论如何，从来没有人把

"人民性"作为马克思主义理论体系中的一个基本概念。

人民是一个历史的范畴。远的不说，仅就十年内战时期，抗日战争时期，解放初期，社会主义改造完成以后这几个时期来说，人民包括哪些阶级和阶层都是不相同的。现在我国人民主要包括工人、农民和知识分子三部分人(但在各个场合用法不一，范围也有广狭之分，不可也不必一概而论)。如果我们一定要使用"人民性"这个提法，那比起历史上的各个时期都比较简单一些了。但是就在今天，人民仍然是分为阶级的，并且实际上仍然存在着阶级斗争（这个问题暂不论证，好在事实已经很明显了)。如果离开了阶级斗争来讨论人民性，就会使我们迷失方向。

但是党性（这里不说党性的另一含义即文学、哲学、经济学等的社会倾向性）就不同了。共产党是阶级斗争高度发展并与科学社会主义相结合的历史产物。人类在很长的历史时期中都有人民，但在过去的历史上，却没有在人民中产生近代式的政党，尤其没有共产党。共产党将来可以不存在，人民将要仍然继续存在，并不因此而继续产生党和党性。列宁说："严格的党性是高度发展的阶级斗争的随行者和结果。反过来说，为了公开地和广泛地进行阶级斗争，必须发展严格的党性。因此，觉悟的无产阶级政党——社会民主党，完全应该随时同非党性作斗争，坚持不懈地为建立一个坚持原则的、紧密团结的社会主义工人政党而努力。"（《列宁选集》中文第1版第1卷第656页）很明显，这里所说的党性和前面所说的历史上的人民性概念是完全不同的两回事。虽然有时（在普通的政治鼓动中）可以放在一起谈，在严格的科学意义上硬把这两个概念牵合在一起就不能不造成混乱。

从以上这些有限的材料来看，我认为，党性来源于人民性又高于人民性的说法难以成立。共产党的党性，只能来源于无产阶级的阶级性，来源于科学社会主义思想。无产阶级是现代先进生产力和生产关系的代表，科学社会主义是无产阶级进行革命斗争的理论依据和指路明灯，这就产生了它们的先进性。党性概括和集中表现了这种先进性。因为共产党具有这种先进性，所以它在每一个不同的历史时期，都能够代表最广大人民的利益。如同不能把近代无产阶级和科学社会主义的先进性说成是来源于“人民性”一样，也不能把党性说成是来源于“人民性”。如你在文章中曾说到的，党是无产阶级的先锋队，如果承认党性来源于人民性，那么，共产党的党性是无产阶级阶级性的集中表现，共产党是马克思主义和工人运动相结合的产物等论点，也就不能成立了。而党性似乎只能从工人、农民、知识分子（在特定历史时期中甚至还包括民族资产阶级和开明绅士）这三部分人的共性中产生出来。这样一来，党的思想工作和思想斗争，在历史上并且直至今天仍然需要在各条战线上进行的阶级斗争，也就难以得到完满的解释了。总之，我的意见是这个问题需要继续作认真深入的研究。党报必须加强与群众的联系，既代表党也代表人民的利益，遇有某些复杂的情况需要分别采取适当措施，而不要笼统引用“人民性”这个含混不清的概念来作为包治百病的药方。因此，我建议，目前最好不要再用这个提法。如何请酌。

敬礼

胡乔木

一九八二年三月十一日

据铅印件排印。

注　释

1 你的文章，指 1982 年 2 月胡绩伟送胡乔木的文章《是党的报纸，也是人民的报纸——论党报的党性和人民性的一致》。

致胡耀邦、邓小平、赵紫阳、李先念、陈云

（一九八二年四月一日）

耀邦、小平、紫阳、先念、陈云同志：

艾德勒同志是一个非常熟悉西方经济和财政金融问题的学识渊博的马克思主义学者，多年来华参加毛选翻译等工作，现已年老，由中联部接待，但仍很关注中国的政治经济社会文化等多方面问题。可惜我们很少注意发挥他的作用。他关于我国经济特区的建设方针的谈话，看法很现实，而又具有对我国利益的深谋远虑，很值得重视。送上请阅。[1] 如中央同意，并可转广东省委研究。

从昨天起在《参考消息》第二版登的曼谷《中华日报》文章《访侨乡潮汕剪影》[2] 很可以看看。我国的外汇管理办法能否更好地控制一下，以打击公开的外汇黑市的猖獗活动？还有外汇券问题，中央能否早日想出较好的办法解决？又及。

据铅印件排印。

原信无落款。

注　释

1 邓小平于4月5日批示："请紫阳同志约艾一谈。"

2 此文连载于1982年3月31日—4月2日《参考消息》第二版，作者何韵。

致　穆　青

（一九八二年四月七日）

穆青[1]同志：

看了你们为“授予”错为“授于”一事所写的信和有关的一期《新闻业务》增刊，很高兴。一个国家通讯社不能允许在自己的新闻稿中出现这种错误，对此采取认真态度是必要的。我随后还遇到几位语言学家对新华社屡次使用“最好水平”表示很不满。这我也早已想向你们提出，因想找出一批这类不适当用语而迁延至今。水平只有高低，没有好坏。我想这可能是遇到一些以最高为好、一些以最低为好的指标凑在一起想要合并说而勉强采取的说法，但也不一定。不论如何，“最好水平”是表示修辞的“最不好水平”。我想遇到复杂情况，最好的办法是分开说，哪些最高，哪些最低（如每单位产品所耗能量等）。实在需要说最好，就只能说最好纪录，最好成就等。此外，有些通信中还偶尔出现“文革”时期创用的“红彤彤”一词（应为“红通通”，即通红的更生动说法）。其他我一时想不起了，待想起再告。

胡乔木

四月七日

据铅印件排印。

注　释

1　穆青，时任新华社社长。

致 保 育 钧

（一九八二年四月三十日）

育钧[1]同志：

《人民日报》关于农村教育的社论[2]被我耽误了，很抱歉。此文我看可用，但因与朱宣人[3]的谈话（仍可用）相隔较久，建议：（一）从宪法草案有关公民有受教育的权利和义务、普及初级教育和对农民进行各项教育等条文说起较为切时；（二）最好请新华社同时配合发一些农村最近加强小学教育、修建校舍、改善民办教师待遇的新闻，这些事各省都有一些。这样社论内可加引用，说明不少地方农民已认识加强农村教育的重要，将更富有说服力。加了这些话，原文要相应地缩短一些。

胡乔木　30/4

据胡乔木手稿排印。

注　释

1　育钧，即保育钧（1942—　　）：江苏南通人。时任《人民日报》社秘书长。

2　社论，指《大大加强农村教育事业》，载 1982 年 5 月 17 日《人民日报》

第一版。

3 朱宣人，时任全国人大代表、甘肃省政协副主席。

致王鹤寿

（一九八二年五月一日）

鹤寿[1]同志：

对起草的通知稿[2]作了一些修改[3]，请酌。

所附材料[4]太大，最好能加以压缩，防止有些同志因此而不看又或没有时间看。上海市委出的《上海简报》第33期集中地反映了这个问题，题为《值得注意的动向》，故上海的材料需另行补充整理作为一个单独的材料。

胡乔木　1/5

据胡乔手稿排印。

注　释

1　鹤寿，即王鹤寿（1909—1999）：河北唐县人。时任中共中央纪律检查委员会副书记。

2　通知稿，指中纪委代中共中央起草的关于《绝不让“三种人”混进各级领导班子》的通知稿。中纪委在给中共中央书记处的报告中提出：“代拟的党内通知稿，可能不适用，希望乔木同志或力群同志修改或另行修改。”

3　胡乔木对通知稿作了许多修改，特别在讲到绝不能让“三种人”进入领导班子的必要性时，增加了一大段话：“而事实证明，这个问题在一些地方和一些单位还没有解决，甚至有高级领导机关对这种情况还没有充分的了解，或者虽然了解，但还没有来得及采取有力措施来彻底解决。中央要求各地、各部门和军队领导机关务必对帮派残余势力继续把持或篡夺领导职位的情况，以及帮派分子（包括一部分被宽大处理的帮派分子）继续进行反党反社会主义的阴谋活动加以密切注意，认真予以切实解决。”

4 所附材料，指中央下发该通知的附件，河北肥乡、河南开封、河南洛阳、武汉市、天津市、江西、上海市等七个材料。

致宦乡

（一九八二年五月二日）

宦乡[1] 同志：

关于《中国抗日战争史》[2]，请与军事科学院、军事学院共同商定一个编委名单，名单要小不要大，要实不要虚，不要中央负责同志领导，以免落空工作无法进行。所需要的条件亦望具体提出，否则无从批办。请提出具体意见后直接写信给我和尚昆[3]、一波[4] 同志（中央党史工作小组[5]），不要写信给中央、国务院、中央军委，那样就无人答复了。[6]

胡乔木

五月二日

据胡乔木手稿排印。

注释

1 宦乡（1909—1989）：贵州遵义人。时任中国社会科学院副院长。

2 根据五届人大四次会议关于要加强对第二次世界大战史研究的提案，中国社会科学院召集有关部门研究、商定尽快写出一部《中国抗日战争史》。1991 年 10 月、1994 年 4 月、11 月，《中国抗日战争史》（共三卷）先后由解放军出版社出版。

3 尚昆，即杨尚昆，时任中共中央委员、中央军委常委兼秘书长。

4 一波，即薄一波（1908—　）：山西定襄人。时任中共中央委员。

5 中央党史工作小组，正式名称为中共中央党史领导小组。组长杨尚昆，副组长胡乔木、薄一波。

6 信发出后，胡乔木于5月4日又要秘书电话告宦乡说：今天乔木同志和尚昆同志商定，《中国抗日战争史》一书由军科院宋时轮同志任主编，编委设在军科院，有关编辑事宜由中央军委负责解决。请宦乡他们在向乔木、一波、尚昆的报告中明确提出此建议。

致胡绩伟、秦川

（一九八二年六月九日）

绩伟、秦川同志：

关于政协的监督权未列入宪法问题，党内外都有不少误解。我赞成孙起孟同志的意见[1]。请考虑约他写一专文在《人民日报》发表。[2]

胡乔木

六月九日

据胡乔木手稿排印。

注　释

1 孙起孟（1911—　）：安徽怀宁人。时任全国政协副秘书长、中国民主建国会中央副主任委员。他在1982年6月6日给刘澜涛写了一封信，并附去他的一篇短文《高度民主和人民政协的作用》。信中谈了这篇短文的要点，认为党和政府、国家机关和国家工作人员应接受广大人民群众的监督。并说全国政协常委讨论宪法修改草案的初期“未将乔木同志的有关说明（指对宪法修改草案序言的说明）展开传达讨论是一缺憾。”刘澜涛于6月8日给胡乔木转去孙的这份材料，并写道：“乔木同志：孙起孟同志写的这一篇短文是有针对性的，我看谈出了道理。请你审阅批示。全国政协不久要讨论章程修改草案，会遇到这个问题。我完全赞成你在宪法修改委员会上的有关政协的那段讲话，也是邓小平同志早已指示过的。我们实行一元化的人代大会制。两院制和三权鼎立都是违背我国国体和政体的。”

2 1982年7月1日《人民日报》第五版发表了孙起孟写的题为《实行两种性质不同的监督》的文章。

致钱钟书

（一九八二年六月十五日）

钟书[1]同志：

拙作承多费时日，备予指点[2]，铭感无已。虽因人之心情不同，抒情之方亦有异，但所示其中弱点，则为客观存在。故经反复琢磨，已改易数处。因重抄存览，聊为纪念。

一川星影听潮生，仍存听字，此因星影潮头，本在内心，非可外观。又看潮则潮已至，影已乱，听则尚未逼近，尚有时空之距离也。（听潮声之主语固为作者，亦可解为星影本身，此为有意之模糊；看潮生则主语显然有易，句中增一间隔。）幽木亦未从命，则因幽树禽声，所在皆有，幽谷往觅固难，且原典只云出於幽谷，固亦已迁于乔木矣。鸣禽活动多有一定之高度，深谷非其所宜。下接长风两句，因此首本言政治之春天，若仅限于自然界之描写，在个人的情感上反不真实。至将凋不尽，原属好对，但前者过嫌衰飒，后者用代代则含子又生孙、孙又生子之意，与下文愚公相应，似较不尽为长。（将凋之叶必少而近枯，亦难成不尽之丝。）以上拉杂固陋，不免妄渎，知无不言，姑率陈之，惟乞海涵为幸。杨绛[3]同志并此问候。

胡乔木

六月十五日

繁体久不写，故多误写涂改，更觉难看了。出於幽谷两句原文为於或于，已不能记忆，因手头无书，可能求正反误。

据胡乔木手稿排印。

注释

1 钟书，即钱钟书（1910—1998）：江苏无锡人。文学家、学者。曾任中国科学院哲学社会科学部委员，1982年8月起任中国社会科学院副院长。

2 胡乔木在他七十岁生日（1982年6月1日）前写了四首七律《有所思》，寄请钱钟书指正。钱钟书于同年6月18日致函胡乔木并寄回修改稿。

3 杨绛（1911— ）：江苏无锡人。钱钟书的夫人。作家、文学翻译家。时任中国社会科学院外国文学研究所研究员。

致朱穆之、孙铁青

（一九八二年六月二十五日）

穆之、铁青[1] 同志：

刘澜涛同志信[2] 转上。文物破坏和盗窃外流现象十分严重（文物系统人员监守自盗的情况也很惊人），党内外各方包括中央常委都十分关注，希望抓紧拟订文物保护法。

我对文物工作的其他意见：1. 现有文物的保管方法很落后，国外有许多能使文物（包括纸张）长期不受空气、水、日光等侵蚀的技术（国内化学家也可能承担），要加紧学习采用。2. 文物工作队伍要整顿，肃清和严办盗窃分子和其他渎职分子（任意把国家文物赠送要人、亲友之风由来已久），淘汰不称职分子，培训新生专业力量。3. 与考古系统通力合作，不要存门户之见，妨害工作开展。4. 国家应大力发展博物馆工作，这种博物馆范围要广，种类要多，要起重大的社会教育作用和科学研究作用。自建国以来，博物馆工作一直局限于文物工作，这种状况要有准备地根本转变，到将来时机成熟时可考虑将文物局改称博物馆管理局。

胡乔木
六月二十五日

据胡乔木手稿排印。

注　释

1 轶青，即孙轶青（1922—　　）：山东乐陵人。时任国家文物局局长。

2 刘澜涛（1910—1997）：陕西米脂人。时任中共中央统战部第一副部长。他于1982年6月23日在给胡乔木和朱穆之的信中说："送上纽约《联合日报》有关中国文物触目惊心损失一文，因系资本主义国家报纸的重要报道，我还是忍心占你们宝贵的时间，请你们翻阅。由于一个中国人，一个中国共产党员，对这样涉及中华民族的荣誉和惠及后世的大事，不能不表示我的深切不安。要加强领导，要执法如山，要有目的地教育党员和群众，要在报纸广播登载严惩违法乱纪者（有的简直是一种卖国行为），要显著地表扬保护文物者（好人是绝大多数）。必要时有声有色地召开全国文物工作会议，党政重要负责人出席并讲话。情急话多，请予谅察。"

致夏征农

（一九八二年六月二十九日）

征农[1]同志：

此事[2]请过问一下，并尽可能给予这样的不幸者以人道的援助。他既能自理生活，研究院为何不能让他研究西方哲学史呢？人们的共产主义道德和同志爱究竟到什么地方去了呢？当然，以上的话，是以这份材料情况属实为前提的。至于我是否有过批示[3]，此事我已不能记忆，但这无关紧要。这信上的话可能有些不好听，如此就请不必批转，只请另行解决就好了。

胡乔木

六月二十九日

据胡乔木手稿排印。

注释

1 征农，即夏征农（1904— ）：江西新建人。时任中共上海市委书记。

2 此事，指1982年6月25日《文汇报》内部报道所反映的情况，说中国社会科学院研究生院哲学史专业三年制研究生翁绍军，去年9月毕业、10月下旬分配到上海的一个科研单位，但该单位的人事处因其下肢残疾拒绝接收。他拄着拐杖奔波了九个月也未能解决。翁现年39岁，1964年毕业于上海财经学院,考入中国社会科学院研究生院以前,在上海市烫金材料厂工作,曾在1977年被评为市轻工业局先进工作者。他的残疾是幼时患小儿麻痹症所造成的。

3 《文汇报》材料反映的情况中还说,翁绍军在进入研究生院以前,胡乔木曾在有关材料上作过批示,要中国社会科学院哲学所搞清翁的情况,有没有独立生活能力,然后决定是否录取。为此,哲学所曾派专人到上海进行过审核。

致胡耀邦

（一九八二年七月一日）

耀邦同志：

日前在谈报告稿[1] 修改时，说到妇女工作的任务，我认为书记处规定妇联把保护、教育儿童工作作为重点是十分正确的，但妇女本身利益也急须维护，同时对妇女群众的政治教育以及职业教育工作也需要加强（在实行双包的农村更有必要）。现在妇女（尤其少女，但也包括女教师、女职工、女服务员等）遭受迫害、污辱、蹂躏、玩弄、遗弃、拐卖和女婴被抛弃杀害的现象很多，暗娼和其他形式的卖淫事件也在迅速增长。至于买卖婚姻，大操大办婚事，抵制计划生育等则更为普遍。因此，建议书记处把保护妇女利益，加强妇女教育也列为妇联工作重点，并建议各级妇联设法律顾问处为保护妇女权益服务。这个想法请考虑，如认为可以同意或可以讨论，请转仲勋同志并书记处其他同志。如大家同意则请仲勋同志转告妇联。

胡乔木

七月一日

据胡乔木秘书的手抄件排印。

注释

1 报告稿，指将在五届全国人大五次会议上作的《关于宪法修改草案报告》稿。

致彭真、乌兰夫、刘澜涛、陆定一

（一九八二年七月四日）

彭真、兰夫[1]、澜涛[2]、定一[3] 同志：

小平[4] 同志批件[5] 送阅。我同意小平同志批示。

胡乔木

七月四日

政协委员人数很多，难保有时没有个别委员发言过于离谱，需要当时予以辩驳。如定在宪法上则有可能造成被动。附供参考。

据胡乔木手稿排印。

注　释

1 兰夫，即乌兰夫（1906—1988）：内蒙古土默特左旗人。时任全国人大常委会副委员长、全国政协副主席。

2 澜涛，即刘澜涛，时任全国政协副主席兼秘书长。

3 定一，即陆定一，时任全国政协副主席。

4 小平，即邓小平，时任全国政协主席。

5 批件，指邓小平在乌兰夫、刘澜涛致邓小平信上的批示件。1982 年 7 月 2 日，乌兰夫、刘澜涛联名给邓小平写信说，今日政协会议后有同志“提出以下两点意见，我们同意，兹报请审示：一、各级政协委员列席同级的人大会议；二、政协委员在政协会议上发表的意见不受追究。建议将此两点补充写入宪法。”7月3日，邓小平批示：“乔木同志阅，我认为这两条不宜写入宪法，实际上这样做就行了。”

致薗同禄、张占英和前门茶点综合服务社的全体同志

（一九八二年七月五日）

同禄、占英同志，前门茶点综合服务社的全体党员、团员和全体工作同志们：

前天到你们社座谈[1]，了解了许多情况，很感谢你们的接待和介绍，尤其感谢你们为北京市待业青年自己组织起来解决就业问题作出了一个榜样。这当然同党和政府对你们的支持分不开，但也是你们每个同志（包括几位热心参加你们工作的老同志）克服重重困难和阻力，团结奋斗的结果。

在你们今后前进的道路上还会遇到各种困难，但我相信，这些困难既然过去不曾把你们压倒，将来也一定不会把你们压倒。最重要的，是希望你们珍惜已经获得的荣誉，永远保持你们创业时的那股勇往直前的干劲和勤俭起家的本色，永不骄傲自满，永远在坚持四项基本原则和五讲四美的基础上团结一致，坚持不懈地学习再学习，不断地提高自己的政治觉悟和业务文化知识，永远走在时代的前列，永不沾染社会上一部分人的坏习气，并且同这些坏习气斗争到底！

祝愿你们在创造社会主义物质文明和创造社会主义精神文明的道路上不断取得新的胜利！

胡乔木

一九八二年七月五日

据铅印件排印。

注　释

1 1982年7月3日下午，胡乔木看望北京市由待业青年办起来的集体企业北京前门茶点综合服务社，听取了中共北京市委书记王纯、茶点服务社经理张占英、党支部书记蔺同禄等的汇报。回来写了这封信，载1982年7月11日《人民日报》。

致邓力群、郁文

（一九八二年七月十三日）

力群[1] 同志、郁文[2] 同志：

任继愈同志信一件[3] 请阅。他的意见很值得重视，请考虑可否由中宣部去函山东省委宣传部酌办。这些事情一向无人注意，拖久了必致损失。又档案缩微事业关系我国文化遗产的保存意义很大，并希告图书馆、文物局和档案局一并从速进行为荷。[4]

胡乔木

七月十三日

据胡乔木手稿排印。

注　　释

1　力群，即邓力群，时任中共中央宣传部部长。

2　郁文（1918—　　）：河北满城人。时任中共中央宣传部副部长。

3　任继愈（1916—　　）：山东平原人。哲学史家、佛教史家。时任中国社会科学院宗教所所长。1982 年 7 月 1 日，他写信给胡乔木，并附去一件《关于妥善保存和充分利用孔府档案的建议》。说："山东曲阜孔府保存着从明清两代直到民国时期一批完整的档案材料，总数不下二十万件。内容包括政治、经济、社会、哲学、宗教、宗法制度许多方面。这批档案材料不仅详尽地记录了孔府的历史沿革，同时也反映了明清和民国时期的整个社会状况。由于它是连续几百年记录下来的第一手材料，其史料价值极高，是我国文化的一个宝藏。如果能为学术界充分利用、深入发掘，必定会大大丰富和加深我们对封建社会特别是明清社会的认识，必将引起国内外学术界更广泛的重视。”“一九七八年，在中共山东省委宣传部的领导下，由几个单位组成了曲阜孔府档案史料编辑委员会，编辑出版了《曲阜孔府档案史料选编》。已印出的只是很少一部分，如全部编选完毕出版，不知要到何年何月，因为工作量太大了。”由此提出四条具体建议：“第一，不要编选分类，只要有一件档案编一号码。编号完毕，也等于整理完毕，其结果可立即为学术界所利用。第二，全部微缩照相。这样可保存原档的面目，避免传抄差错。档案的资料价值的可贵处，恰在于它是未经加工的原始状态，而不在于加工的多少，有时加工多了（多次抄写、排印、编排）其原始资料的价值反而降低了。第三，以照相胶片供借阅，或孔府档案管理机构出售，交给国内若干大省、市图书馆保存并提供研究者以借阅的方便，可以免得他们远道来孔府查阅。即使发生意外（天灾、人祸），这部珍贵资料全部内容不会湮没毁坏。天下只此一份孤本，一旦损失，将无法弥补。我们这一代如未能充分利用，也没有保存好，就会犯历史性的错误。第四，我国的档案工作偏重于保管方面多，为科研服务方面注意不够。通过孔府档案的大量复制、影印，除了文物价值外，还要推广它的使用价值，为我国科学研究利用档案资料创造一些经验，也是好的。”

4 邓力群7月15日在胡乔木的信上批示：“复制发有关单位，分别商定执行办法，请井丹同志和有关局负责。”中宣部即于7月19日将任继愈的信件建议和胡乔木、邓力群的批示复制件转给中共山东省委宣传部，“请酌办”。8月13日，中宣部办公厅又向胡乔木作出情况报告：“七月十九日，我部将任继愈同志《关于妥善保存和充分利用孔府档案的建议》及乔木、力群同志的有关批示转请山东省委宣传部酌办后，七月二十七日，山东省委宣传部召集省出版局、档案局和社会科学院的负责同志开会研究措施，确定由省委宣传部负责，由省文化局研究后提出具体执行意见。现从文化局、档案局、社科院抽调三四名同志，到曲阜调查摸底，方案制定后，将报省委、省府审定。以上情况，特报。”

致姚依林

（一九八二年七月十三日）

依林同志：

此件[1]想已阅。黄金和同类物资收购和管理办法是否考虑改进，以堵绝走私现象？

胡乔木

七月十三日

据胡乔木手稿排印。

注 释

1 此件，指一件反映青海黄金生产混乱、走私严重的材料。

致刘世德

（一九八二年七月十三日）

世德[1]同志：

四日信收到。感谢你走这一趟，解决了一个“大”问题[2]。

历史所王春瑜[3]同志素未谋面，他的文章我根本不知道。

我认为可以同意由中国社会科学院文学研究所出面召集一次有关的会议来澄清这个已流传甚广的讹传，以维护中国学术界的声誉。请再向所领导请示。

胡乔木

七月十三日

据铅印件排印。

注释

1 世德，即刘世德（1932— ）：原籍山西临汾，生于北京。时任中国社会科学院文学研究所副研究员。

2 1981—1982年，江苏大丰（原属江苏兴化）相继发现施廷佐墓志铭和施氏家谱，一些专家学者和当地政府据此认为，施廷佐的高祖施彦端，即是《水浒传》的作者施耐庵，大丰是施耐庵的故乡，大丰县领导还计划筹建纪念馆。

1982年6月14日,胡乔木为此给中宣部副部长贺敬之写信指出:"关于施耐庵江苏大丰人之说,疑点颇多,闻地方准备建馆纪念,望以中宣部名义电告江苏省宣传部转告兴化暂缓进行,待将各项证物经史学界和考古界加以科学鉴定后再着手亦未为迟,以免徒增浪费并令人感到缺乏慎重。"6月17日中宣部办公厅即按胡乔木意见向江苏省宣传部打了电话,并请转告大丰、兴化县。接着刘世德于1982年6月下旬受胡乔木委派去兴化、大丰考察上述文物。他发现墓志铭字迹多已磨灭,仅凭此墓志铭不能证明施廷佐的高祖施彦端即施耐庵,更不能证明他就是《水浒传》的作者;且施氏家谱中所载的始祖"彦端公"旁添加的"字耐庵"三字,并非正文所原有,极为可疑。刘世德认为,据此即得出施彦端即施耐庵的结论,是不慎重的。事后,刘世德写信给胡乔木,报告了他的此行及意见。

3 王春瑜,时为中国社会科学院历史所研究人员。1982年初,他到兴化、大丰考察。事后,写了《施耐庵故乡》一文发表在4月25日的《光明日报》上。

致梅益、马洪、刘国光等

（一九八二年七月十三日）

梅益[1]、马洪[2]、国光[3]、尚清[4]、耕夫[5]同志：

此件[6]很值得重视。希党委考虑专门讨论一次，讨论要有准备、有结果。结果望告。[7]

胡乔木

七月十三日

据胡乔木手稿排印。

注　释

1 梅益，时任中国社会科学院副院长。

2 马洪，时任中国社会科学院副院长。

3 国光，即刘国光（1923—　　）：江苏南京人。时任中国社会科学院副院长。

4 尚清，即孙尚清（1930—1996）：辽宁新民人。时任中国社会科学院副秘书长。

5 耕夫，即孙耕夫（1923—　　）：山东栖霞人。时任中国社会科学院副秘书长。

6 此件，指中国社会科学院历史研究所刘陵1982年6月28日给胡乔木的信。信中反映中国社会科学院知识分子、尤其是中年科研人员许多人生活十分困苦，有的竟不得不定期卖血。许多中年科研人员全家四五口人都居住在只有十几平方米的一间屋里，生活起居、看书写稿、孩子学习很多不便。有的1977年从干校回来后夫妇还一直分居于男女集体宿舍。近一二年来,四五十岁的中年科研人员常有突然死亡的事。希望胡乔木过问此事。

7 梅益、马洪1982年9月14日查告:一、世界历史所确有一位同志因近年多故,为还掉欠债,卖去两块手表、一台收音机,其爱人卖了两次血,院部收到胡乔木信后决定临时补助500元解决暂时困难。二、院秘书长办公会议决定,拨出两万元福利基金,作为对中年知识分子和其他职工特殊困难补助用。那位受补助的同志非常感动,写信给党组织说:"我百感交集,深深感到我们党心里装着知识分子的事情。""我把党组织给我的补助作为党的关怀来领受和使用。这是党和人民资助我们解决生活上一时之难的,从实际出发,我暂用来还清多年累欠的债款,一文不作它用,且待日后生活好转,好把组织补助的钱,如数奉还给人民,""奉还的方式,给少年儿童基金会或灾区人民"。

致王鹤寿、姚依林、陈慕华等

（一九八二年七月十四日）

鹤寿同志，依林、慕华[1]、正英[2]、丙乾[3] 同志，抄报国栋[4]、立教[5] 同志：

《人民日报》6 月 29 日 5 版这件通讯[6] 所说的事实大概经过已久（内说是 1980 年 5 月底的事，耀邦同志并于 7 月作了批示[7]，而此通讯发表在今年 6 月，要及时发表恐不可能），也算不得大案要案，但十分动人，发人深省。我今天才看到。这里涉及外贸部、电力部和上海市海关有关负责人员，文未见公布的处理结果，故觉仍须提请注意，请你们耐心读完它。如情况完全属实，并考虑到目前这类事仍在发生，故建议考虑（当然会有不适当的地方）：

1. 将全国海关收归海关总署垂直领导，地方上仍应协助领导，但不能干涉海关依法履行职权，并在干部调动升降上须得总署同意。

2. 对文中涉及的电力部和外贸部两位副部长无论已否调职，以及上海市有关人员，一定要给党纪政纪处分（如过去未作适当处分）。

3. 像张超[8] 一样的同志在今年缉私中出现不少，可考虑提为中纪委或各级纪委委员，仍任现职并酌予提升或通报表扬。

4. 财政部现应积极筹建审计机构，不能再延。

5. 此件和其它类似案件除登报外应由各有关部门在内部通报表扬，以伸张党内正气，同时要指名批评有关渎职人员，以压倒邪气。

胡乔木

七月十四日[9]

据胡乔木手稿排印。

注　释

1 慕华，即陈慕华，时任中共中央政治局候补委员、国务委员兼对外经济贸易部部长。

2 正英，即钱正英（1923—　　）：浙江嘉兴人。时任水利电力部部长。

3 丙乾，即王丙乾（1925—　　）：河北蠡县人。时任财政部部长。

4 国栋，即陈国栋（1911—　　）：江西南昌人。时任中共上海市委第一书记。

5 立教，即胡立教（1914—　　）：江西吉安人。时任中共上海市委第二书记、上海市人大常委会主任。

6 通讯，指登载于 1982 年 6 月 28 日《人民日报》第七版（胡乔木误记为 6 月 29 日《人民日报》第五版）陈祖芬所写的长篇报告文学《共产党人》，该文叙述上海海关关长张超坚持党性、秉公执法，于 1980 年夏与走私、渎职行为坚决做斗争的先进事迹。

7 1980 年夏上海海关即已将涉及到电力部、外贸部有关干部走私汽车等问题上报中央纪律检查委员会，中共中央总书记胡耀邦看到后，当即于 1980 年 7 月间作出批示，明确批评了不正之风。之后海关没收了走私汽车，作价上交国家。

8 张超（1917—2000）：山东荣成人。后来，张超所任上海海关关长由副局级提升为正局级，并任上海市人代会代表。

9 胡乔木在写这封信的同时，又写了一封信给《共产党人》的作者陈祖芬，鼓励她多写这样的好作品，并在政治思想上争取新的进步。

致邓颖超

（一九八二年七月二十五日）

颖超[1]同志：

七一在《人民日报》发表的四首诗[2]，承您过奖，很不敢当。因您说到诗中有不易看懂之处，更以未能做到明白晓畅为愧。现趁休息之便，谨将各首作意稍加说明，敬供参考。

七十孜孜何所求	转用唐王维《夷门歌》（咏战国魏侯嬴事）“七十老翁何所求”句意。
秋深深未解悲秋	不以晚年而伤感消极。
不将白发看黄落	承上句。楚宋玉《悲秋赋》有“草木黄落而变衰”句。“将”作“用”、“以”解。
贪伴青春事绿游	绿游，新造词，指在绿色草木风景中的旅行，借喻建设新社会新生活的革命事业。
旧辙常惭输折槛	自愧过去未能像汉成帝时朱云折槛样坚强不屈。《辞海》有“折槛”。
横流敢谢促行舟	现当坚决同各种错误思潮斗争。敢谢是岂敢拒绝。

江山是处勾魂梦	是处即处处,因前已用孜孜,行文略加变化。
弦急琴摧志亦酬	为坚决斗争而牺牲一切,也就满足了。
少年投笔依长剑	长剑指革命事业。
书剑无成众志成	个人虽无所成就(项羽学书学剑皆不成),但所献身的革命事业却胜利了。
帐里檄传云外信	帐指指挥机关。檄传云外信(转用南唐李璟"青鸟不传云外信"句),指讨敌的檄文通过电传发到远处,也包括转发远处发来的斗争消息。
心头光映案前灯	表示自己只做了案头的工作。
红墙有幸亲风雨	红墙指中南海。风雨由"春风风人,春雨雨人"脱出,指中央各领导同志。
青史何迟辨爱憎	指毛主席晚年所造成的一系列冤案直到三中全会至六中全会才得到澄清,林、江两案直到八〇年才得到解决。
往事如烟更如火	往事使人心情激动伤痛,故云如火。
一川星影听潮生	去世的人留在记忆里,仿佛一天星影映在河水里,并引起心潮的激荡。
几番霜雪几番霖	指过去的动乱之多之久。
一寸春光一寸心	指对今天的大好局面的珍惜。
得意晴空羡飞燕 钟情幽木觅鸣禽	两句用形象来描绘欢悦的心情。虽然也可说是暗喻人们兴高采烈地放手建设社会主义,并为此而探求人,探求物,探求真理,但这样说死就索然无味了。

长风直扫十年醉	北周庾信《哀江南赋》:"天胡为而此醉"。
大道遥通五彩云	社会主义的大道通往共产主义。
烘日菜花香万里 人间何事媚黄金	烘日言菜花在日光下鲜明如火。菜花色胜黄金,又饶香气,暗喻人们的劳动才是真正可宝贵的。

先烈旌旗光宇宙	由杜甫"诸葛大名垂宇宙"句化出。
征人岁月快驱驰	回应第一首。虽岁月如驶,但革命者从来乐观。
朝朝桑垄葱葱叶 代代蚕山粲粲丝	每天的桑叶都变成了蚕丝,借指革命者每天的生命都是有价值的。一棵桑树和一条蚕虽然寿命有限,但整个桑蚕的生命代代绵延不绝。反用李商隐"春蚕到死丝方尽"句意。
铺路许输头作石 攀天甘献骨为梯	两句都是说革命者愿为将来而自我牺牲。
风波莫问蓬莱远	庾信《哀江南赋》:"蓬莱无可到之期。"
不尽愚公到有期	这里反驳了这种悲观论,说革命道路上的风波虽多,但由于一辈辈愚公用移山的精神奋斗不止,共产主义的人间乐园一定有实现的一天。

这几首诗在艺术上都有缺点,实在不值得这样地啰嗦解说。[3] 而且您只是说有些地方不易看懂,本不应逐句去讲。只因您的话说得简单,当时未能问清是哪几处,现写成这样,很觉惴惴不安。好在这一切都是出自对您的敬意,不

当之处请您务必加以原谅。敬祝

健康

胡乔木

一九八二年七月二十五日于青岛

据胡乔木手稿排印。

注 释

1 颖超,即邓颖超,时任中共中央政治局委员、中央纪律检查委员会第二书记。

2 指七律四首,题为《有所思》,胡乔木收入他的诗词集《人比月光更美丽》时,改题为《有思》。

3 胡乔木关于《有所思》的解说,因当时在青岛,手边无书可查,故有几处不正确的地方。1982年8月28日、8月31日、11月17日胡乔木连续致函李琦,予以纠正,并请他转告邓颖超。这几处是:

一、"悲秋","黄落",原说出自宋玉《悲秋赋》,误,没有这篇赋。悲秋,出自宋玉《九辩》:"悲哉秋之为气也"。黄落,出自汉武帝《秋风辞》:"秋风起兮白云飞,草木黄落兮雁南飞。"

二、"风雨":《说苑·贵德》:"管仲上车曰:'……吾不能以春风风人,吾不能以夏雨雨人,吾穷必矣!'"是夏雨而非春雨。春风化雨的说法,是取自此语及《孟子·尽心上》:"有如时雨化之者"。风雨的出处两者皆可通。

三、北周庾信《哀江南赋》中关于天醉的原话是"天何为而此醉",青岛信中误何为胡。

四、"烘日",解作在太阳照晒下即可。

五、"风飙道阻,蓬莱无可到之期",见庾信《哀江南赋·序》,非赋的本文。

致《解放军报》编辑部

（一九八二年七月三十一日）

《解放军报》编辑部：

我早就答应给《解放军报》写一点东西，原来是希望写一首诗或一组诗，而且希望能在八一建军节发表。可惜我近来一直忙于其他更重要的工作，这个诺言在八一是不能实践了，实在非常抱歉。我昨天曾告诉华楠[1]同志，我将写一点有关日本篡改侵华史问题的小文章[2]。现在匆忙写成，不知可用否？八一当然是来不及发表了，如可用，请在近期内随便哪一天发表。文章原来只想写成杂文，现在看来作为杂文稍嫌长一些，也严肃了一些，但一时也无暇再修改。请编辑部斟酌可否即作为一篇非正式的短论，放在三四版均可。署名拟用记者，这在过去报纸是常见的，意为本报编辑部人员，如觉在三四版不适，请改“异哉”或“怪哉”，或任意另改一名，但请勿用本名，因为这样在政治上不妥当。

胡乔木

七月卅一日

据胡乔木手稿排印。

注　释

1 华　楠(1921—　　):山东牟平人。时任《解放军报》社社长。

2 指后来胡乔木写的、于1982年8月2日在《解放军报》第一版以本报评论员名义发表的《警惕军国主义的逻辑》一文。此前7月23日,当时在青岛的胡乔木曾给在北京的秘书黎虹打电话,要求"即告紫阳、力群处,日本文部省审定的教科书中,篡改日本侵华历史,各报要发表评论,人民团体,如中日友协、教育工会、全国青联等,都可以发表谈话。时间越快越好,最好明天见报。同时外交部也要采取步骤,具体做法请他们考虑。"黎虹随即将胡乔木的意见告赵紫阳、邓力群、习仲勋、黄华处。7月24日首都各报都作出反应。

致韦君宜

（一九八二年八月三日）

君宜[1]同志：

送上资料一份[2]请阅后退还。(1)此资料报说内容是否完全属实？(2)在人民文学出版社能力范围内可否采取一些措施？(3)他现在的工作是否仍与人民文学出版社有关？(4)是否需要再向北京市正式提出要求解决他的住房问题。请查告。

胡乔木

八月三日

再，吕荧[3]现在情况如何？上海《文学报》有消息说他还在工作，不知是否仍属人文？他的病情有无好转？[4]

据胡乔木手稿排印。

注　释

1　君宜，即韦君宜，时任人民文学出版社副社长。

2　资料一份，指1982年8月2日新华社反映的关于《著名老翻译家张友松工作条件需要改善》的材料。其中说，张友松是国内外颇有影响的文学翻译家，曾翻译《契诃夫短篇小说集》等许多世界名著，其兄是同李大钊一起就义的张挹兰。现张友松已年近八十，子女都在外地，身边无人照顾，且居住一间十平方米小屋，拥挤不堪，根本无法工作。

3 吕荧(1919—1969)：安徽天长人。作家。1955 年因胡风问题被审查。1957 年 12 月 3 日《人民日报》发表他的美学论文《美是什么》。文前编者按说明此文由毛主席亲自校阅，为其公开恢复名誉。“文革”中又被批斗，1969 年 3 月 5 日在清河劳改农场去世。

4 韦君宜复信说：张友松原属外文出版社编辑，1953 年退职，靠稿费生活。自“文革”后已有十二年完全没有什么收入，到 1978 年才恢复每月八十元生活费，还自费医疗。张的房子在“文革”中被占用，经交涉无效。吕荧“文革”中死于劳改农场。他是以“胡风分子”罪名被捕的，现已改正。

致 胡 绩 伟

（一九八二年八月四日）

绩伟同志：

《人民日报》的《实干家》栏很受读者欢迎，我也是欢迎者之一。为使它更引人注意些（就是说使受表扬者在群众中更有荣誉，吸引更多的人向他们学习），我想建议：可否考虑同时发表实干家的头像？还有：栏题的图案似还可更美观、更有鼓动性些，实干家不止是忍辱负重的牛，而是促进四化的先锋战士。（栏题似也可带点鼓动性？但这即令可取亦可待某年的元旦再考虑不迟。）

我常向《人民日报》或一些别的单位提一些建议，只不过表示我的热心而已，由于孤陋寡闻，这些建议本身常常不适当，或者简直很错误，并已为实践所证明了。因为我以前曾被称为圣旨口或一言堂，现特言明，我不但毫无非照此办理不可之意，而且如承指出不可行之理，则不但增加了知识，又证明自己并未或已不被人当作专制主义者，当然是很愉快的。

敬礼

胡乔木 8.4.

据胡乔木手稿排印。

致邓力群并转张劲夫

（一九八二年八月七日）

力群同志并转张劲夫[1] 同志：

为了解决我国出版事业的极端落后状况，非请机械、轻工、化工三部门大力协作攻关不可。此事希望中宣部和经委共同牵头来解决。[2] 王益同志的意见[3]（见附件）很对，我完全赞成。

胡乔木

八月七日

据胡乔木手稿排印。

注　　释

1　张劲夫，时任国家经委主任。

2　为解决胡乔木提出的问题，邓力群组织起草了《中共中央、国务院关于加强出版工作的决定（草案）》稿，于11月6日送胡乔木，同时给胡乔木写了一封信。信中写道：

“关于出版工作的问题，我国三十多位出版工作有经验的同志开过三个半天的座谈会；同张劲夫同志召集经济、出版工作有关的同志开过半天会，对纸张、印刷机、油墨等方面与财政有关的问题进行了讨论；请宋平同志负责由计委、财政部商谈利润留成、财政投资等问题。

“这个决定的稿子已经大改了四次，在打印之前又尽量吸收了各出版单位的意见。

“现在的问题主要是同财政部在利润留成、建设投资上还存在很大的矛盾。出版事业那么落后，我觉得应该同意出版部门的意见。但是，国家的财政确有困难，集中资金不容易办到，要争取财政部门完全同意出版部门的意见也不容易。看来必须由中央和国务院就这个问题作出必要的决定。

“出版事业是一件很大的事，我知道你一直很关心这件事，现将决定草稿和资金问题的信送上，如果你精力来得及，希望审阅修改。如果没有时间看，是否先开全国出版工作会，等大家把文件修改后，再送请你审阅。”

胡乔木于 11 月 16 日批示：“请先开会。材料我只粗看了一下，无暇细看和考虑其中的复杂问题。出版工作开会时要请经委、计委、财政部派人参加。”

3 王益（1917— ）：江苏无锡人。时任文化部出版事业管理局顾问。他的意见认为，现在图书出版越来越慢，已达到使人无法忍受的程度。为较快地改变目前这种状况，除解决印刷部门的资金问题外，还需要机械、轻工、化工等有关部门密切配合，协助出版部门搞好印刷技术改造。

致中共中央政治局常委、政治局、书记处各同志

（一九八二年八月二十一日）

常委、政治局、书记处各同志：

七中全会[1]后，根据全会讨论意见，文件起草小组对中央向十二大的报告，[2]又作了修改和增删，主要的是：

一、原稿第一部分最末关于今后任务的概述，作了必要的修改。

二、原稿第二部分即经济部分，对今后二十年奋斗目标讲得灵活了些，去掉了关于增长速度的要求和其他某些具体数字，在这部分还加写了一段人口问题。

三、原稿第三部分即讲精神文明的部分，增写了教育、科学、文化建设的一些具体要求和知识分子的作用问题；将原在这部分讲的政治建设方面的内容，分出来另列了建设高度社会主义民主的题目，单独成为一部分，原在外交部分讲的国防建设也移入了这部分。

四、原稿第四部分即外交部分，加强了对以色列侵略的谴责，并指出了这一侵略可能产生的严重后果；在讲到柬埔寨人民反对侵略斗争时，加上了“在民主柬埔寨联合政府领

导下"字样,因为这是我国的一贯态度。

五、原稿第五部分即党的建设部分,将整党问题移到了最后讲,并加强了内容。

六、原稿第六部分去掉了标题,作了些压缩,改为全稿的结束语。

其他还作了些必要的修改,压缩了文字,共减去八页。

现将新的改稿送上,请审阅[3]。

胡乔木

一九八二年八月二十一日

据铅印件排印。

注　释

1 七中全会,指1982年8月6日举行的中共十一届七中全会。

2 中央向十二大的报告,指胡耀邦代表中国共产党中央委员会向第十二次全国代表大会所作的题为《全面开创社会主义现代化建设新局面》的报告。

3 邓小平8月25日对胡乔木此信作了如下批示:"乔木同志:第四部分注了点意见,词句请斟酌,56页删了一句,余无意见。"

致 朱 佳 木

（一九八二年八月二十二日）

佳木[1]同志：

昨讲话稿[2]中关于三种人后面加的一段话中，在经济领域严重犯罪分子请改为严重违犯党的纪律的人，因前者要逮捕法办，当然谈不到提升。

胡乔木

八、廿二

据胡乔木手稿排印。

注 释

1 佳木，即朱佳木（1946— ）：原籍江苏南通，生于黑龙江佳木斯。时任陈云秘书。

2 1982年中共十二大之前，陈云准备了一个大会发言稿，曾送给胡乔木征求意见。陈云在发言稿中重申："在'文化大革命'期间追随林彪、江青反革命集团造反起家的人，帮派思想严重的人，打砸抢分子，这'三种人'一个也不能提拔，已经提拔的，必须坚决从领导班子中清除出去。"对此，胡乔木建议在不能提拔的人中加上"反对十一届三中全会以后党中央路线的人以及在经济领域内和其他方面严重违法乱纪的人"，即"五种人"不能提拔。后来，陈云在他的发言稿中加了一句："除了'三种人'以外，还有两种人也不能提拔，这就是反对三中全会以后党中央路线的人，以及在经济领域内和其他方面有严重违法乱纪的人。"

致中共中央政治局常委、政治局、书记处各同志

（一九八二年八月二十四日）

常委、政治局、书记处各同志：

新的党章修改草案印出后，文件起草小组经过研究，认为还有几处需作如下补充：

一、第二十条第一款，在党的中央委员会每届任期五年之后，拟加一句："它的任期可以随着全国代表大会的提前或延期举行而相应地改变"。因为全国代表大会有可以提前或延期举行的规定。

二、第二十条第二款，规定中央委员会全体会议由中央政治局召集，拟再加一句："每届中央委员会的第一次全体会议由全国代表大会主席团在新当选的中央委员中决定召集人"，因为这时新的中央政治局尚未产生。

三、第二十一条第四款后另加一款："全国代表大会授权上一届中央委员会产生的中央政治局、中央政治局常务委员会、中央书记处和中央委员会总书记，继续他们的经常工作，直到新的中央委员会产生新的领导机构为止。"有了这样的规定，就可以使中央日常工作的持续进行在党章上

有了依据。

以上妥否，请审定。

胡乔木

一九八二年八月二十四日

据胡乔木改定的手抄件排印。

致钱信忠

（一九八二年九月十一日）

信忠[1]同志：

送上倡议书[2]一件请看可签名否？如能在医学卫生界再找一位知名人士自愿者联署更好。已有几十人签名，拟日内发表，故望早日退回。

胡乔木　11/9

据胡乔木手稿排印。

注　释

1　信忠，即钱信忠（1911—　　）：上海宝山人。时任卫生部顾问、中华医学会会长、中国红十字会会长。

2　倡议书，指胡乔木关于《把遗体交给医学界使用的倡议》，载1983年8月16日《人民日报》第三版。在倡议书上签名的有：杨尚昆、胡乔木、余秋里、谷牧、陈丕显、邓力群、陈国栋、章蕴、周扬、胡立教、于光远、胡绳、林涧青、钱学森、钱三强、韩宁夫、艾青、钱信忠、马海德、贺敬之、沈因洛、吴英恺、李锐、王忍之等。

致赵苍璧、凌云并公安部党组

（一九八二年九月十五日）

苍璧[1]、凌云[2]同志并公安部党组：

此件[3]所反映的情况性质严重，很值得注意，希望公安部采取必要的措施加以处理。件末发送单位没有公安部（也可能已另送），如确未送，请告法委[4]办公室以后每期增送。

胡乔木

九月十五日

原件用后请退。

据胡乔木手稿排印。

注　释

1 苍璧，即赵苍璧（1916—　　）：陕西清涧人。时任公安部部长。

2 凌云（1917—　　）：浙江嘉兴人。时任公安部副部长。

3 此件，指反映一些公安干警随意打人抓人的违法材料。赵苍璧接阅后立即在公安部召集会议，决定将这一材料印发各省、市、自治区公安机关认真调查处理，并派出若干工作组到问题严重的地方进行调查研究，抓几个典型进行严肃处理和总结经验教训。

4 法委，即全国人大常委会法制委员会。胡乔木，时任该委员会副主任。

致 穆 青

（一九八二年九月二十四日）

穆青同志：

我经常觉得，新华社对许多《国内动态清样》和《参考消息》中的新闻处理不当。许多（不是一切）这些新闻原本是可以公开发表的。现送上的《动态清样》二件就是一例，不知你以为如何。会不会因为有了几个编辑室就各自为政，而缺乏统一考虑？今天《人民日报》一版所载的国产颗粒机就是我由《动态清样》删掉几句话后送给他们的。

新华社经常怕发稿多，用稿少，这是一个老问题了。我认为还是应该多发稿，问题是有些稿子要“适销对路”。关于十二大的新闻，《动态清样》报道很多，很有意义，这些稿子日报如果用不了，可给晚报，因其内容很适合晚报需要。还有些稿子可投给相应的刊物。如文艺新闻可投给文艺刊物，这事我在“文革”前就做过。现在刊物很多，只要内容适合，不愁没有销路。不能只靠发通稿过日子，亦即要革除“官商作风”。

新华社埋怨报纸不用新华社的稿子，但新华社却从不埋怨自己未充分利用（包括删节、综合等）全国各种（北京和各省市)报纸的很有新闻价值的新闻,以及各地广播电台和电视台的新闻乃至外国电台的新闻。新闻要新、短、多、广(门路广)。我一直提倡短新闻,但短新闻始终很少。《解放军报》的一句话新闻就很好,你们何不学习一下呢?一个人死了,为什么要等几天甚至十几天以后才见报?中央早就决定了可以先发短新闻,否则一个名人死了别人还不知道,成何体统呢?就这一点说,今天的报纸还不如解放前的报纸。这是一种“官商作风”。这个名词不好听,请原谅。

我的这些意见不一定对,请你们参考吧。

胡乔木

九月二十四日

据胡乔木手稿排印。

致秦川

（一九八二年九月二十六日）

秦川[1]同志：

请报社考虑可否在版面上辟三个专栏：《为财政经济的根本好转而斗争》、《为社会风气的根本好转而斗争》、《为党风的根本好转而斗争》。不一定每天都有，但也不要隔得太久。如可行，则此件[2]内容即可编入《为社会风气的根本好转而斗争》栏内。当然也可考虑用《为本世纪末翻两番而斗争》、《建设社会主义精神文明》（或加以共产主义思想为核心的形容词）等栏目，视材料内容而定。

胡乔木　26/9

据胡乔木手稿排印。

注　释

1　秦川，时任《人民日报》总编辑。

2　此件，未查到。

致习仲勋、胡启立

（一九八二年九月二十七日）

仲勋、启立同志：

制止哄抢、盗窃国家物资是一重要问题，中央和国务院为此已三令五申。胜利油田和惠民地委的这个经验[1]，我认为很值得向各省市区推荐，请考虑可否用中办名义转发。

胡乔木

九月廿七日

据胡乔木手稿排印。

注　释

1　这个经验，指反映山东惠民地委和胜利油田党委密切配合，采取果断措施，整顿油田秩序，刹住滥用油田油、气、电、水以及盗窃哄抢油田物资的歪风，出现安定团结、爱护国家资财的新局面的一个材料。

致《北京日报》社

（一九八二年九月二十七日）

《北京日报》社：

明天下午你报三十周年的庆祝会，我因同时有重要会议不能来了。《北京日报》办得不错，我很爱看，但也不是说不能再进步了。北京是全国的首都，《北京日报》应该努力把自己办成为全国最好的城市报纸。除了经常听取读者的意见外，我想报社如能有专人经常（即每天）研究全国的报纸，研究它们有什么长处可供自己采择利用，不断（如每月）提出新的改进办法，可能是一种方法。这不限于报纸的编辑形式等等。学习别的城市的工作中的先进经验，研究哪些是北京市应该做到而未做到的，有选择、有计划、有领导地加以宣传，这对推动北京市工作的进步也有作用。我就想到这些，供你们参考。

胡乔木

九月二十七日

据胡乔木手稿排印。

致胡绳、王汉斌

（一九八二年十月五日）

胡绳[1]、汉斌[2] 同志：

此稿[3] 已粗看了一遍，有少数地方注出修改意见。

审计局国务院决定暂设财政部，即独立后仍属国务院，预决算报告都先要经过审计局审核，故审计局无法另作报告。如报告各级审计工作则烦琐冗长枯燥不堪，代表们和人大常委也都看不懂并看不下去。故该条拟删去（与王丙乾同志商量的结果）。

精神文明拟在第二十三条加一款。

人大常委修改的人大通过事项（修改法案、计划等）应由人大批准或追认，似较庄重合理。

胡乔木[4]　5/10

据胡乔木手稿排印。

注　释

1　胡绳，时任宪法修改委员会副秘书长。

2　汉斌，即王汉斌（1925—　　）：福建惠安人。时任宪法修改委员会副秘书长。

3 此稿，指中华人民共和国宪法修改草案。

4 胡乔木，时任宪法修改委员会秘书长。

致 肖 永 义

（一九八二年十月十四日）

永义[1] 同志：

九月二十九日信收到。很感谢你为我的一首小诗[2] 费了这样多的劳动。夸誉过甚，所不敢当。有些地方，写时只是直抒胸臆，并未想到古人有关篇什，承你指出，更感厚意。但有几处是误解，这是旧体诗比新体诗对读者更大的麻烦，既承询及，略复如下：

一、秋深深未解悲秋可以是说是第一句的某种答复，但只是消极的（否定的），主要的答复还在第四、六、七、八句。"绿游"意即为追求理想。又首句是由王维诗"七十老翁何所求"脱出。

二、依长剑不用倚非因平仄，而因所指不同。依是随从之意，依长剑即投身革命之意。

三、映只是互相映照，并无使灯光也显得分外明亮之意。我不敢如此狂妄。

四、风雨是说春风化雨，或春风风人、春雨雨人中的风雨。这里当然是指当时党中央的各位领导同志。因为这些同志后来的遭遇，才引起青史一句。

五、往事二句是个人的抒情。往事而言如火，是说引起的感情的强烈以致创痛，一川星影仍是指往事，但更重于怀人。所怀之人已不可见，只能见于记忆(川)中之影，星暗示一些伟大人物犹如巨星。回忆引起心头的波涛，故言听潮生。

六、两个一寸相比，是说春光来之不易，亦比喻心情的激动，春光既是生命换来的，亦即与生命合为一体。下面得意钟情即此句的延伸或形象化。得意和钟情意均双关，照字面讲可以说是飞燕的得意，鸣禽的钟情(春禽之鸣多以引诱异性)。羡飞燕，希望局势和工作的顺利，觅鸣禽，表示追求志同道合的人。

七、醉，言天醉，语出《哀江南赋》“天何为而此醉”。

八、朝朝承上句征人岁月而言。下句谓每天的斗争都不是徒劳的，前途代代相传，亦承快(快乐之快)驱驰而言(快驱驰与曹丕诗无关，意义亦相反)。末句不尽愚公与代代相应。

九、风波莫道蓬莱远，亦反用《哀江南赋·序》：“风飙道阻，蓬莱无可到之期。”

十、第三首的首联虽可勉强说是对仗的变格，但第四首的首联却是对仗。至于所举流水对当句对未免说得太滥。

昔人言诗无达诂，一句诗本可引起不同的联想，因此也不必作固定的解释。承你费了这样大的周折，不敢不有所答复，这也只能作为参考罢了。

原件附还。

胡乔木
十月十四日

据胡乔木手稿排印。

注　释

1 永义，即肖永义(1928—　　)：湖南湘潭人。时任中国人民解放军政治学院《思想战线》杂志编辑室副主任。他对胡乔木的七律四首《有所思》作了诠释。1982年9月29日，写信给胡乔木征求意见。

2 小诗，指胡乔木1982年6月70岁时所作七律四首，1982年7月1日《人民日报》以《有所思》为题公开发表。后改题为《有思》收入他的诗词集《人比月光更美丽》。

致赵守一并杨静仁

（一九八二年十一月一日）

守一[1] 同志并静仁[2] 同志：

此件[3] 提出的问题的确值得注意。请考虑可否在专家管理局下设一小组专门帮助解决归国专家的工作生活问题，并请统战部共同加以协助检查督促，努力防止发生回国后又外流的现象，这会对我们造成很大政治上的损失。

胡乔木

十一月一日

据胡乔木手稿排印。

注　释

1 守一，即赵守一，时任中共中央宣传部副部长。

2 静仁，即杨静仁（1918—　　）：甘肃兰州人。回族。时任中共中央统战部部长。

3 此件，指新华社广州讯：《一些回国定居的学者和专家在工作生活上遇到困难》，载 1982 年 10 月 31 日《国内动态清样》。

致邓力群

（一九八二年十一月六日）

力群[1]同志：

前阅报载《恶魔的饱食》作者前往哈尔滨日本细菌试验旧址[2]，看到均已盖了工厂，仅存地下试验室遗迹。此事望告黑省委宣传部和文物局着意保护，并作为对群众尤其青少年教育场所，使永勿忘帝国主义侵略者的惨无人道。东北三省以及全国可能还有一些类似的需要保存的侵略战争遗迹和反动统治遗迹，望文化部告文物局通令全国查明，定出保护措施和进行宣传教育办法（如写好说明书，收集当时受难者或其亲友后裔以及目睹者幸存者的回忆和有关照片实物等）。这类事情现在抓已经迟了一大步，但不再注意，则有关文物将永远湮没，造成无可挽回的损失了。

胡乔木

十一月六日

据胡乔木手稿排印。

注释

1 力群，即邓力群，时任中共中央书记处书记、中央宣传部部长。

2 哈尔滨日本细菌试验旧址，指哈尔滨市南郊平房区的侵华日军细菌战部队(日本731部队)厂房遗址。该基地占地6.1万平方公里，始建于1932年，至日本投降的十二年中，731部队以中国军民及苏联、蒙古、朝鲜等国战俘为细菌战试验对象，进行鼠疫、伤寒、霍乱、冻伤等数十种非人性试验，搞“活体解剖”，致使数以万计的健康人被惨绝人寰地屠杀。1945年8月日本投降前夕，日本侵略军为了销毁罪证，将基地厂房等主要设施炸毁。

致 万 里

（一九八二年十一月十七日）

万里[1]同志：

你的讲话[2]我用了差不多一天的时间才看完。觉得讲得很好。我完全同意。只在少数几处地方改了或加了一些话（加的话大部分与紫阳同志在讨论他的报告稿[3]时谈过或在稿上提出过），未必适当，请斟酌参考。

胡乔木　17/11

（我明天去无锡休息，顺此告辞）

据胡乔木手稿排印。

注　　释

1　万里，时任中共中央政治局委员、中央书记处书记、国务院副总理。

2　1982年11月15日，万里把他11月5日在全国农业书记会议和农村思想工作会议上的讲话稿《进一步发展已经开创的农业新局面》送胡乔木帮助修改。胡乔木看后作复。

3　报告稿，指赵紫阳准备在五届全国人大五次会议上作的《关于我国国民经济和社会发展第六个五年计划》报告稿。

致崔月犁

（一九八二年十一月十七日）

月犁[1]同志：

看到十三日《北京晚报》所载你给宋慕玲同志的信[2]，很是高兴。中西医结合的方向必须肯定，西医中的成果也必须发扬，这样中医才能走上在科学昌盛的新时代下继续发展的道路。我认识或知道许多有经验的老中医，在诊病时先看医院病历，问明西医对疾病性质的诊断，然后才望闻问切，辨证的论治，因而往往收到与西医亲密合作，各展其长的效果。这才是正路。否则，单靠中医的一套说法，对化验、透视、触诊和各种科学诊断的方法和结果都置之不问，如何能确诊病人的疾病呢？有一部分中医不愿与西医合作，完全不承认近代科学所发展的生理学、解剖学、病理学、医学、药物学等等，这也可以由他们。但指望他们发展中医中药使之科学化的希望却很少，这个道理是很明显的。然因目前中医日就式微，对这部分中医仍应予以支持使获流传，否则中西医结合就将有失去对象的危险，而中医中药中未经发掘整理的大量宝贵财产也就难于分析继承了。我在看报时曾剪过几张有关的新闻，今一并寄奉，以供参考。这类材料当然非常多,但是只从这几个例子也可以说明许多问题。如首先没有确诊是慢性持续乙型肝炎(这必须用西医的方法如验血、测温、摸肝等),后来也不能断定乙型肝炎的症象已经消失(如转氨酶等已恢复正常),如何能证明每天服用16克生五味子粉末至二三周后即可治愈?这只靠病人的主诉或按脉等是决然不能得出任何有科学价值足以受国际医学界公认的结果的。其他例子:包括你所写信鼓励的中药抗瘤粉对脑胶质瘤的疗效,也是同样如此,否则四十七案病例即不能成立,治愈、有显效和有效率的68.1%也无从鉴定和统计出来。因此,我非常希望你能由这些大量的事实,对中西医结合采取坚决积极大力支持的态度,使中医中药不断获得新的科学成就,并不断对世界医学作出新的贡献。[3]

这个问题本拟面谈,现因劳累过度,不得不于明日离京去外地休息,只好等将来回来时再说了。

祝工作进步。

胡乔木

十一月十七日

所附剪报用后仍乞退回,通信处:中央办公厅转胡乔木处。

据胡乔木手稿排印。

注 释

1 月犁，即崔月犁（1920—1998）：河北深县人。时任卫生部部长、中华全国中医学会会长、中国中西医结合研究会第二届理事会理事长。

2 1982年11月13日《北京晚报》第一版刊出新闻："中药抗瘤粉昨晚通过鉴定，卫生部部长崔月犁写信鼓励研制者宋慕玲"。宋慕玲是北京宣武医院神经内科主治医师，她研制的"中药抗瘤粉"，经市科委、市卫生局和北京第二医学院共同鉴定，认为"此方为国内首创，方法简便易行，无明显毒、副作用，是非手术治疗脑胶质瘤的一项新方法，其疗效达到国内外治疗脑胶质瘤的先进水平"，是"临床科研阶段性重要成果"。崔月犁写信祝贺："西医学中医是我党的既定方针。宋慕玲同志多年来辛勤努力，忘我废食地进行学习和钻研，终于取得了很好的成绩。这种工作精神和工作作风是我们应当学习的。希望宋慕玲同志继续刻苦努力，作出更好、更大的成果。"

3 1982年11月18日，崔月犁复信胡乔木："我完全同意您对中西医结合及中医工作的意见。"

致韩克华等

（一九八二年十二月二十五日）

克华[1] 同志并请代转浙江杭州旅游局园林局同志：

在杭州的谈话，本是随便说的，不想旅游局要把它发到全国，虽经修改，终觉不安。其中关于杭州和绍兴的一些意见，过于具体，亦嫌琐碎和主观，恐有不易施行之处。例如与陆游有关的沈园[2]，既已开放，亦有浪漫色彩，对外本亦不必限制。岳墓的四铁像[3]，如何处置为好，我并未在现场研究。至于古迹名胜说明我用了一个百科全书式的，这只是说要求其谨严扼要，但因措词不周，很可能被误解为要求写成一百科全书条目式的介绍，则不免强人所难（现在的说明词啰嗦、空洞、夸大以至文理不通者还不少，仍保留“文革”时的宣传者估计已成过去），且游人亦未必愿意看那么沉闷冗长的东西。平湖秋月[4] 的建筑，规模有限，要求既介绍杭州又介绍浙江，势所难能。除非分两个场地或另有一较阔大的场地。西湖风景点名称，将来可请专家另拟，但西湖十景旧碑，留着，也没有什么要紧。总之这些问题纯属个人意见，只能就其可取者参考之而已。因恐引起各地大动干戈，欲益反损，特此补正。

胡乔木

一九八二年十二月二十五日

据胡乔木手稿排印。

注　释

1 克华，即韩克华(1929—　　)：河南南乐人。时任外交部副部长、中国旅游事业管理总局局长。

2 沈园在浙江绍兴市内木莲桥洋河弄，原为沈性旧业。绍兴二十五年(公元1155年)，南宋诗人陆游(1125—1210)与初婚后被迫离异的妻子唐琬在沈园邂逅。时唐已改嫁，陆游一时感慨万端，在园壁题《钗头凤》词，极言痛苦之情。唐见后和作一阕，不久悒郁而亡。

3 指杭州西湖畔岳飞墓前跪着的四个铁像，有杀害岳飞的奸臣秦桧和他的妻子王氏，佞臣张俊、万俟卨。

4 平湖秋月，杭州西湖著名景点之一。

致朱佳木

（一九八三年二月六日）

佳木同志：

人民出版社《张闻天文集》编辑组在一九三二年十一月上海党中央[1]所出油印刊物《斗争》中发现了三篇[2]断为闻天同志所作，并认为其中一篇特别有价值（即《文艺战线上的关门主义》，此文今天看来也不是句句是真理，但当时能写出此文实非易事，可惜没有发生影响），我看了也同意他们的判断和估价，并想把此文在《人民日报》上发表一下（力群同志也同意）。为慎重计，我想请你把所附全部材料看一下，然后在陈云同志精神较好时把他们提出的论据向他老人家报告一下，听听他有什么意见，并告[3]。原件请退回。遵义会议报告提纲[4]已告党史征集委员会完全按陈云同志意见办。

胡乔木

二月六日

据胡乔木手稿排印。

注 释

1 上海党中央,指中共临时中央。

2 指发表于1932年11月3日《斗争》第30期上的《文艺战线上的关门主义》、11月18日《斗争》第31期上的《在走向粉碎四次“围剿”的路上》和《论我们的宣传鼓动工作》等三篇署名“歌特”的文章。《文艺战线上的关门主义》一文先后收入1985年8月由人民出版社出版的《张闻天选集》、1995年8月由中共党史出版社出版的《张闻天文集》第一卷中。

3 陈云1931年9月后是中共临时中央领导成员。朱佳木请示陈云后回告:陈云同志记不得了。

4 指陈云1935年2—3月期间,传达遵义会议情况提纲的手稿,已收入1985年1月由人民出版社出版的《遵义会议文献》,题为《遵义政治局扩大会议传达提纲》。1982年5月,陈云在审阅中央档案馆送他辨认这份手稿时指出:“这份东西是我在遵义会议后为向中央纵队传达会议情况而写的传达提纲。过泸定桥后,中央决定我去上海恢复白区组织,这份东西可能是当时留下而后被带到延安的。”1983年初,中央党史资料征集委员会有人考证这份提纲,鉴于这份提纲来自苏联保存的共产国际档案,认为有可能是陈云当年由上海去苏联向共产国际汇报红军长征和遵义会议时写的汇报提纲,并打算在内部刊物上发表这份提纲时予以说明。征委会就此请示陈云,陈云答复说:“我在苏联没有写过这个东西,这份提纲可以肯定是我在遵义至泸定桥这段时间写的。”

致胡启立并转安徽省委

（一九八三年二月十七日）

启立同志请阅转安徽省委：

类似此件所说的拐骗四川妇女到安徽的事件已有多起，其中有一起安徽基层组织不但坐视不问，甚至反把四川寻来的丈夫痛打了一顿。希望安徽省委能对此类猖狂违法的惨酷事件采取坚决措施予以制止，不知能办到否？

胡乔木

二月十七日

据胡乔木手稿排印。

致《张闻天文集》编辑小组

（一九八三年二月二十二日）

《张闻天文集》编辑小组：

关于张闻天同志的《文艺战线上的关门主义》[1]一文及其考证[2]已由力群同志转我看了。曾送陈云同志，但他说记不起来了。我同意程中原[3]同志的考证，并认为这篇文章很有历史意义（虽然当时并未发生影响），可以在《中国社会科学》上作为史料发表。编者可加一按语，说明此文情况和价值，但亦要注意张闻天同志当时思想中既有"左"倾的一面，也有反"左"倾的一面；这篇文章批评反对小资产阶级文学和反对第三种人，从纯粹理论上说是值得注意的，但没有联系到当时提倡小资产阶级革命文学（杨邨人[4]）和第三种人文学（胡秋原、杜衡）[5]的具体情况，不免是一重要缺陷。可以由此文批评左翼文学运动的关门主义，但不能由此否定左翼文学和鲁迅等对杨、胡、杜的批判。（那不但会引起左翼的反感，还会被今天的右翼所利用。）这一按语不好写，可写了试试看。或者就不写按语，也是一种办法。究以何者为妥，请与黎澍[6]、丁伟志[7]

同志详酌。

胡乔木

二月二十二日

据胡乔木手稿排印。

注　释

1　张闻天1931年在上海中共临时中央工作，任中共中央政治局常委、中央宣传部部长。《文艺战线上的关门主义》一文发表在临时中央机关报《斗争》第30期（1932年11月3日出版）上，署名“歌特”。

2　指程中原所写《“歌特”试考》一文。后改题《“歌特”为张闻天化名考》载《中国社会科学》1983年第4期。

3　程中原（1938—　）：江苏无锡人。时为《张闻天文集》编辑小组成员。

4　杨邨人（1901—1955）：广东潮安人。左联时期的作家。

5　第三种人文学，主要代表人物胡秋原、杜衡。1931、1932年期间，他们自称是居于国民党反动文人和左翼革命文学阵营之间的“自由人”、“第三种人”，反对左翼文学理论，提倡“艺术至上”。胡秋原（1910—　）：湖北黄陂人。1931年与王礼锡等在上海主办《读书杂志》和从事翻译工作。杜衡（1907—1964）：原名苏汶，江苏人。左联时期的作家。

6　黎　澍（1912—1988）：湖南醴陵人。历史学家。时任《中国社会科学》杂志总编辑。

7　丁伟志（1931—　）：山东潍坊人。历史学家。时任《中国社会科学》杂志副总编辑。

致胡耀邦

（一九八三年二月二十三日）

耀邦[1]同志：

讲话稿[2]遵嘱又看了几遍，作了少量修改。修改中注意吸收了不少同志提出的好意见，和实践中提出的一些问题，并更好地同十二大报告的提法相衔接。不知妥否，请予审阅。

不少同志提出这个讲话非常重要，涉及一系列重大问题，建议在政治局常委和政治局讨论一下。我也同意这个意见，因为这样比较周到，也是党章的规定。请考虑。

胡乔木

二月二十三日

据胡乔木手稿排印。

注释

1 耀邦，即胡耀邦，时任中共中央政治局常委、中央委员会总书记。

2 讲话稿，指1983年3月13日胡耀邦在中共中央于北京举行的纪念马克思逝世100周年大会上发表的题为《马克思主义真理的光芒照耀我们前进》的讲话稿，载1983年3月14日《人民日报》。

致邓力群并转朱穆之

（一九八三年二月二十五日）

力群同志并请转穆之[1]同志：

昨下午《参考要闻》载香港《明报》对新华社新闻缺乏时间观念一文建议新华社全体编辑同志加以讨论。我认为这个批评很对。

我再加一个例子，即某人逝世的新闻也经常要等开追悼会，至少总要迟几天。最近萧三[2]、孙冶方[3]逝世新闻是单独发的（雷雨顺[4]则迟了一个星期），仍是迟了。孙逝世的消息新华社第二天才知道，我想社会科学院应负责任，因我早就告梅益[5]同志事前准备好逝世新闻了，但逝世后仍在向中央请示处理办法（中央如经常处理这类问题则中央的工作方法亦有错误）。然而无论如何，作为一个通讯社，应经常对这类问题事先准备好自己的新闻，并保持与医院的联系，完全没有义务遵守某一机关的约束或等待它的通知。在萧三追悼会的新闻中竟夹入苏联作家协会的唁电。这也可以说是其他有关单位的责任。但如此下去，则新华社永远不能成为一个独立的、有效率的、有自己文字水平的通讯社。是彻底改革的时候了！

胡乔木

二月二十五日

据胡乔木手稿排印。

注 释

1 穆之，即朱穆之，时任文化部部长。

2 萧三(1896—1983)：湖南湘乡人。诗人。曾任中国作家协会书记处书记。著有《萧三诗选》等。1983年2月4日逝世。

3 孙冶方(1908—1983)：江苏无锡人。经济学家。曾任中国社会科学院顾问、国务院经济研究中心顾问等职。1983年2月22日逝世。

4 雷雨顺(1935—1983)：陕西铜川人。气象学家。曾任国家气象局气象研究院副研究员、王码电脑公司软件中心气象研究室副主任。1983年2月逝世。

5 梅益，时任中国社会科学院副院长、党组第一书记。

致《人民日报》、《光明日报》、《工人日报》、《北京日报》

（一九八三年三月三日）

《人民日报》、《光明日报》、《工人日报》、《北京日报》：

今天你们四家报纸都登了首都举行三八报告会的新闻，新闻标题各有不同，但都未着重表明中央候补书记郝建秀[1]同志讲话的这一重要内容，即切实保护妇女利益，反对或制裁歧视、损害妇女的言行。《人民日报》、《工人日报》标题根本未提郝建秀同志的名字。《工人日报》虽用新华社电头，但只用了约一半，而又未用据新华社讯字样（三八是国际劳动妇女节，《工人日报》这样处理多少离开了工人阶级应有的立场）。《光明日报》、《北京日报》的标题都只强调做改革的促进派。我认为：（一）不标出郝建秀同志的名字是很不妥当的，这是她担任中央工作后第一次代表中央讲话，而她是分管工青妇的，这样的处理不能不受到批评。（二）不在标题中突出要求男女平等、反对男女不平等是错误的，这是当前和今后长时期内严重社会问题，在三八节都不强调，说明你们几家报纸的编辑心目中对此视而不见，我甚至怀疑你们的编辑部本身未尝没有重男轻女的残余心理（但愿这种怀疑完全错误，我极愿接受批评）。应该承认，《人民日报》的新闻写得比新华社的更完全，更好，但可惜编辑部没有能帮记者的忙。希望大家今后加以注意。

胡乔木

三月三日

据胡乔木手稿排印。

注　释

1 郝建秀（1935—　）：山东青岛人。时任中共中央书记处候补书记。

致《新华日报》、《群众周刊》创刊45周年纪念会

（一九八三年三月六日）

《新华日报》[1]、《群众周刊》[2] 创刊四十五周年纪念会

亲爱的同志们：

《新华日报》和《群众周刊》是我党从抗战初期就在国民党统治区创办的报刊，宣传党的抗日主张，宣传马克思主义，深受广大群众爱戴，直到国民党反动派发动内战即将进攻延安的前夜才被停刊。《新华日报》和《群众周刊》九年多的奋斗史，是党的报刊史上极为光辉的段落。团结在周恩来等同志领导下的全体编辑出版发行人员，为党的事业历经艰辛，坚贞不屈，其中一部分同志并以身殉职，他们的业绩永远值得后人纪念和学习。把《新华日报》和《群众周刊》的奋斗史编辑成书，很有教育意义，希望曾经参加这一英勇斗争的同志们共同努力，使这一工作得以迅速完成。

胡乔木

一九八三年三月六日

据胡乔木手稿排印。

注　释

1 《新华日报》，是中国共产党在国民党统治区公开出版的机关报。1938年1月11日在汉口创刊，同年10月25日迁至重庆继续出版。1947年2月28日被国民党政府强迫停刊。

2 《群众周刊》，是抗日战争时期、第三次国内革命战争时期在国统区公开出版的中国共产党机关刊物。1937年12月11日在汉口创刊，为周刊。1938年10月停刊，12月迁至重庆复刊，1943年1月改为半月刊。抗战胜利后，1946年6月迁至上海出版，复为周刊。1947年3月被国民党当局勒令停刊。

致杜星垣

（一九八三年三月十八日）

星垣[1] 同志：

前请国务院拟一保护珍贵动物，禁止捕杀的简单通令，不知已拟就否？在植树节时见到赵总理又已向他面告。

胡乔木

三月十八日

这种通令因宪法已有明文，全系行政性质，无需经过人大常委。

据胡乔木手稿排印。

注释

1 星垣，即杜星垣（1914— ）：福建霞浦人。时任国务院第一秘书长。

致邓小平、胡耀邦、姚依林

（一九八三年三月二十二日）

小平、耀邦、依林[1]同志：

根据中央十七日决定和小平同志今日指示，起草了一项简单决定，[2]请小平、耀邦同志审阅后转依林同志在工交会议[3]上宣读，并告参加会议的同志负责转达给自己的党委和党组的领导同志。[4]宣读后即存档，不另印发。以上妥否请示。[5]

胡乔木

三月二十二日

据胡乔木手稿排印。

注　　释

1 依林，即姚依林，时任中共中央政治局候补委员、中央书记处书记。

2 1983年3月17日，中共中央政治局常委、中央书记处召开会议，听取并批准了国家计委、经委关于当前经济工作中几个问题的汇报提纲，决定把这次会议的精神传达给各省、市、自治区主要负责同志。3月22日，根据邓小平指示，由胡乔木就3月17日会议起草了一项简单决定：(1)会议一致通过国家计委、国家经委党组关于当前经济工作中几个问题的汇报提纲，认为它是正确的，全党应该予以坚决执行。(2)中央决定：中央政治局和中央书记处一切有关各项经济财政工作的决定，一概由中央财经领导小组或国务院负责宣布和执行；对某些重大问题的决定，可由中共中央和国务院联名宣布。此决定经中央常委审定后，由姚依林于3月24日在工交会议上宣读。

3 工交会议，指全国工业交通工作会议，1983年3月21日—4月1日在北京举行。会议的主要内容是对国营企业推行以税代利的改革，继续贯彻执行调整、改革、整顿、提高的方针，加快经济管理体制改革的步伐，坚持以提高经济效益为中心，实现速度和效益的统一。

4 用楷体字排印的这一句是邓小平加写的。

5 邓小平3月23日在胡乔木所起草的“决定”上作了些删改，批请胡乔木再酌后送胡耀邦。胡乔木于3月23日在邓小平退信上写下：“同意小平同志所作删改。”

致胡耀邦并中共中央书记处

(一九八三年三月二十三日)

耀邦同志并中央书记处:

今年要开六届人大、妇代会和工代会,另中宣部要开文艺工作会议。前三个会议报告(人大是赵[1]的报告,早已说了)都要我负责主持,后一个会议要我做报告(为此需要看许多作品,否则讲话毫无意义)。凡此固属责有攸归,义不容辞,但度德量力,实有未能。人大报告因须总结上届五年各方面政府工作,并展望本届五年前景,不能以抄十二大报告塞责,工程浩繁,非同一般,而时机已很迫促。工、妇两方面工作,过去未有接触,无中何能生有?除政府工作报告已有林涧青等同志准备,届时可以看一看,但究竟如何尚难预卜外,工、妇两报告恳求书记处另行指定人马协助工、妇起草,免误大事。自审既无经验,又无精力,实情如此,不敢隐瞒。此两报告最后稿我仍可过目,但为能有所裨益计,希望人大期间(因人大以后天气炎热,只能去东北了)给假一两月,到一些地方略作考察,稍加感性知识,同时也可减少一些脑力活动,以便尔后可以断断续续地多工作一段时间。至于中宣部的文艺会议,建议即由贺敬之[2]、王蒙[3]两位新同志主持，王前不久表示以后专写革命题材，也不再纠缠于意识流等的尝试，对较年轻作家的说服力要比老同志强。近日自感精力日益不济，不敢贻误大事，不得不据实陈情，敬希鉴谅。

胡乔木

三月二十三日

据胡乔木手稿排印。

注　释

1　赵，即赵紫阳。

2　贺敬之，时任中共中央宣传部副部长。

3　王蒙（1934—　）：北京人。作家。时任中国作家协会书记处书记。

致邓力群等

（一九八三年三月二十四日）

力群同志并中宣部各副部长：

中宣部晚上经常放电影，而且一放就是两部，我昨晚告郁文同志，这个风气不好。中宣部各局的干部应是各有关业务的专家，现在还差得很远，晚上有这样多时间看电影，何不用来上课学习进修？这样也可为中央各机关的表率。至于看电影，如为了审查，人员应限制于审查者和送审者，如为了娱乐，时间应限于周末，一般亦应限于一部（加短片在外）。这样中宣部才能成为一个作风严肃而能享有威信的机关，足以领导它所领导的部门。这本是“小事”，也可说是一件大事。意见仅供参酌，是否适当，请予考虑。

胡乔木　24/3

据胡乔木手稿排印。

致陈丕显

（一九八三年四月十三日）

丕显[1]同志：

对于身带匕首和其他凶器的流氓犯罪团伙，白天出入公共汽车站、大商店、银行、火车站、飞机场等地，晚上出入僻静街巷作案事件，各城市几乎每天都有多起。他们除经常造成一些先进分子和善良公民死亡外，还多次策划劫持飞机。这已成为我国社会治安中的一大问题。迄今为止，我们都是在案件发生后才与他们抗争，或在他们逃跑后追捕。我想，以当今的科学技术，不应限于或着重于这种被动办法。我们完全有可能在各种入口处采取各种距离各种形式的技术侦察手段，事先将这些歹徒查获惩处，这样可能使社会治安有较快较大的好转。这种技术侦察，无非利用各种物理仪器（包括磁力、电子、红外线、激光等），而这些物理仪器是我国科技力量所完全能够设计制造的。因此，如你同意，希告公安部有关负责同志积极主动地与科技界有关方面合作（例如科学院的物理所、电子所、高能所、上海技术物理所和电子工业部等），力求尽速解决这些仪器的设计、生产和配备使用问题。如公安部本身即能解决这些问题，那自然更好了。当否请酌。

胡乔木

四月十三日

据胡乔木手稿排印。

注 释

1 丕显，即陈丕显，时任中共中央书记处书记，分管政法工作。

致邓颖超

（一九八三年四月三十日）

颖超[1]大姐：

四月二十六日来示奉悉。谢谢您的垂问。我的健康情况在休息后已渐见好转。但愿您的身体能保持长久的安泰，这是全党和全国人民的幸福。

杨刚[2]同志的不幸逝世确是党的一个沉痛的损失，周总理曾为此亲自打电话给我询问情由，并给我以批评。她逝世的直接原因只是她丢了一个笔记本（内容可能涉及一些党内的和她个人的秘密），她找了一两天没有找着，因当时正值反右倾斗争[3]的紧张时期，她非常惶恐不安。她曾向《人民日报》社的领导报告过，据我记忆，报社并未对她有何责难，但也没有多注意她的精神状态。她曾打电话给我要求面谈，我当时因事忙，只在电话里宽慰她，说这决没有什么大要紧，希望她务必放心，照常工作。我没有体会到她的紧张心情，没有压下手头的工作当面向她仔细解释，这确是一个无法挽救的错误，至今仍觉内疚。过了两天，她就在极度不安的情况下服安眠药自杀。她曾留下遗书，内容大略也就是上述的这些，这封遗书连同《人民日报》社的报告曾上报中央。《人民日报》社为她开了追悼会，由副总编辑王揖同志致悼词。因为她的死很难对外解释，所以似乎没有报道。又因报社始终没有对她作过任何处分，所以也不好平反。为了纪念这位为党的工作和文艺、新闻事业作过很多贡献的优秀的女同志，我想请几位熟悉她的党内外同志把她的作品收集出版。[4] 同时，已请当时《人民日报》的负责同志把她逝世前后的情况写一份较为详细准确的材料送您。深为不幸的是，她在科学院工作的儿子前不久病故，而她的另一位亲属郑依平同志（原任哈尔滨市委宣传部长）也在"文化大革命"中逝世。她还有哪些亲属还在，需要调查一下。

再次祝您健康长寿！

（《新文学史料》附还。）

胡乔木

四月三十日

据胡乔木手稿排印。

注　释

1 颖超，即邓颖超，时任中共中央政治局委员、全国人大常委会副委员长。

2 杨刚（1909—1957）：湖北沔阳人。作家、新闻工作者。燕京大学毕业，1928年加入中国共产党，1933年任《大众知识》杂志编辑，参加左联工作，从事文学创作，是北方左联重要干部。抗战时期任《大公报》文艺特刊主编。解放后先后在外交部政策委员会、总理办公室、中共中央宣传部工作，逝世前任《人民日报》副总编辑。

3 此处“反右倾斗争”应为反右派斗争。

4 胡乔木作序、萧乾选编的《杨刚文集》1983年由人民文学出版社出版。

致 梅 益

（一九八三年五月十三日）

梅益同志：

夏[1]是文学所特约研究员。不知有无办法予以帮助？如实在无办法，当另行设法。

胡乔木

五·一三

据胡乔木手稿排印。

注　释

1 夏，即夏承焘，时年83岁，为杭州大学中文系教授。1975年，夏从杭州到北京家中养病，同时整理旧稿。由于户口在杭州，治病、生活诸多不便。全家三代六口人居住仅30余平方米的二居室房，还上下四层楼梯。夏因此常借居朋友或学生家中。胡乔木在看到有关夏的材料以后，极为关心，就给梅益写了这封信，要求中国社会科学院能给予夏以帮助。

致扬州中学

（一九八三年五月十三日）

扬州中学连同它的前身江苏省立第八中学，是我从一个小学毕业生成长为一个青年的母校（从一九二四年到一九三〇年）。四十多年已经过去，但是我永远忘记不了当时的老师和同学，虽然他们中间的许多人已经不在人世了。旧时代的扬州中学并没有教育我走上革命的道路，那是当时的一些先进的思想家和一些先进的同学帮助我的，但是它教育我成为一个正直的人和勤学的人，这仍然使我深深感激，念念不忘。光荣的是今天的老师，幸福的是今天的同学，他们自觉地负起了历史的重任，他们能在中学时代就把自己的生活同社会主义祖国的前途联结在一起。我和你们虽相隔几千里，但我的眼将眺望着你们的进步，我的心将同着你们的心一道为争取伟大的未来而跳动。

献给亲爱的母校扬州中学

胡乔木

一九八三年五月十三日

据胡乔木手稿排印。

致韦君宜、萧乾、陈伯海

（一九八三年六月二十三日）

君宜[1]、萧乾[2]、伯海[3]同志：

匆匆把《杨刚文集》看了一遍。对于编选，我提不出意见，因为我并未读过她的全部作品。我同样匆匆地写了一篇小序，[4]不知可用否，请你们审定。耽误了出版社付印的时间，很是抱歉。

在阅读的过程中我有时作了一些校订，大部分是关于用字，但也常常不敢断定，请再斟酌。同时有些地方我看到觉得有疑问的地方也没有都提出校订的意见，所以只能说“有时”。我怕几份抄稿中可能还有错漏，因无原作可资对证，特别希望伯海同志再过细看一遍。凡作疑问词的“那”我大概都改了“哪”，觉得这样文义较明晰，也合乎全书旧字都改新字的原则。不过副词语尾的“的”一律没有改“地”。在萧乾同志写的编后记所引的作者小传中，我加了一个长注，这是关于她入党以后脱党[5]的，原文说是失掉联系，现据她的一份党内自传的一段作了改正。这算是惟一的实质性的校订。不过这个注应该用谁的口吻，我没有想好。是否应用编者即编后记的作者的口吻比较适当？请萧乾同志考虑决定。这只要加上根据后来看到的她的一份自传，需要作如下改正之类的话就行了。

此外还有一些问题已写在前日给君宜、伯海同志信中，不赘。

敬礼

胡乔木

六月二十三日

普通外来词语加注英语的，我想都应用小体字母开头，以别于专用词语，但似只改了一处，其他未改的已来不及查找了，如何请酌处，总以统一为是。

据胡乔木手稿排印。

注　释

1 君宜，即韦君宜，时任人民文学出版社副社长。

2 萧乾(1910—1999)：北京人。作家、记者、翻译家。时任人民文学出版社顾问。

3 伯海，即陈伯海(1935—　)：湖南长沙人。时任上海社会科学院文学研究所所长、研究员，在人民文学出版社协助工作。

4 指《〈杨刚文集〉序》，载 1983 年 8 月 3 日《人民日报》，后收入《胡乔木文集》第 3 卷。

5 杨刚 1928 年加入中国共产党，1931 年被国民党逮捕，1938 年重新加入共产党。

致中央对外宣传小组

（一九八三年六月二十五日）

对外宣传小组：

这个经验很好。请考虑通知各有在华老专家（或不是老专家，但具有某种客观态度的工作人员）的单位按照具体情况参考酌办。

美国的韩丁[1] 和英国的 Maxwell[2]（《印度对华战争》作者）都曾对我国现行农业政策抱有重大疑虑。韩丁今年第一次来华后看了一些地方，加上听到他儿女的一些反映，深表不满。后我要对外友协请杜润生[3] 同志在他第二次来华时详细谈了一次，听说效果很好。请将他们的谈话纪录转发各有关单位参考。这里有一问题必须认真解决，即无论上下哪一级都不要只说好的成功的一面，而不说不好的和问题尚待继续研究解决的一面。这不是马克思主义的态度，也必然不会有好结果。Maxwell 曾多次来华，因对我农村政策变化不理解一度曾在英成为积极反华分子。经我社科院农经所所长多次陪他到农村访问（他们的调查非常认真），态度已有明显好转，但仍有某些疑问，这是不奇怪的。由此可以想见，许多外国友人不但对我农村政策，即对我城市政策和其他方面的政策,也都会有不同程度的疑问,而我们的出版物中对这些政策的改变及其结果往往说得非常简单,似乎现在已不再有任何问题,这就很难令人信服,而且对我社会中阴暗面的存在亦难以自圆其说。这一点希望从事对外宣传工作的同志特别注意。

胡乔木

六月二十五日

据胡乔木手稿排印。

注 释

1 韩丁(1920—):美国人。农业家。

2 Maxwell 即马克斯威尔(1923—):英国人。出版家。时任英国出版商公司董事长。

3 杜润生(1913—):山西太谷人。时任中共中央农村政策研究室主任。

致胡耀邦

（一九八三年七月十八日）

耀邦同志：

大钊同志碑文[1]（因碑体已定，碑文须以二千字左右为限，如有增必有减，否则字太小难看清）经胡绳[2]同志和我先后又作了两次修改，已于今十八日书记处会上通过。紫阳同志嘱送您再看一次。因北京市急于重刻，以便按时完成各项有关布置和开放陵园，故望阅正后即退回。（附胡绳信一件供参考）

胡乔木

七月十八日

据胡乔木手稿排印。

注　释

1 李大钊（1889—1927）：河北乐亭人。中国最早的马克思主义者之一。1927年4月6日被奉系军阀张作霖逮捕，28日在北京英勇就义。李大钊殉难后，灵柩暂停放宣武门外妙光阁浙寺。1933年4月中国共产党地下秘密组织将李大钊灵柩移葬北京香山脚下的万安公墓。"文化大革命"中，李大钊的坟墓与墓碑均遭红卫兵破坏。打倒"四人帮"之后，中共中央决定修复李大钊的坟墓及墓碑，重刻碑文。

2 胡绳，时任中共中央委员、中央党史研究室主任。

致 刘 英

（一九八三年七月十八日）

刘英[1]同志：

收到你送的《张闻天早年文学作品选》[2]一册，非常感谢。

敬礼

胡乔木

七月十八日

据胡乔木手稿排印。

注 释

1 刘英（1905— ）：湖南长沙人。张闻天的夫人。

2 茅盾作序、程中原编的《张闻天早年文学作品选》1983年6月由人民文学出版社出版。

致万里、胡启立、郝建秀

（一九八三年七月三十日）

万里、启立、建秀同志：

此件[1]请阅，并请考虑是否需要由国务院或书记处针对所说情况再作一决定。问题实在太严重了。对矽肺病问题必须有有效对策。当否请酌。

胡乔木

七月卅日

据胡乔木手稿排印。

注　释

1　此件，指 1983 年 7 月 26 日国家经委内部刊物《经济动态》登载的一份材料《我国生产安全情况尚未根本好转》。

致邓颖超

（一九八三年八月五日）

敬爱的邓大姐[1]：

您的来信收到已有几天了，实因工作繁忙和健康欠佳，每天的时间被处理急件、开会、治疗都占了，到今天才答复，实在非常抱歉。

首先谢谢您对谷羽和我的情况的关怀。谷羽的眼压已下降到20上下，还不稳定，但比前一段好多了。我的状况和以前差不多少，忙时各种不适反应就多一些，稍事休息又会好转，总的说还可以对付。务请放心。

杨刚同志的文集已由萧乾同志编选，全书内容很够丰富，包括诗、小说、散文、通讯、评论和好几篇回忆录（除一篇外都是别人写的）。我因为要写序，不得不把全部书稿花了一个多月的时间读校了一遍，六月间已交人民文学出版社。原定六月付印，因为我的参与推迟了一个月。现在印刷周期比较长，但今年大概可以印行了。出版社送我的是原稿（发表时复印稿和一部分手抄稿），分量很大，字迹不清，又加印厂催稿甚急，过期需由出版社罚款，所以无法送您看。只好等书印成后再送呈了。对于这件工作我确是付出了不少心血（原稿印错抄错以及本来写错的字都不少），但这既是您的嘱托，也是我对亡友应尽的义务，所以我直到把这件事做完以后，才觉得了掉了一场心事。只是没有及时向您报告，致劳挂注，这是我的过失，只能请求您的宽恕。

酷暑期间，望多珍摄。并致

敬礼

胡乔木

八月五日

另附还《新文学史料》一册。

据胡乔木手稿排印。

注　释

1 邓大姐，即邓颖超，时任中共中央政治局委员、全国人大常委会副委员长、全国政协主席。

致朱穆之

(一九八三年八月二十日)

穆之同志:

今晨散步时忽发较重的心绞痛,不能谈话了,很是可惜,现将想到的几点意见供你参考,并请文化部党组研究。

1. 文化系统前一段有几位演员表现很不像样的,包括一些名演员,对他们应有适当处置(起码要正式批评,有的要重些),以资惩前毖后,整顿文化队伍的作风。否则有奖无惩,何以治天下?

2. 文物部门外行领导,急功近利,对此考古界深为不满。如陕西秦皇兵马俑和其他有关发掘,过于潦草,而对如何长期保存则很少考虑。此事责任可能更多在地方,但由于操之过急,破坏不少,今如不加强有力的干涉,则后果殊难设想。考古学家认为如此宝库,应有百年大计,从容进行,根本不应仓促求成。此类事尚有不少,急需广征博议,从原则上解决一下。

3. 出版方面,领导太弱,对今日西方文化思想的横流,负有很大的一部分责任。需要考虑对全国书刊认真整顿一下,并订出批准出版的有效办法,犹如国务院的检查工厂企业一样。一些港台黄色录音录像带,至今在北京都公开出售,何以竟无法制止?

4. 关于电影事业的一些意见今晨已与丁峤[1]同志略谈,不再多赘。

不多写了,即祝

旅途安吉。

胡乔木

二十日下午

据胡乔木手稿排印。

注　释

1　丁峤(1924—1995):湖北汉口人。时任文化部副部长。

致胡启立、乔石

(一九八三年八月二十七日)

启立、乔石[1] 同志：

李大维[2] 的三条建议都很切中时弊。关于第二条，我认为中央应切实控制关于西方生活方式、文化思想的传播(当然不是封锁，而现在是泛滥成灾)，而加强关于本国和社会主义的宣传(如既让美国小说电影到处流传，何不让好的和比较好的苏联小说电影同样流传？究竟是苏联文学教育了我国几代人嘛！)，这包括许多问题，一时难以说清。关于第三条，看似小事，实则对培养青少年爱国心关系很大，上次大会会议唱国歌时，绝大多数代表在开幕和闭幕时都不唱(事先还经过动员)，实在令人难堪和气愤。(他关于电视的建议可同广电部研究。广播中联播节目开始时可否唱国歌也可研究。)建议中央(因单是教育部、共青团都不行)为此发一通知，当否请酌。

胡乔木

八月二十七日

另，我们现在对国庆节和五一节只放假，毫无庆祝仪式,这也是一个问题。过去仪式太繁重不好,应简化,但现在只是休假加一部分人的娱乐,这还有什么教育鼓舞作用?此事请先提书记处办公会议一议如何?

据胡乔木手稿排印。

注 释

1 乔石(1924—):上海人。时任中共中央书记处候补书记、中央办公厅主任。

2 李大维(1950—):安徽阜阳人。台湾陆军航空队飞行员。1983 年 4 月 22 日驾 U-6A 型观测联络机,从台湾花莲飞抵福建宁德。后任中国人民解放军航空学校副校长。

致苏云、张辉

（一九八三年八月二十八日）

苏云[1]、张辉[2]同志：

《不该发生的故事》[3]片中对自己要求退党的坏党员，我想仍应以开除出党为好，因为党员本有退党的自由，如改为留党察看两年之类的处分那倒反而要添出许多话来，首先要说服他不退党（要加演一些戏），这才谈得到留党察看的问题（这还得支部讨论通过）。因此，无论从党的原则讲，或从修改处理方便着想，似都以开除出党比较适当。这对观众也是一个震动，增加了整部片子的教育意义。这个想法是否可行，请酌。

敬礼

胡乔木

八月廿八日

据胡乔木手稿排印。

注　释

1　苏云（1926—　　）：山西陵川人。时任长春电影制片厂厂长、党委副书记、吉林省文联副主席。

2 张辉(1926—):浙江海宁人。表演艺术家。时任长春电影制片厂导演。

3 《不该发生的故事》,长春电影制片厂拍摄的一部故事片。1983年8月23日晚,胡乔木去长春电影制片厂看了该片的混录双片,谈了些意见。第二天上午,他又在住处约见了苏云和张辉,对他们拍这样一部好影片表示祝贺,认为可以作为整党教材在全国农村广泛放映。

致马恩列斯编译局

（一九八三年十月二十二日）

马恩列斯编译局：

赵易亚[1]同志此信的第二点提出了一个很重要的问题，[2]这个问题我也曾想过很久，但因不能对照德法文本，无法提出来，只能存疑罢了。我认为他现查出了马克思的改动是很有价值的。希望你们能把《资本论》第一卷的德文第三版和法文版与德文第一版详细对照一下有关异化的用法，写成一篇正式文章在《人民日报》发表。如赵信所说是确实无误的，则文中应提及他的提出之功。至于《资本论》第二卷亦出恩格斯编辑，不知他何以也把它与第一卷放在一起统计。

赵的原信用后请退我，我还要回他的信。

胡乔木

十月廿二日

据胡乔木手稿排印。

注　释

1 赵易亚(1917—　　):江苏泰兴人。时任《解放军报》顾问。

2 赵易亚信中的第二点说:关于"异化"一词马克思著作中的使用情况,除了在早期确曾大量使用而外,《哲学的贫困》以后,很多是作为"哲学家易懂的话"借用的。《资本论》第一卷第一、二版还保存有五处(我查到的),但法文版(即马克思亲自修改过但未出版的德文第三版)已删去四处(即全集23卷473、626、668、708页),只保留一处(即23卷626页,法文版599页)。更值得注意的是23卷708页的"与工人相异化",法文版688页直接改为"与生产者相对立";23卷473页"与工人相独立、相异化的形态",法文版437页干脆删去了"相异化"三字。至于第三卷及剩余价值理论等处是用手稿编辑的,情况有所不同。以上当否,仅供参考。

致邓力群并习仲勋、胡启立

（一九八三年十一月十三日）

力群同志并仲勋、启立同志：

天津市委提出的这个问题带有普遍性，建议中宣部把这个材料[1]转发给各省市区宣传部参考。然后，还可在内部参考上转载，并可要中央一级的主要宣传机构（报刊、电台等）根据这个精神写成评论发表，以免引起社会上的恐慌情绪（这是说清除精神污染要正确进行，不要说要放松）。

妥否请酌。

胡乔木　13/11

据胡乔木手稿排印。

注　释

1 这个材料，指1983年11月11日新华社反映的材料《天津市委领导同志指出查禁黄色书刊录像要划清三个政策界限》。1983年11月，中共天津市委召开各区、县、局、大专院校和文化、教育、公安以及有电化教学录像设备单位的主要负责人会议，市委领导在会上强调在做好查禁黄色书刊、录像制品工作中划清三个政策界限：一是要划清传播精神污染与一般格调低下的界限；二是要划清黄色淫秽书刊与有一般错误观点作品的界限；三是要划清黄色书刊、录像的制作、散布，有组织的传抄、播放与那些无知的青少年因为好奇偶尔传看、传抄或者听了的界限。

致邓小平

（一九八四年一月七日）

小平同志：

送上在中央党校一月三日的讲话稿[1]，请于有便时一阅。全稿三万多字，长了一些，但因涉及的问题至今还没有一篇比较有分量的文章加以解答，党内外都有这样的要求，所以很难用短篇来讲清。文章是集体创作，四易其稿，费了两个多月的时间。采取的是参加讨论的形式，态度力求和缓。已分送政治局、书记处各同志请审阅。党校要求在该校所出《理论》月刊公开发表。究竟要不要发表，在党内发表或党外发表，并请中央决定。[2]

胡乔木

一月七日

耀邦同志处待他回京后再送阅。

据胡乔木手稿排印。

注 释

1 讲话稿,指1984年1月3日胡乔木在中共中央党校作的讲话《关于人道主义和异化问题》。这篇讲话在1984年1月27日《人民日报》和1984年第2期《红旗》杂志上发表。

2 邓小平于1984年1月11日在胡乔木的信上批示:"乔木同志:这篇文章写得好,可在《人民日报》发表或转载。由教育部规定大专学生必读。文艺、理论界可组织自由参加性质的座谈,允许辩论,不打棍子。"

致　周　扬

（一九八四年一月二十六日）

周扬[1]同志：

近日写了一首小诗，谨以奉呈。

祝春节安好。灵扬同志并此问候。

胡乔木

一月二十六日

谁让你逃出剑匣，谁让你
割伤我的好友的手指？
血从他手上流出，也从
我心头流出，就在同时。

请原谅！可锋利不是过失。
伤口会愈合，友情会保持。
雨后的阳光将照见大地
更美了：拥抱着一对战士。[2]

据胡乔木手稿排印。

注 释

1 周扬,时任中共中央顾问委员会委员。

2 周扬于1983年3月发表《关于马克思主义的几个理论问题的探讨》。胡乔木按照中共中央精神曾坦诚予以批评。1984年1月,胡乔木发表《关于人道主义和异化问题》。此诗表达了胡乔木期望周扬给予理解,并保持战友情谊的恳切心情。

致朱光潜

（一九八四年一月二十九日）

光潜[1]先生：

一月十四日手示早已读了，很感谢您费了两天时间，并在信中提出了宝贵的意见。在修改拙稿[2]时，对您所提出的两个问题都着意作了适当的说明。(一)有了历史唯物主义，为什么还要提出作为伦理道德原则的人道主义，这在“为什么要宣传和实现社会主义人道主义”题下专门加了一节(见《人民日报》二十七日第四版第一栏第四小节)，这一节内有些提法是以我的孤陋寡闻过去未见有人说过的，我想这样可能为我国社会科学研究(包括美学研究)打开一些新的门路。我以为现在一般讲历史唯物主义的书籍的通病，还是在于没有按照马克思所说的“哲学家们只是用不同的方式解释世界，而问题在于改变世界”的原则来编写，因而只把历史唯物主义作为解释过去历史的工具，而很少用来作为向新社会的建设者提出任务(建立新的伦理道德，实行社会主义人道主义只是其中的一项)的工具，这也是学校中马列主义教学不易为学生欢迎的原因之一。(二)关于人的自由全面发展的问题是一个复杂的实践问题，马、恩对这一问题可能想得简单了一些，与此相联系，对分工的批评似乎也失之过分。即令将来由于科学发展，人的劳动日缩短了，劳动条件也大大改变了，但很多专业性的职业（例如外科医生、高级科学研究人员之类）在可预见的将来恐还不能成为多面手，因此自由全面发展是否一定要像空想社会主义者所想象的那样，或者需要随着社会实践的实际发展而另行解释，现在还难于断定，故亦不宜多作空泛的主观的讨论。当然更不好任意把它同"异化"联系起来。至于社会上的一些不合理现象，需要区别不同情况作具体分析，视为"异化"于事无补，反而有害于问题的解决，这一点在文中讨论较详，不再赘述。总之，您来信中提出的问题对于拙稿的修改很有助益，所以表示真诚的感谢，决非出于客套。以上所说，不知是否有当？如有新见，深望再赐教言。

专此，即颂

阖府春节安好。

胡乔木

一月廿九日

据胡乔木手稿排印。

注　　释

1 光潜，即朱光潜（1897—1986）：安徽桐城人。美学家。时任北京大学哲学系、西语系教授。

2 拙稿，指《关于人道主义和异化问题》。

致 徐 飞

（一九八四年二月八日）

徐飞[1]同志：

一月二十七日的信[2]，今天收到了。很感谢你的好意。信访处因每天收到的信太多，人手有限，对来信的转送需费时挑选，这要原谅他们。你所说上次的信，我未收到。

我并未把生产关系说成“物”。你所以发生误会，是由“历史唯物主义讲物”这个短语引起的，这里的物是指“历史唯物主义”的“物”，下文的解释都是解释这里所谓物（按原文本为唯物主义，物并非词，而只是一个不能独立的词素。这里为通俗计，把它抽出来作为一个词了，以致意义不清，引起歧解。历史唯物主义亦即“历史的唯物主义的解说”），没有一项是离开人的。生产关系当然是人与人的关系，但这是在物质生产过程中所形成的关系，故说“是通过对物的占有而形成的人们之间的物质的生产关系”，不是说这种关系本身是物或物质。现送上单行本[3]一册，请阅正。希望这本小册子和这封信能解释你的质疑。

敬礼

胡乔木

二月八日

据胡乔木手稿排印。

注 释

1 徐飞(1929—):江苏涟水人。时任北京广播学院哲学系副教授。

2 徐飞这封信是在读过胡乔木《关于人道主义和异化问题》一文后写的,他一方面表示非常赞同这篇文章的观点,同时对文中个别叙述提出了质疑。

3 单行本,指1984年1月由人民出版社出版的《关于人道主义和异化问题》一书。

致胡耀邦并
邓力群、秦川、李庄

（一九八四年二月十七日）

耀邦同志并力群、秦川[1]、李庄[2]同志：

关于《人民日报》第五版内容不能令人满意的状况，你已提过不止一次，我也深有同感，但未能提出适当改善办法，甚觉内疚。现想可否下决心大致按如下比例把该版内容改变一下：

《科学和技术》（这是四化的关键，长期未在《人民日报》占据应有位置，是我的失职），每周可占一版，亦可占二版，例如：按内容分为两类（工业、农业或其他分类法），中国有许多研究所和情报所，各科专家和科普作家，稿源不会有问题；

《经济和管理》，每周也可出一至二版，这方面内容极广，可以或需要探讨的问题极多，也要办得生动，切合从事经济管理工作的广大干部（这占干部队伍中的很大比重）的需要，而不要采取使人却步的连载教科书的形式；

《教育和文化》，每周占一版，现有的每周一次的《文化生活》版即可并入此版，因教育问题远比文化问题重要，且内容亦更为丰富，从学前教育、中小学教育、职业教育、高等教育、成人业余教育和自学教育等，不会同《光明日报》、《教师报》等重复的；

《党的生活》仍可留，因是党报，但内容要生动和切合实际，能提出讨论和答复的生活和党的政策中的重要问题，要请中组、中宣、中指委、中纪委、政法委、农研室、统战部、中顾委、总政等多方面负责同志参加，还有国务院各部和省市委同志都可撰稿，要吸引广大党员、基层干部以至中层干部的兴趣，总之要一新耳目，引人入胜，不要板起面孔说些不关痛痒的话；

《思想园地》，要能针对青年和群众中的实际思想有的放矢地编，形式也要活泼多样，如来信复信等，并可约会写短文的作者辟为专栏（即外国报纸所谓专栏作家的园地，我想耀邦同志也会有兴趣参加的），也可介绍各地基层单位进行思想工作的先进经验，此栏如感力量不足，亦可与《党的生活》合一。

《国际知识》，如有可能，也可考虑作为一种双周刊，目前每周一次的第七版《国际生活》吸引力不大。

这是个人不成熟的设想，只供《人民日报》各同志参考。总之第五版要开创新局面，只要大家解放思想，深入群众，这一版一定是能办好的。

耀邦同志请先看一下这个方向是否妥当，需作什么补充修正,如原则同意,请再批转其他同志。[3]

胡乔木

二月十七日

据胡乔木手稿排印。

注　释

1 秦川,时任《人民日报》社社长。

2 李庄,时任《人民日报》总编辑。

3 胡耀邦2月18日在胡乔木的信上批示:“我是很赞成乔木同志这个设想的。请邓、秦、李等同志帮助《人民日报》同志细细加以具体化,并在实践中丰富、充实。”

致赵紫阳、胡启立

（一九八四年二月十八日）

紫阳、启立同志：

这期《零讯》[1] 不知看过否？如未看建议看一下，很有些内容。

解决科学技术面向经济建设问题，科学院的问题固需解决，但更重要的问题似还在科委和经委，否则科研出了成果亦无法形成生产力。建议中央和国务院对这个问题加以认真研究并切实解决。

胡乔木

二月十八日

据胡乔木手稿排印。

注　释

1 这期《零讯》，指中共中央统战部1984年2月10日《零讯》上的两个材料：一、民盟部分科技界成员谈“新技术革命”及我国科技发展存在的问题；二、上海市政协组织座谈“新技术革命与对策”。

致从维熙

（一九八四年二月十八日）

维熙[1] 同志：

昨信发后，想到信中对垂直线的解释仍不正确，因一条直线与另一条直线（或平面）相交成直角时，这条直线就是另一条直线（或平面）的垂线或垂直线（见《现代汉语词典》152 页垂线条），这另一条直线并不需要是水平线。比方

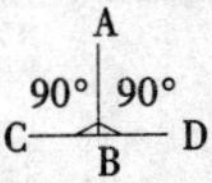

图中 AB 线固然是 CD 线的垂线（如 BC = BD 则为垂直等分线），CB 线、DB 线也是 AB 线的垂线。如把此图画成斜形，

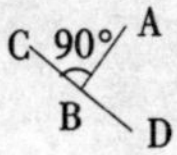

AB 线仍是 CD 线的垂线。通常人们因垂有下垂之义，容易设想 AB 是直立线，而 CD 线必是水平线。我的信和你的小说同样接受了这种不正确的设想，因而对垂直线作了违反几何学定义的错误的解释。特此更正。

胡乔木

二月十八日

据胡乔木手稿排印。

注 释

1 维熙,即从维熙(1933—):河北玉田人。作家。

致朱穆之并北京市委

（一九八四年二月二十二日）

穆之同志并北京市委：

此件我也看了，并与耀邦同志有同感。[1] 演出界实行承包办法后，确也出了一些问题，但总的看来，利多弊少，而弊是可以克服的，如果长期吃大锅饭，则弊更多，如不改革且无药可救。此点文化部是肯定了的。赵剧团[2] 的具体情况我不了解，听到过一些认为它的试验是失败的说法，但说者也并未亲自了解情况和总结经验。赵的反映也可能不全面，赵本人可能有缺点，但这个问题不能不注意。希望文化部和北京市有关同志会同赵剧团不抱成见地总结一下经验，解决一下问题，使各方面都得到帮助和教育，使这一试验克服困难而取得成功。这对于健康地进行全市和全国许多表演团体的改革也是一个重要的推动。不知以为如何？

胡乔木

二月二十二日

据胡乔木手稿排印。

注　释

1　此件，指京剧演员赵燕侠承包演出试点的材料。胡耀邦在看到有关赵燕侠这方面的材料之后，于1984年2月20日，即在这个材料上批示："乔木、力群、穆之同志：文艺演出团体现在生活待遇是很低的，国家在工资政策未解决前，他们自己在保证质量的条件下（主要是不演坏戏和提高票价增加群众负担）采取多演出，减点人马办法，增加些收入，用来改善演员生活，在我看来，这没有什么不好。前几天，有些年轻同志同我谈，他们认为体育界很关心运动员，而文艺领导政治要求高，但关心舞台解决实际困难少。这件事，是否要注意一下，请考虑。"

2　赵剧团，指北京京剧院京剧演员赵燕侠组织的演出团体。1981年春，经北京京剧院和北京市文化局同意，赵燕侠开始进行京剧"承包试点"，组织了承包试点队。参加承包试点队的每个演员和职员只拿基本工资的70%，其他一切补助概由试点队自筹；北京京剧院从试点队演出收入总额中按10%比例提成。承包初步结果，减少了北京京剧院的财政支出，队员收入比以前增加，青年演员上台锻炼的机会增多。但自1983年9月以后再未演出，承包试点面临夭折，赵为此深感苦闷。

致陈章太

（一九八四年二月二十三日）

章太[1] 同志：

对于新元素命名是否直接用数字问题，我有一点不理解。这些元素可能都是寿命极短因而也不能与其他元素化合的。但如将来发现这些元素竟能与某些元素化合如何办？总不能叫氧化 106 之类吧？不知这类问题是否根本不可能发生？

利用拼音字母输出汉字的计算机预计何时可以通过鉴定，望告。

希文改会能有同志愿意给报纸写新闻通讯。最近关于广东和新加坡的两条新闻通讯都是我处根据籁士[2] 同志送来的材料改写的。

胡乔木　23/2

据胡乔木手稿排印。

注　　释

1 章太，即陈章太(1932—　　)：福建永春人。语言学家。时任中国文字改革委员会副秘书长。

2 籁士，即叶籁士，时任中国文字改革委员会副主任。

致黄永玉

（一九八四年三月一日）

永玉[1]同志：

《太阳下的风景》我已看完了。这本小书给了我很多知识、智慧、美的喜悦（当然也给了我悲伤）。为了表示我的感谢，我曾说愿意做一名义务校对，这只是为了希望它在国内再版时能够改去一些误字（当我翻看时就发现了一两处，所以前信这样说），使它更为完美。我想你不至怪我“好为人师”，因为实际上这只是好为人徒。况且，我太爱你的散文了，爱美的人是不会乐意看到他所爱的对象的外表上有任何斑点的，这想必会得到你的同感。请让我顺着书页说吧，说错了请你包涵。

10页—鲁迅先生就是在那篇杂文中说起多读外国书少读中国书的论点的——此句疑有误。我又因小病住院了，所以手头无书可查，但我记得这是鲁迅在《华盖集》《青年必读书》（是一个表格）中提出的，他说因为向未注意过，所以一时答不出，下面注明了他的理由，就是你所说的他主张少读甚至不读中国书的论点。后来的那篇杂文中似乎并未复述这一论点。

下面的叫儿子学外文好去服侍公卿，与原文似也有些小出入，不过说不准了。外文似不如仍用胡语(鲜卑语?)，以免读者误以为是今天的英、日文之类。

19页—全文用第三人称，末两行忽转为第二人称。不知可否仍改为一致，如把第一个你改为我想他，第二个你改为他。又，吧后的！号似不如用。号或？号。

32页—只听见发一声喊！这里的！号也似不如用，号。

34页—贜为臧之刊误。

59页—景缴似为景致之刊误。

63页—氞氥应为丙烯。又照阳和风，照似为煦之刊误。

66页—隽智疑为睿智，虽然隽智也可通。睿读锐，加了氵旁就读隽了，很怪。

75页——个把似应为个把。

82页—匍似不如伏。

83页—咸为威之刊误。

94页—把……太戏剧性了，这里似缺了“写得”之类的词。如把性改为化，语法虽可通过，恐失原意。

100页—锁为琐之刊误。

102页—搅似为揽?

104页—我听够了：…这里的：号多余。

113页—万木之灵为万物之灵的刊误。尘为麈之刊误。

115 页—腊为猎之刊误。

117 页—劳工部长应为劳工局长或处长。

121 页—作乎正经,乎似为故。本页说到不会也讨厌别人打扑克与 118—119 页重复,最好想个法儿避免。

112 页—浦为埔之刊误。

126 页—虽然动不了啦!的!号应为,号。

136—137 页—插图说明规格不一。按全书插图体裁似应为黄永玉作贵妇还乡剧中人物速写:上…右下…

141 页—出为山之刊误。

143 页—刮为聒。

151 页—我们呢!为我们呢,。

160 页—我和我的读者行将老去,我记得原文似是都老了的意思。

倒回到 154 页。这里说的事实恐亦不大准确。沈先生[2]不太久就回了信,如非"文化大革命"这信当还在。我写的信本身有缺点,不合他的所长,而又没有当面征询他的意见;如果当面谈了,我想是可以真正"出一点力气"的。当时听严文井同志说他也在搜集写一个长篇的材料。总之这怨我为人谋而不忠和不终。我是第二次看这篇文章了(在湖南出的选集里看了一次),每次都觉惭愧。恳求你在此书再版或此文再印时,将"多年尊敬"改为"熟知"。这已够夸张了。

总之,对你写得那么精妙的文章,来这样一个枯燥无味的校勘是太失礼了，投我以琼瑶，报之以砖头。我会不会成为那给主人打去脸上苍蝇的熊呢？

祝你写更多的这样美的文章，如同画出更多那样美的画！

胡乔木　三月一日

现找来《鲁迅全集》查了一下。《青年必读书》原载1925年2月21日《京报》副刊，收《华盖集》，答案附注栏内末二节云："我以为要少——或以竟不——看中国书，多看外国书。""少看中国书，其结果不过不能作文而已…"（全集3，页12）

鲁、施[3]关于庄子文选之争始于1933年10月6日《申报》《自由谈》鲁（署丰之余）之《感旧》："有些新青年，…劝人看《庄子》《文选》了，…。"收《准风月谈》时改题《重三感旧》（重三指33年），并加副题。接着是施在10月8日同报发表《〈庄子〉与〈文选〉》一文，称《大晚报》寄一表格，要填注（一）目下在读什么书，（二）要介绍给青年的书：施在第二项填庄、选二书，注"为青年文学修养之助"。下面解释介绍两书因近年教国文编杂志，觉青年文章太拙直，字汇太少，所以推荐。鲁再写《感旧以后》加以驳难，文中亦未提及25年少看中国书的话。这样，你在《书和回忆》中有关的话似与实际颇有出入，再版时最好能稍事修饰。至于《颜氏家训》一节，与有关各方情节完全符合，什么"小出入"也没有。

(以上见全集 5,页 324—325,331—332,353—356)

据胡乔木手稿排印。

注 释

1 永玉,即黄永玉,时任全国政协委员。

2 沈先生,即沈从文(1902—1988):湖南凤凰人。作家。

3 施,即施蜇存(1905—):浙江杭州人。作家。

致穆青等

（一九八四年三月三日）

穆青同志并其他有关同志：

从3月1日新华社播耀邦同志批示中的100万户、15亿亩应为10万户、1.5亿亩；3月2日乌兰夫[1]同志号召各族人民要学习卜凤刚[2]而未指出卜是哪个民族、什么身份（性别、年龄姑且不论），因何事在何时何地成为民族团结榜样，是活着还是不在了（似是在新疆一起事故中牺牲?），何以足以与邓恩铭[3]、马骏[4]、韦拔群[5]等齐名的最简单的原委，以及未标日期而在今天《光明日报》第三版发表的美籍华裔黄天心来信[6]，新华社为此信写了二十行按语，竟无只字提及收信人陈秀云同志和《人民日报》一月四日《主人翁的信念》[7]中所说的安振东的使黄感动万分的事迹这三件事看来，我觉得除已请秘书在电话中告诉以外，不能不建议新华社在整党中把采访编辑工作中的质量低、对读者缺少责任心和工作秩序中的“脏乱差”（恕我借用这个不恰当的词语）现象进行一次认真的整顿。毛主席生前对我们的新闻中缺乏必要的交代，如何不如外报外讯的缺点，曾多次批评，我也曾多次传达，而这些缺点却减少很少。新闻写作和编审中的这类问题是年年有、年年说的老大难问题了，为什么年年屡议屡犯？这实是一个值得深思的问题。我作为一个新闻工作的“老领导”也不能不深感内疚。现在各工商企业都在整顿，要求产品质量提高，适销对路，各服务行业也在提出类似的要求。但是我们的新闻稿多年来质量进步很慢(决不是没有进步)，而且中文新闻稿一般都比外文稿逊色，却是无法否认的无情的客观事实，否则我在信的开头所举的三件事如何解释呢？我想我们的工作制度、用人制度和培训制度中必有一系列亟待解决而始终未能认真解决的问题。因此我抱着痛切自责的心情向你和其他新闻界首脑呼吁，希望你们经过整党，能够整得面目焕然一新，不再老是要更正检讨。究竟应该采取什么办法，我现在是想不出，但我坚决相信，只要依靠群众，总结经验(包括外单位和外国同行的经验)，办法一定是可以想出来的。照想出的办法坚持下去，我们的新闻工作水平一定有一天可以居于世界前列。祝你们取得胜利！情深言激，敬乞鉴谅。

胡乔木

三月三日于医院

据胡乔木手稿排印。

注释

1 乌兰夫，时任中共中央政治局委员、中华人民共和国副主席。1984年3月2日，他在《人民日报》发表题为《各族人民要学习卜凤刚》的文章。文中说：“在长期的革命斗争中，我们培养和涌现出一大批卜凤刚这样的好同志……如我党一大代表、水族的邓恩铭同志,大革命前后牺牲的还有蒙古族的李裕智、多松年,回族的马骏,壮族的韦拔群等同志。卜凤刚是我国各民族中为祖国解放和建设事业作出巨大贡献的好同志之一。"《人民日报》在发表乌兰夫的讲话时,对卜凤刚未作介绍。

2 卜凤刚(1930—1983):蒙古族战斗英雄。1948 年 10 月的辽沈战役中,他只身冲到敌阵前开展政治攻势,瓦解敌人,迫使被我火力压制下的 124 名国民党官兵缴械投降,荣立特等功。后在海军中任职,1982 年被评为海军社会主义精神文明建设先进干部。

3 邓恩铭(1901—1931):贵州荔波人。水族。中国共产党第一次全国代表大会代表中惟一的少数民族代表。曾任中共山东省执行委员会书记、中共青岛市委书记。1928 年被国民党政府逮捕,1931 年被杀害。

4 马骏(1895—1928):吉林宁安人。回族。曾参加五四运动。1927 年大革命失败后任中共北京市委书记兼组织部长。同年底被捕,1928 年 2 月被杀害。

5 韦拔群(1894—1932):广西东兰人。壮族。早年在广西东兰从事农民运动,组织农民自卫军,1929 年与邓小平、张云逸等领导百色起义。1932 年 10 月遭杀害。

6 黄天心是美籍华侨,他看到《人民日报》报刊出的《主人翁的信念》一文,十分感动,尤其佩服陈秀云,1984 年 3 月 3 日的《光明日报》第三版发表了他写给陈秀云的一封信,称陈秀云是"伟大的好党员","您的敢作敢为、爱护知识分子、亲民爱国的精神,使我这个活了五十九岁的老头在读报中第一次最受感动而钦佩不已"。"国家及人民需要你们这一批好党员,比需要任何一些科技、教育、经济、社会等人士更深更切"。《光明日报》在发表这封信时,未标明黄天心来信的日期。

7 《主人翁的信念》,指 1984 年 1 月 4 日《人民日报》第一版发表的新华社记者李尚志、《人民日报》记者晓波的长篇采访记《主人翁的信念——访黑龙江省副省长安振东》。安振东,1951 年初河北工学院毕业,分配到齐齐哈尔铁路局电务处工作,多次被评为先进工作者,1954 年晋升为工程师。"反右"中他交代曾参加过一年三青团,被组织上定为历史反革命,并判 7 年徒刑。但他在监狱服刑中搞了不少创造发明,立功多次,于 1964 年 4 月提前 1 年零 4 个月释放。出狱后筹建黑龙江整流器厂,碰上"文革",又挂上黑牌子,下放到一个街道工厂劳动。安振东在这个厂又创造了不少业绩。后工宣队进厂,他又被挂上黑牌,赶进牛棚。这时街道工厂来了一位女党支部书记陈秀云,安被她召回并重用。安研制出了国家急需的矿井防爆整流器,供全国24个省100多个煤矿使用,创产值2840多万元。以后,又设计制造了"功率因数自动调整装置",先后设计制造了9个系列、近百种规格的硅整流器设备。他研制成功的21项科研项目中,有5项填补了黑龙江和国家的空白。小街道工厂也改名为哈尔滨整流器厂。省、市授予安振东特等劳模标兵。1982年,安任哈尔滨市第一轻工业局总工程师、副局长。1983年4月,安振东被选为黑龙江省副省长。

陈秀云,哈尔滨市小型设备实验厂(街道工厂)党支部书记。她坚决贯彻党的知识分子政策,关心知识分子,善用人才。

致韩克华

（一九八四年三月十一日）

克华[1] 同志：

华山抢险[2] 事迹，实属壮举。但今后此种险情，仍将有经常发生的可能。这对我国旅游事业的信誉，却有很不好的影响。不知旅游总局或陕西省对于华山登山隘路的拓宽和安全条件的改善，是否已有计划和已否安排施工？亦不知此类工程究属旅游总局管辖或地方管辖？这个工程必很艰巨，所费可能不在少数，但为游人生命计，又非解决不可。否则即每次险情都有英雄群体挺身而出，仍难保证没有伤亡甚至重大的伤亡，到时不但仍须解决，且难免发生责任问题。这个事不关己的问题，在我心头经常盘旋，因此冒昧地询问一下。很希望能够得到一个此事早已开始实际处理因而此信无必要的答复。又，类似的惊险胜地可能还有，并希与有关地方共商保安措施。

胡乔木

三月十一日

据胡乔木手稿排印。

注 释

1 克华,即韩克华,时任中国旅游事业管理总局局长。

2 华山抢险,指 1983 年 5 月 1 日中国人民解放军第四军医大学在旅游胜地西岳华山抢险的英勇事迹。当日由于旅游人数超过平日的五六倍,造成严重的拥挤、堵塞,在狭窄的路段上先后有几处险要地方发生严重险情;在场的四军医大学学员和干部,挺身而出,把险情当做命令,不顾个人安危,自觉组织起来,投入抢险救人的战斗,经几个小时的连续战斗,终于化险为夷。第四军医大学英雄群体的英勇感人事迹,受到全国人民的热情称赞,中共中央宣传部、中国人民解放军总政治部、教育部、共青团中央在中南海怀仁堂联合举行大会,予以嘉奖,并号召全国青少年向他们学习。

致李荣并转朱德熙

（一九八四年五月十三日）

李荣[1] 同志并请转朱德熙[2] 同志：

好久不见。今有一事相商。《中国大百科全书》拟请你们两位参加编委，听说均遭谢绝。你们的理由我不敢争辩。但此书不同寻常，如它的编委会不能反映出中国各学科的学术水平，则有不如无。你们两位当然不能参与编辑事务，但重要条目的拟定和内容的审定，终须相烦，这关系到国家学术的荣誉，想你们两位出于爱国的责任心，是决然不会推却的。既然如此，只要保证不让你们涉及任何事务性活动，可否仍勉为其难？在今天中国编大百科全书，条件本不具备，我也只是被姜椿芳[3] 同志的殉教者式热情所感动；又想十年以后，条件有些可能好些，有些则可能因老成凋谢，青黄不接，还会差些；所以才勉强同意了。十全十美的事，犹如河清难俟。总之，仍望在编委中列名如何？拳拳之意，尚乞谅察。

祝好。

胡乔木

一九八四年五月十三日

据胡乔木手稿排印。

注　　释

1　李　荣(1920—　　):浙江温岭人。时任中国社会科学院语言研究所所长、研究员。

2　朱德熙(1920—1992):江苏苏州人。语言学家。时任北京大学中文系教授。

3　姜椿芳,时任中国大百科全书出版社总编辑。

致胡耀邦

（一九八四年五月十八日）

耀邦同志：

祝贺你访朝获得圆满成功！[1]

现将近期工作计划简报如下：

（一）思想工作决议[2]在研究了书记处讨论意见和各省意见后，仍决定努力写一个草案。这个工作困难很多，但我们在开过两次会以后，决心知难而进。并拟采取一边写一边作分组实地调查方式，力求从实际出发。不写到大家认为比较可用不交卷。

（二）我想在近日内写一篇《做改革的促进派》的文章，以几千字为度。文章带鼓动性，但仍要力求把几年内的重要改革及其实绩从理论上稍作说明。这篇文章我早想写了，实在这几年的时间大部分都被起草文件，和生病养病占掉了。人道主义文章[3]是周扬文章[4]和二中全会[5]以后形势逼出来的，实则这几年我并未热心于这些方面的问题。

（三）与此同时，我已请邓力群同志写一篇着重于农业改革的文章（他在八三年主持写的《当前农村思想政治宣传教育提要》我看了，写得不坏，已收在《农村工作学习文选》

书内,曾在《中国农民报》发表),请刘国光同志写一篇着重于工商业改革的文章,也都以几千字为度。

(四)关于进一步对外开放,因可能涉及的问题很多,在上次政治局会议上建议成立一个研究室,把世界上现有的各类特区、自由港之类的情况、历史、演变趋势,历史上有过的争议、教训、法律、惯例等材料收集起来研究一下,以供我们在处理棘手问题时参考。紫阳同志已同意,也与谷牧[6]同志谈妥,现在只是物色人选(包括专职、兼职)问题。骨干物色得差不多,我就撒手不管了。

(五)拟于近期找社会科学院研究一下他们的改革问题。先听听他们的设想。因有关人员多数外出,暂时还不能开。

其他杂事待稍后报告。

胡乔木 18/5

据胡乔木手稿排印。

注 释

1 1984年5月3日—11日,胡耀邦总书记应邀访问朝鲜,在双方举行的三次会谈中,胡耀邦和金日成就当前的国际形势、特别是亚洲和朝鲜半岛局势,朝鲜和平统一的途径,以及双方关心的一系列重大问题,互相通报了情况,充分交换了意见,访问获得圆满成功。

2 思想工作决议,根据邓小平在中共十二届二中全会提出的"中央政治局或中央书记处就党的思想战线的工作进行专门的讨论,系统地解决有关的方针、任务、措施、步骤等等问题"的建议,中共中央决定由胡乔木负责起草一个中央关于思想工作的决定,提交十二届三中全会审议通过。后因情况变化,这次全会主要讨论通过《中共中央关于经济体制改革的决定》,思想工作决定未列入议程。

3　人道主义文章，指胡乔木《关于人道主义和异化问题》一文。

4　周扬文章，指周扬《关于马克思主义的几个理论问题的探讨》一文，载1983年3月16日《人民日报》。

5　二中全会，指1983年10月11日—12日在北京举行的中共十二届二中全会。

6　谷牧（1914—　　）山东荣成人。时任中共中央书记处书记、国务委员。

致万里

（一九八四年六月六日）

万里[1]同志：

关于在宛平县城修建中国人民抗日战争纪念馆事，原则已经国务院批示，并拨予北京市修复宛平城墙等费用二百五十万元。北京市同志因此事性质重大，要求中央部门牵头筹备，他们可负责承建。现经与文化部长朱穆之同志商定，由文化部牵头，同时杨尚昆[2]同志亦允与总政余秋里[3]同志商量，在各方面予以大力支持。一九八七年为抗日战争五十周年，届时如国家财力来不及全部建成，则先求粗具规模，以后陆续完成，亦无不可。以上意见是否可行，盼予批示，以便文化部邀集有关各方，提出具体修建方案报国务院有关部门核准，北京市则可据以进行施工。

胡乔木

一九八四年六月六日

附北京市白介夫同志来信一件[4]，请示一件。

据胡乔木手稿排印。

注　　释

1　万里，时任中共中央政治局委员、中央书记处书记、国务院副总理。

2　杨尚昆，时任中共中央政治局委员、中央军委常务副主席。

3　余秋里（1914—1999）：江西吉安人。时任中共中央政治局委员、中央书记处书记、中国人民解放军总政治部主任。

4　白介夫（1921—　　）：陕西绥德人。时任北京市副市长。信件内容是有关在卢沟桥修建抗日战争纪念馆事宜。

致胡耀邦、赵紫阳、谷牧、陈慕华

（一九八四年六月十四日）

耀邦、紫阳、谷牧、慕华同志：

此件[1]值得一阅，尤其第一条似很可考虑参考仿行，请酌。当然我国是大国，与新加坡不同，为外资服务工作亦须在中央统一方针下由各地方办理。

胡乔木　14/6

据胡乔木手稿排印。

注　释

1　此件，指新华社广州讯《暨南大学教授袁式邦建议借鉴新加坡经验，加快经济开发区建设》的材料。袁式邦说，新加坡一跃变成技术先进、经济繁荣的国家，有三条重要经验值得借鉴：不断改进对外资的服务工作；开展各种技术与管理培训活动；工资要同产值挂钩。关于第一条不断改进对外资的服务工作，袁具体指出：一是尽力减少中间环节，设立了直属新加坡的贸易与工业经济发展局，负责吸收外资和发展工业的工作。同时，配备有专业知识的人员同外商谈判，从洽谈投资开始到项目投产，由该局一杆子负责到底。二是为外国投资者寻找合作对象，尽力为投资者提供通融资金，不足部分帮助其寻找银行贷款。三是根据新加坡的法律，帮助外国厂商申请减免税。外商企业可以依据新加坡的新兴工业法、出口企业法和工厂企业扩大法取得任何一种、两种或三种的优惠待遇。四是发展旅游业，给外商提供舒适的生活环境。

致赵紫阳、田纪云、胡启立

（一九八四年六月十六日）

紫阳、纪云[1]、启立同志：

听说中央正在修改关于全民所有制企业的三个条例[2]，谨提出两点意见，以供参考。

（一）厂长或经理要协同党委负责建设本企业的精神文明。一般所说的精神文明可以由党委负主要责任，但生产经营本身的精神文明（以下简称经济文明）则不能不由厂长或经理负主要责任。这里包括生产过程和生产条件的文明，质量管理、效率管理、资金管理、劳动管理、安全保护的文明，施工安装文明，运输装卸文明，营业文明（如确保收购销售商品的质量，严守信义和法纪，严禁欺诈勒索等），服务文明（如高质量、高效率、好态度、不欺诈），以及在企业内部管理上严格遵守有关厂长负责制的各项民主集中制，对职工除要求严守国法、厂规、岗位责任制、操作规程等以外，在公民身份上应上下一律平等，不得以任何形式进行侮辱、伤害和其他打击迫害，对作出革新、发明、创造者应予表彰提拔等，不及备举。这些都是行政方面的事，大都并不需要通知党委，党委很难一一监督保证。而没有这些方面的文明，就很难评价一个企业的精神文明。

（二）厂长或经理本人及其行政下属都应在党委领导下对职工进行思想政治工作，做到以身作则，并保证党委为进行思想政治工作所必要的一定人力（包括人员待遇）、财力、物质保证（进行思想政治工作的场所、时间、图书、录音录像、电影电视等）。现在有少数实行厂长负责制的试点厂把这些都大大压缩甚至取消了，这不能不引起政工人员的情绪动荡，希望能在这次条例的修改时予以考虑。

胡乔木

六月十六日

据胡乔木手稿排印。

注　释

1 纪云，即田纪云（1929—　　）：山东肥东人。时任国务院副总理。

2 三个条例，指《全民所有制工业企业厂长工作条例》、《中国共产党全民所有制工业企业基层组织工作条例》和《全民所有制工业企业职工代表大会条例》。这三个条例由中共中央、国务院于1986年9月15日正式颁发。

致《中国社会科学》编辑部并宦乡、钱俊瑞等

（一九八四年六月二十二日）

《中国社会科学》编辑部[1] 并社会科学院各负责同志，宦乡[2]、俊瑞[3] 同志：

马、恩、列、斯、毛对世界资本主义的死亡和世界革命的胜利，从后人看来，往往失之估计得过于乐观，但也并非一贯如此。革命者总是希望革命早日成功的，当革命的发展处于某种高涨时期，或敌人方面出现某种重大危机状态时，当然容易产生这种估计，但他们究竟是现实主义者即唯物主义者，所以即使在革命高涨中也能作出比较冷静的估计。这种矛盾的现象是不足为怪的（例如毛泽东同志在《星星之火，可以燎原》[4] 中就说得比较乐观，到七大[5] 时才强调中国革命的长期性，而偏偏过了四五年革命就胜利了）。本来世界政治是非常复杂的，要对前途作出科学的预断是非常困难的。任何一个富有经验的医生对于病人的预后在时间上也常常不免于失误，何况世界政治中难于预料的事变（例如伊朗的情况和两伊战争[6] 的情况）多至不可胜数。所以我们对于前人的这类往往前后矛盾的预断既不必苛求，更不

必写成煌煌大文来指责，致为《争鸣》一类敌性刊物所利用。马列主义当然要前进，这主要是依靠我们对现状的尽可能周密的分析，而这比指责前人是难得多了。对于前人所说而未为后来事实所证实的地方，只须顺带说几句而着重在相反的论断并说明预测之难就行了。你们以为如何？

附上吴健同志来信[7]一件并所附两件[8]，并希一阅。

胡乔木

六月廿二日

据胡乔木手稿排印。

注　释

1 《中国社会科学》1983年第5期发表了题为《对帝国主义的垂死性的认识》的文章，批评列宁、斯大林和毛泽东都把帝国主义的死亡过程看得“过于短暂”、“过于乐观”和“过于简单”。香港的一个杂志《争鸣》立即转载了此文的第二部分，并把标题改为《对列斯毛一个论点的修正——帝国主义并不是“人命危浅朝不虑夕”》。中共中央党校吴健教授对上文作者不从整体上掌握马列主义理论的精神实质，望文生义、死抠字眼的学风表示不同意，除著文批驳外，还写信给胡乔木，表示了自己的意见。胡乔木回应写了这封信。

2 宦乡，曾任中国社会科学院副院长。

3 俊瑞，即钱俊瑞（1908—1985）：江苏无锡人。时任中国社会科学院世界经济与政治研究所所长。

4 《星星之火，可以燎原》，载《毛泽东选集》第一卷。

5 七大，指1945年4月在延安召开的中国共产党第七次全国代表大会。毛泽东在大会的结论中谈及中国革命胜利的时间时，曾预计抗战胜利后，中共可能会遇到来自十七个方面的困难，中国革命的胜利是长期的，号召全党同志要“准备吃亏”，要有“愚公移山”的精神。但事实是只经四年多，即取得了中国革命的胜利。

6　伊朗的情况，指1979年伊朗爆发“伊斯兰革命”，推翻了巴列维国王，宗教领袖霍梅尼成为伊朗的精神领袖，“当代伊斯兰原教旨主义”在西亚、北非、南亚、中亚、撒哈拉以南非洲及东南亚崛起。
两伊战争，指1980年至1988年爆发的伊拉克和伊朗之间的战争。

7　吴健(1923—　　)：浙江湖州人。时任中共中央党校政治经济学教研室教授。吴健同志来信，指1984年6月16日吴健写给胡乔木的信。

8　所附两件，指1983年《中国社会科学》第5期刊出的《对帝国主义的垂死性的认识》一文，及香港《争鸣》所刊上文的第二部分《对列斯毛一个论点的修正——帝国主义并不是“人命危浅朝不虑夕”》。

致上海培明女子中学

（一九八四年六月二十四日）

上海培明女子中学全体同志们和同学们[1]：

欣逢培明女中六十周年校庆，我不禁想起当时跟我一道参加革命活动的罗叔章[2]同志，费瑛[3]同学和其他十来位同学，以及许多或多或少地同情和掩护过我们活动的广大师生（当时教职员中也有个别反动分子，但是他们得不到群众的支持）。值得特别指出的是：在为鲁迅先生送葬的队伍中，培明女中是人数参加得最多并一直坚持到底的单位。希望培明女中的全体师生员工，在今天中国共产党的正确领导下，永远保持和发扬过去的光荣传统，为中国的妇女教育作出更大的贡献。

遵嘱为学校写一校牌。我不是书法家，写的未必合用，只为表示纪念，勉强写了一个。如能请会写字的校友或其他书法家代写，一定会写得更好。请不要勉强。

胡乔木

一九八四年六月二十四日

请代问候张才异[4]老师，他是当时积极支持我们工作的,还有已故校长金月章[5]先生的遗属。张老师信恕不另复。

据胡乔木手稿排印。

注　　释

1　1936年秋至1937年抗日战争爆发,胡乔木在上海培明女子中学任英文教员。当时,他一面教书,一面在"左联"进行革命工作,他同罗叔章一起使上海培明女子中学成了有名的爱国中学。

2　罗叔章(1899—1992):湖南岳阳人。当时任上海培明女子中学训育主任。

3　费瑛(1921—1980):浙江嘉善人。当时是上海培明女子中学学生,是胡乔木来校后于1938年发展的第一批地下党员之一,后任该校第一任党支部书记。

4　张才异(1904—1988):江苏扬州人。当时任上海培明女子中学数学教师。

5　金月章(1903—1939):江苏扬州人。当时任上海培明女子中学校长。

致赵紫阳、万里

（一九八四年八月三日）

紫阳、万里同志：

世界各国都缺水，而我国特别华北、西北缺水情况是属于比较严重的国家，许多工业城市因抽用地下水过多逐年下沉，这一总的情况是不能只靠南水北调、引滦入津一类办法解决的。现在每届夏季，华北一些城市（包括所属农村）即作出节水的紧急决定，这些措施虽亦收到相当效果，但根本问题仍然严重，如不采取更有力的措施，似有可能使情况日趋恶化。我不知道这一问题是由城乡建设环境保护部负责，或水利电力部、农牧渔业部亦负部分责任。兹建议：(1)由有关部门对各节水先进国家进行专题采访（如已掌握充分资料则不派出代表团亦可），并可考虑邀请或聘请对此有专门研究的外国专家（包括技术专家、城乡节水管理专家）来华考察提出针对性的建议；(2)邀请国内有关专家在研究有关情况和建议后提出可能更为具体的建议；(3)经有关部门综合研究后拟订节约用水和禁止浪费、污染水资源法草案，再报国务院讨论后提请人大常委通过；(4)指定有关研究院、所对适合我国的节水技术在规定时间内积以往成功的经验，失败的教训，可行的进一步措施继续研究出或引进必要的各种范围内的技术（如工业节水技术、农业节水技术、城乡居民节水技术、防止和治理水污染技术、水库水渠以至河流减少蒸发技术、减少降水损耗技术。国外已有用化学药剂形成极薄的薄膜覆盖水库水面的技术，可大量减少蒸发，利用雪岭冰川水资源技术、扩大和改进污水净化技术、扩大城乡循环用水技术、净水储存保洁技术、每年定量下注地下水防止沉降技术，鼓励居民节约用水办法等）由全国各用水单位加以有效地推广，每年定期交换意见，不断改进；(5)对在节水技术、节水措施、节水效果等方面有优异成绩的单位和个人予以奖励，浪费水资源达到一定指标的单位和个人予以处罚。以上这些想法，未经与有关部门有关专家研究过，定有很多疏漏或错语，或有许多已采取的措施为我所不知道的。但如认为尚有可供参考之处，谨希批转有关部门考虑。[1]

胡乔木

一九八四年八月三日

据胡乔木秘书的手抄件排印。

注　释

1 1984年9月4日，建设部市政公用局复信胡乔木，信中说："我们认为您的意见切中当前城市缺水的情况，非常及时。我们正在按照领导的指示精神组织专门小组进行工作。"随信附报《工业用水量定额》。

致胡耀邦

（一九八四年八月二十三日）

耀邦同志：

这是刘国光等同志写的一篇关于城市改革的文章，我看了两遍，觉得基本可用，虽则有些细节在不同经济学家中会有不同看法，但这是难免的，完全可以进行自由的讨论。希望您能略看一遍，然后转给《人民日报》发表。

胡乔木　23/8

《人民日报》社有关负责同志，文内有很少几处小修改，请先送国光同志一阅。

胡叉及

据胡乔木手稿排印。

致 万 里

（一九八四年九月十二日）

万里同志：

前两年曾同你谈过海水淡化问题。你说曾研究过这个问题，并收集了大量资料。以后没有再谈。今看到《光明日报》有一条与此有关的新闻[1]，想会引起你的重视。恐你无暇阅及，特将报纸送上供参考。我想，派人到中东去实地参观是不会有太多困难的。专此奉闻。[2]

胡乔木

九月十二日

据胡乔木手稿排印。

注 释

1 有关的新闻，指9月12日《光明日报》登载的“中东广泛使用渗透法淡化海水”的新闻。

2 万里于9月13日在胡乔木的信上批示：“请李鹏同志阅”。李鹏于9月15日批示：“中国科研部门已开始研究（昨天新材料展览会有展品）。请宋健同志将简要情况报乔木同志。”

致赵紫阳、方毅、宋健、卢嘉锡、何东昌

（一九八四年九月十四日）

紫阳同志、方毅[1]、宋健[2]、嘉锡[3]、东昌[4] 同志：

看了昨天宋健同志在《人民日报》发表的提倡在各项大规模工作中运用系统工程方法的文章[5]，很是兴奋。华罗庚[6] 同志久已想在全国各省、市、区成立运筹学（实际上也就是系统工程或其基本部分）的某种形式的分支机构，借以推广培训和应用。他曾多次向我提出过，也曾在科学院提出过，但科学院并非国家行政机构，只在少数省、市设有分院，无法承担这项任务。他现在由美提前回国，据报载是因看了耀邦同志给他的信，亟想以垂暮之年对祖国有所贡献。不过这个工作当然不是他一人所能进行的。应用数学界内部矛盾亦多，一时难以解决。如由国务院科技领导小组、国家科委或直接由国务院出面，在经过调查会商以后，指定若干个条件比较具备的省会和直属市筹设计算机和应用数学（或系统工程、运筹学均可）培训中心，首先培训各大中型企业的技术人员以及可向这方面发展的数学人才，如此则所费有限，而计算机技术和系统工程技术人才即可望逐年有

所增加,并可望逐步推广到其他省区,使全国每个中心城市都逐步拥有一批有相当水平的专门人才,在现代化建设的各方面发挥作用。至于华罗庚等少数高级专家,只须分别地区去进行必要的辅导即可。以上建议,不知是否有当,敬请裁夺指示。

胡乔木

九月十四日

据胡乔木手稿排印。

注　　释

1 方毅,时任中共中央政治局委员、国务委员。

2 宋健(1931—　　):山东荣成人。航天工程学家。时任国家科学技术委员会主任。

3 嘉锡,即卢嘉锡(1915—　　):台湾台南人。时任中国科学院院长。

4 东昌,即何东昌,时任教育部部长。

5 宋健的文章,指1984年9月13日《人民日报》第五版发表的《系统工程与管理体制的改革》。

6 华罗庚(1910—1985):江苏金坛人。数学家。

致朱光潜家属

（一九八四年九月十四日）

光潜先生家属：

昨在钱钟书先生处听说朱老近突患脑溢血，深为悬念。倘承以近况见告，不胜感激。

去年朱老去港讲学回京时，朱老的一位家属曾陪他到医院相见。匆匆一晤，未及叩询姓名及与朱老关系，及今犹觉失礼。这次写信，因而也无法使用适当的称呼。敬希鉴谅为荷。

来示请寄中南海中央办公厅转。

胡乔木

九月十四日

据胡乔木手稿排印。

致参加文字改革座谈会全体同志

（一九八四年十月十九日）

参加文字改革座谈会的全体同志们：

我临时因病不能参加你们的最后一天会议，很是抱歉。文字改革工作在这几年里，依靠全国很多同志的艰苦努力，得到了不小的成绩，这特别表现在几个重要省市的大力推广普通话方面和小学语言教育利用拼音字母集中识字，从而大大提前加强了阅读写作能力的成功试验方面。汉语拼音字母的应用也得到了进一步的扩大，特别是在受到国际上的广泛承认和在电子计算机输入输出汉字得到优异成绩方面。小学利用拼音字母集中识字的成功，使拼音读物的出版发行受到了日益广泛的欢迎。对于汉字简化的深入研究，不久将向社会提出修订简化汉字总表征求意见，这也是一项重要的成果。当然，成绩在全国还很不平衡，还需要大家继续努力，逐年取得新的进展。文字改革工作的继续前进，需要向社会各方面作有说服力的耐心而持久的宣传，不能求成过急。由于国家在各方面要求现代化，要求高效率，要求普及初级教育和扩大中等高等教育，以及国际交往的日益频繁广大，这些不可抗拒的客观趋势，终将使愈来愈多的人认识到在全国全社会范围内推广普通话(同时也就推广汉语拼音字母)和对汉字继续进行稳步改革的必要性,这是无可置疑的。对于目前文字改革工作的具体意见,委托陈章太同志代为转达。[1]

祝大家在工作中取得新的成就。

胡乔木

一九八四年十月十九日

据铅印件排印。

注　释

1 陈章太,时任中国文字改革委员会副主任兼秘书长。10月18日,胡乔木同文字改革委员会负责人刘导生、陈章太、陈原、王均谈话,该谈话内容以《关于当前文字改革工作的意见》为题,收入《胡乔木谈语言文字》一书,1999年9月由人民出版社出版。

致项南

（一九八四年十月二十日）

项南[1]同志：

你好！

介绍你看一下今天《人民日报》第三版右侧中间的一条新闻：《广东加快推广普通话》。希望福建省也能在教育厅下或省政府下设一个推广普通话工作委员会（编制只要几个人即可），也能在不久的将来根据福建情况作出类似的决定。广东、福建两省同样是我国方言与普通话相距最大和本省方言又很复杂的地方，广东能做的事福建应该也能做。况且福建与台湾隔海相望，台湾早已推广了普通话，而福建的这一工作还远不如台湾，这在政治上也对我不利。再说现在外国学汉语的人日见增多。但他们都是学的普通话，福建如不大力推广普通话，在对外开放、与外商交往的活动也会造成不少困难，有时会谈还须经两道翻译。我听说你对推广普通话是积极支持的，所以写这封信给你。但我近年未去过福建，所说不知是否符合实际，如有不合，希予指正。

胡乔木

十月二十日

据铅印件排印。

注　　释

1　项南(1918—1997):福建连城人。时任中共福建省委第一书记。

致韩培信、顾秀莲

（一九八四年十月二十日）

培信[1]、秀莲[2]同志：

你们好！

今天《人民日报》三版右侧中部有一条新闻《广东加快推广普通话》望能一阅。江苏推广普通话的条件，应该说比广东要有利一些，因苏北和苏南西部的方言与普通话比较接近，只是苏南丹阳以东一片的方言（所谓吴语区）与普通话距离较远，但这一片地区教育比较发达，又是工商业旅游业重点，推广普通话的需要也更迫切些。我以江苏人的身份，恳切希望你们两位对这一工作加意提倡，在教育厅下设一几个人的工作机构（另可请各界名流任委员、主任之类），在工作有相当基础时也能作出与广东类似的决定。

不知是否可行？不当处希予指正。

胡乔木

十月二十日

据铅印件排印。

注　　释

1　培信，即韩培信（1921—　　）：江苏响水人。时任中共江苏省委第一书记。

2　秀莲，即顾秀莲（1937—　　）：江苏南通人。时任江苏省省长。

致胡耀邦、杨尚昆、薄一波、习仲勋、胡启立

（一九八四年十一月十三日）

耀邦、尚昆、一波、仲勋、启立同志：

明年一月是遵义会议五十周年。为了宣传遵义会议在党的历史上的伟大意义，配合中央决定举行的纪念活动，经尚昆、一波同志和书记处会议的同意，决定由中央党史资料征集委员会和中央档案馆联名编辑、由人民出版社公开出版《遵义会议文献》[1]一书。这是遵义会议主要文献和其他许多有关资料的首次公开发表，意义重大。特将该书主要目录报告并说明如下。

第一辑（按为正式文献）

中共中央关于反对敌人五次“围剿”的总结决议（即遵义会议决议）

中共中央为通知遵义会议决议内容给二、六军团、四方面军及[2]

周恩来：一九七二年六月在中央会议上的讲话（纪录稿节录；这次会议是所谓批林整风会议，这里只摘录有关遵义会议部分）

朱德:在编写一军团历史座谈会上的谈话(一九四四年记录稿节录;有关遵义会议部分;本篇已收入《朱德选集》)

陈云:对遵义会议调查报告中几个问题的答复(一九八二年十二月手稿)

张闻天:从福建事变到遵义会议(节录一九四三年十二月作者的笔记;本篇已收入《张闻天文集》)

刘伯承:遵义会议与两条军事路线斗争的情况(节录一九六二年七月讲话的提纲)

聂荣臻:打开遵义,中央召集政治局会议(节录《聂荣臻回忆录》)

秦邦宪:在一九四三年中央政治局会议的发言(纪录稿节录;有关遵义会议部分)

秦邦宪:在七大的发言(纪录稿节录;有关遵义会议部分)

伍修权:《生死攸关的历史转折》(节录;原文载《星火燎原》一九八二年第一期,本文对会议过程叙述较详,故收录于此)

以上各篇都作了若干必要的简单注释。凡已发表的文献和其他资料一律按原文付印;没有在任何范围内发表过的材料,对少数纯属文字的问题作了整理。各篇均附有必要的注释。

末附中央党史资料征集委员会的调查报告。这篇报告详细澄清了有关遵义会议史实的一些有分歧的说法,对了解这段历史很有帮助。

书名由邓小平同志题写。书前一些题词和图片,并有一简略的前言。在请小平同志题写书名时已附上全书目录。

全书原由中央党史资料征集委员会作为内部资料编辑整理,收集内容包括会议前后的很多背景资料;后因决定公开出版,内容限于直接有关会议的资料,故篇幅大为减缩。对于未收入的资料拟另行研究处理。

胡乔木　冯文彬[3]

一九八四年十一月十三日

据胡乔木手稿排印。

注　释

1 《遵义会议文献》,由中共中央党史资料征集委员会和中央档案馆合编,1985年1月由人民出版社出版。出版时篇目内容有所调整。

2 此处原信手稿档案缺页,其内容见1985年1月人民出版社出版的《遵义会议文献》第一辑和第二辑的目录。

3 冯文彬,时任中共中央党史资料征集委员会主任。

致人民出版社编辑部

（一九八四年十一月十三日）

人民出版社编辑部：

（一）《遵义会议文献》目录原分“第一部分”和“第二部分”，请改为“第一辑”和“第二辑”。

（二）张闻天同志的《党内斗争的一个示范》一文[1] 请在它的前面加上《从福建事变到遵义会议》的一段，并改用《从福建事变到遵义会议》的总题目，不必再分两个小题目。两段中间估计原来必有其他文字，请考虑可否即用加一行删节号来处理？如认为中间的文字有部分需要录入，请代作适当处理，并请统一注释、编号。

（三）博古[2] 在作署名用的地方，请按洛甫署名作张闻天例改为秦邦宪。但在各篇中出现时则一律不改。

（四）本书各篇来源比较复杂，大致有以下几种情况：1. 据中央档案馆所存油印本，如遵义会议决议和中央电文；2. 据中央档案馆所存纪录稿，如毛泽东、周恩来、博古讲话[3]；3. 据中央档案馆所存手稿，如陈云同志传达提纲[4]；4. 据现在手稿，如陈云同志复信[5]；5. 据其他单位所存纪录稿，如刘伯承同志提纲[6]（存军事科学院）；6. 据尚未出版（?）的书稿，如张闻天笔记，如书即出可即用据某书某出版社某年版某某页，否则可仍用据手稿；7. 据已出版的书，如毛泽东、朱德、聂荣臻、伍修权等人的著作[7]（伍文见《星火燎原》一九八二年第一辑），则可用据某书某出版社某年本某某页。一九四五年历史决议[8] 如未出单行本则亦据《毛选》某年版某页。考虑到本书的文献性，这些不同来源似宜在篇末注明为好。书稿未及注明。请考虑后统一处理。

多多麻烦，谢谢。

胡乔木

十一月十三日

两处更正：

(1)陈云同志传达提纲

会议……完成了自己的决议。完成被改为通过。但事实上决议并未在会议上通过，而是会后根据大多数意见作出的。故请将“通过”改为“作出”。（完成……决议用法少见，且易产生其他歧义。）

(2)周恩来同志一九七二年讲话[9]

毛主席先说了稼祥[10]、洛甫。中央局[11]的多数同志经过斗争，把李德[12]排除出军事指挥机关以外。（原文大意）此处请恢复原文。送排稿被误改为……洛甫，因为他们是苏区中央局的重要人物(?)[13]。经过斗争……这是误解了原文的意义。中央局一般读者难解，但注释起来很麻烦，改为苏区中央局（当时的全称）仍难解难注，不改算了。（如能加注当然最好，但暂时难定。）

据胡乔木手稿排印。

注　释

1 张闻天的《党内斗争的一个示范》写于1943年12月16日，是他参加延安整风笔记的摘录。收入《遵义会议文献》时，改题为《从福建事变到遵义会议》。

2 博古，即秦邦宪（1907—1946）：江苏无锡人。时任中共第六届中央政治局委员。

3 毛泽东讲话，指《遵义会议文献》收入的：1936年12月在陕北红军大学的讲演《中国革命战争的战略问题》（节录）；1938年10月在中共六届六中全会上的报告《中国共产党在民族战争中的地位》（节录）和在同一会议上1938年11月6日所作结论的一部分《战争和战略问题》（节录）；1945年5月24日、6月10日《在中国共产党第七次全国代表大会期间关于选举问题的两次讲话》（节录）。

周恩来讲话，指《遵义会议文献》收入的：1943年11月27日《在延安中央政治局会议上的发言》（节录）和1972年6月10日关于《党的历史教训》讲话（节录）。

博古讲话，指《遵义会议文献》收入的：1943年11月13日在中央政治局会议上的发言（节录）和1945年5月3日在中国共产党第七次全国代表大会上的发言（节录）。

4 传达提纲，指1935年陈云传达遵义会议情况提纲的手稿。收入《遵义会议文献》时题为《遵义政治局会议传达提纲》，此提纲形成的时间约在1935年2月—3月上旬从威信到鸭溪的行军途中。

5 陈云同志复信，指1982年12月28日陈云对中共中央党史资料征集委员会《关于遵义政治局扩大会议若干情况的调查报告》中提出的几个问题的答复，作为附录收入《遵义会议文献》时，题为《对遵义会议调查报告中几个问题的答复》。

6 刘伯承（1892—1986）：四川开县人。1934年长征中任中国工农红军总参谋长兼中央纵队司令员。提纲，指1962年7月他在军事学院作两条军事路线的斗争情况的报告，收入《遵义会议文献》时，题为《两条军事路线的斗争情况(提纲节录)》。

7 毛泽东、朱德、聂荣臻、伍修权等人的著作，指收入《遵义会议文献》的毛泽东：《中国革命战争的战略问题》(节录)(1936年11月)，《中国共产党在民族战争中的地位》(节录)(1938年10月)，《战争和战略问题》(1938年11月6日)，《〈共产党人〉》发刊词》(节录)(1939年10月4日)，《在中国共产党第七次全国代表大会期间关于选举问题的两次谈话》(节录)(1945年5月24日、6月10日)；周恩来：《在延安政治局会议上的发言》(节录)(1943年11月27日)，《党的历史教训》(节录)(1972年6月10日)；朱德：《在编写红军一军团史座谈会的讲话》(节录)(1944年)；聂荣臻：《打开遵义，中央召开政治局扩大会议》(1983年)；伍修权：《生死攸关的历史转折——回忆遵义会议的前前后后》(节录)(1982年)。

8 历史决议，指1945年4月20日中共六届七中(扩大)全会通过的《关于若干历史问题的决议》，1953年出版的《毛泽东选集》第三卷作为附录收入。

9 周恩来同志一九七二年讲话，指1972年6月10日—12日周恩来在中央批林整风汇报会上所作的《对我们党在新民主主义革命阶段六次路线斗争的个人认识》的讲话。

10 稼祥，即王稼祥，1934年1月中共六届五中全会上被增选为中央政治局候补委员。1935年1月遵义会议上支持和拥护以毛泽东为代表的正确路线，会后被增选为中央政治局委员，同毛泽东、周恩来组成中央三人军事领导小组。

11 中央局，即苏区中央局。1933年1月，在上海的中共临时中央政治局主要成员转移到江西中央革命根据地瑞金，同中共苏维埃区中央局会合后，组成“苏区中央局”，6月改称“中共中央局”。

12 李德(1900—1974)：原名奥托·布劳恩，德国人。1932年他遵共产国际指示到上海，任中国共产党军事顾问，取中国名字李德，并用“华夫”笔名发表文章。1932年10月他进入中央苏区瑞金，主管军事战略战术和部队训练等方面的工作，在政治和军事方面都支持过党内“左”倾冒险主义、教条主义错误政策，他对中央红军在第五次反“围剿”中的失败负有重要责任。1934年10月他随中共中央参加长征，次年1月在遵义中共中央政治局扩大会议上受批评，被停止军事指挥工作。

13 洛甫，即张闻天，在江西中央苏区时期任中共中央政治局委员、苏区中央局宣传部部长、中华苏维埃共和国中央政府人民委员会主席。

致胡启立、姬鹏飞

（一九八四年十一月十六日）

启立同志、鹏飞[1]同志：

中日关系目前总的说来是好的，我们应大力促进这个势头继续向前发展。日本政府内和资产阶级内有一股势力要恢复军国主义，其终极目的是要修改宪法，重新走上扩张道路，为此他们就要为侵华战争以及对东南亚的侵略和整个太平洋战争翻案，但他们的这一企图当然要受到国内各种民主力量的抵抗，这一斗争将是长期的。我想我们对日本民主力量自应声援，涉及否认对华侵略的逆流更不能不予以适当的回击，但这种声援和回击都要在不损害中日友好的主流和不涉及日本政府的范围以内进行[2]。如果这种想法可以成立，则对《南京大屠杀之虚构》[3]一书似可采取以下步骤：(1)可以由《世界知识》或《瞭望》一类刊物或南京《新华日报》发表署名的书评（当然事前先要该书译成中文，印若干份在内部发行，[4]书评作者要多多掌握国内外有关资料，使文章有充分论据）。但不必广播，其他报纸亦不必转载。(2)日本为侵略战争翻案的活动很多，可以委托由军事科学研究院主持的《抗日战争史》的编写人员或专事日本研究的人员在充分掌握资料的基础上写成一本中等篇幅的专著予以揭露[5]，书内要充分表现日本社会各界对这股逆流的抗争，但全书亦宜尽量不涉及日本官方的主要人物。(3)可以请我驻日记者对日本各界人士坚持发展中日友好，反对违反两国友好的逆流的各种活动不时(例如一年两三次)写回一些通信，这些通信的重点要放在加强两国友好的正面报道方面，对逆流的抗争则放在附带地位。以上意见不一定周到，请参考。另附上张承先[6]同志写的一篇《访日报告》，其内容很可注意，亦可供参照考虑。

胡乔木

十一月十六日

据胡乔木手稿排印。

注　释

1 鹏飞，即姬鹏飞(1910—2000)：山西临猗人。时任国务委员、中央外事工作领导小组副组长。

2 从1984年春开始，日本右翼势力再次掀起篡改侵略历史，否定日军侵华暴行，特别是否定南京大屠杀的逆流。胡乔木写这封信，一方面说明中国政府必须严肃对待此事，坚决予以反击；另一方面阐明了反击中的政策问题。

3 《南京大屠杀之虚构》，是一本全面否定南京大屠杀的反动书籍。作者是当年侵华日军原上海派遣军总司令松井石根的秘书兼随军记者田中正明，他写此书时为日本拓殖大学讲师。此书于1984年5月由日本教文社出版发行。

4 根据胡乔木的意见，由中国人民解放军军事科学院外国军事研究部将《南京大屠杀之虚构》翻译成中文，1985年8月由世界知识出版社出版，内部发行。1985年8月16日《世界知识》第16期以及8月27日的南京《新华日报》相继发表了批驳田中正明的长篇文章《铁证如山，岂容抵赖》。

5 根据胡乔木的意见,由中国人民解放军军事科学院外国军事研究部撰写了《日本侵略军在中国的暴行》一书,1986年1月由解放军出版社出版。

6 张承先(1915—):山东高苑(今高青)人。教育家。曾任教育部副部长。

致　陈　云

（一九八四年十一月二十五日）

陈云同志：

关于您对遵义会议的传达提纲[1]的写成日期，原来只说是从威信到泸定桥的行军途中[2]（按即一九三五年二月十日至五月二十九日的一段时间），这段时间太长了，也不合情理。现查有关资料，拟改定为从威信到鸭溪[3]的行军途中，即二月中旬至三月上旬。理由如下：

（一）提纲内讲到以洛甫[4]代博古[5]负总的责任，这事发生在二月五日前后，地点在川云贵三省交界处的鸡鸣三省[6]（据恩来同志七二年在中央会议上的讲话[7]）。二月十日，红军进驻扎西[8]即威信，休息了一天，此日洛甫同志向中直军直机关营科长以上干部会议传达了遵义会议决议（据伍云甫同志日记[9]，他当时在机要处负责）。您的传达写成了详细的提纲，传达范围是中央纵队，估计比洛甫同志传达的范围更广（否则就不必再次传达了），时间必在二月十日以后，但不会迟得太多。洛甫同志的报告[10]，伍云甫同志在二月十六日就向机务员、报务员传达了。同日下午，伍日记中还有"听副主席报告"的记载。此日驻白沙。以后在伍日记中行军休息最长的是三月一日至五日重驻遵义的一段。三月四日，伍日记记载：开积极分子会议，由“010”报告。（不知是否即系陈云同志的报告？）以后至四月间再无听报告的记载。

（二）传达提纲中未讲成立负责军事指挥的三人小组（毛、王、周）。按三人小组是三月十日在鸭溪决定不打打鼓新场以后成立的，[11]时间当在三月十一日左右，地点当在鸭溪、苟坝[12]一带。传达提纲中对遵义会议以后中央的重要决定都提到了，成立三人小组这样的大事不会不提。因此，估计提纲写成和传达的时间当在三月十一日以前。

请考虑可否根据以上事实，把写成日期改为从威信到鸭溪的行军途中，即二月中旬至三月上旬，并请指示。[13]

胡乔木

十一月廿五日

《遵义会议文献》书稿已排出清样，即待付印。

据胡乔木手稿排印。

注　释

1　1935年1月15日—17日，长征中的中共中央在贵州省遵义市召开了政治局扩大会议，这次会议结束了王明“左倾”冒险主义在党中央的统治，开始了以毛泽东为代表的新的中央的正确领导。会议之后，陈云写了《遵义政治局扩大会议传达提纲》手稿，其写作时间陈云最初说是从威信到泸定桥的行军途中，即1935年2月10日—5月29日的一段时间。胡乔木经过考证，对此提出更改意见。

2 威信在云南省的东北隅,与四川省交界;泸定桥在四川泸定西南的大渡河上。遵义会议后,中央指挥红军于1935年2月上旬进逼威信,到抢渡泸定桥已是5月末了。

3 鸭溪,属遵义管辖,是遵义的辖镇。

4 洛甫,即张闻天,红军长征时任中共中央政治局委员、中华苏维埃共和国中央人民政府人民委员会主席。在遵义会议上他支持毛泽东,批评了当时党内占统治地位的"左倾"路线,在会上作了反对中央领导单纯防御军事路线的报告,并起草了《中共中央关于反对敌人五次"围剿"的总决议》,简称《遵义会议决议》。

5 博古,即秦邦宪,从1931年到1934年是党的主要负责人,在指挥红军反对国民党的第五次"围剿"中,在军事指挥上犯了一系列错误。在遵义会议上受到批评,并被撤销了中共中央总负责人的职务。1935年2月9日中共中央决定由张闻天代替博古负总责。

6 鸡鸣三省,此地在赤水河与渭河的会合处,鸡鸣之声云、贵、川三省可闻,故名鸡鸣三省。

7 周恩来的讲话,指1972年6月10日—12日周恩来在中央批林整风汇报会上所作的《对我们党在新民主主义革命阶段六次路线斗争的个人认识》的讲话。

8 扎西,即扎西镇,为威信县城所在地。1935年2月,红军进到扎西,中共中央曾在此召开政治局会议。

9 伍云甫(1904—1969):湖南耒阳人。红军长征时任无线电总队政委。新中国成立后历任中国人民救济总会秘书长、中国红十字总会副会长、卫生部副部长等职。他在长征期间写了长征日记。

10 洛甫同志的报告,指1935年2月10日张闻天在扎西军委纵队营、科长以上干部会议所作的题为《五次反"围剿"的总结和目前任务》的传达遵义会议决议的报告。

11 打鼓新场,为贵州省金沙县城,简称新场。在中共中央决定不打新场以后,毛泽东、张闻天提议成立由毛泽东、周恩来、王稼祥组成"三人团",负责全军的军事指挥工作,1935年3月12日在苟坝召开的中央政治局会议上通过。"三人团"又称"三人军事领导小组"。

12 苟坝,当地称苟坎,在鸭溪南面。

13 陈云于1984年11月27日在胡乔木的信上批示:"同意乔木同志的考证。

具体时间记不清了。因为泸定桥会议时决定派我回上海,因此,我只能肯定传达时间不会超过到泸定桥会议时间。”

致胡耀邦并万里、李鹏

（一九八四年十一月二十九日）

耀邦同志并万里、李鹏[1]同志：

上次书记处会议讨论出版工作和教科书提价问题后，我即催令出版局将有关情况迅速查实报告中央。现出版局已送来报告，即送上请审阅。其中关键问题，是中小学课本下学期是否降价问题。上次书记处会议上财政部虽表示可以同意不涨价，但据出版局同志报告，会后财政部在与有关部门开会商讨此事时，仍表示坚决不能改变提价措施，即不能代负各出版单位因此而受的亏损。因出版部门本身并无力承担此项亏损，故此问题需请中央明确解决。估计今年物价上涨因素，目前如需改由财政补贴，则必已超过1500万元。且今后教科书工本仍将继续上涨，故即令维持现行价格不变，则明年以后除非让书价继续上涨，一定的财政补贴仍不可免。就现有有关材料看，因中央已决定书价由地方自行决定，又决定课本以保本微利为原则，似还不好判断文化部和出版局应对目前的课本涨价问题负何种责任。

去年下半年，文化部提出书价问题报告和耀邦同志批示等来往文件我都未看亦未听说，故今年我和张劲夫同志召集会议讨论今年教科书出版问题时因问题已有决定，再未有人提出，我也未曾想到这个问题上如何把关，这是我的疏忽，今后当在有关问题上努力注意。

胡乔木

一九八四年十一月二十九日

据铅印件排印。

注　释

1　李鹏（1928—　　）：四川成都人。时任国务院副总理。

致湖南省委并省人民政府

（一九八四年十二月十三日）

湖南省委并省人民政府：

日前看电视新闻，得悉湖南新修了一座芙蓉楼，根据是唐王昌龄有芙蓉楼送辛渐一诗[1]，很感意外。查该诗作于江苏镇江，故首句即云“寒雨连江夜入吴”。清沈德潜《唐诗别裁》集[2] 在此诗题下注：楼在润州。按润州即今镇江。又中国社会科学院文学研究所马茂元编《唐诗选》（人民文学出版社出版）该诗题下亦注：“芙蓉楼，故址在旧镇江府城上西北角。辛渐是王昌龄的好友。这诗当是他失意回到故乡（按据新唐书，王昌龄的故乡是江苏江宁即今南京）时，适逢辛渐入洛送别之作。”两说一致，必有确凿证据。估计其他有注的版本（现手头无书）都不致把芙蓉楼说成在湖南，那样全诗就讲不通了。猜想湖南的同志所以这样想，原因可能有二：一是王昌龄晚年曾贬湖南龙标（今黔阳）尉，此诗想系由湖南首途回江苏时作；二是诗中有“平明送客楚山孤”句，楚或可指湖南。但原诗既云夜入吴，则显已到了江苏，而不能仍在湖南。楚山之楚，因楚怀王时曾并吞已灭吴之越国[3]，疆域一时甚广，故两湖以东均可称楚（项羽都彭城即今徐州而号西楚霸王可证)，在这里很难说是指湖南的山。我曾以此句之楚何指问过毛主席，毛主席答以楚是指江苏江北。按由江苏镇江北望江北无山，故此处楚山较可能既指镇江的金山或江心的焦山。前述马茂元《唐诗选》注云：古代吴楚两国，地域相接。客去之后，极目西望，只能看到遥远的楚地的山影，给人以孤独之感。此说稍曲，勉强也可讲，但在镇江西望是不可能望见湖南的山的，且此时作者既已远离湖南，湖南还非作者故乡，实亦无远望湖南的理由，至少诗中没有内证可指实楚系湖南。综上所述，在湖南建芙蓉楼而以昌龄此诗为据，很难说通，且难免为识者所讥。但楼既建成，不可无说。因此建议，改为以毛主席"芙蓉国里尽朝晖"[4](原出晚唐谭用之"秋风万里芙蓉国"句，见《全唐诗》)为根据，既可避免对王昌龄诗的误解，又有纪念毛主席对湖南光明前途的祝愿的意义。这种改动，可能会妨碍已建的芙蓉楼上的某些解释性的陈设，但权衡利弊，仍以改动一下为好。以上意见是否可行，希予考虑。

胡乔木

十二月十三日

据胡乔木手稿排印。

注　释

1 王昌龄(698—约756)：字少伯，京兆(今陕西西安)人。唐朝诗人。《芙蓉楼送辛渐》一诗如下："寒雨连江夜入吴，平明送客楚山孤。洛阳亲友如相问，一片冰心在玉壶。"

辛渐，王昌龄的友人，当时拟由江苏润州（今镇江）渡长江，取道扬州，北上东都洛阳。

2 沈德潜（1673—1769）：字确士，号归愚，江苏长洲（今吴县）人。清朝诗人。《唐诗别裁》是他编选的一部唐诗选集。

3 楚怀王（？—前296）：春秋战国中期楚国国君。吴、越均为春秋末年古国名。

4 “芙蓉国里尽朝晖”是毛泽东1961年所写的七律《答友人》中的一句。

致广播电视部、中央电视台

（一九八五年二月七日）

广播电视部、中央电视台：

值中央电视台建台二十周年之际，谨致电热烈祝贺。中央电视台是在十分困难的条件下建立的（这同《解放日报》、《人民日报》、新华社和它的摄影部、中央人民广播电台、中央新闻纪录片制片厂以及全国其他一切新闻机构的情况是一样的，它们都有十分光荣的值得永远纪念的艰苦创业的历史）。依靠全台同志们的以大无畏的精神战胜了前进道路上的种种困难障碍，终于获得了今天的巨大成就。这不能不向全台同志们表示深切的感谢，敬佩和慰问。希望大家团结一致，继续努力，不断前进，向着电视工作各方面的最高峰奋勇攀登。

胡乔木

二月七日

据胡乔木手稿排印。

致薄一波

（一九八五年二月八日）

一波[1]同志：

遵嘱看了一遍[2]，作了一些修改。统一思想分为路线方针和任务目标两方面是一好办法，如此较完整。总的篇幅有些长，加的话也可能有些啰嗦，请再加推敲审订。又，此件要不要送紫阳同志一阅？

胡乔木　8/2

据胡乔木手稿排印。

注释

1 一波，即薄一波，时任中共中央顾问委员会常委、副主任，中央整党工作指导委员会常务副主任。

2 指1985年中共中央整党工作指导委员会发出的第七号通知。通知要求中央、国家机关各部委和各省、市、自治区党委、党组在当前整党中，要按照中央整党决定的精神，结合本地区本部门特别是领导干部的思想实际，进一步切实解决统一思想的问题，同中央在政治上保持一致。

致袁可嘉、陈敬容

（一九八五年二月二十六日）

可嘉[1]、敬容[2]同志：

刚从南方回来，很想约你们两位随便谈谈，当然是听听你们对诗的看法和你们几位的近况。在厦门，我约见了舒婷[3]同志，她很热烈地说到敬容同志对她的不倦的指点。这引起我想到《九叶集》问世以来所遭遇的不公正的沉默[4]（也许事实并非如此，只是我不知道罢了）。可嘉同志早在五十年代初在中宣部时就曾见过，不过没有谈过话。总之，对你们两位我早就想结识和交谈了，如果你们不反对。因为刚回来，时间还比较自由。在星期五六的上下午都方便。我的电话是39.6300，请确定时间后打电话给我。我的住址是天安门西面路北南长街南端路西一个小胡同的南面，门牌是123号（后门），有电铃。接电话的是我的秘书，开门的是解放军战士，这些请勿见怪。我会通知他们，不会让你们受到任何不方便的。

敬礼

胡乔木

二月二十六日

据胡乔木手稿排印。

注　　释

1 可嘉，即袁可嘉（1921—　　）：浙江慈溪人。翻译家。时任中国社会科学院外国文学研究所研究员。

2 敬容，即陈敬容（1917—1989）：四川乐山人。作家、翻译家。时为《世界文学》编辑部编辑。

3 舒婷（1952—　　）：福建泉州人。诗人。

4 40年代后期，国统区有一群年轻诗人，经常在刊物上发表诗歌，较有影响的有辛笛、袁可嘉、穆旦（查良铮）、郑敏、陈敬容、唐祈、唐湜、杭约赫（曹辛之）、杜运燮等九人，称“九叶”诗派。他们的诗的全集为《九叶集》。由于他们的诗作不同程度地受了西方象征派、现代派的影响，表现手法较为晦涩、神秘，在文学界受到一定的冷落。

致王梦奎

（一九八五年三月四日）

梦奎[1]同志：

2月13日信收到。谢谢。原附件[2]退还。

我的身体还好。眼疾也已接近于完全复原。你的身体(包括眼睛)[3]倒使我挂念。望经常注意不要过劳。

在粤多承帮助，甚感。我们将于22日离开厦门，先到漳州，24日坐火车回京，因在武汉要作短暂的停留，估计26日可到。以上并望告力群同志。

胡乔木 19/2

此信在厦门未及发。回京后闻尚在医院。顷悉已出院上班，故检出奉上。望仍注意节制用脑，保留后劲。

在穗曾谈及去北大看陈老[4]事，如无不便，可否于下周择一时间同去？

胡乔木 4/3

据胡乔木手稿排印。

注　释

1 梦奎，即王梦奎(1938—　　)：河南温县人。时任中共中央书记处研究室经济组副组长、研究员。

2 原附件，指当时国务院总理赵紫阳对胡乔木关于组建审计署工作建议的批示。

3 胡乔木1984年12月至1985年1月由王梦奎等陪同在广东考察工作，期间胡乔木曾请中山大学毛文书教授治疗眼疾，王梦奎也作了检查。

4 陈老，即陈岱孙。胡乔木在约定日期看望陈岱孙的同时，还看望了朱光潜和冯友兰。

致张培森

（一九八五年三月十日）

培森[1]同志：

三月五日信并《张闻天选集》[2]印稿全套等件均早收到。因这几天事情很多很忙，迟复为歉。

闻天同志所说庐山会议期间的一件事[3]是事实。当时我与陈伯达[4]、田家英[5]、吴冷西[6]合住一院，在一条路的北侧，闻天同志从住处到开小组会处时经常要路过，所以他曾到我们院中来过几次。偶然遇到我们三人在一室闲谈时，他也曾加入闲谈过，但一般是与我单独谈话，因为路过，谈的时间也不长。这是会议前期情况。到毛主席对彭德怀同志的信发表讲话后[7]，会议空气顿趋紧张，这种接触就停了。我对当时国内情况的看法和他的相同，但在小组会上我未作过系统发言，大部分的话都是私下说的（李锐[8]同志有一次晚上到我们住处参加闲谈，这次我谈得很多很尖锐，别的时候也常见面，谈的话他都记到日记上去了，以后就成了我的罪状；但那次谈话闻天同志并未参加）。彭信初印发时，多数同志还摸不准毛主席的意图，闻天同志的发言大概也就是在这种情况下在小组会上讲的。我在预感到一场大斗争将要爆发时，彭又涉及黄克诚[9]、周小舟[10]、李锐等，但这是后话，我即告张少说，但张还是照原来准备的稿子讲了。张发言中曾说到毛主席讲要“泄虚气”（意为气可鼓而不可泄的气，指的是实气，不是虚气，这还是会议前期的话），在后来的小组会上曾被追问这话是从哪里听来的，张说是听我说的，这也是事实。毛主席讲话后会议情况即急转直下，张由于这次发言被列入“军事俱乐部”[11]的成员，会议决议[12]也因此点了彭、黄、张、周的名。这是我现所记得的大致情况，详情已无法准确记忆。我想这些都不必引入张文集的注释中。

请此后来信不要用“尊敬的”、“崇高的”字样，我承受不起。

胡乔木

三月十日

据胡乔木手稿排印。

注　释

1 培森，即张培森（1931—　　）：江苏镇江人。时任中共中央党史研究室张闻天选集、传记组组长。张在1985年3月5日给胡乔木的信中就1959年庐山会议中的一件史实请教澄清。

2 《张闻天选集》1985年8月由人民出版社出版。

3 闻天，即张闻天，庐山会议时任中共中央政治局候补委员、外交部常务副部长。庐山会议是1959年7月2日—8月1日在江西庐山召开的中央政治局扩大会议和8月2日—16日在庐山召开的中共八届八中全会的总称。一件事，指张闻天在1967年5月17日所写的一份材料中说到的一件事：庐山会议期间约在7月21日左右，胡乔木用电话告知，关于大跃进、人民公社中的“缺点要少讲一点”;接着在庐山住处路上碰着时,胡乔木又重复“要我少讲缺点……,中央要反右,打个招呼。”

4 陈伯达,庐山会议时任中共中央政治局候补委员、中央政治研究室主任、《红旗》杂志总编辑。

5 田家英,从1948年到1966年任毛泽东秘书。庐山会议时任中共中央政治研究室副主任。

6 吴冷西,庐山会议时任中共中央宣传部副部长、《人民日报》社社长兼总编辑、新华社社长。

7 彭德怀(1898—1974):湖南湘潭人。庐山会议时任中共中央政治局委员、国务院副总理兼国防部部长、国防委员会副主席。1959年7月14日,他就大跃进、人民公社的缺点、错误问题向毛泽东写了一封信。7月16日,毛泽东将彭的信加上“彭德怀的意见书”字样,并要求中央政治局常委“评论这封信的性质”。

8 李锐(1917—　　):湖南平江人。庐山会议时任水利电力部副部长、毛泽东的通信秘书。

9 黄克诚,庐山会议时任中共中央书记处书记、中国人民解放军总参谋长。

10 周小舟(1912—1966):湖南湘潭人。庐山会议时任中共湖南省委第一书记。

11 “军事俱乐部”,在庐山会议上,彭德怀、张闻天、黄克诚、周小舟对大跃进、人民公社等问题的观点基本相同,毛泽东将他们称之为“军事俱乐部”。

12 会议决议,指1959年8月16日庐山会议通过的《关于以彭德怀同志为首的反党集团的错误的决议》。

致梅益

（一九八五年三月二十四日）

梅益同志：

前天同夏老[1] 谈了两个小时，但是没有结果。他说年纪大，原来没有管理教学的经验，班子也难搭。他还给我一封辞去副院长的信。我说到最后，只说这次谈话没有结束，我还要找他。看来研究生院确是个难题。他提出可否考虑减少科目，把各所的研究生分给各所，只在院部设个研究生处的设想。我说这也可研究。但显然这样做困难也很多。容再研究，请你和复三[2] 同志也考虑一下。

问你一件小事：一九三六年你和林淡秋[3]（?）等同志似曾在上海办过一个寿命不长的文艺刊物，我还曾在上面发表过一首题为《挑野菜》的诗[4]。你能想起这个刊物的名称吗？

胡乔木

三月廿四日

据胡乔木手稿排印。

注　释

1　夏老，即夏鼐（1910—1985）：浙江温州人。时任中国社会科学院副院长。

2　复三，即赵复三（1926—　　）：江苏宝山（今上海）人。时任中国社会科学院副院长。

3　林淡秋，曾任中国左翼作家联盟常委、《人民日报》副总编辑兼文艺部主任。

4　《挑野菜》这首诗，发表在1937年3月25日出版的《希望》半月刊第1卷第2期。

致何东昌

（一九八五年四月五日）

东昌同志：

接读三月廿九日信后，我有如下的不成熟的想法。

人大如确定负责培养高级行政和经济管理干部，则人大校长人选最好能与它的任务相适应。也许现任经委副主任袁宝华[1]同志可以兼任以至专任此职。因他是一直主管这方面工作并去西德作过专门考察的，对教学要求会提出较为切实具体的意见。

如袁任校长能实现，则似可考虑仍以黄达[2]为副校长之一，因与学校任务相近。另外，管经济工作的干部不能不懂技术，将来必需增设一些如经济数学、各种工程、现代化管理等系科。这些人才势须由清华等校支援，因此，如能由清华出一位副校长最好。

以上意见并未与任何有关方面商量过，故只能供参考。

胡乔木

四月五日

据胡乔木手稿排印。

注　　释

1 袁宝华(1916—　　):河南南召人。时任国家经委副主任。1985年6月任中国人民大学校长。

2 黄达(1925—　　):天津人。经济学家。时任中国人民大学财政系主任。

致朱穆之、艾知生

（一九八五年五月十八日）

穆之、知生[1] 同志：

关于青年民族女英雄、归侨抗日烈士李林[2] 同志的可歌可泣的悲壮事迹，报载文章很多，并已有专著（不知已否出版，我只见洪丝丝[3] 老人的序文），很富传奇性、戏剧性，场面广阔（涉及两国五省市）、情节丰富而时间很短（牺牲时仅二十四岁），我想如能拍成影片和电视系列片，不但具有极大的教育意义，在艺术上也有取得很大成功的可能性。不知你们能否以适当方式向有关制片单位和电影、电视艺术家提出这一建议请他们考虑？请酌定。

胡乔木

五月十八日

据胡乔木手稿排印。

注　　释

1　知生，即艾知生（1928—1997）：湖北汉阳人。时任国务院副秘书长。

2　李林（1916—1940）：福建闽侯（今福州市）人。自幼随父侨居印度尼西亚，1930年回国。“九一八”事变后参加抗日救亡运动。1935年加入中国共产党。"七七"事变后在山西参加抗日游击战争，先后在部队和地方从事政治工作、宣传工作和行政工作。1940年4月，在反"扫荡"中负重伤被俘，宁死不屈，壮烈牺牲。

3 洪丝丝(1907—1989)：原名洪永安，笔名丝丝、漱玉，福建金门人。报业家。历任中侨委委员、副司长，中国新闻社专稿部主任、理事长。

致何东昌

（一九八五年五月十八日）

东昌同志：

教育决定[1]中仍保留着“许多门类的知识……一般是没有阶级性的”，这仍是肯定知识有阶级性，只是稍加限制而已。知识可以有真伪，可以有完善和不完善，这决定于人类认识的发展过程，并不涉及阶级性。很难指出某一门类的“知识”是有阶级性的，除非它作为知识不能成立，因为知识是人类认识客观事物的客观成果。如资产阶级的经济学、政治学、社会学、法学等是有阶级性的，但其中包含的知识（只要真正是知识）并不因而具有阶级性。这个问题一时可能争论不清，如不能删掉“许多门类的”，则建议不谈这个问题，把“许多门类的知识，以及”几个字都删掉，成为“一部分学说有阶级性，但知识传授的原则、方法和手段，一般是没有阶级性的。”

请考虑酌定，如仍不能解决，则请请示启立同志决定。

胡乔木　18/5

据胡乔木手稿排印。

注 释

1 教育决定,指《关于教育体制改革的决定(草案)》,由中共中央于1985年5月27日发布。

致胡启立

（一九八五年五月十八日）

启立同志：

何东昌同志来信附上，请阅批。

另附上关于五十岁至六十岁或更大年龄的人才在健康正常的条件下将进入智力第二个黄金时代的材料和意见的两篇文章请阅。因东昌同志提出的问题不但存在于高、中、初教育系统，在科研、技术、医卫等部门同样存在（东昌同志信中也已说到）。听说科学院对年过或年近五十的研究人员即很少分配研究任务，其他科技单位的情况可想见。这是对人才的很大浪费，也造成这一年龄线上下的同志的很大不安。因此需要在用人政策上作一通盘考虑，首先是对知识分子。当然这决不能意味着对大力提拔的三四十岁人员的任何不利和限制。

胡乔木

五月十八日

据胡乔木手稿排印。

致胡耀邦

（一九八五年五月二十二日）

耀邦同志：

胡绳[1]同志把关于陈独秀的文章[2]改写了一遍，改得很好，周到、严密而又宽厚（原则问题当然不能含糊）。文长约近三万字，拟在《中国社会科学》发表。因文章很长，你的工作又特别繁忙，我意稍稍浏览一下即可。望阅后能早退。

胡乔木

五月廿二日

据胡乔木手稿排印。

注释

1 胡绳，时任中国社会科学院院长。

2 关于陈独秀的文章，指由中共中央党史研究室王洪模撰写的《关于陈独秀一生活动的评价》一文，载《中国社会科学》1985年第5期。

致　宗　璞

（一九八五年六月十四日）

宗璞[1] 同志：

承赠两书，因诸事迁延，到昨天才把《三生石》[2] 看完（另一册小说部分早看完了）。《三生石》篇幅虽不大，但是真实、动人和怕人。我暂因病住院，待病愈后很愿找机会约谈一次。祝全家安好。

胡乔木

六月十四日

据胡乔木手稿排印。

注　释

1 宗　璞（1928—　　）：河南唐河人。作家。

2 《三生石》，宗璞的中篇小说，1981 年由百花文艺出版社出版。

致吴祖光、新凤霞

(一九八五年六月十九日)

祖光[1]、凤霞[2]同志：

上午祖光同志过访，承带来凤霞同志惠赠近著《我当小演员的时候》一书，甚感。我随后就看了黄永玉[3]同志写的序和《我怀念老舍先生》一文，后者使我十分感动，在我看过的纪念老舍先生的文章中还没有这样活活画出他的音容笑貌来的。以后又找出凤霞同志前年送我的两本书，翻看了两书的图片、序和一些文章。不知怎的，我总也想不起曾见过这两本书，而且书上都写着“乔木老师”，我如见过，因为不敢当，准会写信有所表示的。可能秘书收到书就插到书架上，我一直没有发现。总之，对这件事我很抱歉。我一定在最近挤出时间来把这三本书看完，然后登门致谢和致敬。我今天说跟祖光同志订交，可跟凤霞同志还没有会过面，作为生活在同时同地的人也太遗憾了，应该填补这个空白。希望这话不致成为假大空。今天先写到这里吧。

祝全家幸福。

胡乔木

六月十九日

据胡乔木手稿排印。

注　释

1 祖光，即吴祖光（1917—　）：江苏武进人。剧作家、影剧编导。时任中国文联第四届委员、中国剧协第四届副主席。

2 凤霞，即新凤霞（1927—1998）：天津人。吴祖光的夫人。评剧表演艺术家。

3 黄永玉，时任全国政协委员、中国文联第四届委员。

致胡启立、习仲勋、邓力群

（一九八五年七月九日）

启立、仲勋、力群同志：

考虑到郁达夫[1]在一生重要关头都是支持或同情我党的著名作家，最后又死在日本侵略者的屠刀之下，我赞成在不花国家外汇的前提下邀请所列十位日本、新加坡和香港来宾参加杭州市文联纪念郁达夫的活动，别让台湾反占上风。请批示以便特告郁风[2]同志等。

胡乔木　9/7

据胡乔木手稿排印。

注　释

1 郁达夫(1896—1945)：浙江富阳人。作家。抗日战争时期，他在香港、新加坡等地参加并领导当地文化团体，从事抗日宣传。新加坡沦陷后流亡印度尼西亚的苏门答腊。1945年9月17日被日本宪兵秘密杀害。

2 郁风(1916—　　)：浙江富阳人。郁达夫的侄女。画家。时任中国美术家协会书记处书记。

致薄一波、杨尚昆

（一九八五年八月十三日）

一波、尚昆[1] 同志：

此书[2] 既未见原稿，难以对该书出版计划表示意见。原则上应以质量为主，定稿也不能只由中央党史工作小组负责，所以没有必要争取时间。当然，如质量合格，大家同意，能实现此计划更好。否则亦可考虑先出征求意见本。你们两位意见如何，请批示并报耀邦同志后答复党史研究室。[3]

胡乔木

八月十三日

据胡乔木手稿排印。

注　释

1 尚昆，即杨尚昆，时任中共中央政治局委员、中央军委常务副主席兼秘书长。

2 此书，指当时中共中央党史研究室编写、胡绳主编的《中国共产党历史》上卷（新民主主义革命部分）。中共中央党史研究室于 1985 年 8 月 7 日给胡乔木并薄一波、杨尚昆写了一封请示工作计划是否妥当的信，信中说：此书“已经写出初稿，九月底以前可印出样书。我们拟在上报中央党史小组审查的同时，于十月间召开一次小型（五十人左右）审稿会，征求党史界同行的意见。力争明年一月前修改定稿，七一前由人民出版社正式出版，用以庆祝中国共产党成立六十五周年。”

3 薄一波8月14日批示：“这是件大事。同意乔木同志批示原则。我觉得在重要之处除小平、陈云等同志能翻翻，还应更广泛地找一些老同志（是亲身经历的）认真读一遍，提出意见。不成熟的意见，请尚昆同志阅正后报耀邦同志阅后复。”

杨尚昆8月15日批示：“同意乔木、一波同志意见，送耀邦同志阅。”

胡耀邦8月15日批示：“同意胡、薄、杨意见。为了落实有人审查，我主张请胡、薄开个名单，九月底上册印出后，即发审稿人审一下，争取年底前议一次，然后决定如何办。下册也可照此办理。”

致郑必坚

（一九八五年八月二十三日）

必坚[1] 同志：

遵耀邦同志嘱对讲稿[2] 稍加整理。字迹很潦草，本拟誊清一遍再送阅，又恐贻误时间，只好先行送上。如有看不清处请告。损益之处未必适当，谨供参考。

胡乔木

八月廿三日

据胡乔木手稿排印。

注　　释

1 必坚，即郑必坚（1932—　　）：四川富顺人。时任中共中央总书记特别助理。

2 讲稿，指胡耀邦 1985 年 7 月 15 日在中央党校学员毕业大会上的讲话《形势、理想、纪律和作风》的整理稿。

致艾知生

（一九八五年九月四日）

知生[1]同志：

昨晚听了北京市负责摄制《四世同堂》[2]同志的汇报，很受感动。广播电视部可否考虑将他们团结各方，克服各种困难，经过三年多的很多同志的一致艰苦紧张的努力，终于摄制成功我国这一空前成功的大型电视连续剧的良好经验，向全国各有电视台的城市作一介绍，借资推广；并对有功编导演职人员给予表彰奖励？

我曾考虑建议上海台研究摄制周而复同志的《上海的早晨》[3]，该书成就可能比不上《四世同堂》，但今描写资本主义工商业改造的长篇作品，似还无第二部，而该书的主题对目前观众的思想教育可能意义更大，且作者健在，了解该书所据实际情节的人很多，无论艺术上、政治上的缺陷都不难弥补。因未经事先交换意见，昨晚未敢贸然提出，请你部会同上海台讨论一下如何？

中央台消夏音乐（文艺？）晚会我看过一次，感到港台味太浓，演员除唱腔低劣外，故作种种媚态，开头结尾的介绍亦俗不可耐。可能这是我的偏见，有许多观众喜欢这一套，也可能我看过的一次不能以偏概全。但以电视台特意宣传录了音像,欢迎踊跃购买,感到即令所见不全面,仍有引起注意的必要,否则何以指导地方台?姑写上请参考。此外,对地方台大量播放香港武打片和其他低劣片各地意见也不少,此因系我国现能供应片太少所产生的现象,仍希转告各台注意总的社会效果,并在片源供应方面有所调整。观众的审美趣味诚然可以提高,但更易愈降愈低。此与武侠小说和类似报刊的盛行互相结果,对社会特别是青少年影响非浅。

胡乔木

九月四日

又,我昨晚即席发言,措词多有欠当。我只是不赞成故意模仿追逐西方现代各流派,不应说是"旁门左道",如介绍时请代为改正。

据胡乔木手稿排印。

注　释

1 知生,即艾知生,时任广播电视部部长。

2 《四世同堂》是老舍 1944—1947 年间创作的长篇小说。1985 年由北京电影制片厂改编成电视剧并播放。

3 周而复的长篇小说《上海的早晨》第一部 1958 年 5 月由作家出版社出版,第二部 1962 年 12 月由作家出版社出版,第三部 1980 年 2 月由人民文学出版社出版。

致胡耀邦、胡启立、陈丕显、李鹏

(一九八五年九月六日)

耀邦、启立、丕显[1]、李鹏[2]同志:

许多同志对我党我国近年举行隆重的全国性会议时只奏而不唱国际歌和国歌,很觉是一个严重缺憾。以前人大曾唱过一两次国歌,因唱者太少,反而影响会场的庄严气氛,故未再继续,但这当然算不得好办法。因此建议(尚昆同志也赞成):一、在这次中央全会和全国代表会议的预备会议期间,抽出一定时间,例如每天早晨,在集体住宿场所,请专人教唱半小时至一小时,主要教国际歌(三段都教,但至少要学会唱第一段),兼教国歌,因这些同志也常要参加需唱国歌的会议,至学会为止。二、请党中央和人大主席团分别发出指示,要求各级党委、党代会代表、党校教学人员和所有支部,都学会唱国际歌和国歌;要求各级(从最高级至最低级)人大常委、人大代表,都学会唱国歌,也可考虑兼学会唱国际歌,此后在举行重大会议时,一定要在会议开始时全体起立唱国歌,或结束时全体起立唱国际歌,视会议性质而定。教唱办法请各地自定。三、请国家教育委员会通知全国所有学校师生员工,特别是学生,一定都要学会唱国歌和国际歌，每逢重大典礼(如开学、毕业)和节日(如五一、十一)时都一定要在适当时间地点集合齐唱，成为全国的普遍习惯。少数民族单独聚居地区或绝对大多数地区，可用本民族语唱，如在汉族学生占多数或汉语占优势的学校则用汉语唱。以上建议是否适当，请考虑决定。

胡乔木

九月六日

据胡乔木手稿排印。

注　释

1 丕显，即陈丕显，时任中共中央书记处书记、中央政法委员会书记、全国人大常委会副委员长。

2 李鹏，时任国务院副总理、国家教育委员会主任。

致尉健行

（一九八五年九月七日）

健行[1]同志：

附上一信[2]请阅处。来信者的建议是合理的，但因全国妇联关于推迟女干部退休年龄的意见与现行法律规定有不合处，望中组部商劳动人事部向人大常委提出有关修改案，完成法定手续，使中央书记处通过的决定得以贯彻实施。此事将需若干时日，在此以前可否考虑先发一内部通知？

胡乔木　7/9

据胡乔木手稿排印。

注　释

1　健行，即尉健行（1931—　　）：浙江新昌人。时任中共中央组织部部长。

2　一信，指中共中央书记处研究室的徐道河给胡乔木的一封信。信中反映，从徐接触到的许多同志都对中共中央书记处同意转发的全国妇联《关于在招生、招工、提干等方面的轻视妇女、歧视妇女问题的报告》反映很好。特别是许多女同志对报告中谈到的从事脑力劳动的女职员、女干部、女科技人员延长退休年龄的建议反映强烈，认为这是体现了广大从事脑力劳动妇女的愿望和要求，感到中央在关心她们。有的知道胡乔木在这个文件的形成过程中起了重要作用,满怀感激之情。“现在的问题是,文件的精神没有落实。有许多单位希望将这条建议尽快具体化、落实下去。少数单位不顾文件建议,仍按老规定办理女干部退休,而这些女干部日夜强烈盼望文件建议付诸实施。”“鉴于这种情况,可否建议组织部门:(一)在文件建议落实之前,通知各单位暂不忙于办理五十五岁女干部的退休手续;(二)尽快将文件建议具体化,规定从事脑力劳动的女职员、女科技人员、女干部,退休年龄延长至六十岁。如果身体不好,不能坚持日常八小时工作的人,可提早退休。”

致胡耀邦

（一九八五年九月十二日）

耀邦同志：

开幕词[1]初稿我看了一遍，觉得很好，只在很少几处对文字稍有损益，谨供参考。

胡乔木

九月十二日

据胡乔木手稿排印。

注释

1 开幕词，指胡耀邦将于1985年9月18日在北京举行的中国共产党全国代表会议上作的题为《团结奋斗、再展宏图》的讲话。

致张劲夫并吕东、袁宝华、赵维臣等

（一九八五年九月十二日）

劲夫[1] 同志并吕东[2]、宝华、维臣[3] 等经委各同志：

很好，同意[4]。很感谢劲夫同志、经委和有关各部门的大力协同，希望能长期坚持。另，中宣部出版局因课本出版供应涉及面太广，感到力不胜任，建议国家教委成立专门的课本出版小组总理其事，此建议已转李鹏同志，他随即作了批示（未悉内容），请经委联系。但不会很快生效。总之，经委和文化部出版局的责任是不会减轻的。

胡乔木　12/9

据胡乔木手稿排印。

注　释

1 劲夫，即张劲夫，时任国务委员。

2 吕东（1915—　　）：辽宁海城人。时任国家经委主任。

3 维臣，即赵维臣（1929—　　）：黑龙江阿城人。时任国家经委副主任。

4 国家经委办公厅于9月9日给张劲夫写了一个《关于学生课本落实情况的报告》，说明“由于年初对课本用纸生产抓得不紧，加上部分地方受缺煤缺电影响，一季度欠交课本纸一万吨。对此，我们遵照乔木、劲夫同志指示，与国家计委联合向国务院有关部门和地方发出《关于确保学生课本及教学配套用品正常供应的紧急通知》，随后又向有关部门和地方发出保证课本用纸生产所需燃料、电力、烧碱、包装材料及交通运输的通知。使课本用纸得到妥善解决。”张劲夫在收到这个报告后，于9月10日即批示：“送请乔木同志阅示。”为此，胡乔木在9月12日写了这封信。

致邓小平

（一九八五年九月十七日）

小平[1]同志：

因在清样[2]上又作了一些修改，誊清一下，就耽误了时间。现送上请阅。耀邦同志处拟待您阅正后同意再送。

胡乔木

九月十七日十时

据胡乔木手稿排印。

注　释

1 小平，即邓小平，时任中共中央政治局常委、中央顾问委员会主任、中央军委主席。

2 清样，指邓小平将于1985年9月23日《在中国共产党全国代表会议上的讲话》草稿。邓小平阅审后，胡乔木于9月18日即指示："请印厂照此付印十份于明十九日早八点交会议秘书处"。9月20日，胡乔木又写信给邓小平："讲话稿印出后又细看了两遍。除改正了两处印错的地方，在一些文字上还作了一些推敲。送上请参阅酌定。"

致　董　边

（一九八五年九月二十三日）

董边[1]同志：

九月十四日信早收到。家英[2]同志是从四十年代到六十年代我的最亲密的同志和朋友，我们对各项问题的观点可以说完全一致，所以写一篇怀念他的文章[3]是我早该做而未能做因此深以为恨的事。我一定努力在最近（九月底或十月上旬）把这篇文章写好，不敢敷衍。因为近些时身体不好而一些不能推辞的杂事不少，有写一篇文章的精力时间很不容易，迁延至今还没有着手，实在很抱歉。特先简告，希谅！

胡乔木

九月二十三日

据胡乔木手稿排印。

注　释

1 董边（1916—1998）：山西忻县人。田家英的夫人。曾任《中国妇女》杂志社社长、中国妇联第三、四届书记处书记。

2 家英，即田家英。

3 怀念他的文章,指《我所知道的田家英》一文,后被收入中央文献出版社出版的《毛泽东和他的秘书田家英》一书。

致胡启立、姚依林、宋平并转张塞

（一九八五年九月二十五日）

启立[1]、依林[2]、宋平[3] 同志并请转统计局张塞[4] 同志：

新华社黑龙江分社的几位记者关于农民收入状况和收入计算方法的调查很有价值，不知已看过否。如认为有必要，建议统计局对全国农民收入统计的正确方法和错误方法根据现有情况向各地发出一个能引起注意和解决问题的通报，以免以讹传讹，造成重大的数据不实和判断不实。

胡乔木

九月廿五日

据胡乔木手稿排印。

注　释

1 启立，即胡启立，时任中共中央政治局委员、中央书记处书记。

2 依林，即姚依林，时任中共中央政治局委员、国务院副总理。

3 宋平（1917—　　）：山东莒县人。时任国家计划委员会主任。

4 张塞（1931—　　）：山东莱阳人。时任国家统计局局长。

致王鹤寿、韩光

（一九八五年九月二十五日）

鹤寿[1]、韩光[2]同志：

此事[3]似应责成省纪委查处，可能（如属实）还要中纪委提出严格而具体的要求或派员协助，否则如涉及省一级干部也许处理不下去或作个检讨了事。当否请酌定。

胡乔木

九月廿五日

据胡乔木手稿排印。

注释

1 鹤寿，即王鹤寿，时任中共中央纪律检查委员会第二书记。

2 韩光（1912— ）：黑龙江齐齐哈尔人。时任中共中央纪律检查委员会常务书记。

3 此事，指一件材料所反映的湖南省的《一个挪用侵占巨额社会救济款的县民政局》的问题。

致巴金

（一九八五年十月二日）

尊敬的巴老[1]：

阅报欣悉《家》在日演出获得盛大的成功[2]，谨函致贺。这是说心里话，非关礼貌，请勿分劳回信。

敬礼

胡乔木

十月二日

据胡乔木手稿排印。

注释

1 巴老，即巴金，时任全国政协副主席、中国作家协会主席。

2 《家》，是巴金在1931—1932年发表的《激流三部曲》（《家》、《春》、《秋》）中的一部。《家》剧由曹禺编剧、黄佐临导演，1985年9月由上海人民艺术剧院在日本东京等地公演。胡乔木在致信巴金祝贺的同一天，也向黄佐临写信祝贺。

致 陈 国 栋

（一九八五年十月十三日）

国栋[1]同志：

转上夏衍[2]同志和陈铭德[3]先生信各一件，内容是为《新民晚报》[4]要求解决亏缺纸张问题。此事我不清楚应如何解决，纸张供应公司我也完全不熟悉，只好仍请你阅处。如仍无法，就只有转给中宣部处理了。

近闻《解放日报》[5]正式讨论一切向钱看的问题。我因近患眼疾不大能看报，家中又未订《解放日报》，不知讨论的内容、意图和背景如何。很想在小组会上谈谈这个问题，恐出言有失，有便当造访，请以所知见相告。

祝好

胡乔木

十月十三日

据胡乔木手稿排印。

注　　释

1　国栋，即陈国栋，时任中共上海市顾问委员会主任。

2　夏衍，时任中共中央顾问委员会委员。

3 陈铭德(1897—1989):四川长寿人。时任全国政协常委、中国国民党革命委员会中央常委。

4 《新民晚报》,上海出版的晚报。

5 《解放日报》,中共上海市委机关报。

致 吴 祖 光

（一九八五年十月十四日）

祖光同志：

来信、附件和书早收到。事忙迟复甚歉。祝贺你和京剧四团在英获得盛大成功。我很奇怪新华社为何对这样的大事竟毫无报道，即将附件送去，经一再查询，竟是把驻英记者来稿稀里糊涂地压下未发，现在无法可想，只好派记者前往四团补行采访，实在令人气恼。这事不是孤立的，巴老的《家》剧在东京由黄佐临[1]同志执导也极获成功，此前谢晋同志在美的回顾展也很受美国电影界重视，而新华社、《人民日报》驻日、美记者竟都置若罔闻，《家》剧经催促后才补发了一条简讯。当然，说到底，还是我的工作做得不好之过。

尊作《三关宴》[2]已读。所嘱之事，只能在便时提及，因本非处其位，越级越权的干预恐不但无补，反而使纠纷复杂化。对一部艺术作品的见解，强求一致是困难的。不知以为如何？

这次党代表会议[3]的确开得很好。会议文件望能认真研习，用一个党员的标准严格解剖和要求自己。这是我们大家都要做到的，也是我们能够建立友谊的基础。肺腑之言，当不致逆耳。

祝安好，凤霞同志处并乞致意。

胡乔木

十月十四日

据胡乔木手稿排印。

注 释

1 黄佐临(1906—):广东番禺人。导演。时任中国戏剧家协会副主席、上海人民艺术剧院院长。

2 《三关宴》，指吴祖光根据山西上党梆子《三关宴》于1962年改编的京剧，由中国戏曲学校实验京剧团演出。1984年1月由北京京剧院四团在北京吉祥戏院再次演出。

3 党代表会议，指1985年9月18日—23日召开的中国共产党全国代表会议。

致薄一波、杨尚昆

（一九八五年十月十九日）

一波、尚昆同志：

对党史研究室所提出的四个问题[1]，我个人的想法如下，是否适当，请审阅指示以便转告党史研究室：

1. 对成立中华苏维埃共和国临时中央政府[2]，似不能只从消极方面去看。成立中央政府不但对我各根据地各部分红军加强了合法的中枢指挥作用（否则"中央红军"这一名词也缺乏法律根据），在以后对张国焘斗争[3]中的意义不可低估，而且对尔后与东北军西北军开展统一战线[4]，发表"八一宣言"[5]和在与蒋介石谈判[6]中取得一定的对等地位和成立各地边区政府、八路军新四军自成系统也有重要作用。当然，指出当时"左"倾路线的错误是必要的。

2. 宁都会议[7]的叙述我认为原则上可用，细节请尚昆同志酌定。列举人名似不成为大问题，因历史（当然首先要准确）是不能修改的，只看多少取舍而已。

3.4. 密电[8]和西路军[9]问题我意可力求写得原则些，不必过于具体，以免引起当前的争执。这两事以前已在一次会上谈过。两事中尤以西路军要写得尽可能为有关各方接受。此点亦请尚昆同志酌定。因印本发出就会使争论扩大,故宜慎处。[10]

胡乔木

十月十九日

此信因事忙复迟了。党史研究室于本月二十二日至下月四日开会征求意见,故请即迅速阅示。

据胡乔木手稿排印。

注　释

1 中共中央党史研究室当时正编写《中国共产党历史》上卷,这是送审稿中向胡乔木提出的问题。

2 中华苏维埃共和国临时中央政府,于1931年11月在江西瑞金召开的有各革命根据地和国民党统治区代表参加的中华工农兵苏维埃第一次代表大会上成立。毛泽东、周恩来、朱德等63人当选为临时中央政府执行委员。在临时中央政府第一次会议上,毛泽东当选为主席,项英、张国焘当选为副主席。朱德任中央革命军事委员会主席,王稼祥、彭德怀任副主席。1934年1月中华苏维埃第二次全国代表大会召开,苏维埃共和国临时中央政府改称为苏维埃共和国中央政府。

3 对张国焘斗争,指1935年6月—10月红军长征途中,以毛泽东为代表的中共中央反对张国焘主张向川、康边退却,拒绝北上,以后又另立伪中央分裂党的斗争。

4 与东北军西北军开展统一战线,指1935年10月红军长征胜利抵达陕北后,中共中央与驻西安一带由张学良将军率领的东北军、杨虎城将军率领的西北军,共同反对蒋介石的"先安内后攘外"的反动政策,主张全国各党派共同抗日御侮的斗争。

5 "八一宣言",指1935年8月1日中国共产党驻共产国际代表团草拟的《为抗日救国告全体同胞书》。10月1日由在巴黎出版的《救国时报》正式以中华苏维埃共和国中央政府和中国共产党中央委员会的名义发表。“八一宣言”呼吁全国各党派、各军队、各界同胞，停止一切敌对行动，建立抗日民族统一战线，成立国防政府，共同御侮。

6 与蒋介石谈判，指 1935 年冬—1937 年 9 月，国共双方代表在南京、上海、陕北、莫斯科、杭州、西安、庐山等地，为建立抗日民族统一战线而进行的一系列秘密谈判。

7 宁都会议：在第四次反“围剿”中，苏区中央局在前线指挥作战的负责人毛泽东、周恩来、朱德、王稼祥等，与在后方的负责人在红军行动方针上，存在严重分歧。为解决分歧，苏区中央局于 1932 年 10 月上旬在江西宁都举行了全体会议。会议对毛泽东和他在红军中实行的战略战术进行了错误的批评和指责，会后又撤销了他担任的红一方面军总政委的职务。

8 密电：1935 年 6 月，长征途中的中央红军和张国焘指挥的红四方面军，在四川懋功会师。6 月 26 日，中共中央政治局在懋功北面的两河口召开会议，决定红军应集中主力向北进攻，以创造川陕甘苏区。但张国焘反对北上，主张南下，认为红军应向四川、西康边境退却。1935 年 8 月 3 日，红军总部为进军甘南，决定把红一、四方面军混合编成右路军和左路军。右路军由红一方面军的第一、三军，红四方面军的第四、三十军，军委纵队的大部分及新成立的红军大学组成，由徐向前、陈昌浩、叶剑英率领集结北上，经草地到班佑。毛泽东、周恩来随右路军行动。左路军由红四方面军的第九、三十一、三十三军，红一方面军的第五、三十二军及军委纵队的一部分组成，由朱德、张国焘、刘伯承率领集结北上，经草地到阿坝，再到班佑与右路军会合。1935 年 8 月 21 日，右路军从毛儿盖出发，按原定计划越过草地，抵达四川省的班佑、巴西、阿坝地区，等待左路军前来会合。此时，张国焘反对北上的错误进一步发展，9 月 9 日他致电中国工农红军革命军事委员会，坚持“乘势南下”的主张；与此同时，他背着党中央电告右路军政委陈昌浩率右路军南下，企图分裂和危害党中央。担任右路军参谋长的叶剑英看到电报后，立刻报告毛泽东。毛泽东、周恩来、张闻天、博古等经紧急磋商，决定率右路军中的红一、三军和军委纵队迅速转移，先行北上。

9 西路军：1936 年 10 月，三大红军主力在甘肃的会宁、静宁会师，中共中央为了向北发展，打通国际路线，决定执行宁夏战役。红四方面军主力第三十军、第九军、红四方面军总部及红一方面军的第五军先后渡过黄河，准备夺取宁夏。蒋介石立即调集几十个师由南向北进攻,11 月初即切断了河东红军主力与河西部队的联系。红四方面军主力渡河后,迅速进占一条山、五佛寺一线,以后又征得中共中央和中央军委同意,西进永登、古浪、凉州以建立根据地。此时,中央电令西进红军为西路军,其领导机关为西路军军政委员会,陈昌浩为主席,徐向前为副主席。深入河西走廊的西路军与国民党的马步芳、马步青部浴血苦战,取得一些胜利,但由于孤军作战,无任何后援,很快陷于弹尽粮绝的绝境,伤亡惨重。1937 年 3 月 14 日,西路军军政委员会会议决定,徐向前、陈昌浩离开部队,回陕北向中央报告,其余的部队分成三个支队,在由李先念、李卓然等组成的西路军工作委员会的统一领导下,转入祁连山区打游击。

10 薄一波、杨尚昆都在胡乔木的信上批示:“同意”。

致胡启立

（一九八五年十月二十四日）

启立同志：

此事[1]影响严重，且绝非北京市一地的现象，故建议教委发一通报，同时督促北京市解决。当否批示。（因李鹏[2]、东昌同志都不在京，只好烦劳你了，甚歉。）

胡乔木

十月廿四日

抄报厚泽[3]同志

据胡乔木手稿排印。

注　释

1 此事，指一份材料《北京市一些中小学经营商业和出租校舍情况严重》所反映的问题。

2 李鹏，时任中共中央政治局委员、中央书记处书记、国务院副总理兼国家教育委员会主任。

3 厚泽，即朱厚泽（1931—　　）：贵州织金人。时任中共中央宣传部部长。

致胡启立、李鹏、朱厚泽并宋德福

（一九八五年十月二十八日）

启立、李鹏、厚泽同志并团中央宋德福[1] 同志：

昨《人民日报》三版发表的《珍惜艰难缔造的中日友好》(孙平化、刘德有[2] 作，经征求过外交部亚洲司意见，并经我和作者再三修改)一文，对全国高校学生和一般青年都很有教育意义，建议由中宣部、教委和团中央联名发一通知，组织高校领导干部、有关工作人员、党团员和学生阅读或讨论，一般有足够文化程度的城市、企业中的团干部和团员学习并向广大爱国青年宣讲。当否请批示。

胡乔木

十月二十八日

据胡乔木手稿排印。

注　释

1 宋德福(1946—　　)：河北盐山人。时任共青团中央书记处第一书记。

2 孙平化(1917—1997)：奉天盖平(今辽宁盖县)人。时任中日友好协会会长。刘德有(1931—　　)：河北平乡人。时任新华社驻东京首席记者、中日友好二十一世纪委员会中方委员。

孙、刘二人的文章《珍惜艰难缔造的中日友好》在 1985 年 10 月 27 日的《人民日报》上发表前，刘德有曾将文稿送请胡乔木审阅。胡乔木精心作了修改，加写了大段内容，连文章的题目也帮助改了，改得更加切合内容。文章原题为《中日友好的历史潮流滚滚向前》。胡乔木于10月19日给刘德有写了一封关于修改情况的信，并嘱“全文改定后请再送外交部同志审阅，然后即可送《人民日报》发表”。刘德有因此在文章发表后，11月1日给胡乔木写了一封感谢信。信中并反映，今天上午日本驻华大使中江要介打电话给刘德有说“这篇文章的发表是切合时宜的。我们有时回顾一下历史也是很必要的，这样就可以了解前人所做的努力，也可以了解今天的日中关系是怎样形成的。同样的，今天所做的努力将有助于今后日中两国关系的发展。我们大使馆的人看了那篇文章，都很高兴。”胡乔木认为这个反映很重要，11月6日将刘信批转胡耀邦、邓小平、李先念、万里、李鹏、吴学谦、王兆国、宦乡。

致陈章太

（一九八五年十月二十八日）

章太同志：

此文[1]原载新近复刊的《科学》杂志第一期，所述资料很值得注意，希望语言应用所与科学院心理所联系共同进行深入的研究。此文复制了五份，除你处和文改会（合一份）外，请分送吕叔湘[2]，李荣，王力[3]、朱德熙（合一份）各先生处，另一份请送心理所。

胡乔木

十月廿八日

据胡乔木手稿排印。

注　释

1 此文，指东北师范大学心理系讲师郭可敬的文章《汉字与大脑》。

2 吕叔湘，时任中国社会科学院语言研究所所长、中国文字改革委员会副主任。

3 王力（1900—1986）：广西博白人。语言学家。时任北京大学教授兼中文系主任、中国文字改革委员会副主任。

致上海《科学》杂志编辑部

（一九八五年十月）

《科学》杂志编辑部：

十月二十三日的信及请柬收到了，谢谢你们的盛情。热烈祝贺《科学》杂志创刊七十周年并重新出版。

《科学》杂志是我国历史最久的科学刊物，对我国的科学事业贡献重大，影响深远。在今天，科学既有长足发展，社会形势也有巨大变化，热烈希望复刊后的《科学》杂志在介绍科学各领域的新进步和面临的新问题方面，在沟通国内各学科专家的研究发现、交换学术上的不同见解方面、在加强国内外科学家的交往合作方面、在加强基础研究（包括自然科学、社会科学、哲学的基础研究）、应用研究和开发研究的相互联系方面，以及科学研究的提高和普及的相互促进方面，都能作出更出色的成就。敬祝各位科学家前进不息。

胡乔木

据胡乔木手稿排印。
原信未写日期。

致中央新闻纪录电影制片厂

（一九八五年十一月四日）

新闻纪录制片厂：

请考虑即派一个组前往上海拍一部关于宝钢的纪录片。内容除正面资料外也要涉及一些失误，以增加它的可信性。宝钢已成为全国学生和其他人的重要话题（有所谓全国百人负担四十美元之说），需尽快摄制，因单靠宝钢人员对外解说或外地学生参观负担太重，也很难使所有疑虑的人都听到看到。[1]

胡乔木　4/11

据胡乔木手稿排印。

注　释

1 中央新闻纪录电影制片厂于1985年11月6日复信胡乔木："遵照您的指示，现已组成拍摄宝钢摄制组，由编辑部一位副总编辑带队，不日即可出发。在保证质量的前提下，力争尽快出片，拟在十二月底完成。影片长度暂定三十分钟。拍摄提纲写出后，即送您审阅。"11月11日，胡乔木让秘书回示："乔木同志说（大意）整个影片三十分钟可能短了一些，因为影片所要反映的内容较多，力求全面；影片应当组织些专场，多产一些拷贝，在学生中和各影院多放。"

致胡耀邦

（一九八五年十一月十九日）

耀邦同志：

毛主席的这篇讲演纪录稿[1]，是从档案馆找出的，经文献研究室同志和我在文字上作了一些整理，主要是使文理通顺。因内容很有教育意义（以前只在延安《新中华报》登过一个很简要的摘要），拟交新华社在十一月三十日晚播发，十二月一日见报。妥否，请审批。

胡乔木

十一月十九日

据胡乔木手稿排印。

注释

1 讲演纪录稿，指毛泽东 1939 年 12 月 9 日在延安纪念"一二·九"运动四周年大会上的讲话。此次发表时题为《"一二·九"运动的伟大意义》。

致袁宝华、朱镕基

（一九八五年十一月三十日）

宝华、镕基[1] 同志：

农业大学陈延熙教授系我国植物病害防治专家，近年研究增产菌已获得显著成果，据称在世界上有突破意义（许多国家在研究但尚无成功报道）。他来信要求进行中间试验，约需经费四十万元。我看了此信，深觉此项研究应予支持。因特将来信转上，请审阅酌批。

胡乔木

十一月三十日

据胡乔木手稿排印。

注 释

1 镕基，即朱镕基（1928— ）：湖南长沙人。时任国家经委副主任。

致薄一波

（一九八五年十二月八日）

一波同志：

拟同意。以此件[1]先行征求意见修改后报国务院。此外，敲诈勒索现象更为严重，实际等于索贿受贿，但因面太广，似宜先严令禁止（最好各部门事先商定同时行动），其继续敲诈勒索者则依法处理。以上妥否请告宝华同志。

胡乔木 8/12

据胡乔木手稿排印。

注释

1 此件，指袁宝华给胡乔木信中所附的为纠正经济活动中收受“回扣”、“佣金”等不正之风所起草的《规定》的报告。

致周光召

（一九八五年十二月十六日）

光召[1]同志，或《科学》编辑部：

《科学》复刊的第一期上，刊有方励之[2]同志的《道生一的物理解》一文，用宇宙物理学来证明先有物理规律（道），后有宇宙的第一推动力（一），而以宇宙之外是无为条件，所以文中提出如下的公式：

物理规律＋宇宙之外是无→第一推动力

这也就是表明，唯物主义的事物先于原理的观点是错误的，客观唯心主义的原理先于事物的观点才是正确的。我没有研究过宇宙物理学，但很以这种观点为异，因而请教了钱学森[3]同志。学森同志说，这种观点确曾在前一段时期在一部分物理学家中间流行过，但并不是所有物理学家都接受。根据近六七年的物理学研究，已经可以推断我们所处的宇宙只是若干个宇宙之一，所以宇宙之外是无这个假定和由此而来的“道生一”说是难以成立的。我不能判断两者的是非。但我想建议，《科学》既已发表了代表一种观点的文章，可否也发表另一观点的文章进行辩论？

可能编辑部早有这种准备，那就更好了。

敬礼

胡乔木

一九八五年十二月十六日

据胡乔木手稿排印。

注 释

1 光召，即周光召（1929— ）：湖南长沙人。时任中国科学院副院长、物理研究所所长。

2 方励之，时任中国科技大学副校长。

3 钱学森（1911— ）：浙江杭州人。物理学家、空气动力学家。时任中国科学协会主席。

致尉健行、中央组织部

（一九八六年二月十六日）

健行同志，中央组织部：

《中国大百科全书》现负责人总编委常务副主任兼大百科全书出版社总编辑姜椿芳同志因双目几于全盲，两耳失听，行动在在需人扶持，故工作实难为继。现经多方商讨，决定由人大常委委员武衡[1]同志兼任总编委常务副主任；人大常委委员、社会科学院顾问梅益同志任总编委副主任兼大百科全书出版社总编辑；调中央马恩列斯著作编译局副局级干部赵仲元[2]同志任大百科全书出版社第一副总编辑；姜椿芳同志创办功绩卓著，仍留任该全书总编委副主任兼出版社顾问。以上惟赵仲元同志须请中央组织部商调（我当事先征求他本人和编译局负责人的同意，情况再告），其他武衡、梅益同志均任兼职，且已商得本人同意，姜椿芳同志退居二线亦经本人同意。赵仲元同志工作调动事系经杨尚昆同志和原曾在大百科全书社长期工作过的阎明复[3]同志的推荐，现将明复同志来信附上，请参阅决定。

《中国大百科全书》总编委主任　胡乔木

二月十六日

据胡乔木手稿排印。

注　　释

1 武衡(1914—1999):江苏徐州人。时任国务院学位委员会副主任、中共中央顾问委员会委员。

2 赵仲元(1929—　　):辽宁北镇(今北宁市)人。翻译家。时任中共中央马恩列斯著作编译局俄文处处长、毛主席著作编译室副主任。调中国大百科全书出版社后,任副总编辑兼党委书记。

3 阎明复(1931—　　):辽宁海城人。时任中共中央统战部部长。

致匡亚明

（一九八六年三月四日）

匡老[1]：

承两次惠函，因近期心脏状况欠佳，虽有时不得不参加一些活动和工作，基本上是被迫休息，许多事情都拖着未办，您的信也久延未复，实在抱歉！今天已勉力给吉林大学写了几个字，迳寄唐敖庆[2]同志，特告，希释念。

我赞成对我国哲人予以系统评价，也赞成研究孔子，但这些都是大事，需要尊重学术民主，不能几个人说了算，所以不必求成太急。此意想可得首肯。

胡乔木

86年3月4日

据胡乔木手稿排印。

注　释

1 匡老，即匡亚明（1906—1998）：江苏丹阳人。教育家。曾任吉林大学、南京大学校长。时任江苏省第六届人大常委会副主任、全国孔子研究会会长。

2 唐敖庆（1915—　　）：江苏宜兴人。化学家。曾任吉林大学校长。

致胡耀邦、习仲勋、胡启立并赵紫阳

（一九八六年四月八日）

耀邦、仲勋、启立同志并紫阳同志：

上月末稍有感冒已愈。因眼疾回京后逐渐复发，医生除要求少用眼脑外，还一度嘱咐全休数日以便观察比较，所以近期书记处会议和一些其他活动都未能参加。昨晚不慎在下台阶时窝了左脚，经检查骨骼未受损伤，只是韧带受挫后有些肿痛，医生又嘱咐暂停活动以利痊愈，但一些必要的活动还是可以参加，惟行走需人搀扶或在腋下用V形杖使左脚不着力而已。医生估计至多两周内即可完全复原。

因此，本周内会议仍拟继续请假。但关于高校马克思主义教育问题，因前已约定到教育部会议（本月十六——二十日）上讲话，望耀邦同志能在十——十七日间抽暇一谈为感。

胡乔木

四月八日晨

据胡乔木手稿排印。

致邓力群

(一九八六年四月二十六日)

力群同志:

中央文献学习选编本[1]不知已否确定。此事宜迅速进行,建议以有关七五计划的两个文件和三中全会经济改革文件[2]为中心作为上集,加选几份最有关的以前文件和今年一二月讲话[3]之类的文章作为下集,这样分量较小,较能直接结合实际,也较易受到各方面干部的欢迎。实际上一些地方已经开始。决定[4]也可同时以此为中心起草送审。再拖将受到上下的共同不满。请考虑并以结果见告。思想方法论一书[5]不知已着手新编否?

另,根据中央近期的多次指示,建议将社会科学院《要报》(增刊)的国内理论动态,改为关于建设中国式的社会主义理论探索的正面介绍。如有特别需要可另外偶作报道。此点亦请与有关同志商决。

我的身体经休息疗养一段开始有好转,但还不稳定。

胡乔木

四月二十六日

据胡乔木手稿排印。

注　释

1 中央文献学习选编本，即后来1987年5月人民出版社出版的《十一届三中全会以来重要文献选读》(上、下)。

2 七五计划，指1986年至1990年我国国民经济和社会发展的第七个五年计划。七五计划的两个文件，指1985年9月23日中国共产党全国代表会议通过的《中共中央关于制定国民经济和社会发展第七个五年计划的建议》和1986年3月25日国务院总理赵紫阳在六届全国人大四次会议上所作《关于第七个五年计划的报告》。三中全会经济改革文件，指1984年10月20日中共十二届三中全会所通过的《中共中央关于经济体制改革的决定》。

3 今年一二月讲话，指1986年1月9日胡耀邦在中央机关干部会议上的讲话《中央机关要做全国的表率》和1月17日邓小平《在中央政治局常委会上的讲话》。

4 决定，指关于学习中央文献选编本的决定。

5 思想方法论一书，指《马恩列斯思想方法论》，解放社编，1942年4月在延安出版。1949年、1951年、1953年、1963年由人民出版社再版。

致逄先知、龚育之

（一九八六年五月二日）

先知[1]、育之[2]同志：

四月二十四日信并各件都看了。《毛泽东诗词选》书稿惜来得迟了，许多问题在京未听说，如今很难对谈了。正裕[3]同志对注释稿作了如此认真详细的核对补充，用力之勤甚可感佩。所校正处当然要照办，毫无疑义，但所增之处多数建议加以删节。这是因为：1. 注释太多太繁，使本书类似辞典之类，很觉累赘。且增改过多，对如期出版也造成不小的困难，这当然是次要的。实际上如再要注得多些，亦无不可，但原注稿经各方增补，现看来已嫌太多，只是限于时间精力等，现已无能为力了。作者生前多次反对出他的诗词注释本，说大多数注家绝少是成功的，注愈详愈坏。直到一九六六年三月杭州会议时，有四位大区第一书记找到我，要我请求出他的诗词注释本，他才勉强答应可以出一简要的注本在内部发行。我们现在虽不一定要一切按他的话办，但注释太多，对这样一本只约五十首的诗词选确有轻重不称，喧宾夺主的缺点。某些细节的考释说多了，将来再看，也难免会受到时间的淘汰。吴正裕同志所作的大量劳动不会白费，建议另出详注本或毛泽东诗词考释、研究之类的书，不知是否可行？至注释中还有一些意见不一致的地方，已多作简单说明。这些意见当然都还将继续讨论，但为此书不延期出版，不得不提出一些解决办法。究竟如何处理，请你们两位商同正裕同志和人民文学出版社有关负责同志共同决定。2.《挽易昌陶》[4] 诗仍建议不收，因本书所选各篇都有鲜明的革命色彩，加入此诗则缺少了这种统一性，此诗从艺术上说也不是上乘的作品。当否亦请酌定。3.《吊罗荣桓同志》一诗[5]，我看了吴旭君同志的回忆[6]，很难提出可疑之点，证以诗中“君今不幸离人世”一语，断非若干年后才能写出的。现存手稿同意你们的论证。盖中间一段他不可能再想到这首诗，到一九七一年后再追想，记忆模糊，参以当时心境，故改处甚多。作者的诗常自书写或重写多次，此诗则为特例，因此作在作者生时决难示人，即林死后[7] 犹然，罗处当然不会听说。此中究竟实亦非不可理解，细想想就明白了。因此，建议写作时间不动。

以上不敢擅专，当否统请酌定。希望有关各点不致外传。

胡乔木

五月二日

各件均退，未留底。有疑点或前后不一致、前后位置不当处请自定。

据胡乔木手稿排印。

注　释

1 先知，即逄先知，时任中共中央文献研究室副主任。

2 育之，即龚育之（1929—　　）：湖南湘潭人。时任中共中央文献研究室副主任。

3 正裕，即吴正裕（1936—　　）：江苏宜兴人。时任中共中央文献研究室毛泽东研究组副组长。

4 《挽易昌陶》，写于1915年5月，曾收入1990年7月湖南出版社出版的《毛泽东早期文稿》。1996年9月中央文献出版社出版的《毛泽东诗词集》收入此诗。

易昌陶（？—1915）：湖南衡山人。是毛泽东在湖南省立第一师范学校的同班同学。

5 《吊罗荣桓同志》，写于1963年12月，最早发表在1978年9月9日《人民日报》。罗荣桓（1902—1963）：湖南衡山人。1927年加入中国共产党，曾参加湘赣边界秋收起义。1930年起，历任红军第四军政治委员，第一军团、江西军区、第八军团政治部主任，八路军第115师政治部主任、政治委员兼代理师长，山东军区司令员兼政治委员，中共中央山东分局书记，中国人民解放军第四野战军第一政治委员，中国人民解放军总政治部主任等职。在中共八届一中全会上当选为中央政治局委员。1963年12月16日在北京逝世。毛泽东一向很敬重罗荣桓，在知道罗逝世后悲痛逾常，作了这首诗。

6 吴旭君，毛泽东的护士长。她关于《吊罗荣桓同志》一诗写作时间问题的文章，载1986年9月28日《光明日报》。

7 林死后，指林彪死后。

致丁石孙、沙健孙并王力家属等

（一九八六年五月四日）

北京大学丁校长[1]、沙副校长[2]、各位副校长、王力[3]教授家属：

惊悉我国当代致力于语言学研究和教学时间最久，成果最丰富，培育人才最多的杰出语言学家王力教授逝世，谨致沉痛的悼念，并向王教授家属谨表衷心的慰问。

胡乔木

五月四日上海

据胡乔木手稿排印。

注　释

1　丁校长，即丁石孙（1927—　　）：江苏镇江人。数学家。时任北京大学校长。

2　沙副校长，即沙健孙（1934—　　）：江苏宜兴人。时任北京大学副校长。

3　王力，曾任北京大学教授兼中文系主任。1986年5月3日在北京逝世。

致中共中央文献研究室并邓力群

（一九八六年五月十日）

文献研究室并力群同志：

干部学习文件篇目中只加了一篇党代表会议通过的关于七五计划的建议[1]，这是一篇很重要的文件，不可不收。再，在党代会上紫阳、先念[2]同志的讲话[3]是否也收入，请酌定。我只是提一下。其余没有什么意见。请考虑与中宣部（在征得启立、厚泽同志同意后）联名报请书记处决定。书名可否冠以当前字样，并在向中央报告时说明以后要陆续补订，大约每半年一次，以便随时补入新的文件，必要时还可抽掉一些，使分量不致过大。

胡乔木

五月十日

小平同志四篇文稿已阅。关于本世纪末将对世界和平和国际局势有比较显著作用的提法，在后来的谈话中提法有些改变，后来的谈话想亦已收入。小平同志在二中全会[4]后的讲话最好能报告书记处是小平同志本人决定发表的。又，国家领导人对外宾的讲话，可以摘，但尽可能不要改话加话，因对方已有纪录，如数字略有出入关系不大，以免在国外形成中国人的讲话可以随便改的印象。此点请酌。

据胡乔木手稿排印。

注　释

1 七五计划的建议，指 1985 年 9 月 18 日—23 日在北京举行的中国共产党全国代表会议通过的《中共中央关于制定国民经济和社会发展第七个五年计划的建议》。

2 先念，即李先念，时任中华人民共和国主席。

3 讲话，指赵紫阳在党的全国代表会议的开幕式上作的《关于制定“七五”计划建议的说明》，李先念在党的全国代表会议上作的闭幕词。

4 二中全会，指 1983 年 10 月 11 日—12 日在北京召开的中共十二届二中全会。

致龚育之、逄先知

（一九八六年五月十四日）

育之、先知同志：

八日信[1]悉。

正副编的分法（这类问题去年未能向你们和人民文学出版社同志说明，实为疏误，请予谅解），实际界限在于诗词的质量，读者当可意会。但用经作者校订定稿与否作为标准，个人认为还是适当的。这也就是不同档次的婉词，而亦符合事实。贺新郎[2]作者久经琢磨，念念不忘，生前未发表只是由于私生活问题；吊罗、读史[3]也都可以说是定稿，因为此后作者没有也不可能再作修改。吊罗作者生前不愿发表出于当时的政治考虑，现早已时过境迁，且非本书初次正式发表。如认为“不愿发表”意义仍不醒豁，改为认为没有达到自己的艺术要求亦可。这三篇都经中央郑重发表，现列入副编会引起读者的混乱和诘难，使中央的工作缺少应有的连续性、严肃性（此与政治路线是非无关），编者也难以举出尚未定稿确凿充足的证据和理由，从而使本书的编辑出版既打破了原有的权威性又无法树立自己的权威性。（中央现虽不会过问这类细节，但出版后可能有读者投书中央质问，则中央势必查究责任。）尤其是把正副编的艺术界限打乱了，这很不利于作者在诗词界的声誉。副编诸作，实际上显然都是作者从艺术上不愿正式发表的，如秋收起义、给彭、给丁诸作作者未必不记得（反彭反丁后当然不会发表，前此送他亦不会入选）；和柳、答周、重上井冈山，同样的题目，都写过两篇，但三首发表了，三首则未，可见作者分寸之严。好八连（以及流传一时的读报、辩秦等篇[4]，现均未收）作者所以不愿发表则因中有某种戏作成分。给罗章龙诗[5]作者生前可能未见，如见了也不会愿意编入选集的，挽易昌陶亦然。正编诸作气魄雄大，韵味浓郁，显为副编所不能比拟。私意现在的分法选法似较得体，但亦不敢自专，谨请反复推敲，权衡得失。作者的政治声誉因后期错误太大在知识界很难有大的恢复，但相当一部分知识分子对他的诗词还是很欣赏很以为宝贵的，这是作品的客观价值使然，故对本书的处理务望考虑到这部分读者的心理状态，不要拘泥于某种形式上的界限，而要更多从政治上艺术上的高度决定取舍和编次，以免使这部分读者也感到失望（注解精简化也是免得这部分读者觉得被当成中学生；据此，似词牌、七律等解释仍感太繁）。以上都是个人意见，是否有当，谨供参考，请再酌定。

吊罗诗年月略予修改，现附上，并请酌定。

胡乔木

五月十四日

据胡乔木手稿排印。

注　释

1 八日信,指 1986 年 5 月 8 日,龚育之、逄先知就编辑《毛泽东诗词选》中的正、副编的划分,《吊罗荣桓同志》一诗写作时间的注释等问题给胡乔木的信。

2 贺新郎,词牌名。这里指毛泽东 1923 年写给夫人杨开慧的一首词《贺新郎·别友》。1978 年 9 月 9 日在《人民日报》上首次发表。后作为首篇编入 1986 年 9 月人民文学出版社出版的《毛泽东诗词选》。

3 吊罗,指毛泽东 1963 年 12 月写的一首诗《七律·吊罗荣桓同志》,最早发表在 1978 年 9 月 9 日《人民日报》。

读史,指毛泽东 1964 年春写的一首词《贺新郎·读史》,最早发表在 1978 年第 9 期《红旗》杂志。

4 秋收起义,指《西江月·秋收起义》;给彭,指《六言诗·给彭德怀同志》;给丁,指《临江仙·给丁玲同志》;和柳,指《浣溪沙·和柳亚子先生》;答周,指《七律·和周世钊同志》;重上井冈山,指《水调歌头·重上井冈山》;好八连,指《杂言诗·八连颂》;读报,指《七律·读报》数首;辩秦,指《七律·读〈封建论〉——呈郭老》。这些诗词除读报、辩秦这几首诗外,都收入 1986 年 9 月人民文学出版社出版的《毛泽东诗词选》的副编。

5 罗章龙(1896—1995):湖南浏阳人。年轻时与毛泽东相熟。1918 年,毛泽东写了一首诗《七古·送纵宇一郎东行》赠罗章龙。纵宇一郎,是罗章龙将去日本前取的日本名。这首诗后收入 1986 年 9 月人民文学出版社出版的《毛泽东诗词选》的副编。

致邓力群

（一九八六年五月十六日）

力群同志：

小平同志讲话，[1] 我又细看了一遍。我想说明以下意见和情况：

（一）小平同志去年在一次和你们谈话中表示，他对这次讲话决不收回[2]。据此，对这样一个已成为历史文献的讲话，除小平同志本人以外，任何人无权作任何改动。我上次提出的涉及中美关系的几句话，只因可能被美国一批反华分子借口单方面宣布外交机密而鼓噪，提请小平同志考虑，其他个别文字更动，请予撤销。

（二）考虑到当前中央再三宣布的对理论界、文艺界等方面保持宽松融洽的方针（这一方针在知识分子中受到广泛欢迎），建议本文[3] 除收入十二大以来中央重要文献汇编和将来的邓小平文选外，不必在报刊上单独发表。

（三）本文是根据小平同志谈话内容由我主持起草，起草后经小平同志一再审查指示后定稿的。但起草过程中措词或举例中的任何问题都应由我承担责任。就中党性来源于人民性一语与胡绩伟同志给我看的最后稿中用语（党性来源于人民性和阶级性，又高于人民性和阶级性）有出入，而且举这类例子弊大于利，这就是我的疏忽。因经过复杂，是非的辨明也比较复杂（绩伟同志的论点有混乱），在此不能多说。估计绩伟同志看到在文献汇编中收入这篇讲话，仍将向中央提出指控，特先作此声明。

以上各项，统请考虑为荷。

胡乔木

五月十六日

据胡乔木手稿排印。

注 释

1 小平同志讲话，指1983年10月12日邓小平在中国共产党十二届二中全会的讲话《党在组织战线和思想战线上的迫切任务》，后收入《邓小平文选》第三卷。

2 邓小平在中共十二届二中全会讲话中指出：思想战线不能搞精神污染。以后，有人主张少提或不提精神污染问题。对此，邓小平在1985年筹备中共全国代表会议时同邓力群等人的谈话中表示，他在十二届二中全会上的这篇讲话决不收回，以后出他的选集、文集时，还要把这篇讲话收进去。

3 本文，指邓小平《党在组织战线和思想战线上的迫切任务》一文。

致李鹏、何东昌等

（一九八六年五月二十一日）

李鹏、东昌[1] 同志并国务院负责同志：

（一）关于第三批学位授权工作问题，完全同意李鹏、东昌同志意见。凡事易增难减，易上难下，务宜慎字当头。

（二）国务院学位委员会自成立以后，即由我挂名，当时尚在社会科学院任职，与学术界勉强还有一点点联系，但委员会历次会议我从未到会，徒负虚名，实深内疚。谨向国务院提出，今后请改由李鹏同志兼任主任，并请允许我退出国务院学位委员会。此事原似未经中央书记处或人大常委会，故国务院常务会议即可决定。如尚须经其他手续亦无不便。恳予批准，以利工作。

胡乔木

一九八六年五月二十一日

据胡乔木手稿排印。

注　释

1 东昌，即何东昌，时任国家教育委员会副主任。

致逄先知、龚育之

（一九八六年五月二十七日）

先知、育之同志：

王实味注[1]，除文学翻译家外，建议再加上“曾撰写过一些评论”。如此读者才能想得通他何以被捕，但说是评论家又太过了。他写过的评论除杂文外还有较长篇的文学评论，都曾在《解放日报》和延安其他刊物发表。在国统区可能也写过一些文章，但除译作外似未出过单行本。如何请酌。

胡乔木　27/5

据胡乔木手稿排印。

注　释

1　1942年延安整风时，王实味因发表《野百合花》等杂文，受到批判，后被错定为托派分子、“反党集团”成员，并被关押。1947年3月，在撤离延安赴晋西北途中，未经中共中央批准即被处死。1986年中共中央文献研究室报经胡乔木批准，在编辑《毛泽东著作选读》下册的一条有关王实味的注释中实际上作了公开的平反：“王实味（1906—1947），河南潢川人。翻译家，还写过一些文学评论和杂文。曾在延安中央研究院文艺研究室任特别研究员。关于他是暗藏的国民党探子、特务一事，据查，不能成立。”1991年2月7日，公安部予以正式平反。

致胡启立

（一九八六年六月十一日）

启立同志：

各件均已详阅。同意宦乡[1]同志所提意见。谭[2]的画法对我外交无损，幸勿在形式上争论不休，致此地图集不能出版，如此则不独不利于我之内政（学术民主），亦不利于我之外交，因此地图集的命运早为国内所注目。以上妥否请书记处讨论决定。

胡乔木

六月十一日

据铅印件排印。

注释

1 宦乡，时任第六届全国人大常委会外事委员会副主任委员、国务院国际问题研究中心总干事、中国国际法学会会长。1986年5月30日，宦乡致信胡乔木并转中共中央书记处，就《中国历史地图集》第七册元、明时期台湾着色问题和南海诸岛是否标绘当时海上国界线问题的分歧意见，提出解决的建议。

2 谭，即谭其骧（1911—1992）：浙江嘉兴人。历史地理学家。时任《中国历史地图集》主编、复旦大学教授。

致芮杏文、江泽民

（一九八六年六月十三日）

杏文[1]、泽民[2]同志：

关于全民所有制工业企业中党、职代会、厂长如何分工合作问题，中央已初步拟定了三个条例，但尚未经书记处会议通过。其中关于厂长任免干部如何与党委分权，以及职工代表大会的权限，近年各地在试行厂长负责制的地方争议较多，这三个条例草案都作了明确规定。兹送上供参阅，如有意见而时间来得及时可代达，但因是未定稿，请勿复印，阅后请退。

胡乔木

六月十三日

据胡乔木手稿排印。

注　释

1 杏文，即芮杏文（1927— ）：江苏涟水人。时任中共上海市委书记。
2 泽民，即江泽民（1926— ）：江苏扬州人。时任上海市市长。

致宋健

（一九八六年八月二十八日）

宋健[1]同志：

八月二十三日关于“中国模拟人”的材料收到。十分感谢国家科委新技术局为此而进行的调查和四川省科委林大全同志的报告。完全同意国家科委的意见。

胡乔木

八月二十八日

据胡乔木手稿排印。

注释

1 宋健，时任国务委员、国家科学技术委员会主任。胡乔木曾于7月2日给宋健转去一份《“中国模拟人”引起国内外关注但目前的研制和生产面临重重困难》的材料，并给宋健写了一封信：“此件想已阅。不知国家科委是否已对此问题给予关注和支持，准备如何解决或不准备解决它所面临的困难？希简告为荷。”宋健于7月3日即批示有关同志“应向乔木同志写一个情况报告。”8月23日，宋健复信胡乔木说明已遵照胡乔木批示，“我委新技术局进行了调查研究。他们走访了有关单位和专家，并请四川省科委转来了‘中国模拟人’课题组组长林大全同志的报告。”

致 李 锡 铭

（一九八六年九月六日）

锡铭[1]同志：

九月五日信悉[2]。完全同意北京市委和市科委的意见[3]。有不同意见当然仍可争鸣，只要不压制科学上的创新就好了。

胡乔木

九月六日

据胡乔木手稿排印。

注 释

1 锡铭，即李锡铭（1926— ）：河北束鹿人。时任中共中央政治局委员、中共北京市委书记。

2 李锡铭9月5日在给胡乔木的信中表示支持北京市开关厂工程师林邦瑾创立的“制约逻辑”，并批评了当时有的学者压制这一创新理论的做法。

3 北京市科委认为林邦瑾创立的“制约逻辑”有可能为新一代电子计算机的研制提供理论基础，主张在人力、财力上给予林邦瑾以支持，并积极协助林邦瑾办理去莫斯科参加国际逻辑学术会议，北京市委还决定筹建北京制约逻辑研究会，以及在1986年底召开第一次制约逻辑研讨会。

致胡启立、邓力群、温家宝

（一九八六年九月十日）

启立、力群、家宝[1]同志：

拟同意语委[2]此信意见，即分两步走，先正式宣布废除“二简”[3]，着手纠正社会用字混乱，俟后（当然不能拖太久）再重新正式公布《简化字总表》[4]。当否请启立同志批示。

我的意见：覆字早在“文革”前就恢复了，现无需再提。但雠（仇雠不能作仇仇）、馀（余馀极易混淆）、囉（囉改罗毫无意义，其他助词均仍用口旁，囉去口旁使罗一音变成三音，且“老罗”一类词语歧义难以辨析）三字应恢复，尧很多人误写作尭，应改作堯。其他都可不动。但他们恐引起连锁反应，不能决断，也不便勉强，只好待再一次征求意见。

胡乔木

九月十日

据胡乔木手稿排印。

注　释

1　家宝，即温家宝，时任中共中央办公厅主任。

2　语委，即国家语言文字工作委员会。

3 “二简”,即1977年12月20日发表的《第二次汉字简化方案(草案)》,经国务院批准,从1986年6月24日起废止;1986年9月27日,新华社作出正式报道:“国务院最近转发国家语言文字工作委员会《关于废止〈第二次汉字简化方案(草案)〉和纠正社会用字混乱现象的请示》,并决定从现在起停止使用《第二次汉字简化方案(草案)》。”

4 1986年10月10日,国务院批准重新发表《简化字总表》。

致艾知生

（一九八六年九月十日）

知生同志：

顷读韦君宜[1]同志84年作长篇《母与子》（上海文艺出版社85年版），深受感动，有的同志读了认为比《阿信》更有教育意义。我读的长篇不多，但此书和以前曾推荐过（?）的丛维熙同志所作《北国草》确都有改编为电视连续剧的条件。可惜韦君宜同志不久以前患脑溢血，正在疗养，很难帮助改编。好在了解书中主要背景（三十年代至四十年代的国民党统治区，由旧式家庭妇女变为地下党员，地点主要在江苏扬州、武汉、成都、川西农村和延安）的人还比较多，书又大体以真人真事为素材，改编、导演、演员都还不难物色。特此作为个人意见介绍，谨供参考。

雁北电视台摄制的李林[2]连续剧已看了，因编剧不了解李林去山西以前的情况和当时历史实际，虽努力可贵，难免缺乏真实感，已提出了几点意见供他们参考，他们将努力作一些修改，但已制成，难作多少改变了。附告。

胡乔木

九月十日

听说电影演员刘晓庆将去法留学，事如属实，当为张瑜等去美后的我国电影界的又一损失。不知可否考虑像慰问留学生那样对她们做些争取的工作？她们多数人在国外的境遇很不幸。我对电影界是外行，请与影协同志研究一下如何？

据胡乔木手稿排印。

注　　释

1 韦君宜，时任人民文学出版社社长。

2 李林（1916—1940）：福建闽侯（今福州）人。自幼随父侨居印度尼西亚，1930年回国。“九一八”事变后参加抗日救亡运动。1935年加入中国共产党。“七七”事变后在山西参加抗日游击战争，先后在部队和地方从事政治工作、宣传工作和行政工作。1940年4月在反“扫荡”中负重伤被俘，宁死不屈，壮烈牺牲。

致胡耀邦、邓小平、赵紫阳、李先念、陈云

（一九八六年十月十八日）

耀邦、小平、紫阳、先念、陈云同志：

《中国大百科全书》军事卷即将完稿，其中人物条目释文所加的颂扬性评价语（如伟大的无产阶级革命家等等），成为一个亟待解决的问题。一则谁加谁不加或如何加很难处理；二则影响大百科全书今后各卷对同类问题的处理，每有一新的问题均将向中央请示，使中央不胜其烦；三则加了这类颂扬性评价语将使我国大百科全书难以保持与各主要国家的同类辞书具有同等的客观性、稳定性，影响其科学水平。为此，经与尚昆、一波同志和党史研究室主任胡绳、大百科全书总编辑梅益、文献研究室主任李琦等同志反复商讨，最后取得一律不用“伟大的无产阶级革命家”一类颂扬性评价语的一致意见。特报告如下：

按世界各主要大百科全书多年来的体例，在历史上和当代显要人物条目释文中，或则只有极简单的纯客观的身

份陈述,或则一开始就是传略。列宁为英国格拉纳特百科辞典所写的《卡尔·马克思》著名条目,即属后者,全文只写传略和学说,没有任何的主观评价和颂扬。多数百科全书人物条目释文只先用极少字句陈述身份,以后就是传略,有著述者则列举著述。如中美合编的《简明不列颠百科全书》美方所编部分关于华盛顿、罗斯福词条身份陈述语分别为:“美国将军,政治家,首任总统。”“美国第三十二届总统,曾连任三次,任职十三年。”该书我方所编部分对我国领导人的身份陈述语则长得多(此因美方尊重我方意见),但对毛、周、刘、朱、邓均未使用“伟大的无产阶级革命家”一类词语。如毛泽东条为:“中国最主要的马克思主义革命家、战略家和理论家,中国共产党、中国人民解放军和中华人民共和国的主要缔造者。”周恩来条为:“中国共产党、中华人民共和国主要领导人之一,中国人民解放军创造人之一,中国杰出的共产主义革命家、政治家、军事家和外交家。一九四九至一九七六年担任中华人民共和国总理,作为中国的主要外交家获得世界声誉。”此条内“共产主义的”一词为我方所加,因美方只接受“共产主义革命家”或“共产党革命家”,而不接受“无产阶级革命家”或笼统的“革命家”。“一九四九至一九七六年担任……”全句为美方所加,他们注意任职年代,也表示对周较有好感。邓小平条我方原稿有“中国杰出的革命家”一语,美方则提议改为“中国的职业革命家”,我方拒绝,最后双方同意用“中国共产主义革命家”。美方的修改意见固有资产阶级偏见,但一般仍依据国际惯例。按美方所写华盛顿条目，则对我方已属破例，再争则无法达成协议。百科全书或其他辞书中人物条目释文加颂扬性评价语，实始于斯大林时期的苏联。今苏联除百科全书对马克思、恩格斯、列宁尚保留很简单的颂扬性评价语外，其余已一律不用伟大、杰出、卓越等形容词，只称“国务活动家”，“军事家”或所任职务。此种写法除有利于保持百科全书、各种辞书的客观性外，亦可避免过去频繁发生的争议和大量修改，使其具有稳定性。

鉴于上述，我们建议《中国大百科全书》(从军事卷开始)和其他辞书人物条目释文一概不用“伟大的无产阶级革命家”等类词语(根据情况，可有“革命家”、“军事家”、“文学家”这类评价语)，亦不用最有威望、杰出、卓越一类形容词，其他方面一般可在中美合编《简明不列颠百科全书》我方编写的人物条文基础上力求平衡，并力求简化。这种写法除可减少争议、减轻中央领导人负担外，还有利于避免对已故者、现任者、未来者评价悬殊所引起的不良影响。传略部分均用客观陈述体裁，各主要领导人词条后也不由高级领导人挂名，而由实际撰稿人署名，经各卷负责编辑人集体编定后送审，以便尽量减少形式主义。

上述处理原则同样适用于古今各方面人物的条目。但只限于百科全书及其他各种辞书和各种代表性著作(如《毛选》、《邓选》)的注释，而致敬信、悼词、纪念文字、各种著述等均不在此例。

以上意见是否适当可行，请审批[1]并告尚昆同志。

胡乔木

十月十八日

据铅印件排印。

注　　释

1 邓小平对胡乔木信中所提出的意见批示："我赞成。"其他人都圈阅同意。

致姚依林、朱镕基

（一九八六年十月二十三日）

依林同志并转镕基同志：

二十二日批示并经委袁育我[1]同志报告和边秉银[2]同志的信均阅悉，经委科技局和八位专家[3]的意见和陈教授[4]的意见是一致的，陈也认为，为了大面积推广，还有大量研究工作要做，目前的困难是在于没有这笔钱和人甚至地方来进行这些工作（无专业研究人员，都是教师业余参加，无技工，连他的研究室至今还未被“正式承认”，此不知是否指农业大学未予支持），故陈要求建立一由经委和农大双重领导的研究所来解决这个卡脖子的困难。希望经委、农牧渔业部能进一步伸出援手来造成必要条件，以便不久的将来能在经过中试鉴定后进行大面积推广。

胡乔木

十月二十三日

据胡乔木手稿排印。

注　释

1　国家经委科技局的袁育我于 1986 年 10 月 16 日给朱镕基写了一个北京农业大学陈延熙教授关于增产菌的研究立项情况和部门、专家的意见的报告。朱镕基于当日批示:"急送马祖彭同志审阅。"马于 10 月 18 日批"请依林同志阅示。"姚依林于 10 月 22 日批示:"送胡乔木同志,请考虑这个意见是否可行。"

2　国家经委的边秉银于 1986 年 10 月 17 日给朱镕基写了一封关于农牧渔业部刘江副部长肯定和支持北京农业大学陈延熙教授研究增产菌的信件。刘江说:增产菌在生产中应用,效果比较明显。农牧渔业部对此十分重视,国家经委也在经费上给予了支持,农牧渔业部已准其列入"七五"攻关计划,并希望国家经委继续给以支持,先把液体发酵搞起来,以保证有一定的生产试验面积。

3　八位专家,指当时全国植保总站的高级农艺师束炎南、曾昭惠、王德秀、马桂春,农牧渔业部植检所的副研究员刘宗善、张志雍,动植物检疫总所的副所长、副研究员陈仲梅,农牧渔业部科技司处长、高级农艺师朱鑫泉。

4　陈教授,指北京农业大学陈延熙教授。

致陈国栋

（一九八六年十一月二、三日）

国栋同志：

新改稿[1] 请阅正，待回沪后再定稿送征委会[2]。

胡乔木 2/11

又及：文内袁超俊[3] 同志所说北站五一行动事，我和我妹方铭[4] 同志都想不起一九三六年五一曾有此行动，袁说可查五月二日上海报纸（上海当时有一家进步的小日报，萨空了[5] 主编，忘其名，如大报没有，此报及《中美晚报》可能有）。但如查不出，则此日期仍是悬案。我原记一二八，因我当日曾任秘密指挥，但袁说决不是一二八，以后又怀疑是三八，似亦不像。袁说所以有此行动是全国各界救国总会成立后要求去南京示威或请愿，声援七君子，但结果只在北站举行了一次集会（袁说占领了北站）。此本是小事，为力求确实，可否请你的秘书或征委会工作人员代去上海图书馆一查？

胡乔木 3/11

据胡乔木手稿排印。

注　释

1 新改稿,指胡乔木所写的《关于1935—1937年上海共青团的工作及其与文总、临委之间的关系》。

2 征委会,指中共中央党史资料征集委员会。

3 袁超俊(1912—1999):贵州贵阳人。曾任中国旅游事业管理总局副局长。

4 方铭(1917—):江苏盐城人。曾任中共中央文献研究室周恩来组生平研究组组长。

5 萨空了(1907—1988):四川成都人。蒙古族。新闻出版家。新中国成立后曾任新闻总署副署长兼新闻摄影局局长、出版总署副署长、国家民族委员会副主任、中国民主同盟副主席。

致胡启立

（一九八六年十一月六日）

启立同志：

关于在大百科辞典、各种大型辞书重要人名词条后原来惯用的颂扬评价语（如伟大的无产阶级革命家、杰出的马克思主义理论家、卓越的国务活动家之类），经请示中央常委同意，今后依国际惯例一律取消，只用客观陈述。《毛选》、《邓选》等权威性著作的人名注释和今后出版的重要人物文集的出版说明，亦按同例处理。因这项改革涉及面很广，不但影响党内，而且影响党外国外和历史人物，故建议将原请示件印中办通报，除发政治局、书记处、人大常委（党内）、国务院、军委、中顾委、中纪委、宣传部、统战部、政协（党内）和各省军级负责同志。当否请批示。出版局、党史研究机构和大百科全书编辑部已另送。

胡乔木

十一月六日

据胡乔木手稿排印。

致张毕来

（一九八七年一月三日）

毕来[1]同志：

遵嘱把关于陈怀白[2]同志的回忆写在下面。

在一九三三年下半年到一九三四年底，我和陈怀白同志一同在浙江大学外国文学系就学，但结识是在一九三四年下半年，因为我比她高一年级（我是由清华大学读完一年级以后转入浙大二年级的），男女生宿舍又不在一处，以前没有机会接触。一九三四年下半年，思想比较进步并曾与Agnes Smedlcy过从的陈逵教授，接替被校长郭任远（此时已加入C·C组织）赶走的孙大雨教授讲授英国文学，他兼授三年级和二年级的课，喜欢找学生到他那儿谈话，这样我才认识了陈怀白同志。随后又约她参加我所组织的读书会，接触机会多了，她的思想也逐渐趋向左倾。就在这一学期中，浙大学生（由文理学院带头）发起了驱逐郭任远的风潮。这次风潮是突发性的，学生没有组织准备，约一个月就归于失败。我曾被同学选为驱郭委员会的一员，而我的思想面貌事前已被郭侦知，期末即被通知离校。寒假中，浙江省特务机关密令侦捕。我因此在一九三五年初转往上海，在上海恢复了在杭州未能接上的党的关系，但直到这一年年底或次年年初，中断了同陈怀白同志的联系。

一二九运动在上海引发了各界抗日救国的持久运动。运动在杭州也很快引起响应。这时上海学生急于找到浙大学生中的积极分子。我委托上海复旦大学历史系女同学程天赋同志（当时是社联盟员，一九三六年春加入青年团，在延安入党，改名程成，在十年内乱中被迫自杀）带着我写的介绍信去浙大找到陈怀白同志，以后她们在长时期内保持联系。

陈怀白同志在抗日战争爆发前后加入了中国共产党，参加了新四军领导的游击战争，但具体情况我不了解。建国后她在上海主持新知识出版社工作，主要任务似是编辑出版中等学校所需要的参考读物和课外读物。在五十年代，她曾两次趁来北京开会之便来到我的办公室相见，谈了别后的情况和她现在担任的工作中面临的种种问题。她的出版社的名称后来可能有变化，但据我了解，她一直担任这项工作，在工作中费尽心血，并且始终保持一个共产党员的本色。关于这一点，在去年某月某日的上海《解放日报》上有一篇她的亲属所写的回忆作了十分动人的描写。

六十年代起，我和她失去了联系。至今我不知道她以后的情况。我没有去了解她这一段的情况和她一生的详细情况，这使我感到内疚，我愧对我的好友和一个模范的共产党员。

胡乔木

一九八七年一月三日

据铅印件排印。

注　释

1 毕来，即张毕来(1914—1991)：贵州炉山(今凯里县)人。红学家。时任民盟中央宣传部长。他是胡乔木在浙江大学读书时的同学。

2 陈怀白(1915—?)：浙江建德人。

致朱厚泽、朱穆之并胡启立、田纪云、邓力群

（一九八七年一月二十四日）

厚泽、穆之[1]同志并启立、纪云[2]、力群同志：

近年各地出版的所谓文摘、选刊之类的刊物日益繁多，有的畅销全国。这些刊物根本不需要什么编辑力量，只是盗印翻版，所以很易获利，而严重危害各正当刊物以及出版社（有些被选刊的作品已出单行本）的利益。虽有数十家刊物联合声明不许转载，但因出版法迟迟未能产生，致无法获得国家的保护。[按：商务印书馆自清末成立以来，即在所出书籍版权页上标明“版权所有，翻印必究”字样。该馆所出《东方杂志》、《小说月报》，每篇文后亦注（留），即保留版权之意。我们现在决不能允许如此倒退！]况党中央、国务院已决定近年参加国际版权公约组织，国内盗版（包括盗印港台的；外国的如译印或影印日后亦须照付版税）如此猖獗，无论对内对外将何以自解？而且有些这类刊物格调极为低下（如山西的《读者文摘》，已引起美国《读者文摘》的抗议），甚至以发表“有争议的”坏作品为招徕（如福建的《中篇小说选刊》）。如此不择手段地惟利是图，还说得上什么精

神文明建设！考虑到出版法至少今年已无法在人大通过，建议由中宣部、文化部（或再加上司法部或工商行政管理局?）联名限期（例如在发文后两个月内即第一季度内）停止上述一切刊物的出版发行，其由此引起的经济后果（如对已订购者的赔偿）请两部出版局研究处理办法，原则上应自行负责，因本属投机盗窃性质的行为，国家不能代偿。惟人民出版社所出《新华月报》和该刊分出的《新华文摘》，在两刊仍然合并，认真提高编辑工作质量，并对除文件外的转载文字一律付给由出版局规定的报酬，以为全国表率的条件下，可作为特定例外，否则《新华文摘》亦须停办。同时应规定：此后全国各刊物除获得原载刊物同意并按出版局规定付给报酬者外，一律不许转载。以上是否适当，请予酌定。

胡乔木

一月二十四日

据胡乔木手稿排印。

注　释

1　穆之，即朱穆之，时任中国对外文化交流协会会长。

2　纪云，即田纪云，时任中共中央政治局委员、中央书记处书记。

致谭大同

（一九八七年二月三日）

大同[1]同志：

春节好！

离上海前曾接待上海作协副主席、著名老作家师陀[2]同志，他在谈话中表示希望能帮助他解决全家三代仅有住房两间的迫切困难，以便继续写作。我当时告以市委、市府正面临严重的学潮问题，待回京后再相机提出。顷接师陀同志来信，再次要求增配一套房子。师陀同志在作协四大以后只因我为他的小说写了一篇短序，即无端遭受歧视和压抑。实际上他自二十年代末三十年代初即参加左翼文学的创作活动，在短、中、长篇小说方面造诣很高，后来除继续写散文外也写过剧本，晚年转入文学史的研究，成绩都很可观。他年迈而精力旺盛，为人正派，从不介入派别活动。对这样一位老作家的严重生活困难，似宜尽快设法。在上海解决住房问题当然很不容易，但望先给他打个招呼。我早想写这封信，近日因事忙拖延了，很觉抱歉。以上都是个人的意见，只供市委办公厅参考。

市委、市府各领导同志请代为问候。

胡乔木

二月三日

据胡乔木手稿排印。

注 释

1 大同，即谭大同（1938— ）：湖北公安人。时任中共上海市委办公厅副主任。

2 师陀（1910—1988）：河南杞县人。作家。

致邓力群、王忍之

（一九八七年二月四日）

力群、忍之[1] 同志：

"批判"作为"批评"的另一译法，引起很大误解。我所知道的最早提出异议的是孙冶方同志。但这一由日本传入(?)的译法在中国已流行了六十年，涉及许多学术名著包括马、恩、列的重要著作，可否和如何（假如可以）给以改变，即统一用批评，很值得研究商讨一下。请考虑可否请编译局召集若干次座谈会交换意见，听取翻译界学术专家们的意见。如果召集这种座谈会，当然要从容不迫，畅所欲言地进行，时间不限，并要让参加者事前充分准备。请便中虑及。

胡乔木

二月四日

据胡乔木手稿排印。

注　释

1　忍之，即王忍之（1933—　　）：江苏无锡人。时任中共中央宣传部部长。

致赵紫阳、胡启立、田纪云、邓力群

（一九八七年二月二十七日）

紫阳、启立、纪云、力群同志：

送上《中国大百科全书》总编辑梅益同志给中央、国务院的报告，请阅。这个报告反映了目前《中国大百科全书》出版的进展情况，当前工作中存在的突出问题和改进意见。去年夏天，我曾向新任总编辑梅益同志提出改变原定出版八十卷和一九八九年全部出齐的计划，要求原有的某些专业卷可以自成某专业的百科全书，以免大百科全书过于庞杂，不能保证全书的应有体例和质量水平。但这个意见提得太晚而又不够坚决，已形成的局面难以一时扭转，所以实际上未能执行。今年一月发现这一情况后，我不得不坚决否定了一九八九年全部出齐即每年必须付排十几卷的计划，要求放慢速度，进一步压缩卷数，全力保证质量，以免影响国家声誉。现大百科编辑部已同意这个意见，决定把卷数压缩到七十卷（内含总索引一卷），预定一九九三年出齐，作为全书的第一版。然后再组织人力准备重新安排各卷题目，着手编辑符合国际上大百科全书通例的三十卷本的第二版。

《中国大百科全书》的编辑出版是由小平同志一九七八年代表党中央、国务院口头批准进行的，责成我牵头组织编辑班子，是否还经过其他手续现已记不清。当时我任职社会科学院。经院领导成员共同商定，委托倡议和筹备编辑大百科的原马恩列斯著作编译局副局长姜椿芳同志担任总编辑（总编辑职务的正式任命是在一九八三年，文化部党组提出经中央宣传部同意的），并拟定了总编辑委员会副主任的人选名单。对于这项浩大的工程，我和椿芳同志都缺乏经验，由于我当时工作比较繁忙，一直没有邀约各方面专家（包括编委会各位副主任）参照外国同类著作议定全书规划。而一九八〇年开始出版的全书前言，就写明“初步拟定，全书总卷数为八十卷，计划用十年时间出齐”，这个前言稿曾送给我审阅，我竟未加深究而轻率地表示同意了。这是我在这一工作中的最大失误。

原任总编辑姜椿芳同志的工作是努力的，有成绩的。已出版的十八卷质量都比较高。这是全国科学界共同努力的结果，他和编辑部全体同志也都有贡献。但姜椿芳同志近年双目接近失明，已难继续工作。又因大百科的出版社凌驾于编辑部之上，使本已超负荷运转的工作更加混乱，编辑部人心比较涣散。因此，在一九八六年二月决定调曾任社会科学院党组第一书记兼秘书长的梅益同志接替姜椿芳同志任总编辑，姜改任出版社顾问（以上已报告中央组织部）。去年九月，由中宣部出版局和国家出版局宣布恢复早经决定的大百科总编辑负责制，梅益同志兼任社长。

梅益同志报告中还提出今后三年内每年增拨少量经费和增调十多名研究生和大学毕业生的两项要求，请纪云同志审批可否同意。

大百科全书事关国家科学水平和政治荣誉，特就梅益同志报告说明如上。

胡乔木(中国大百科全书总编委主任)

一九八七年二月二十七日

据铅印件排印。

致　胡　绳

（一九八七年二月二十八日）

胡绳[1]同志：

昨天傍晚收到来信和文章[2]，文章在晚饭前后读完，读了深为敬佩。这确是一篇力作，在这样短的篇幅里历史地和逻辑地答复了几年来一直被一些人弄得纠缠不清的许多问题。我只是对于第十四页在答复“有人提出这样的问题，如果新民主主义时期再长一些，是不是更好一些”的问题时，提出“但是作为总结经验，可以说新民主主义时期也许宜于较长一些。这是因为，……”这样一段话，是否适宜，感到有些需要斟酌的地方。因为这段话似乎没有着重考虑到一九四九年至一九五六年间所发生的实际经济变化（主要是社会主义国营经济日益强大和国家实行计划经济制度），以及在此期间民族资本主义工商业本身的发展怎样日益与整个国计民生发生矛盾，最后不能不求助于公私合营以摆脱困境的客观过程。（以上过程并非都已在一九五二年至一九五三年呈现。一九五二年九月毛泽东同志开始提出有关问题似与五反运动[3]以后的形势和国民经济恢复有关。）这并不是说党中央在若干问题的决策中没有重要的失误，例如所谓高级合作社的想法和办法，对全行业公私合营以后如何发挥原有管理人员、技术人员的作用和保留小型商业手工业等问题没有审慎考虑（对陈云[4]同志所提有关意见搁置不理），这些问题当然不需要在你的文章中涉及。但是离开当时的已经变化了的经济形势而总结经验，只从逻辑上提出新民主主义时期也许宜于较长一些的论点，似不适当，而且由此必将重行引起社会主义搞早了之类的讨论。因为事关重大，昨晚特请陈云同志的秘书许永跃[5]同志将第十四页的复印件带回，请他一早就面询陈云同志的意见。上午他已告，陈云同志完全赞成在你的文章中不必提出新民主主义时期是否宜于延长的问题。可以设想，小平同志也不会赞成提出这种涉及五十年代前七年（一九五〇年初至一九五六年底）的争论问题，即党的八大[6]是否正确的问题。这段时间的工作当然可以也需要作出科学的评价，但要选择适当的时机，例如党的十三大[7]，现在的时机似不适当。总之，有关的段落建议考虑改写。

与此相关联的一个问题是，在这篇文章里可否略为涉及一下社会主义初级阶段，由此可以提出为什么三中全会[8]以来党中央采取了一系列例如农村实行土地承包制，经济实行有计划的商品经济、允许个体经济直至各种形式的私有制的政策，答复这是不是补资本主义的课。这篇文章不必多所论列，但是略为涉及似有必要，而且采取这种形式，比较容易实际上答复五十年代的社会主义改造有许多粗糙生硬之处的问题。

在写这封信的时候，未及查阅有关资料，只凭记忆，必有不当。另请逄先知同志查出一波[9]同志一九六五年底给田家英[10]同志的一封信（信内资料系据他一九五二年至一九五三年的日记），现连先知同志来信一并附上供参考，用后请即退还。

以上意见和注在稿上的个别文字修饰谨供参考。

敬礼

胡乔木

二月二十八日下午

据胡乔木手稿排印。

注　释

1 胡绳，时任中国社会科学院院长、中共中央党史研究室主任。

2 文章，指胡绳写的《为什么中国不能走资本主义道路》，载1987年3月1日《人民日报》第一版。

3 五反运动，指1952年1月—6月在城市中开展的反行贿、反偷税漏税、反盗窃国家财产、反偷工减料、反盗窃经济情报的打退资产阶级进攻的斗争。

4 陈云，1952年时任中共中央书记处书记、政务院副总理兼财政经济委员会主任。

5 许永跃（1942—　）：河北镇平人。时任陈云秘书。

6 八大，指1956年9月15日—27日召开的中国共产党第八次全国代表大会。

7 十三大，指1987年10月25日—11月1日召开的中国共产党第十三次全国代表大会。

8 三中全会，指1978年12月18日—22日召开的中共十一届三中全会。

9 一波，即薄一波，1965年时任中共中央政治局候补委员、国家经济委员会主任、国务院副总理。

10 田家英，1965年时任毛泽东秘书、中共中央办公厅副主任。

致胡启立、邓力群并报赵紫阳

（一九八七年三月七日）

启立、力群同志并报紫阳[1]同志：

中国科学院数理科学部委员、著名天文学家、紫金山天文台研究员陈彪，日前来信谈他对方励之的看法[2]，说明方励之怎样由学者而变为政治活动家，内容的摘要不长，很值得一看。陈去年八月曾给我一信，表示对方肆意诽谤行为的愤慨。我在今年二月初复信，约他写一篇就方励之学术观点进行科学上的评论的文章，时间不限。他因而写了这封回信。我和他并不相识。他是党外科学家。

胡乔木

三月七日

据胡乔木手稿排印。

注　　释

1 紫阳，即赵紫阳，时任中共中央代理总书记。

2 1987年2月23日陈彪在写给胡乔木的信中，批评方励之学风不正又胆大妄为，不注重本职科学研究工作，搞随心所欲的“哲学”获取“成果”，骗取政治资本，并肆意诽谤祖国。

致邓力群

（一九八七年三月十六日）

力群同志：

读了王梦奎同志的文章[1]，受益不少。建议考虑此文可公开发表，以打破自从反对资产阶级自由化以后经济学界（和其他学术界）被认为"万马齐喑"的局面。这是一篇讨论文章，很有深度。所引数据来源的准确程度需要斟酌一下。

胡乔木

三月十六日

据胡乔木手稿排印。

注　释

1 王梦奎同志的文章，指他的《关于股份经济的若干思考》。1987年3月初在内部印发，供中央领导同志参阅。经胡乔木推荐，1987年4月6日在《人民日报》发表。

致胡启立、邓力群

（一九八七年三月二十六日）

启立、力群同志：

请于近期内仍像上次那样在小会议室内召集一次会议，汇报一下出版法情况，新闻法问题和落实由新闻出版署起草一个有关报刊、出版社、发行单位重新登记和取缔非法出版、非法发行的文件（至今尚无人负责）。

胡乔木

三月二十六日

据胡乔木手稿排印。

致方铭

（一九八七年四月二日）

方铭：

转来各件和转告的事文英[1]都转到了。舒志超[2]的书记载特详，看了很高兴。

王翰[3]传现材料很多，不用很可惜。我想待若木[4]有空时可以详细写出，免受篇幅限制。写成以后，可设法转给《中共党史人物传》，或请《中华英烈》连载，或请中国青年出版社出版。有些不成为史料的东西，如给司法部的信则不必收入。他担任某项工作，也不必把同事的名单都列出，传记很少这样写的。所据事实都注明来源，使成信史。

二哥

四月二日

据胡乔木手稿排印。

注　释

1 文英，即杨文英（1936—　　）：河北廊坊人。时任胡乔木秘书。

2 舒志超（1932—　　）：上海嘉定人。时任上海戏剧学院教授。

3 王翰（1911—1981）：原名陈延庆，江苏盐城人。1932年加入中国共产党，

1935 年任中共江苏临时省委委员。新中国成立后任监察部副部长、司法部顾问。为中共八大代表。

4 若木，即胡若木(1920—　　)：江苏盐城人。时为广播电影电视部总编室编委。

致周杰、中央档案馆等

（一九八七年六月二十八日）

周杰[1] 同志、中央档案馆并中央宣传部、《人民政协报》：

为了纪念七七[2] 五十周年，各报包括《人民政协报》都应发表一些七七当时的有关文献（包括图片）和纪念文章，这是国家民族的重大纪念节日，既有利于教育人民，也有利于加强统一战线和中日友好。因此，中央的文献只发表在政协报一家是不妥的。我想《中共中央文件选集》一九三六——一九三八年册中中央为日军进攻卢沟桥通电[3] 可在《人民日报》发表，其他各重要政治报刊包括《红旗》、《中国青年报》、《中国青年》、《瞭望》和《人民政协报》也都应立即由档案馆会同中宣部邀请各报会商选出适当文献分送各报。政协报似可选送中央关于组织抗日救亡统一战线扩大救亡运动给各地党部的指示。关于涉及宋哲元[4]、冯治安[5]、张自忠[6] 等的文件，应看文件全体，如中共第二次宣言说明宋哲元接受日方三条件[7]，这是历史事实，现可不选，但关于目前形势的指示[8] 这样的重要文件则仍应在某一报纸发表，不应回避宋、张姓名。文件中整个说来对二十九军还是给以高度评价的。必要时可对有关人名加注其后来的爱国表现。红军请授命为抗日前驱电[9]发表也无妨。在选用文件时还可选用毛泽东此时的未发表过的重要文电(见毛著资料第二十三册),不必局限于档案馆选集。要选在七七以后短期内(可以洛川会议决议[10]为后限)中央文件中的最重要的最适合于目前发表的,某些篇幅较大的报刊亦可扩大范围,选用一些抗战八年中的关键文件,如《人民日报》星期画刊,即可由七七选到九三[11]。《人民画报》想亦已准备出一套图片? 电视台可放专辑,广播台可放歌曲和有关录音。

胡乔木

六月二十八日晨

《红旗》等刊物可考虑:选用一批文电或选用一篇文章(报告)。

外文报刊可自行考虑选用适合外国读者兴趣的材料如外人对抗战的回忆。

据胡乔木手稿排印。

注　释

1 周杰(1927—　　):江苏阜宁人。时任中共中央办公厅副主任、中央书记处办公室负责人。

2 七七,指1937年7月7日日本帝国主义在卢沟桥发动的侵华全面战争——"七七"事变。

3 指1937年7月8日发表的《中共中央为日军进攻卢沟桥通电》。

4 宋哲元(1885—1940):字明轩,山东乐陵人。抗战爆发时任冀察政务委员会委员长兼国民革命军第29军军长。

5 冯治安(1896—1954):河北故城人。抗战爆发时任河北省主席兼国民革命军第37师师长。

6 张自忠(1891—1940):字荩忱,山东临清人。抗战爆发后,任代冀察政务委员会委员长兼北平市市长、国民革命军第38师师长,后任国民革命军第33集团军总司令。1940年5月16日在山东枣庄同日军作战中殉国。

7 中共第二次宣言,指1937年7月8日《中共中央为日本帝国主义进攻华北第二次宣言》。在这个文件中,中共中央揭露宋哲元对日妥协,接受日本提出的三个条件:一、冀察当局向日军道歉;二、二十九军从平津卢沟桥永定河以东撤退;三、镇压民众抗日救亡运动,实行中日共同防共。

8 目前形势的指示,指1937年7月21日《中央关于目前形势的指示》。

9 红军请授命为抗日前驱电,指1937年7月9日中共中央发表的《人民抗日红军要求改编为国民革命军并请授命为抗日前驱的通电》。

10 洛川会议决议,指1937年8月22日—25日中共中央在陕北洛川县冯家村召开政治局扩大会议通过的《中央关于目前形势与党的任务的决议》。决议指出,中国共产党提出的抗日救国十大纲领,即是争取抗战最后胜利的纲领。号召"共产党员及其所领导的民众与武装力量,应该最积极地站在斗争的最前线,应该使自己成为全国抗战的核心,应该用极大力量发展抗日的群众运动。"

11 九三,为日本政府代表正式在对盟国的投降书上签字之日,我国把9月3日定为抗战胜利纪念日。

致宋平

（一九八七年七月十六日）

宋平[1]同志：

我有一些很值得保存的信件（如郭老[2]和其他文人学者的来信），经"文革"抄家后至今只发还毛主席的部分信件（其余存档案馆可以索取清样），但上述信件据档案馆王明哲[3]同志说都已连同检讨等等送交中组部，听说不久即将全部销毁，急待抢救。请批示有关同志办理。估计不止我一人有这样的问题。

胡乔木　16/7

据胡乔木手稿排印。

注　释

1　宋平，时任中共中央组织部部长。

2　郭老，指郭沫若，新中国成立后历任第一届至第五届全国人大常委会副委员长、第二、三、五届全国政协副主席，政务院副总理、中国科学院院长、全国文联第一至第三届主席等职。

3　王明哲（1929—　　）：河北安新人。时任中共中央档案馆馆长、中央党史资料征集委员会副主任。

致中共上海市委宣传部

（一九八七年七月二十五日）

上海市委宣传部：

孙中山[1]故居我去年提出要作一简要的大事年表，包括孙、宋二人的重要革命活动，到今年上半年去看时，他们写出的大事年表烦琐不堪，完全显不出孙中山的革命功绩，并置宋庆龄[2]于不顾。我已告他们彻底重写，孙、宋合写只十来条即可。此事一直未通知你们，我很不放心，现在搞得怎么样，望你们派人予以协助。

胡乔木

七月廿五日

据胡乔木手稿排印。

注　释

1　孙中山（1866—1925）：名文、字逸仙，广东省香山县（今中山市）翠亨村人。中国伟大的民主主义革命领袖、中国同盟会和中国国民党的缔造者。创立了民族、民权、民生的三民主义学说。辛亥革命后历任中华民国临时大总统、中华民国政府非常大总统。从 1922 年起，与中国共产党合作。1924 年 1 月，孙中山在广州主持召开中国国民党第一次全国代表大会，确立“联俄、联共、扶助农工”三大政策。是年 11 月应冯玉祥邀请北上，发表《北上宣言》,表示同帝国主义和北洋军阀坚决斗争。1925年3月12日,因病在北京逝世。

2 宋庆龄(1893—1981):广东文昌(今属海南岛)人,生于上海,1915年与孙中山结婚。宋庆龄坚决拥护孙中山的革命理想和革命路线。孙中山逝世后,她坚决与中国共产党合作,同蒋介石的背叛活动和独裁统治进行坚决斗争。她在抗日战争和解放战争中,功勋卓著,受到全国人民的爱戴。新中国成立后历任中央人民政府副主席、全国人大常委会副委员长、全国政协副主席、中华人民共和国副主席、名誉主席。逝世前加入中国共产党。

致赵紫阳并胡启立、李鹏

（一九八七年七月二十七日）

紫阳同志并启立、李鹏[1] 同志：

送上刘国光同志来信一件，请阅。看来社会科学院各经济所对宣传改革和对改革作理论探索还是很积极的。如果全国高校教学研究力量和政府、各部门、各地方都能这样动员起来，那将形成探索和宣传改革、开放、搞活总方针、总政策的热潮。刘国光同志的长文将于日内在《人民日报》分两天发表。[2]

胡乔木

七月二十七日

据胡乔木手稿排印。

注释

1 李鹏，时任中共中央政治局委员、中央书记处书记。

2 刘国光长文，指《在改革实践中发展马克思主义经济理论》，《人民日报》1987年7月31日、8月3日在第五版两次登完。

致王忍之、王维澄

（一九八七年八月二十六日）

忍之、维澄[1]同志：

现有报刊一般说来多了，有些根本不应出，或互相重复剽窃，对此无疑须加停并。但就专业性刊物而言，则情况复杂得多，处理时宜细不宜粗。何者应存，何者应废，何者应兴，何者应革，务必细心听取各方专家学者的意见，然后方可作出审慎的定夺。目前报刊结构之不合理，并非任何一刀切的办法即能得到科学的调整，亦非如此即能适应今后科学文化发展的需要，因感于吕老[2]的来信，特申所见，希与新闻出版署同志共商之。

胡乔木

八月二十六日

吕老来信建议在中宣部所属内部刊物上予以转载。

据胡乔木手稿排印。

注　　释

1　维澄，即王维澄（1929—　　）：浙江桐庐人。时任中共中央宣传部副部长。

2　吕老，即吕叔湘。

致赵紫阳、薄一波、胡启立

（一九八七年八月二十九日）

紫阳、一波、启立同志：

大百科全书经济卷即将付印，梅益[1]同志提出的问题很重要，因我在北戴河有一段时间感到疲劳，未加过目，今天秘书催问此事，才想了这个问题。建议如下：（一）条目中拟不列毛泽东经济思想或其他同志的经济思想，而只列毛泽东、邓小平、陈云三个人名词条。毛泽东条下拟从《湖南农民运动考察报告》说起，着重说明他对农民和农村土地问题的见解，兼及其他，直至抗战时期、解放战争时期和一九五六年以前的重大经济政策的制定，和收入毛泽东著作选读的几篇文章，其最后一篇是一九六三——一九六四年的把我国建设成为社会主义现代化强国。邓、陈[2]二人的条目较易着手，均只谈经济方面，因属经济卷。（二）全书条目须看一遍，因着手编辑时间很早，是否适应当前形势未看不能表示可否。故付印时间可能要推迟到十三大[3]以后，事关重大，对以上原则意见请予批示，以便遵行。（同时已告梅益同志大意。)

胡乔木

八月二十九日,八七年

据胡乔木手稿排印。

注　释

1 梅益,时任中国大百科全书出版社总编辑兼社长。

2 邓、陈,即邓小平、陈云。

3 十三大,指1987年10月25日—11月1日召开的中国共产党第十三次全国代表大会。

致沈昌文、董秀玉

（一九八七年八月三十日）

《读书》编辑部昌文[1]、秀玉[2]同志：

八月二十六日信收到。题名自当补上书名，投稿时疏误。其他提出各点都同意，不缕述，对校正"棉薄"之误甚感。我也趁此把《前记》[3]重加校正，有些新的事实和想法补进去了。来信对一个投稿人的礼貌用语似越常规，以后希望平等相待，此不特没有平等就没有民主，彼此说话亦有许多不方便也。即颂

撰安

胡乔木

八月三十日，八七年

此改稿已另送人民文学出版社。

据胡乔木手稿排印。

注　释

1　昌文，即沈昌文（1931—　　）：上海人。时任《读书》杂志主编。

2　秀玉，即董秀玉（1941—　　）：上海人。时任《读书》杂志副主编。

3 《前记》,指胡乔木1964—1965年所写的《词十六首》和《诗词二十六首》重新发表时的《前记》。

致胡绳、汝信、邢贲思

（一九八七年九月一日）

胡绳、汝信[1]、贲思[2]同志：

林邦瑾[3]同志所创立的“制约逻辑”，我只在《经济日报》上看到一篇很动人的报道，介绍沈有鼎[4]先生从坚决否认它到充分肯定它和他对林的长期帮助的过程；我至今还未见到林的书，恐很难读懂，但我对沈先生是十分尊敬和信任的。据新华社《国内动态清样》说，现林面临必须在本月内办好出国的迫切问题[5]，而沈老衰迈，无能为力，如属实，不知能尽力迅速帮助解决否？伫候佳音，如旱望雨。

胡乔木

九月一日

据胡乔木手稿排印。

注　释

1 汝信（1931—　　）：江苏吴江人。时任中国社会科学院副院长兼哲学研究所所长。

2 贲思，即邢贲思（1929—　　）：浙江嵊县人。时任中国社会科学院哲学研究所副所长。

3 林邦瑾（1932—　　）：浙江宁波人。时任北京开关厂工程师。他经过近十年的艰苦探索,在传统形式逻辑和数理逻辑的基础上,创立了新颖的逻辑体系——制约逻辑,为新一代电子计算机的研制提供了新的思路,引起国内外专家的关注。《制约逻辑——传统逻辑与现代逻辑的结合》一书 1985 年 12 月由贵州人民出版社出版。

4 沈有鼎(1908—1989):江苏嘉定人。数理逻辑专家。时任中国社会科学院哲学研究所逻辑研究室研究员。林邦瑾创立的制约逻辑最初哲学界多有非议,沈有鼎先生也不予同意。后林邦瑾向沈先生登门求教,经连续三年的切磋,沈先生终于从不同意到非常佩服,并从 1977 年起大力推荐林邦瑾进入国际国内的逻辑学术界,并为《制约逻辑——传统逻辑与现代逻辑的结合》一书的出版写了《序言》。1986 年 8 月 2 日的《经济日报》(作者任彦圣、余良军)发表题为《"论敌"间的友谊》一文,详细叙述了沈有鼎与林邦瑾之间的争论、切磋以及沈先生对林的大力扶持经过。

5 胡乔木并不认识林邦瑾,他从新华社《国内动态清样》上看到林邦瑾在办理出席莫斯科第 8 届国际逻辑学、科学哲学和科学方法论讨论会出国申请时受阻,写信给胡绳等请予以协助,使林邦瑾顺利成行。

致陆定一

（一九八八年二月七日）

定一[1]同志：

尊作[2]已读。所询[3]林经查确系林伯渠同志。李家渠和艾斌乡两事已忘。档案馆同志也不知道。特此奉复，并致

敬礼

胡乔木

二月七日

据胡乔木手稿排印。

注释

1 定一，即陆定一，时任中共中央顾问委员会常委。

2 尊作，指陆定一口述、陶铠撰文的关于1947年在陕北米脂县杨家沟召开的《中共中央十二月会议》。陆定一当时是这个会议的参加者。

3 所询，指陆定一1988年1月20日在杭州写信给习仲勋和胡乔木询问有关“十二月会议”的人和事。陆在信中写道：“这是军事博物馆‘军史资料’要我写的回忆文章。你们是参加十二月会议的，现请陶铠同志转上，望予审阅，以求符合事实。（一）当时参加会议的‘林’同志，是林枫还是林伯渠？（二）毛主席总结中所说的‘李家渠繁荣’和‘艾斌乡办工厂’是怎么回事？是在陕北还是在晋西北？有无报纸或文件可查？”

致逄先知

（一九八八年三月五日）

先知同志：

前年出版的《毛泽东诗词选》[1]，我在出版说明第一节中把副编各首说做作者“没有最后定稿”，很觉勉强。这一节文字也很冗赘。《七律·吊罗荣桓同志》昆鸡注“昆一作群解”一句完全多余。这些都需要修正。现拟了一种改稿，想请人民文学出版社在下次重印时修改[2]，不知可行否？改稿请阅正。

胡乔木

三月五日

据胡乔木手稿排印。

注释

1 《毛泽东诗词选》由胡乔木主持编辑，1986年由人民文学出版社出版。

2 中共中央文献研究室根据胡乔木的“改稿”，对《毛泽东诗词选》进行了修订，1996年由中央文献出版社重新出版，书名改为《毛泽东诗词集》。

致 崔 奇

（一九八八年三月二十九日）

崔奇[1] 同志：

二十五日信并《西藏…》社论[2] 送审清样第一张已阅。所询细节已难回忆。从这页清样和来信所说情况判断，毛主席对这篇社论未作照发批示的原因可能是：他对此稿已修改多次，认为只要最后再送周总理审阅批发即可。至于刘、邓，因为他们觉得此稿既经毛主席直接主持定稿，可以不再批示。事实是否如此，请再问一下吴冷西[3] 同志。

胡乔木

三月二十九日

据胡乔木手稿排印。

注 释

1 崔奇（1927— ）：吉林人。时为《人民日报》国际部负责人。

2 二十五日信，指崔奇于 1988 年 3 月 25 日给胡乔木的信。信中写道，现“把《西藏的革命和尼赫鲁的哲学》1959 年 5 月 5 日送审清样一页复印一份送给您请过目。从这张清样看，此文是曾送给毛主席审阅的，想您会记得的。但报社档案室只存有周总理对此稿的审批件，毛主席和少奇、小平等同志的审批情况不清楚。敬请费心指教。”《西藏…》社论，即胡乔木所撰写的

1959年5月6日以《人民日报》编辑部名义发表的《西藏的革命和尼赫鲁的哲学》。

3 吴冷西,1959年时任《人民日报》总编辑。

致何东昌

（一九八八年四月二十一日）

东昌同志：

前次谈到高等学校中的理论课问题，我年初在上海曾约了几位同志谈话了解情况，以后又继续有些思考。有暇时希约期面谈。

胡乔木

四月廿一日

据胡乔木手稿排印。

致中办秘书局会议处并转中共中央

（一九八八年四月二十九日）

中办秘书局会议处请转中央：

中央宣传部《关于胡风文艺思想和宗派活动的历史问题复查的请示》已阅，同意。胡风[1]同志确实在政治上犯过一些原则性的错误，但中央没有必要在正式文件中作出结论。就整个说来，胡风同志对党和革命是忠诚的，这种忠诚经受了最严酷的考验。

胡乔木

一九八八年四月二十九日

据胡乔木手稿排印。

注　　释

1 胡风（1902—1985）：原名张光人，湖北蕲春人。诗人、文艺理论家。1955年被定为“胡风反革命集团”主要成员。1980年9月予以平反。历任第五、六届全国政协常委、中国作家协会顾问。

致赵华富

（一九八八年六月一日）

华富[1]同志：

五月十二日来信收到。你的论文[2]所涉及的是学术问题，你完全有权自行决定是否拿到国际学术讨论会上讨论。我所能提出的建议只是希望你在措词上不要给人以任何影射现实政治的感觉。

敬礼

胡乔木

六月一日

据胡乔木手稿排印。

注　释

1　华富，即赵华富（1929—　　）：山东文登人。时任安徽大学历史系副教授。

2　你的论文，指赵华富的《论元朝的〈一国两制〉》一文。

致中国作家协会并萧军家属

（一九八八年六月二十三日）

中国作家协会并萧军[1]同志家属：

惊悉杰出的爱国作家萧军同志逝世，特电致唁。

胡乔木

一九八八年六月二十三日

据胡乔木手稿排印。

注　释

1　萧军（1907—1988）：辽宁义县（今锦州）人。作家。代表作有《八月的乡村》、《五月的矿山》。1988年6月22日逝世。

致　黄　裳

（一九八八年十月二十四日）

黄裳[1] 同志：

此次来沪，得以把晤，快偿夙愿，又承惠赠大作六册，感慰无已。信口而谈，诚恐交浅言深，兼虑强加于人，殊为不安。行止行方，务希自作主张，想报社和有关各方总会支持的。妄陈鄙见，不过企望佳作陆续而来，以见老当益壮，炉火愈显纯青而已。赠书稍稍偷暇浏览一二，内中西湖迁墓一事[2]（一九六四年），鄙人实躬亲此役，有词为证，不悉详情，但与外传颇有出入。何以善其后，下月来沪倘得再见，甚愿聆教，当然决定权属于浙江，提出一些较为可行的建议还是有好处的。即颂全家幸福

胡乔木

十月二十四日

据胡乔木手稿排印。

注　释

1 黄裳（1919—　　）：山东益都人。作家、记者。曾在扬州中学与胡乔木同学。

2 西湖迁墓一事，指迁移西湖畔的苏小小墓一事。苏小小为南齐名妓。胡乔木 1964 年在浙江休养时曾与中共浙江省委讨论此事。

致　柯　灵

（一九八八年十月二十四日）

柯灵[1]同志：

前年一晤，常相怀念。日前遇黄裳同志，询以你的写作计划进展如何，告以尚未着手，不知确否？杂事太多，文债老是还不完，不知可否觅地杜门谢客，专事长篇创作[2]？虽曰老骥伏枥，究竟去日苦多。这个建议有无可行性？谨供参考。即颂

著安

胡乔木

十月二十四日

顷读《辽东风情》[3]，不胜神往。长短各有千秋，鱼与熊掌难以兼得，晚年为与不为贵有取舍。是耶非耶？姑妄言之，罪甚罪甚。

据胡乔木手稿排印。

注　释

1 柯灵（1909—　）：浙江绍兴人。作家。时任上海市作家协会和电影家协

会副主席、第七届全国政协常委。

2 长篇创作，指柯灵创作中的长篇小说《上海一百年》。

3 《辽东风情》，柯灵1988年夏在辽宁考察时所写的日记，载1988年10月24日《解放日报》。

致王忍之、李彦、曾建徽

（一九八八年十月二十四日）

忍之、李彦[1]、建徽[2]同志：

段连城[3]同志写的《对外传播学初探》一书，是对一般从事或参与对外宣传活动（这个范围要比平常想象的大得多）的同志们的一部非常有益的入门书或案头必备的参考书，就是对于国内一般的宣传工作者、新闻工作者和编辑工作者，也都很有用。因为缺乏适当的介绍，七月间听作者（《北京周报》的老主编，后曾任外文出版局局长，现退休）说，初版八千册，现还捆放在中国建设出版社的库房里，十分可惜。作者曾希望我帮助解决这个问题，我觉得图书发行的事难办，没有敢答应。昨天把这本书看了一遍，才发现这本书对宣传工作的价值实在不可低估，所以写信给你们推荐，建议在阅看和认为需要后考虑采取必要的措施向有关方面加以介绍，如能作到，其意义就不限于救出一批“死书”了。书中指出《中国日报》比国内其他报纸在报道方面远为出色，这也很值得中央宣传部、新华社、《人民日报》和其他传播媒介郑重注意，不知道这个问题已经引起注意了没有。书送上,用后仍请退还。

胡乔木

十月二十四日

据胡乔木手稿排印。

注　　释

1 李彦(1928—　　):天津人。时任中共中央宣传部副部长。

2 建徽,即曾建徽(1928—　　):湖南平江人。时任中共中央宣传部副部长兼新华社副社长。

3 段连城(1926—1999):云南昆明人。曾任外文出版局局长。其所著《对外传播学初探》于1988年由中国建设出版社出版,以后该书又以中英文对照出版,1993年又出版了该书的增订本。

致叶华

（一九八九年二月八日）

叶华[1]同志：

感谢你送我的你一九八六年十月至一九八七年一月在斯德哥尔摩展出的摄影目录以及你关于这次展出的说明和展出的反响[2]，这些我用一个小时都很有兴趣地看完了。你在斯德哥尔摩的展出和整个活动非常成功，现在虽然已经过去了两年，我还是不能不向你表示祝贺和敬佩。你的活动和瑞典社会的温暖的回响，使人对民族之间的友谊和人类的发展前途充满信心。我相信，你的回忆录——这是你用生命写出的诗——定然写得十分出色，希望能够早日出版[3]，并且希望你对萧三的回忆录也能顺利地动手写和完成[4]。热烈地祝愿你保持健康！

胡乔木

二月八日，八九年

据胡乔木手稿排印。

注 释

1 叶华(1911—2001):中国籍德国人,生于德国布雷斯芬市。萧三的夫人。摄影家。时任新华社摄影记者。

2 1986年10月—1987年1月,叶华在斯德哥尔摩展出题为《中国——梦想变成现实》摄影展,内容有:她的家庭、中国民俗、中国新旧社会、人物肖像、中国建设、“文化大革命”等等。

3 叶华回忆录《中国——我的梦、我的爱》于1990年4月在德国出版,11月译成瑞典文出版,1994年6月又译成土耳其文出版。

4 叶华对萧三的回忆录《世纪之恋——我与萧三》1999年5月由中国社会出版社出版。

致薄一波

（一九八九年二月十八日）

一波同志：

访美期间拟在加州理工学院作两次讲演[1]，讲稿曾请胡绳[2]、力群[3]、国光、太和[4]等同志阅改，现送上请审阅，并望于二十一日前给予指示（二十四日离京）。此稿已另送紫阳[5]、任穷[6]同志审阅。

胡乔木

二月十八日

据胡乔木手稿排印。

注释

1 1989年3月24日—5月1日，胡乔木应邀出访美国，拟在加州理工学院作题为《中国在五十年代怎样选择了社会主义》，《中国经济政策为什么长期犯“左”的错误》的学术演讲。

2 胡绳，时任中国社会科学院院长、全国政协副主席。

3 力群，即邓力群，时任中共中央顾问委员会委员。

4 太和，即周太和（1914— ）：江苏淮阴人。时任国家经济体制改革委员会顾问。

5 紫阳，即赵紫阳，时任中共中央总书记、中央军委第一副主席。

6 任穷，即宋任穷（1909— ）：湖南浏阳人。时任中共中央顾问委员会副主任。

致 钱 端 升

（一九八九年五月十一日）

端老[1]：

近期访美[2]，四月八日在南加州尔湾（Ervine）的加州大学尔湾分校得晤著名政治学家伊斯敦（Easton）教授夫妇，他们曾收到您的圣诞节贺片，很记挂您并关注您的健康，一再嘱咐我向您转达他们的问候。我也多年未见了，很想探望，先写此短简，托秘书徐永军代陈，盼家人能以近况相告。此颂

清吉

胡乔木

五月十一日

据胡乔木手稿排印。

注 释

1 端老，即钱端升（1900—1990）：上海人。法律专家、法学家。时任中国法学会名誉会长、外交部法律顾问。

2 胡乔木于1989年3月24日—5月1日访问美国。

致李政道

（一九八九年八月一日）

政道[1]先生教席：

返美后两次惠函均早收到。这两月我夫妇健康状况都不好，近日才好转，回信太晚，务乞原谅。

今年三四月在美国访问，由于受先生一家两代人悉心安排照料[2]，获得圆满成功。对此隆情厚谊，我俩和女儿木英永志不忘。

今年五月下旬，先生和惠箬[3]在极端困难的条件下，毅然来到北京促成国际物理学界两次会议[4]如期举行。这种高尚精神和坚强意志，在我国各界留下深刻印象，我们对此也十分敬佩和欣慰。限于当时环境，未能在家中招待，也未能到两位住处问候，至以为歉。希望下次来京时弥补这个遗憾，答报先生一家接待我们访美的殷切友谊。

言不尽意，谨祝

暑安

惠箬统此问好

胡乔木　谷　羽[5]

一九八九年八月一日

据胡乔木手稿排印。

注　　释

1 政道，即李政道(1926—　　)：美籍华人。物理学家。1957年与杨振宁共获诺贝尔物理学奖。时任美国加州理工学院教授。

2 胡乔木1989年3月出访美国，其邀请和接待均由李政道教授悉心安排。

3 惠箬，即秦惠箬，李政道的夫人。

4 两次会议，指“超旋——场和量子引力会议”和“相对论性的重离子对撞会议”。

5 谷羽，时任中国科学院顾问。

致许永跃

（一九八九年八月十七日）

永跃同志：

我在访美期间所作的两篇讲演(《中国在五十年代怎样选择了社会主义》;《中国经济政策为什么长期犯“左”的错误》),《求是》杂志再三要求发表[1],现送上请看一下,并请考虑可否将要点报告一下陈云[2] 同志,如果报告了,请问问他老人家有什么指示,以便决定是否发表,或加以修改。结果望告[3],谢谢。

胡乔木

八月十七日

据胡乔木手稿排印。

注　释

1 胡乔木的《中国在五十年代怎样选择了社会主义》一文载《求是》杂志 1989 年第 19 期。《求是》杂志,中共中央理论刊物,1988 年 7 月 1 日创刊。

2 陈　云,时任中共中央顾问委员会主任。

3 陈云通过秘书许永跃电话回示:“在强调‘左’的错误的同时也要点出右的危险。”因此胡乔木在《中国为什么犯二十年“左”倾错误》(收入《胡乔木文集》第 2 卷中的正式题目)一文中,加了一段注:“在总结中国‘左’倾错误的教训的时候,不能不同时指出中国在80年代的某些关键时刻也曾犯过右倾的错误,这种错误也会葬送社会主义事业,如果不是被及时制止的话。这个事实表明,正确地纠正'左'倾错误不是轻而易举的,中国必须既反对'左'倾,又反对右倾。本文不打算讨论这个问题,因为它不属于本题范围之内。"

致王忍之并报李瑞环

（一九八九年八月十八日）

忍之[1] 同志，并报瑞环[2] 同志：

对宣传工作提两点具体建议：

（一）提高《求是》的质量水平，使党内外能对它刮目相看。这需要多方面的努力，因《红旗》[3] 长期以来作为党中央的理论性刊物就显得不够分量，要改变这种状况不可能不费力。建议仍改回月刊（例如从明年开始），编辑部的组成和工作，编辑方针和风格都需要有所改进，以期确能在思想战线上发挥一定作用，然后再进而求得具有一定权威性（这不能党自封或人封，只能自然形成）。真的把《求是》办好，将是对党的一大贡献。

（二）全国各大报，当然从《人民日报》起，都要有准备地恢复每天发社论的制度。这是世界各报历来的通例，中国也是如此。"文革"期间破坏了，而"文革"结束后又受一些要使党报与党保持距离的人们的故意抵制，致使党报基本上成了不说话（不为党说话）的报纸，对党的宣传工作造成极大损失。现在情况变了，这种不正常状况亟应结束。此事如以为可，盼与高狄[4] 同志一商，以便共同行动。

以上未知是否适当，可行，请酌。

胡乔木

八月十八日

据胡乔木手稿排印。

注　释

1　忍之，即王忍之，时任中共中央宣传部部长。原《红旗》杂志副总编辑。

2　瑞环，即李瑞环（1934—　　）：天津宝坻人。时任中共中央政治局常委、中央书记处书记。

3　《红旗》，原中共中央理论刊物，1958年6月1日创刊，1988年7月停刊。

4　高狄（1912—　　）：山东临沂人。时任《人民日报》社社长。

致钱钟书、杨绛

（一九八九年十一月七日）

钟书、杨绛学长惠鉴：

前曾嘱将乐山俚句[1]抄奉，写出乃见太丑了，字之大小、墨之浓淡、行之斜正均不一，自揣再写亦未必好些，就这样算了罢。日前得白话诗一首[2]，意殊平直，仍是一韵到底，并以草稿奉上，乞予指点。上次看到你们的健康，真是羡慕极了，希望你们保持这样二十年。即颂

俪安！

胡乔木
谷　羽　　己巳立冬[3]

据胡乔木手稿排印。

原信无标点。

注　释

1 乐山俚句，指1989年1月所作《歌行　乐山大佛歌》，载1989年11月20日《人民日报》。俚句，鄙俗、不文雅的诗句，此处是对自己诗作的谦称。

2 白话诗一首，指1989年10月所作《天安门》，载1989年11月20日《人民日报》。

3 己巳立冬，即1989年11月7日。

致刘大年并白介夫

（一九八九年十一月八日）

大年[1]同志并介夫同志：

暴行调查[2]事请先与介夫同志分别依托社科院近代史研究所和抗日纪念馆[3]作一些组织上的准备，包括指定专门负责人（将来专职但不脱产）拟出初步重点调查计划、经费收支匡算、经常参与合作单位人员，基金会[4]日常工作和管理办法（会计账目收据奖状等）等项。秘书长人选正在从抗日名将中物色，不必着急，上设主席团或董事会名称名单亦请商定草案，以便说话时易于作出决定[5]。请酌。

胡乔木

十一月八日

据胡乔木手稿排印。

注　释

1 大年，即刘大年（1915—1999）：湖南华容人。历史学家。时任中国社会科学院近代史研究所名誉所长。

2 暴行调查，指关于日军侵华暴行调查。这件事是胡乔木提出来的，他认为要趁许多当事人、见证人尚在世之时，系统调查日本侵华时的种种暴行，整理成资料，一方面揭露日本帝国主义，一方面对后代进行爱国主义教育。

为了顺利开展这项工作，胡乔木还提出成立调查的工作机构和基金会。

3 指位于卢沟桥的中国人民抗日战争纪念馆。

4 基金会，指筹办调查日军侵华暴行的基金会。

5 1991年1月，中国抗日战争史学会在北京正式成立。此后，关于日军侵华暴行调查的工作，统一由该学会和抗日战争纪念馆负责进行。

致王作民并韦君宜

（一九八九年十一月十九日）

作民[1] 同志并请转君宜[2] 同志：

你们八月间给我的信，由于种种阴错阳差，我直到昨（十一月十八日）晚才看了。对于两位老友，我的负疚的心情当可想见。

我陪谷羽来沪检查身体，我自己也一道检查，还将在此住一段时间。十月十日在京去冰心[3] 处祝寿时，曾托王蒙[4] 同志邀君宜同往，得悉在住院治疗，不知近况如何？君宜的事我一直未曾听说有什么部门要“清查”，故未转信，如确有人问起，当代告我所了解的情况。访美归来，适值动乱不断升温，未及向作民、连城[5] 妇夫（这个说法我是抄来的，并非首创）汇报。一切待回京后面谈。祝有关各位好。

胡乔木　11.19

据胡乔木手稿排印。

注　　释

1 作民，即王作民（1916—　　）：浙江长兴人。时任新世界出版社副总编辑。曾在浙江大学与胡乔木同学。

2 君宜,即韦君宜。

3 冰心(1900—1999):福建长乐人。作家。

4 王蒙,时任中国作家协会副主席。

5 连城,即段连城。

致 邓 力 群

（一九八九年十一月二十五日）

力群同志：

杨文英同志已将所说各项告知。我们夫妇在上海可能还要住十来天甚至一个月，此因谷羽健康需要，同时我也因前段活动多了很感疲劳，不得不真正休息一阵。这样，就对当代中国研究所的确实开张营业的时间，以及能立即专门着手调查研究整理资料部署工作的专职人员的调集就位，希望能早日决定了。而且还需要向中央、国务院正式报告请示。我常想，这一辈子实在没有做什么工作，今后也做不了什么，有些早该做而未做的事现在得抓紧些，否则后悔自责晚矣。如能下定决心，盼与胡绳同志恳谈一次，以期落实。

胡乔木

十一月二十五日

据胡乔木手稿排印。

致王任重并曾庆洋

（一九八九年十二月一日）

任重[1]同志并军科院曾庆洋[2]同志：

十一月十二日信和曾庆洋同志《〈军事辩证法〉文稿初探》、莫文骅同志有关信件及《军事辩证法》文稿，都收到看过了[3]。因现未在北京，《百科知识》周世昌同志文[4]查找不便，对周文难以置评。就现有资料看，我同意你的意见，认为曾庆洋同志的论断是确切可信的。《军事辩证法》一文有重要的历史文献价值。莫文骅同志的回忆极可珍贵。

敬礼

胡乔木

一九八九年十二月一日

据胡乔木手稿排印。

注　释

1　任重，即王任重，时任全国政协副主席。

2　曾庆洋（1945—　　）：江西吉安人。时任中国人民解放军军事科学院军事图书馆馆长。

3　六十年代初，原中国人民解放军政治学院流传一份题为《军事辩证法》的打印文稿。1987年曾庆洋对该件作了考证，写了《〈军事辩证法〉文稿初探》一文,认为《文稿》是毛泽东1936年《中国革命战争的战略问题》一书的写作提纲,有重要的文献意义。曾庆洋将《文稿》和《初探》寄给中共中央文献研究室领导,获得支持,并在1987年第6期《文献和研究》上发表。1989年底,曾庆洋又将有关材料转呈王任重、胡乔木审阅,胡乔木于1989年12月1日作复。

十一月十二日信,指1989年11月12日王任重致胡乔木的信。王任重认为曾庆洋的考证“有道理”,请乔木“鉴定”。

莫文骅同志有关信件,指1987年5月25日莫文骅致曾庆洋的信(载《军事科学信息》1987年第7期),介绍了他所了解的《军事辩证法》文稿收藏的情况,并认为《文稿》“从内容、口气上看,都像是毛主席的,除了他,别的人写不出来。”

莫文骅(1910—):广西南宁人。时任中国人民解放军政治学院院长。

4 周世昌同志文,指周世昌(军事科学院百科全书编审)写的《军事辩证法概念的由来》,载《百科知识》1987年第4期。周在文章中认为毛泽东在保安的红军大学曾以《军事辩证法》为题进行讲授,其讲演记录基本上都收入《中国革命战争的战略问题》一书。

致商务印书馆
汉译世界学术名著丛书编辑部

（一九八九年十二月四日）

商务印书馆

汉译世界学术名著丛书编辑部[1]：

祝贺汉译世界学术名著丛书在编辑出版方面所取得的重要成就。译校编者所付出的辛勤劳动值得全国学术界、知识界和读者的深切感谢。

现在希望这次召集的座谈会将对过去的工作作出恰当的评价，对今后进一步发展这一工作的计划进行广泛深入无拘束而有成果的讨论。个人意见，选题的范围还可以更广泛些。（例如在马克思主义发展史上有重要影响的著作，社会主义运动、工人运动、重要的社会运动、重要民族运动的历史和现代研究，现代资本主义的研究和批判，重要历史著作，各门科学史著作和科学基本理论著作，各种艺术史著作和艺术基本理论著作，外国对中国、亚洲、非洲、拉丁美洲研究的权威著作，现代政治、经济、文化、社会的研究等等。）有待介绍的著作很多很多，译本要有较好的序言，翻译者可以不限于国内；台湾香港等地已有的较好的汉译可设法出版;国内亦可考虑由几家出版社经过协商在保证质量的前提下联合出版,以利事业的推进而免工作的重复;如情况许可,可出普及版(甚至缩写版),但要有严格限制,以免粗制滥造;为了推进这项对我国学术文化有基本建设意义的重大工程,建议由国家设立基金和保障奖励制度。当然这些建议未必都可取可行,只供参考,而且提出这些建议很容易,知之匪艰,行之维艰,但是说说或者比不说好,姑且写出,权当贺礼,所谓秀才人情纸半张也。

祝到会的各位学者、专家、同志们身体健康,精神愉快,活动顺利!

胡乔木

一九八九年十二月四日

据铅印件排印。

注　释

1 胡乔木一直很为关心商务印书馆的出版工作,曾多次就商务出版学术名著及马克思主义著作等问题,系统地作过指示。1989年冬,胡乔木正在外地视察,当他得知商务印书馆要在山西召开有许多学者参加的汉译学术名著长期规划会议时,立即写了这封情词恳切的贺信,表达了对长期规划的意见。

致郭豫适

(一九九〇年一月二十一日)

豫适[1] 同志:

承惠赠书三册,稍稍翻阅,均有获益,甚感。蛰存[2] 先生所著《唐诗百话》,确是一部难得的好书,但嘱撰短文,自忖外行,殊难应命,便中乞代转告,希谅。即颂春节快乐。

胡乔木 1月21日

据铅印件排印。

注释

1 豫适,即郭豫适(1933—):广东潮州人。时任华东师范大学中文系教授、副校长。他赠给胡乔木的三本书是:《鲁迅增田涉师弟答问集》(中文版)和郭豫适所著《中国古代小说论集》、郭豫适所编《红楼梦研究文选》。

2 蛰存,即施蛰存,时任华东师范大学中文系教授。主编《词学》学刊。所著《唐诗百话》于1987年9月由上海古籍出版社出版。

致杨尚昆、薄一波

（一九九〇年三月二十七日）

尚昆、一波同志：

中央党史研究室关于建议中央及早部署纪念建党七十周年工作的报告[1]，拟予同意，请阅批转中央书记处和中央宣传部研究并作出具体决定。当否请示。

胡乔木

三月二十七日

据胡乔木手稿排印。

注　释

1　中共中央党史研究室于1990年3月22日向中央党史领导小组（并报中央）写了一份关于1991年纪念建党70周年的工作报告，提出了向中央的九条建议，及党史研究室自己的三项主要工作。

致孔海珠

（一九九〇年四月九日）

海珠[1]同志：

今年二月和三月写的两封信和《新纲领》[2]文章都看了。很感谢你的发现，否则所说的事早已全忘了。

文总[3]下属的联盟是多是少，是什么组织叫什么名称，以及文总党组与文委[4]之间的关系或异同，在各个时期并不一样。夏衍同志的说法[5]比较确切，因为我一九三五年上半年曾在社联工作过一段时间[6]，以后才被提到文总去的[7]。阳翰笙同志的说法[8]实际上也没有什么分别，因为苏联之友社[9]确实存在，那是上层人士的一种松散的组织，文委、文总长期与它保持联系，较知名的同志也参加它的活动（大致是一种宴会），但决非文委、文总的下属组织。第十一期《文报》出版于一九三五年十月二十五日，这个准确的时间很重要。一九三五年美联[10]已不存在，剧联[11]估计也已停止活动，在田汉被捕[12]前，从事话剧活动的积极分子因独立演出困难，多已转入电影方面（生活较易维持）。不过我从未介入有关事宜，这只是推测而已。语联[13]我曾负责联系过一段时间，此时联系中止，回想起来大概是因为直接参与这一工作的一两位党员出于组织方面的原因(如避开被捕危险)离开上海,留下的几位当时都不是党员,各谋生路,所以文总不便再用他们的名义。教联[14]的活动阵地因较广,救亡运动中扩改为国难教育社,由陶行知[15]、沈体兰[16]等出面,原来是否正式用新兴教育者联盟的名义,须根据直接参与者的回忆为断,文报用的名义并不能作为定论,而只能看作是文总党团和有关组织负责人(教联是王洞若[17])商定的名称。妇联[18](当时由罗琼[19]负责)的名称恐也是如此。社联的名称所以改变,是因为社联与左联不同,当时盟内已无知名的社会科学家。《新纲领》的内容,只能表明当时文总党团的意图,这个意图还未来得及执行,救亡运动已突然大规模发起。在此情况下,文总党团决定文总和所联系的各盟都自行解散,并争取与上海地下党各系统组织(即共青团[20]、全总[21]、武装自卫会[22]三家)联合成立党的统一领导机构。这是势所必然。现在看来,前一决定失之仓促(左联解散未与主要人物鲁迅、茅盾[23]商妥),后一努力失之空想(其他组织不会认同,以后党中央来人也不认同),但当时别无更好的选择。总之,《新纲领》有其意义,代表一种新思路,但并未实施,故不宜过分重视。

文总成立的时间,紧急通告的说法可作为一种依据,还不能作为可靠的证据[24],因通告起草者以及文委当时负责人周扬都并非文总发起者或第一任工作参加者。一九三五年文总党团与文委确实不是一套班子,但不能由此推论过去。

先此答复，下次到上海当谋面晤。当年的小孔对我是很熟悉和亲切的。

胡乔木

四月九日

据胡乔木手稿排印。

注 释

1 孔海珠（1942— ）：浙江桐乡人。时为上海社会科学院文学研究所研究人员。为纪念中国左翼作家联盟成立60周年，她写了《关于左翼文化工作转向的新纲领》一文（此文后来发表在《鲁迅研究月刊》1990年第5期），请胡乔木指正。

2 《新纲领》，指中国左翼文化界总同盟（简称“文总”）及其领导下的社联、教联、报联、妇联、左联在文总的秘密油印刊物《文报》第11期（1935年10月25日）上刊登的纲领草案。

3 文总，中国左翼文化界总同盟的简称，1930年下半年在上海成立，是土地革命战争时期中国共产党领导的革命文化团体的联合组织。下属的联盟有：中国左翼作家联盟、中国社会科学家联盟、中国左翼戏剧家联盟、中国左翼新闻记者联盟、中国左翼教育工作者联盟、中国左翼音乐工作者联盟、中国左翼美术家联盟、中国左翼世界语联盟等。中共文总党组当时称文总党团。

4 文委，中共中央文化工作委员会的简称，1929年6月在上海成立，由中共中央宣传部领导。

5 夏衍，左联主要成员，1929年即受中共委派参加左联的筹备工作，1930年3月，出席左联成立大会，并被推为主席团成员、当选为执行委员。1932年任文委成员，是剧联和左翼电影小组的发起人和组织者。他在《懒寻旧梦录》（三联书店1985年版）中说：“为了联合和统一行动，一九三〇年‘红五月’之后，中央决定组织一个‘左翼文化总同盟’（简称‘文总’），作为‘左联’、‘社联’、‘剧联’、‘美联’的联合机构，由于各盟性质上是党与非党的联合组织，所以‘文总’也还是相当于现在的‘文联’的群众团体。因此，党中央的'文委'就成了'文总'的党团"，"有些人把'文总'与'文委'混为一谈，其实'文委'是中央宣传部的一个工作机构，而'文总'则是统一战线性质的组织。"他说："八大联"这个名称，把电影、音乐、教育、新闻都说成和"左联"、"社联"并列的联盟，这是不确切的。"我是电影小组的组长，音乐小组则在一九三五年以前一直由'文总'委托田汉单线领导，影响较大的'教联'、'新联'、'妇联'则都是'社联'的外围组织，不是由'文委'和'文总'直接领导的。"(该书第176—178页)

6 社联，中国社会科学家联盟的简称。1930年4月20日在上海成立。1933年6月，中国社会科学家联盟与中国社会科学研究会合并，仍称中国社会科学家联盟。胡乔木被选为社联常委。中共社联党团改组，胡乔木为党团成员之一。

7 1935年7—8月，胡乔木任中共文总党团宣传部长，11月任文总党团书记。

8 阳翰笙(1902—1993)：四川高县人。剧作家。1929年即受中共委派参加左联的筹备工作，1930年3月，出席左联成立大会并发表演说。先后任中共左联党团书记、中共文总党团书记、中共中央文委书记，参与领导左翼文化运动。阳翰笙关于文总、文委的说法，见他的《左翼文化阵营反对国民党反动派文化"围剿"的斗争》一文，载《左联回忆录》，中国社会科学出版社1982年版。

9 苏联之友社，系介绍苏联各方面成就的上层人士的松散组织，1933年春在上海成立。

10 美联，中国左翼美术家联盟的简称，1930年7月在上海成立。

11 剧联，中国左翼戏剧家联盟的简称，1931年在上海成立。

12 田汉(1898—1968)：湖南长沙人。剧作家。"左联"主要成员，曾任中央文委委员。三十年代在上海领导左翼戏剧运动。1935年2月在上海被捕，囚于南京。7月，由徐悲鸿等保释出狱。

13 语联，中国左翼世界语联盟的简称，1931年12月3日在上海成立。

14 教联，中国左翼教育工作者联盟的简称(对外称"中国新兴教育社")，1932年4月17日在上海成立。

15 陶行知，二、三十年代先后发起组织中华教育改进社、中华平民教育促进会和生活教育社，推行平民教育，主张"教育救国"。1935年华北事变后，又组织国难教育社，发起国难教育运动。

16 沈体兰(1899—1976)：江苏吴县人。左联时期为中华基督教青年会全国协会干事,后任东吴大学文学院院长。

17 王洞若,1932年追随陶行知进行抗日救国的教育活动,是半工半读的"晨更工学团"负责人。1936年又是"国难教育社"的创立人之一。

18 妇联,上海妇女救国联合会的简称,亦称上海妇女各界救国会,1935年12月21日在上海成立。在成立宣言中,号召上海乃至全国的妇女参加抗日救亡爱国运动。

19 罗琼(1911—):原名徐寿娟,江苏江阴人。1935年前为《妇女生活》杂志撰稿,1935年参加上海妇女救国会,后任上海各界妇女救国会理事、宣传部负责人。

20 共青团,1925年1月26日—30日在上海召开的中国社会主义青年团第三次代表大会上,决定将中国社会主义青年团改称为中国共产主义青年团,在上海设有共青团上海地方委员会。1931年,在上海设立共青团中央局(又称"少共中央局")。1933年初,共青团中央局遭破坏。接着成立共青团"上海中央执行局"坚持斗争。

21 全总,中华全国总工会的简称。1925年5月在上海召开的全国第二次劳动大会上成立。它是中国共产党领导下的全国工会总机关。1933年初,在上海的"全总"主要负责人先后转至江西中央苏区,在上海成立"全总"上海中央执行局,对外代表中华全国总工会发表公告、宣言。

22 武装自卫会,中国民族武装自卫委员会的简称。1934年5月在上海正式成立。是一个号召工农商学兵联合起来抗日的统一战线性质的组织。8月,在上海成立中共中华民族武装自卫会党团。

23 茅盾(1896—1981):原名沈雁冰,浙江桐乡人。左联主要成员。

24 刊载在《文报》第11期上的《关于发表新纲领的紧急通告》开头说,文总"开始工作以来,已有四年的时日"。孔海珠据此推算,认为文总成立于1931年10月左右,而不是1930年或1932年。

致王忍之、滕文生

（一九九〇年四月十一日）

忍之、文生[1]同志：

前次所谈的关于学习纲要[2]的一些想法，没有明确指出自马克思主义产生以来，关于社会主义本身的概念在一百多年间特别是近十多年间已经发生了重大的变化。科学社会主义理论，或者说社会主义基本原理决不是也不可能是一次完成的，现在也没有完成，只是已有很大进步。这里主要是关于共产主义的目标由近变远，作为共产主义第一阶段（后来被列宁称为社会主义）不仅由短变长，认识到社会主义时期是一个很长的历史时期，其成熟阶段现在还不能预见，而且由高变低，即由不承认商品经济到只在狭小范围内承认商品经济（限于全民所有制和集体所有制之间的交换，而集体所有制是按照某种经典人为地造成的），到承认整个社会主义经济是有计划的商品经济。同时，按劳分配由《哥达纲领批判》中的设想其实质再三改变，承认个体所有制（农民为主）和其他所有制的重要意义，即承认非按劳分配仍有存在的需要。而在斯大林、毛泽东、赫鲁晓夫及其后很长一段时间内都认为，向共产主义过渡是当前必须解决至少必须和可能立即准备解决的任务。对世界形势则多着重资本主义总危机和资本主义国家的革命斗争，而没有或很少想到相反的情况。革命(包括亚非拉的民族解放运动)由高潮转入长时期的低潮，而资本主义则转入强大的攻势，这些是马克思主义历史上所始料不及的。现在必须面对现实。所以改革开放对于社会主义国家来说确是从理论到实践上的一场深刻的革命。社会主义商品经济从生产的内容(《经济研究》今年第三期的第一篇文章[3]值得重视)、生产的方式(承认企业是独立经营的实体)、交换、分配(积累的随意性，个人劳动所得曾经被认为只是物质刺激)、消费的各个领域都与过去的历史有很大不同。而且为了充分实现有计划的商品经济还需要经历很长时间。这从形式上说可以看成后退，因为过去的想法离不了共产主义的初级阶段，而实质上却是真正的前进，使经济活力和人民生活大大前进了。这正是中国能够在政治风波中站得住的物质基础，今后需要长期努力发展和完善这个基础，提纲需要着重使全党有此清醒认识。东欧和苏联正是缺少这个基础。这是一个严重的教训。建议学习提纲在关于社会主义、马克思主义、改革开放的段落中大大强化这个观点。昨天和力群同志谈话中这样说了，他有同感，并说四项基本原则的内容也有其发展的历史。前次同你们两位谈话时想得没有后来的清晰。马克思主义在历史上就是发展的，现在发展得更快，今后必须继续发展。原稿重点在反驳马克思主义过时论，这必不可少，但只说到具体体制中的弊端，未能从理论上说明这种具体体制是从哪一种社会主义设想或理想中产生出来的，这样就对改革开放难以作出理论的概括，亦且难以在党内形成理论上的共识，会使人感到改革今后没有什么可说和可作的了，这就很不利。现将想到的匆匆写出，以供修改时参考，无暇在文字上斟酌了。

胡乔木

四月十一日

据铅印件排印。[4]

注 释

1 文生，即滕文生，时任中共中央顾问委员会副秘书长。

2 学习纲要，指《关于社会主义若干问题学习纲要》。

3 此文题为《论产业结构优化的适度经济增长》，作者熊映梧、吴国华等。

4 本篇正文收入《胡乔木文集》第2卷，本书收录时据手稿作了校订，加上了收信人的名字。

致中共中央常委

（一九九〇年六月十四日）

中央常委各同志：

我们建议成立当代中国研究所，行政上和日常工作由社会科学院代管，由邓力群同志代表中央党史领导小组负责组建和指导。同时建议，任命邓力群同志为中央党史领导小组副组长。

我国建国已四十余年，建国以来的历史已占党的历史的大部分，而至今对于建国以来国家和党的历史的研究工作都极为薄弱。亟须有计划、有组织、有领导地予以加强。考虑到邓力群同志自一九八三年以来一直领导编辑《当代中国》丛书（邓力群、马洪[1]、武衡[2]担任主编，中国社会科学出版社出版），该丛书所出中央各部门行业卷和各省市自治区地方卷，一九九〇年将可出版近一百卷，已积累了可观的资料并收集培养了一定数量的编辑研究人才，故我们认为当代中国史（中华人民共和国史）的研究机构和研究工作，由邓力群同志负责组建和指导，较为适宜（马洪、武衡同志仍协助力群同志进行各项有关工作）。当代中国研究所现拟要求五十人的编制，此点李鹏[3]同志已原则同意。建国以来党的历史的研究，与同一时期国家历史的研究不可分，故建议增补邓力群同志为中央党史领导小组副组长。增补后中央党史领导小组的成员如下：组长，杨尚昆[4]；副组长，胡乔木、薄一波、邓力群。

以上建议是否适当，请予指示。

附邓力群同志关于筹建当代中国研究所所需编制问题给李鹏同志的报告。

杨尚昆、胡乔木、薄一波

一九九〇年六月十四日

据胡乔木手稿排印。

注 释

1 马洪，时任国务院经济技术社会发展研究中心总干事、全国人大常委会委员。

2 武衡，时任中共中央顾问委员会委员。

3 李鹏，时任中共中央政治局常委、国务院总理。

4 杨尚昆，时任中共中央政治局委员、中央军委第一副主席、中华人民共和国主席。

致乐怡然、王慰慈

（一九九○年七月十四日）

怡然[1]、慰慈[2]：

去年十二月五日自南京来信，接到时我在上海，当时想等回北京再复吧，不想一晃就是大半年了。今年四月下旬曾去南京，遇徐标夫妇[3]，才知你们刚回重庆，非常后悔没有早与你们联系一下，以致失之交臂。他们详细谈了别后情况和慰慈发病抢救经过，格外觉得惦念。不知慰慈现在恢复得怎样，在重庆身边有无儿女帮助照顾。我认识有几位老同志在患脑溢血后，由于心情开朗乐观，坚持各种疗养和轻度锻炼，仍然能够逐步康复和进行一些适度活动。切盼慰慈在怡然的鼓舞照料下健康状况将继续好转。人老了总会遇到种种麻烦，虽各人机遇不同，总的究属自然规律，保持乐观的心境，是治病的最好的灵丹妙药。

我和谷羽的健康情况也不算好。到南京是去迎春，却不能适应南京春天忽而阴凉忽而晴热的气候，而未及两周，即因发现直肠有息肉需割治而返京。后来查出结肠息肉更多，不得不住院用纤维透镜手术一一除去，幸手术过程十分顺利，现早出院，并未有任何后遗症，望勿为念。谷羽患胃溃疡，经长期治疗现正愈合。

时值盛夏，望注意摄护。

乔　木
谷　羽
一九九〇年七月十四日

据胡乔木手稿排印。

注　　释

1 怡然，即乐怡然，时在重庆。曾在扬州中学与胡乔木同学。

2 慰慈，即王慰慈，乐怡然的夫人。

3 徐标夫妇，即徐标、金镜蓉夫妇。曾在扬州中学与胡乔木同学。

致乐怡然

（一九九〇年七月）

一九八八年十二月七日道经重庆，亟邀怡然，乃适去京，甚怅，未知何时再来。久不见，通信亦稀。今念及，录杜甫《赠卫八处士》诗[1] 以寄相思。

胡乔木

据铅印件排印。

原件无标点。

注　释

1 杜甫《赠卫八处士》诗，是唐肃宗乾元二年(759)春，杜甫自洛阳返回华州途中所作。全诗为："人生不相见，动如参与商。今夕复何夕，共此灯烛光。少壮能几时？鬓发各已苍！访旧半为鬼，惊呼热中肠。焉知二十载，重上君子堂。昔别君未婚，儿女忽成行。怡然敬父执，问我来何方。问答未及已，驱儿罗酒浆。夜雨剪春韭，新炊间黄粱。主称会面难，一举累十觞。十觞亦不醉，感子故意长。明日隔山岳，世事两茫茫。"

致卞之琳

（一九九〇年八月五日）

之琳[1]同志：

看报得悉昨天是您的八十寿辰，社会科学院为祝贺您从事著译活动六十周年举行了卞之琳学术讨论会，非常高兴。因不在北京，未能到会，特函致贺。祝您健康长寿。

胡乔木

八月五日

据胡乔木手稿排印。

注释

1 之琳，即卞之琳（1910—　　）：江苏海门人。诗人。时任中国社会科学院外国文学研究所研究员。

致方铭

(一九九〇年八月三十日)

方铭[1]:

《上海学生运动史》[2] 有关部分,粗看了一遍,没有什么意见,第十页英文《莫斯科日报》应为《莫斯科新闻》,但当时主要是看英文《共产国际通讯》,不记得有人看《莫斯科新闻》。第十一页"临委[3] 早期负责学生工作的有王翰[4]、陈延庆、何家槐[5]",此处陈延庆显误[6],是否陈家康[7] 或别人?请回想一下。现在负担较重,对此稿不能仔细推敲了。我们打算在九月下旬去盐城看看,时间尚未最后确定,这也与手头的工作需要有相当眉目有关。

木　30/8

据胡乔木手稿排印。

注　释

1 方铭,二十世纪三十年代在上海参加左翼文化运动。

2 《上海学生运动史》1991 年 7 月由上海翻译出版公司出版发行。胡乔木当时看的是初稿。

3 临委,指中共江苏临时工作委员会,1936 年 2 月在上海成立,胡乔木是该委员会成员之一。

4 王 翰,1935—1936 年曾是中共左翼文化总同盟党团、中共江苏省临时委员会的领导成员之一。

5 何家槐(1911—1969):浙江义乌人。左联时期的作家。

6 陈延庆,即王翰。

7 陈家康(1913—1970):湖北广济人。1935—1936 年期间在上海从事党的地下工作,主要是青年和文化工作。新中国成立后历任中国驻埃及大使、外交部副部长等职。

致段连城、王作民

（一九九〇年十一月二日）

连城、作民同志：

连城同志附在《大陆沧桑画册》[1] 中的信，我在收到画册时没有注意，直到作民来电话问及时才查出，甚歉！七十年[2] 不能说我主持编写，现在没有这个精力了，不过是关心而已。有几位同志在写初稿，尚未完稿，全书何时能定稿付印现还说不准，怕要到明年四五月间了吧。一俟初步定稿，当即遵嘱送外文局和编译局。大事记也当同时附上。

大陆沧桑图文都看了，总的说来比较可取，但也觉有些美中不足之处。顺便说，毛泽东和斯诺[3] 一九七〇年的谈话是在十二月十八日中南海，不过在十月一日天安门城楼上也对当时的场景表示了不满[4]。我明天要离开北京，下月回来，那时当图面谈。

祝全家快乐！

胡乔木

十一月二日

据胡乔木手稿排印。

注　释

1 《大陆沧桑画册》,1990年5月由香港新天城出版社出版。

2 七十年,指《中国共产党的七十年》一书,由胡绳主编,1991年由中共党史出版社出版。

3 斯诺,即埃德加·斯诺(1905—1972):美国人。新闻记者、作家。

4 1970年10月1日,斯诺应邀参加天安门城楼的国庆观礼,在城楼上毛泽东与斯诺交谈,对林彪所提“四个伟大”(伟大的领袖！伟大的导师！伟大的统帅！伟大的舵手！)表示“讨嫌”。

致李灏、郑良玉等

（一九九〇年十一月）

李灏[1] 同志、郑良玉[2] 同志并深圳市经济特区建设十周年庆祝大会：

深圳经济特区从一九八〇年建立，到现在已满十周年了。这十年来，深圳市在党中央、国务院、广东省委省政府和深圳市各级党政负责同志的正确领导下，经过全市各企业职工和全市人民的艰苦奋斗，已经由一个边远小镇一变而成为一座东方新兴的现代化重要工商业城市。物质文明和精神文明的建设方面都获得了深受国内外瞩目的高速发展，政治社会都安定而进步。深圳的十年巨变，不仅为今后进一步发展奠定了雄厚的基础，也为全国的改革开放提供了丰富的经验。现在正为总结十年经验和制定下一个十年的发展规划而努力。

深圳十年来的成就，充分显示了我国社会主义制度的优越性，显示了党的改革开放方针和特区各项政策的正确性，显示了深圳市党政企组织和各界人民的创造性和战斗力。值此深圳经济特区建立十周年庆祝大会开幕之际，谨向大会和全市同志致以热烈的祝贺，并祝大会圆满成功。

胡乔木

据胡乔木手稿排印。

原信未写日期。

注　释

1　李灏（1926—　　）：广东电白人。时任中共深圳市委书记兼深圳市市长。

2　郑良玉（1934—　　）：浙江吴兴人。时任中共深圳市委副书记。

致刘大年、白介夫等

（一九九一年一月二十二日）

刘大年[1]、白介夫[2] 同志并转
中国抗日战争史学会成立大会全体同志：

中国抗日战争史学会今天宣告正式成立，我向大会表示由衷祝贺！我临时因身体不适，不能亲临会场，请各位原谅。

在中国抗日战争胜利四十五年之后，经过同志们的努力，我们终于有了一个以抗日战争作为研究对象的群众性的学术团体，这的确是值得称赞的。我对各位的努力表示感谢！

八年抗战，是近代中国历史的一个根本转折，也是我党历史的一个根本转折。抗战改变了中国政治力量的对比，为人民解放战争的胜利奠定了基础，因而也为中华人民共和国的成立准备了必要的条件。抗战以中国人民的胜利而告结束，预示着中国社会历史的发展道路将要发生有利于中国人民的重大变化。从世界范围来看，中国抗日战争是世界反法西斯战线的不可缺少的东方战场。抗战胜利，彻底改变了鸦片战争以来的远东局势，意义深远。

抗日战争是一场伟大的民族解放战争。中华民族、中国人民是抗日战争的主人。作为主人,以往我们的学术界对抗战历史的研究是不能令人满意的。大家对抗战史的研究做了不少的工作,取得了不少成绩,但还是处在分散的状况下,研究成果还不很理想。对这段历史的认识还有许多不够深刻的地方。希望抗战史学会今后多发挥组织促进作用,推动我国抗日战争史的研究。这对于我国学术文化的繁荣是有益的,对于我们总结历史经验,发扬爱国主义传统,对于爱国统一战线和统一祖国的事业,对于我们放眼世界,正确认识国际形势,都是有益的。

预祝大会取得成功!预祝抗战史学会在各位努力下取得成就!

胡乔木

一九九一年一月二十二日

据铅印件排印。

注 释

1 刘大年,时任中国社会科学院近代史研究所名誉所长、中国抗日战争史学会会长。

2 白介夫,时任北京市政协主席、中国抗日战争史学会执行会长。

致陈威、陈斐章、滕文生

（一九九一年二月二十一日）

陈威[1]、斐章[2]、文生同志：

现送上第六至第十篇[3]，意见多已注在折页左侧，不用再多说了，供薄老和你们各位参考。请代为问候薄老。

其他各章日内亦可送上。

胡乔木 21/2

据胡乔木手稿排印。

注　　释

1 陈威（1935—　　）：广西荔浦人。时任中共中央顾问委员会办公厅编辑室主任。

2 斐章，即陈斐章（1927—　　）：山东潍坊人。时在中共中央顾问委员会办公厅工作。

3 指薄一波《若干重大决策和事件的回顾》初稿的第六至第十篇。

致倪墨炎

（一九九一年三月八日）

墨炎[1]同志：

你去年秋天送给我的关于周作人的书[2]，我最近才粗粗看完了。谢谢你的好意。现在略为说几句读后感。

你用了很大的苦功写成的书是值得看的。你搜集的资料很丰富，我看后知道了许多过去不知道或不清楚知道的事。你也尽力做到有好说好，有坏说坏。你的努力没有白费。

我想说的一点意见是，你用的书名我觉得不很切当。周氏的一生似不宜用叛徒与隐士来概括，那只是他早期的自许。他后来的行事表明他只是民族的叛徒，也说不上是什么“隐士”。这个书名未免有些把他理想化了。第十五节的题目和内容对不上号。第一〇〇节所说，恐是当时特殊条件下的特殊反应，后来他的言行并没有表现出思想的重大变化。

第二二三页说斯威夫特的两篇作品[3]“是说理文，但它却富于知识而且写得很生动”，大误。那两篇都是讽刺文，《育婴刍议》尤为沉痛辛辣尖锐。我想你写时恐未再看这两篇作品，否则当不至于把反话当作正话，况且译者加了不短的后记和前记。

后记中关于回忆录的一段话，如果单独写一段杂文是可以的，说得也过分，放在后记里很觉枝蔓。

以上的意见未必中肯，写出来供你参考吧。不必为此表示特别感谢。

我看时感到关注的是周氏的三种未出版的译书[4]。你既然比较了解情况，加上你在出版局工作，能否探听一下这些译稿的下落，有关出版社有何打算，上海的出版社能否承担某一、二种书的赔钱的出版？显然，这些书稿不应一辈子埋没掉。这事我因精力差不想直接过问了。

祝好

胡乔木

三月八日，九一年

十八日发

据胡乔木手稿排印。

注　　释

1 墨炎，即倪墨炎（1936—　　）：浙江长兴人。现代文学研究者、编辑。时在上海市出版局工作。

2 指倪墨炎所著《叛徒与隐士：周作人》一书，1990 年 7 月由上海文艺出版社出版。1937 年卢沟桥事变后，周作人留在北平，任北京大学留校教授，1939 年出任北京大学文学院院长，1941 年又任伪华北政务委员会教育总署督办，成为汉奸文人。

3 指英国作家斯威夫特（1667—1745）的《育婴刍议》与《俾仆须知》二文。

4 指周作人三种尚未出版的译著:《浮世理发馆》(日本)、《忧之草纸》(日本)、《卢奇安对话集》(希腊)。这三本译著后均由人民文学出版社出版。

致杨尚昆、薄一波、邓力群并江泽民、温家宝

（一九九一年六月二十六日）

尚昆、一波、力群[1]同志并
泽民[2]、家宝[3]同志：

我从一九四一年起，在毛主席身边工作了二十多年。许多同志早就建议我写本关于毛主席的回忆录，我始终未下决心。直到去年下半年，我才决定着手进行，准备重点写我所接触的毛主席在四十年代和五十年代的一些重要政治活动，并计划在毛主席诞辰一百周年时，即一九九三年底之前出版发行。半年多来，我请身边的两位秘书和东生、石仲泉[4]几位同志协助我查阅档案，并开始写四十年代的稿子（从皖南事变写起），由于这些同志多是兼职，多数对党史不熟悉，且分散作业，因此进度不快，质量也不够理想。

考虑到时间已经很紧，要靠现有的人力和照目前的工作方法，实难在两年内完成书稿。如中央同意我上述计划，希望有关方面能在人力、物力、财力上给以支持。

一、我想再借调三四位熟悉党史、文字水平较高的同志，协助我写关于毛主席在五十年代的回忆录。这样，四十

年代的和五十年代的同时写，速度可以加快。具体人选，由我同有关同志商定。

二、请中央办公厅在玉泉山提供几间办公用房，以便让写作的同志住在那里，集中办公。在经费、车辆、就餐、办公设备（如复印机、打字机）等方面，也请中央帮助解决。

三、请中央档案馆在查阅和借用档案方面给以大力协助。

以上报告妥否，请批示。

据铅印件排印。
原信未落款。

注　释

1 力群，即邓力群，时任中共中央顾问委员会委员、中央党史领导小组副组长。

2 泽民，即江泽民，时任中共中央委员会总书记、中央军委主席。

3 家宝，即温家宝，时任中共中央政治局候补委员、中央书记处书记兼中央直属机关委员会书记。

4 当时胡乔木身边的两位秘书是邱敦红、徐永军。东生（1929—　）：安徽天长人。曾任胡乔木秘书。石仲泉（1938—　）：湖北红安人。时任中共中央文献研究室科研局局长。

致《中国社会科学》编辑部

（一九九一年七月二日）

《中国社会科学》编辑部：

六月二十六日信收到，甚感盛意。我赞成就你们的想法多约几位合适的同志写。不过我至少在一个相当长的时间内不能参与其事。不久前发表的文章[1]把我写病了，我只是在非常困难的情况下勉强完稿，现在还在神经功能方面留下了一些后遗症。总之，最近一年之内是没有什么希望。很抱歉，没能在你们需要的时候帮助你们。你们的刊物编得不错，我差不多每期看。

胡乔木

七月二日

据胡乔木手稿排印。

注　释

1 指《中国共产党怎样发展了马克思主义——为纪念建党七十周年作》一文，载 1991 年 6 月 25 日《人民日报》。

致李先念并
杨尚昆、薄一波、邓力群、胡绳

（一九九一年七月十二日）

先念[1] 同志并尚昆、一波、力群、胡绳[2] 同志：

昨晚由烟台回来，看到先念同志七月八日的信[3] 和胡绳同志七月八日晚给先念同志的信[4]。我完全同意先念同志信中所提出的对待西路军西渡黄河这一重要史实的原则意见，也同意胡绳同志信中的负责态度。我因精力不足，对《中国共产党历史》上卷未参加审阅，但对该书中出现这样的错误，我处在直接领导的地位上，自应负有责任。党史研究室对这一部分的修改稿我当与胡绳同志共同负责审阅，并送先念同志最后审阅定稿。

胡乔木

七月十二日

据胡乔木手稿排印。

注　　释

1 先念，即李先念，时任全国政协主席。

2 胡绳，时任全国政协副主席、中共中央党史研究室主任。

3 指1991年7月8日李先念致杨尚昆、薄一波、胡绳、邓力群的信，信中认为中共中央党史研究室编著的《中国共产党历史》上卷中，关于1935年11月西路军西渡黄河的记述是不符合事实的。指出，西路军当时西渡转战河西走廊，“是奉中央军委的命令”；认为长期以来党史书刊把西路军西渡黄河说成是奉张国焘之命、西路军是张国焘擅自命令组成的、西路军是张国焘错误路线的牺牲品等谬误，应予纠正。

4 指1991年7月8日胡绳致李先念的信，信中说：《中国共产党历史》上卷中关于1935年11月中国工农红军第三十军等西渡黄河的记述，确有缺点，已嘱中共中央党史研究室研究处理办法，并已通知出版社暂停发行此书。

致盐城市委、市政府

（一九九一年七月二十日）

盐城市委、市政府：

连日盐城普降大暴雨，造成百年不遇的水灾，全市党政军民一致奋起，不怕牺牲，不怕疲劳，全力以赴，抗灾救灾，谨电慰问并致敬。今后汛情仍在发展中，望全市党员和同胞根据中央、国务院立足于防大汛抗大灾的精神，持续作战，再接再厉，努力夺取抗灾救灾的最后胜利。

胡乔木

七月二十日

据胡乔木手稿排印。

致张德勤

（一九九一年九月三十日）

德勤[1]同志：

昨接季羡林[2]同志（北京大学著名教授）来信，说到山东临清市明代古塔多年失修，已现倾斜，临清市领导苦于无钱修复，希望国家文物局能考虑给予资助。现将季的来信转上，盼予考虑。

胡乔木

九月三十日

据胡乔木手稿排印。

注　释

1　德勤，即张德勤（1933—　　）：安徽萧县人。时任国家文物局局长。

2　季羡林（1911—　　）：山东临清人。历史学家。时任北京大学东方学系教授。

致 李 政 道

（一九九一年十月二十一日）

政道先生：

九月十九日信并承赠巧克力一盒、甜玉米籽一包均收到，另赠菜籽五包亦均收到，非常感谢。多次晤谈，你和惠箬先生都很健康愉快，很是高兴。为美国生产 SSC 加速器[1]是一大好事，我们如有机会当然支持，但我们二人[2]现都已不在其位，恐作用有限耳。明年五月来京定能再相见。乘柳怀祖[3]兄去美之便，托带此信，并祝

贤伉俪安好！

胡乔木

一九九一年十月二十一日

据胡乔木手稿排印。

注 释

1 SSC 加速器，为超导超级对撞机。

2 我们二人，即胡乔木、谷羽夫妇。

3 柳怀祖（1940— ）：江苏仪征人。时任北京正负电子对撞机工程领导小组办公室主任。

致 胡 绳

（一九九一年十一月四日）

胡绳同志：

送上我在一九八二年六月的一篇讲话[1]，请你仔细看看，推敲一下。这篇讲话记录是龚育之[2]、郑惠[3]整理的，不记得是什么原因，当时没有发表。可能是怕看记录整理稿费力，或者是不想由此引起争论。不过我时常想起这篇讲话，自己觉得言之有理，也产生很大影响。有几位作家曾发表文章表示赞成我的观点（因未发表而未指名引用），当然也有人不赞成。现在从郑惠处找来整理稿看了，觉得整理得很好，自己也认为可以和值得发表。想把题目叫作《谈文艺和政治的关系》，交《求是》发表，不怕引起争论，这种争论迟早是要进行的。讲话说的只是常识性问题，算不上有什么学术性，但现在要说这些常识也并不容易。所以在决定发表以前特先送请你认真审阅。看后有什么意见望面谈，我另外也有些事要和你面谈。

胡乔木

十一月四日，九一年

据胡乔木手稿排印。

注 释

1 指1982年6月25日胡乔木在中国文联第四届第二次全委会招待会上的讲话《关于文艺与政治关系的几点意见》。

2 龚育之,1982年时任中共中央文献研究室副主任。

4 郑惠(1928—):湖南武冈人。1982年时任中共中央书记处研究室文化组组长。

致 陈 原

（一九九一年十一月十四日）

陈原[1]同志：

近读《读书》所载你所写的《张元济传》序[2]，内中说到张曾与蔡元培[3]、高梦旦[4]合编《修身教科书》，后又著《中华民族的人格》[5]，这两种书我都未见过而很想看。如果你方便，可否设法找这两种书送我看后退还？[6]张传出版时，亦望给我一册。琐事相烦，希谅。

祝好。

胡乔木

十一月十四日

据铅印件排印。

注 释

1 陈原（1918— ）：广东新会人。曾任国家语言文字工作委员会主任、中国社会科学院语言文字应用研究所所长。

2 《张元济传》，实际是《张元济年谱》，胡乔木写误。1991年春，《张元济年谱》排出70万字清样，张元济的儿子张树年邀陈原写序。该序发表于九月号《读书》杂志，改题为《中国知识界的骄傲》。张元济（1867—1959）：浙江海盐人。商务印书馆的重要创办人。

3 蔡元培(1868—1940):浙江绍兴人。教育家。曾任北京大学校长、南京国民政府教育行政委员会常务委员、大学院院长等职。

4 高梦旦(1869—1936):福建长乐人。1893 年任浙江大学总教席。1894 年赴日,任留学监督。回国后历任商务印书馆国文部长、编译所所长、出版部长等职。

5 《修身教科书》1904 年由商务印书馆出版,共 10 册。《中华民族的人格》,商务印书馆初版于 1937 年抗战前夕,香港商务印书馆重印于 1987 年。

6 陈原接信后,即给胡乔木送去由张元济撰写的初小教科书《修身教科书》第六册和《修身教科书》教授法第七册的复印本各一册,《中华民族的人格》一本。

致 陈 原

（一九九一年十一月二十八日）

陈原同志：

《修身教科书》第六册，《修身教科书》教授法第七册已看过。现寄还。《中华民族的人格》一书，遵嘱留下，谢谢。

商务近年所出汉译世界名著，很久没有收到过，请告商务将有关目录寄来[1]，以便圈选索要。

胡乔木

十一月二十八日

据铅印件排印。

注 释

1 应胡乔木要求，商务印书馆总编室给胡乔木分批送去汉译世界名著目录。汉译世界名著因有些书已售完，没有送全。

致 财 政 部

（一九九一年十二月十六日）

财政部有关负责同志：

西柏坡纪念馆计划修改展览，请求财政部帮助改展工程所需资金一百万元。他们的报告可能已送您，现转上给我的一份，请考虑批示。

胡乔木

十二月十六日

据铅印件排印。

致 耿 飚

（一九九二年一月十日）

耿飚[1]同志：

你的回忆录[2]我花了五天时间看完了，实在写得非常好，读时几乎手不释卷。全书气势昂扬，热情洋溢，而且颇多风趣。你能对往事记得如此详细，我感到很钦佩。特向你表示谢意和敬意。祝

新年愉快！

胡乔木

一月十日

书中还有一些印错的字，希望再版时予以校正。第一三九页引用“枯木朽株齐努力”的话，此语据毛主席本人解释是指枯木朽株皆能为我军作战时所用，见《毛泽东诗词选》有关注释。附告。

据胡乔木手稿排印。

注　释

1 耿飚(1909—2000):湖南醴陵人。时任中共中央顾问委员会常委。

2 《耿飚回忆录》分上下两部,第一部(1909—1949)1991年由解放军出版社出版;第二部(1949—1992)1998年由江苏人民出版社出版。胡乔木此信所提《耿飚回忆录》应是第一部。

致钱钟书

（一九九二年一月十五日）

钟书同志：

九日信并尊著[1] 及西洋参一盒均收到，谢谢。几天没有回信，原因很简单，有些病。去年十二月住解放军总医院检查治疗一个月，不意因病室便桶盖过小（原有的坏了，遂以小盖权代），右大腿肌肉神经长期受压，回家后乃发觉该处竟不能抬举，坐立维艰。医生对此也没有多少办法，只每日以按摩乳擦患处并热敷，行动减少，倦怠随之，以致写信也成了大事。病情相告，有损无益，但揆之友谊，自应直言，利害之间，亦费踌躇。每日蹉跎，延缓至今。另外还有一些病，不过主观上还没有什么感觉，年来迄在治疗，想无大碍，幸勿垂念。滋补食品和各种药物，纷至沓来，应接不暇，尤盼不用操心。病中谷羽悉心照料，无微不至，如对婴儿，天伦之乐，聊足自慰。终日少事，奉读新著，虽囫囵吞枣，意趣略可窥其一二。足下常自言衰朽，此书所表现的创作力、思维力、记忆力、想象力犹足震惊当世和后代，实可引为晚年之一大骄傲也。腿疾痊愈之前，以无法爬楼梯，度不克登门面谈，草此数语，用寄想思。岁寒望多珍重，杨绛、钱爰[2] 同志并此致候。即颂新春大吉。

弟　胡乔木

谷羽、木英[3] 同候

一月十五

据胡乔木手稿排印。

注　释

1 尊著，即《管锥编》的第五册。《管锥编》共四册，这一册是前四册的增补。因当时前四册出版社已排好了版，不愿将增补的内容加进去，这样有了第五册。以后新出版的《管锥篇》仍为四册，第五册的内容已分别加到前四册中去了。

2 钱爱，钱钟书的女儿。

3 木英，即胡木英，胡乔木的女儿。

致薄一波

（一九九二年五月）

一波同志：

人民出版社要求出我的文集[1]，我已同意。计划分为三卷：第一卷收为《解放日报》、新华社、《人民日报》写的社论和少量其他政治评论；第二卷收关于党史、理论、政策方面的论述；第三卷收其他性质的文字和杂文。人民出版社为工作便利，拟各卷分别出版，即不同时出而陆续出。现第一卷已编定，共收评论一百二十九篇，约四十万字左右。本卷绝大部分评论都反映了党在不同时期的内外政策，一般都经过毛主席的审阅修改，凡能找到的毛主席修改时所加的文字都用黑体字标出（有几篇由少奇同志修改时所加的文字亦用其他字体标出）。为保存历史原貌，编辑时一般不作改动，只删去了少数人名。现将第一卷目录附上备览。特此报告，妥否望予指示。此事是否需报中央，亦请酌定。

据胡乔木手稿排印。

原信未落款。

注　　释

1 文集，指《胡乔木文集》，共三卷，分别于1992年5月、1993年7月、1994年12月由人民出版社出版。

致扬州中学

（一九九二年八月二日）

扬州中学[1]：

你们写信给吕骥[2]同志，请他为校歌作曲，吕骥同志因忙于他事，要我转请当代著名作曲家傅庚辰[3]同志作曲。傅建议我将原题词稍加扩充，我已和他合作了一首，前已送上，后觉此歌词仍不适于作校歌，故又补写了一段作为第一段，仍请傅庚辰同志作曲，傅又另作了一曲，并唱给我听了，我觉得此曲旋律优美，感情洋溢，表示满意。现将新的校歌词曲再寄上，请查收。收到后，望简复表示收到，傅现任解放军艺术学院院长，来信望对他致谢。

胡乔木

八月二日

据铅印件排印。

注　释

1 扬州中学，1924—1930 年胡乔木就读于这所学校。

2 吕骥（1909—2002）：湖南湘潭人。作曲家。时任中国音乐家协会名誉主席。

3 傅庚辰(1935—):黑龙江哈尔滨人。作曲家。时任中国人民解放军艺术学院院长。

致扬州中学

（一九九二年九月九日）

江苏省扬州中学：

八月二十八日来信并给傅庚辰同志信，九月五日收到。我在病床上得悉你们全校师生一起投入学习新校歌[1] 的热潮，自然也倍感到兴奋。你们对新校歌的评价显然过高，但是全校师生如此的热情却使我这个在校六年（一九二四——一九二七江苏八中，一九二七——一九三〇年江苏扬中）的老校友与扬州中学结下了新缘分。我说在病床上写信和写作歌词，这是实情，但我决不希望有任何人以任何名义来此慰问之类，对此我决不接见。此事务请坚决彻底做到。

胡乔木　9月9日

据胡乔木手稿排印。

注　释

1　扬州中学新校歌歌词系胡乔木所作。

致　巴　金

（一九九二年九月二十七日）

连日卧病，不克到沪，亲临致贺。

写给巴金文学大杰八十八岁寿辰[1]。

胡乔木

据胡乔木女儿胡木英手抄件排印。

注　释

1 这是一封没有发出的贺信。1992年9月27日，胡乔木病危，出现幻听，似从广播中“听到”9月25日是巴金88岁生日。他硬要身边守护的人拿来纸笔，极其艰难地写下“连日卧病，不克到沪，亲临致贺”十二个字。字写得歪歪扭扭，有的还重叠起来，很不好认。接着，他要女儿胡木英按他的口述笔录：“写给巴金文学大杰八十八岁寿辰。”胡木英把贺信抄清一份。经查，巴金诞辰不是9月25日，巴金生于1904年11月25日。她正要与父亲再作商量，父亲已不省人事。第二天（1992年9月28日），胡乔木溘然长逝。

编　后　记

《胡乔木书信集》从开始搜集书信到最后结集印行,前后花了六年多时间。全组同志都不同程度地参与了此书的工作。没有集体的力量,这本书是难以编成的。本书排出大样后,承中共中央文献研究室主任逄先知、副主任金冲及审阅指导。此外,人民出版社为本书的出版提供了极大方便,对以上同志和单位,我们表示深切感谢。

编　者

2002 年 3 月

责任编辑:鲁　静
装帧设计:尹凤阁
版式设计:朱启环
责任校对:智福和

图书在版编目(CIP)数据

胡乔木书信集/《胡乔木传》编写组编.-北京:人民出版社,2002.5
ISBN 7-01-003678-0
Ⅰ.胡…　Ⅱ.胡…　Ⅲ.胡乔木-书信集　Ⅳ.K827=7

中国版本图书馆CIP数据核字(2002)第027990号

胡乔木书信集
HU QIAOMU SHUXIN JI
《胡乔木传》编写组编

人民出版社出版发行
(100706　北京朝阳门内大街166号)

北京冠中印刷厂印刷　新华书店经销

2002年5月第1版　2002年5月北京第1次印刷
开本:850毫米×1168毫米 1/32　印张:27.375　插页:2
字数:500千　印数:0,001-5,000册

ISBN 7-01-003678-0/Z·117　定价:55.00元